루카

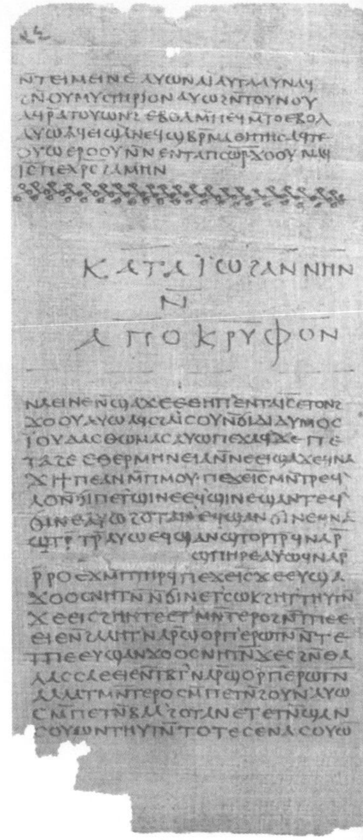

네 생물은 예수님의 본성과 역할을 상징하는데 각 복음서가 그 가운데 하나를 중점적으로 부각한다는 것이다. 이레네우스 이후 다른 저자들도 네 생물을 복음사가와 연결 짓는 시도를 이어나갔는데 저자에 따라 조금씩 다른 양상을 보였다. 아우구스티누스는 사자는 마태오, 사람은 마르코, 황소는 루카, 독수리는 요한을 상징한다고 보았다(『복음서들의 조화』 1.6.9). 그러다가 4세기 살라미스의 에피파니우스(『무게와 치수들』 35)와 히에로니무스(『마태오 복음 주해』 서문)가, 황소는 루카, 사람은 마태오, 독수리는 요한, 마르코는 사자를 상징한다고 보았다. 그 이후 동서 교회 화가들은 대부분 에피파니우스와 히에로니무스의 연결을 따랐다. 현존하는 대부분의 신약성경 필사본과 교회 장식에 에피파니우스와 히에로니무스의 방식이 채택되고 있음을 관찰할 수 있다.

요한의 비전 콥트어 필사본 단편
© wikimedia commons

구약성경·신구약 외경과 함께 본

네 복음서 대조

1. 마태오 복음

구약성경·신구약 외경과 함께 본
네 복음서 대조 1: 마태오 복음

—

교회인가 2024년 6월 25일 (의정부교구장 손희송 베네딕토 주교)
초판 1쇄 2024년 8월 15일

엮은이 정태현 · 송혜경 · 이효임
펴낸이 조병우
펴낸곳 한님성서연구소
등록 제85호
주소 경기도 의정부시 평화로 604
전화 031)846-3467
팩스 031)846-3595
카페 cafe.naver.com/biblicum

ISBN 978-89-94359-50-2 94230
ISBN 978-89-94359-49-6 94230 (전 4권)
책값은 뒤표지에 있습니다.

구약성경·신구약 외경과 함께 본

네 복음서 대조

1. 마태오 복음

정태현 송혜경 이효임 엮음

한님성서연구소
Hannim Biblical Institute

펴내며

성경의 정경화 말씀은 하느님에게서 왔지만 그 말씀을 담은 책들은 하늘에서 갑자기 떨어지지 않았다. 유다교와 그리스도교의 방대하고 다양한 문헌들은 오랜 세월에 걸쳐 말씀을 받아들이고 실천해온 다양한 신앙 공동체들 안에서 태어나고 자라났다. 이 문헌들 가운데 신앙 공동체의 전통적 믿음과 종교 관습을 가장 선명하게 담고 있다고 여겨지는 문헌들을 정경canon이라고 부른다. 그런데 유다교와 그리스도교에서 정경의 확정은 다같이 비교적 늦은 시기에 이루어졌다. 유다교 경전인 구약성경의 정경 확정은 기원후 1세기(70-90년 야브네 종교회의 가설)로 추정되지만, 그리스도교 경전인 신구약성경의 최종 정경 확정은 가톨릭의 경우 1546년 트렌트 공의회에서, 그리스 정교의 경우 1672년 예루살렘 시노드에서, 그리고 개신교 경우 16세기 종교개혁자들에 의해서 이루어졌다. 그리스도교에서 최종 정경 확정이 늦어진 것은 구약성경 정경에 히브리 성경에 없는 칠십인역 그리스 성경 문헌들을 어느 정도까지 받아들이냐에 대한 논란 때문이었다. 결과적으로 그리스도교의 이 세 종파는 저마다 구약성경의 상이한 정경 목록을 갖게 되었다.[1]

신약성경의 경우에는 비교적 이른 시기에 정경의 가닥이 잡혔다. 2세기 말엽까지 수많은 그리스도교 문헌이 생겨나고 퍼져나갔지만 정경화의 필요성은 아직 제기되지 않았다. 그러다가 여러 이단 교사들이 나타나고 그들의 가르침을 담은 문헌들이 작성되어 유통되면서 여러 지역 교회에서 혼란이 일어났다. 그러자 올바른 신앙 교리와 규범을 제시하는 정통 그리스도교 경전을 마련해야겠다는 자각이 보편교회에서 일어나기 시작했고 무라토리 경전 목록,[2] 에우세비우스의 경전 목록(4세기 초 『교회사』), 라오디케이아 공의회의 결정(363년 묵시록을 제외한 26권)을 거쳐 마침내 카르타고 공의회(397년)에서 아타나시우스의 정경 목록을 받아들여 신약성경의 정경을 27권으로 선포하였다.

외경 우리는 이 정경화 과정을 통해, 처음에는 교회 안에 신앙 공동체들의 신앙과 종교 관습을 반영하는 방대하고 다양한 문헌들이 생겨나고 자라고 유통되었다는 사실을 알 수 있다. 이 문헌들 가운데 정경과 직간접으로 관련된 문헌들을 외경이라 한다. 외경은 종종 정경의 내용을 보완하거나 그 내용과 관련하여 제기되는 난해함이나 의혹을 설명해주는 구실을 한다. 우리가 성전聖傳이라고 부르는 신앙 전통은 이런 문헌들에 바탕을 두는 경우가 많다. 예를 들어 구약 외경에서는 구약성경에서 미진하게 다룬 천사와 악마의 기원과 역할·사후생과 종말·메시아의 역할 등을 상세히 다루고, 신약 외경에서는 신약성경에서 거의 다루지 않은 공생활 이전 예수님의 나자렛 생활이나 성모님의 가계(혈통과 부모)와 생애를 폭넓게 다룬다. 이런 내용들은 유다교

1 이에 대한 상세한 논의는 정태현, 『성경 입문 하권』(한님성서연구소 2023), 204-210.

2 루도비코 무라토리가 170-210년경 이탈리아에서 작성한 것으로 추정된다.

와 그리스도교의 중요한 교리를 형성하는 데 큰 기여를 했다. 가톨릭에서는 이 문헌들을 외경apocrypha이라고 하는 반면, 개신교에서는 위경pseudepigrapha이라 부른다.[3]

이 책에서 네 복음서의 공관synopsis에 구약 외경과 신약 외경의 관련 구절들을 함께 배치한 이유도 이 모든 문헌들이 동일한 유다-그리스도교 신앙 전통에서 생겨나 서로 깊은 영향을 주고 받았기 때문이다. 정경 목록과는 달리 외경 목록은 아직 확정되지 않아서 그 범위를 어디까지 확장시켜야 할지 논란 중이다. 심지어 쿰란 문서도 구약 외경에 포함시켜야 한다는 주장도 있다. 이 책에 제시된 외경 본문들은 한님성서연구소에서 펴낸 구약 외경과 신약 외경 우리말 번역으로 한정한다.

구약과 신약의 연관성 시노페의 마르키온은 144년경 로마에서 그리스도에 의해서 개시된 새 시대에 맞는 참된 경전이라고 하면서 자기가 편집한 성경을 출간하였다. 마르키온에 따르면 그리스도께서는 구약성경에 반영된 이스라엘의 신앙과 아무런 상관없는 새로운 종교의 창시자였다. 그리스도께서 계시하신 아버지 하느님은 자비와 사랑의 신으로서, 물질 세계를 창조하고 예언자들을 통해 말씀을 전한 이스라엘의 하느님이자 정의와 심판의 하느님보다 우위에 계시다는 것이다. 구약성경을 완전히 배제한 마르키온의 경전은 둘로 구성되는데, 하나는 '복음'이고 다른 하나는 '사도'다. '복음'은 주로 제3복음서인 루카 복음을 위주로 재구성한 복음서이고, '사도'는 바오로 사도가 지역 교회들에 보낸 열 개의 편지(히브리서와 사목서간은 제외)와 필레몬서를 재편집한 서간이다. 바오로 사도의 열렬한 추종자였던 마르키온은, 예수님이 열두 제자에게 복음을 전해 주셨지만 그들은 복음을 제대로 보전하고 전파하지 못했다고 여겼다. 그리고 그는 복음의 진정한 수호자요 선포자는 바오로뿐이라고 판단하여 신약성경에서 다른 사도들의 서간들은 모두 배척하였다. 마르키온의 '두 하느님 교리'와 구약과 신약의 단절은 로마 교회와의 결별로 이어졌고 결국 이단으로 단죄되었다. 다른 한편 마르키온의 이단은 가톨릭(보편) 신앙을 견지한 교회 지도자들에게 구약과 신약, 유다교와 그리스도교의 연관성을 재정립하는 계기가 되었다.[4] 하느님의 구원역사는 예수 그리스도에게서 출발하는 것이 아니라 세상창조와 인간창조로부터 시작되고 하느님 백성인 이스라엘과 교회의 역사를 거쳐 종말까지 중단없이 이어진다. 그리스도교는 유다교와 단절된 것이 아니라 아브라함에게서 시작된 이스라엘 열두 지파 신앙의 수렴이요 완성이다. 예수님 사건과 운동을 다루는 신약성경은 구약성경을 끊임없이 인용하면서 이 사건과 운동이 이스라엘 신앙에 근거하고 구약성경에 이미 예고된 것임을 드러낸다. 아우구스티누스의 말대로 "신약은 구약에 숨어 있고, 구약은 신약에서 드러난다"(『칠경에 대한 질문』 2.73).

3
가톨릭에서 구약의 정경으로 받아들이고 제2경전이라고 부르는 칠십인역 일곱 권의 책, 곧 토빗기, 유딧기, 마카베오기 상·하권, 지혜서, 집회서, 바룩서를 개신교에서는 (구약) 외경이라고 부른다.

4
마르키온이 경전을 만들어낸 이후 교부들도 정경 확정의 필요성을 자각하게 되었다. 마르키온을 교부들의 정경화 작업을 촉발시킨 인물이라고 불러도 지나치지 않다. 마르키온의 저서는 남아 있지 않으나 그의 생각은 테르툴리아누스의 『마르키온 논박』을 통해 유추할 수 있다.

네 복음서는 예수님의 삶과 가르침을 소개하면서 끊임없이 구약성경을 인용하거나 암시한다. 예수님 당신 자신도 구약성경에 정통하셨고 스스로 구약성경을 들어 당신의 신원과 삶을 설명하셨다. 따라서 네 복음서 공관에 관련 구약성경을 인용하는 것은 당연하고 필수적이다.

네 복음서의 대조 초기 그리스도교에서는 보통 한 교회 공동체가 자기 공동체 상황에 맞는 한 가지 복음서만 사용하였다. 초기 그리스도인들은 복음서를 성경으로 인식하기보다 나자렛 예수님의 삶과 가르침에 대한 역사적 기록으로 받아들였다. 나중에 다른 지역에서 사용되는 복음서들을 만난 이들은 적잖이 당황했을 것이다. 그들은 예수님에 대한 기록과 전통적으로 '복음'이라고 불리는 그리스도교 메시지가 통일되고 일관성이 있어야 한다고 생각했을 법하다. 이런 생각을 반영한 복음서가 바로 170년경 타티아누스가 만든 디아테사론(διὰ τεσσάρων '넷을 통하여')이다. 그는 네 복음서의 중복되거나 충돌되는 부분들을 취사선택하고 정리하여 일관된 예수님의 전기와 가르침을 담은 조화복음서 또는 통일복음서를 편찬하였다. 조화복음서는, 필사본 제작의 경제성과 소지의 편리성 때문에 2-4세기 시리아 교회에서 특히 순회 선교사들에 의해 널리 애용되었다.[5] 그런데 이런 일관성 있는 복음서를 편찬하려는 움직임과는 달리 네 복음서 이외에도 지역 교회의 특수성에 맞는 복음서 편찬이 끊임없이 시도되었다. 그러다가 계속 이어지는 복음서 집필의 혼란과 한 복음서에만 집착하려는 경향을 다 같이 방지하기 위해 가장 권위가 있는 네 복음의 인준이 필요했다. 서방교회에서는 180년경 리옹의 이레네우스가 영지주의 이단을 거슬러 그리스도교의 정통 교리를 주장할 때 네 복음서를 언급하고 활용했다. 이후 3세기 중엽에는 네 복음서가 보편 교회 안에서 확고한 경전의 위치를 차지했다. 한 가지 유념할 사항은 네 복음서의 인준과 보급 과정에서 이 책들은, 별권으로서가 아니라 합본으로서, 예수 그리스도의 삶과 가르침을 증언하는 경전으로 그 권위를 인정받았다는 사실이다. 이는 네 복음서의 서로 다른 서술이나 내용들이 예수 그리스도의 신원과 가르침을 다양한 각도에서 조명함으로써 네 복음서가 증언하는 구원역사의 결정적 사건들을 좀더 깊고 넓게 이해시키는 구실을 한다.

관련 있는 네 복음서 대목들을 한눈에 비교하며 보는 것은 복음서 연구의 기본이다. 네 복음서 '공관'synopsis으로 각 복음서 저자가 속한 공동체 상황, 저자가 공동체와 독자들에게 전하고자 하는 메시지, 저자가 일관되게 강조하려는 신학적 의도 등을 파악할 수 있다.[6]

성경을 공부하고 연구하는 데 가장 아쉽게 여겨지는 도구가 바로 네 복음서 대조다. 기존의 복음서 대조는 1993년에 분도출판사에서 정양모·배은주·김윤주 편찬으로 출간되었다. 이는 쿠르트 알란드K. Aland 교수가 펴낸 *Synopsis Quattuor Evangeliorum* (Stuttgart 1978)을 대본으로 삼아 엮어낸 것인데, 우리말 본문은 『한국 천주교회 200주년 신약성서』(분도출판사 1991년)에서 가져왔다. 그로부터 31년이 흐른 지금, 국내외 기존의 대본 없이 한님성서연구소만의 독창적 네

5
그러나 디아테사론의 필사본들과 번역본들이 제각각이어서 그 원문을 재구성하기란 어렵다.

6
이들 모두가 통합되어 그리스도교의 핵심 전승이 형성된다.

복음서 대조를 펴낸다. 네 복음서 상호간의 대조는 물론 각 복음서와 관련된 구약 외경과 신약 외경의 본문, 그리고 구약성경 본문까지 유다-그리스도 경전의 본문들을 대거 동원하였다. 네 복음서와 구약성경 본문은 『성경』(한국천주교중앙협의회)에서, 신구약 외경 본문은 한님성서연구소에서 출간된 송혜경 역주, 『구약 외경 1·2』·『신약 외경 1』·『영지주의자들의 성서』에서 가져왔다. 『구약성경·신구약 외경과 함께 본 네 복음서 대조』는 총 네 권으로 출간된다. 제1권이 마태오 복음서를 기준으로 한 대조다.

이 자리를 빌려 이 책의 출간에 도움을 주신 한님성서연구소 이사장 조병우 베네딕토 님을 비롯한 이사들과 연구소 후원자들에게 깊은 감사를 드린다.

2024년 6월 29일 성 베드로와 성 바오로 사도 대축일

의정부 한님성서연구소에서 엮은이 정태현·송혜경·이효임

일러두기

1. 이 책은 신약성경 네 복음서를 대조하며 한눈에 볼 수 있게(시놉시스) 만든 책이다. 마태오 복음 기준(제1권), 마르코 복음 기준(제2권), 루카 복음 기준(제3권), 요한 복음 기준(제4권), 이렇게 총 4권으로 구성된다.
2. 네 복음서 대조표를 만든 토대는 『성경』(cbck)이다. 단락 구분과 병행 본문 설정은 『성경』에 제공된 정보에 준하는 것을 기본원칙으로 하였다. 네 복음서 대조표 중심부는 네 복음서가 차지한다. 마태오, 마르코, 루카, 요한 순으로 배열하되, 기준 복음서가 가장 왼쪽에 위치한다. 마르코 복음서 기준일 경우는 마르코, 마태오, 루카, 요한 순이 되겠다.
3. 난외(欄外)에는 구약성경, 구약 외경, 신약 외경 병행본문들을 실었다. 페이지의 좌측 난외와 우측 난외를 활용하였다. 왼쪽 페이지의 좌측 난외에는 구약성경 및 구약 외경을 싣고, 오른쪽 페이지 우측 난외에는 신약 외경 병행문을 실었다. 병행 본문의 선택 기준은 기준점이 되는 복음서와의 병행 여부에 따랐다. 가령 마태오 복음서 기준인 이 책 제1권은, 마태오 복음서와 병행하는 구약성경·구약 외경·신약 외경 본문들을 좌우 난외에 실었다.
4. 구약성경 및 구약 외경 병행 본문을 실은 것은, 신약성경 네 복음서가 구약성경 및 구약 외경과 어떤 식으로 연결되는지 드러내 보이려는 취지에서다. 구약성경을 비롯한 유다교 전통과 신약성경의 연속성을 확인하는 계기가 될 것이다. 신약 외경 병행 본문을 실은 것은, 신약성경과 신약 외경의 연속성을 살피려는 취지에서다. 신약성경과 동시대 또는 직후 시대 저자들이 예수님 사건을 어떻게 이해하고 해석하는지 비교하며 읽을 수 있을 것이다.
5. 여기에 인용한 외경 본문들은 모두 고대어 비평본문에서 우리말로 직접 옮긴 것들이다.
6. 네 복음서를 구약성경, 구약 외경, 신약 외경과 함께 읽음으로써, 구약성경에서 시작하여 신약 외경으로 이어지는 기나긴 믿음의 역사가 한 줄기 선상에 드러남을 확인할 수 있을 것이다. 네 복음서를 바라보고 이해하는 지평이 크게 확장되리라 믿는다.
7. 각 페이지에 담긴 상세한 인용 규칙은 다음 쪽을 참조하라.

[각 페이지의 상세한 인용 규칙 예시]

마태오 복음과 병행하는 본문이
없는 경우 공백으로 남긴다.

구약성경 · 구약 외경

마태 18,12-18

되찾은 양의 비유

마태 18,12-14 **마르**

구약 외경 병행 본문
마태 18,12-14이
솔로몬의 시편 17,40
과 병행함을 가리킨다.
인용한 구약 외경 병행
본문의 문맥을 드러내기
위해 병행 본문 앞뒤 넓은
범위로 인용한다.

18,12-14 // 솔로몬의 시편 17,40 그(메시아)는 일에는 유능하고 하느님을 두려워하는 데는 강합니다. 성실과 정의로 주님의 양 떼를 돌보고, 그들 가운데 단 한 명도 자기네 목장에서 쓰러지지 않게 할 것입니다.

12 "너희는 어떻게 생각하느냐? 어떤 사람에게 양
백 마리가 있는데 그 가운데 한 마리가 길을 잃으면, 아흔아
홉 마리를 산에 남겨 둔 채 길 잃은 양을 찾아 나서지 않느냐?
13 그가 양을 찾게 되면, 내가 진실로 너희에게 말하는데, 길을
잃지 않은 아흔아홉 마리보다 그 한 마리를 두고 더 기뻐한다.

14 이와 같이 이 작은 이들 가운데 하나라도 잃어버
리는 것은 하늘에 계신 너희 아버지의 뜻이 아니다."

형제가 죄를 지으면 깨우쳐 주어라

마태 18,15-18 **마르**

15 "네 형제가 너에게 죄를 짓거든, 가서 단둘이 만
나 그를 타일러라. 그가 네 말을 들으면 네가 그 형
제를 얻은 것이다. 16 그러나 그가 네 말을 듣지 않거든 한 사람
이나 두 사람을 더 데리고 가거라. '모든 일을 둘이나 세 증인
의 말로 확정 지어야 하기' 때문이다. 17 그가 그들의 말을 들으
려고 하지 않거든 교회에 알려라. 교회의 말도 들으려고 하지
않거든 그를 다른 민족 사람이나 세리처럼 여겨라.
18 내가 진실로 너희에게 말한다. 너희가 무엇이든지 땅에서 매
면 하늘에서도 매일 것이고, 너희가 무엇이든지 땅에서 풀면
하늘에서도 풀릴 것이다."

| 마태 18,18 // 16,19

구약성경 병행 본문
마태 18,16이 신명 19,15
과 병행함을 가리킨다.

18,16 // 신명 19,15 어떤 사람이 저지르는 모든 잘못과 관련하여, 그의 어떤 죄나 잘못이든지, 증인 한 사람만으로는 그 증언이 성립되지 못하고, 증인 둘이나 셋의 증언이 있어야 유죄가 성립된다.

156

마태오 복음 내 병행구는 장,절만
표시하고 인용문은 담지 않는다.

마태오 복음과 병행하는 본문이
없는 경우 공백으로 남긴다.

신약 외경

루카 15,1-7

[1]세리들과 죄인들이 모두 예수님의 말씀을 들으
려고 가까이 모여들고 있었다. [2]그러자 바리사이
들과 율법 학자들이, "저 사람은 죄인들을 받아들이고 또 그들과 함께 음
식을 먹는군." 하고 투덜거렸다.
[3]예수님께서 그들에게 이 비유를 말씀하셨다.
[4]"너희 가운데 어떤 사람이 양 백 마리를 가지고 있었는데 그 가운데에
서 한 마리를 잃으면, 아흔아홉 마리를 광야에 놓아둔 채 잃은 양을 찾
을 때까지 뒤쫓아 가지 않느냐?
[5]그러다가 양을 찾으면 기뻐하며 어깨에 메고 [6]집으로 가서 친구들과 이
웃들을 불러, '나와 함께 기뻐해 주십시오. 잃었던 내 양을 찾았습니다.'
하고 말한다.
[7]내가 너희에게 말한다. 이와 같이 하늘에서는, 회개할 필요가 없는 의인
아흔아홉보다 회개하는 죄인 한 사람 때문에 더 기뻐할 것이다."

요한

18,12-13 // 토마 복음 107,1 예수님께서 말씀하셨다. "하늘 나라는 양 백 마리를 가진 목동과 같다. 그 가운데 큰 양 한 마리가 길을 잃었다. 그는 아흔아홉 마리를 그대로 놓아둔 채 나머지 한 마리를 찾을 때까지 찾으러 다녔다.[2] 그리고 고생이 끝나자 그 양에게 '나는 아흔아홉보다 너를 더 아낀다!' 하고 말하였다."
18,12-13 // 토마 복음 8,1 그리고 그분께서 말씀하셨다. "그 사람은 바다에 그물을 쳤다가 바다에서 작은 물고기들로 가득 찬 그물을 끌어올린 지혜로운 어부와 같다. 지혜로운 어부는 그 가운데서 크고 보기 좋은 물고기 한 마리를 발견하였다. **그는 작은 물고기들은 모두 바다로 되돌려 보내고 힘들이지 않고 큰 물고기 한 마리만 골랐다.**[2] 들을 귀 있는 사람은 들어라."
18,12-13 // 진리의 복음 32 바로 그분께서 길을 잃지 않은 아흔아홉 마리의 양을 버려두신 목자이십니다. 그분께서는 길 잃은 양을 찾아 떠나셨고, 그것을 찾으시고는 기뻐하셨습니다. 아흔아홉이란 그것을 붙잡는 왼손에 있는 숫자이기 때문입니다. 그러나 하나를 발견하면 숫자 전체가 오른손으로 옮겨갑니다. 하나가 부족한 오른손이 부족한 것을 끌어당겨 왼손에서 잡아채서는 오른손으로 옮기면서, 숫자도 백이 됩니다. 이것은 그들의 소리 안에 계신 분의 상징입니다. 그분은 아버지십니다.

신약 외경 병행 본문
마태 18,12-13이 토마 복음 107,1-2; 8,1-2; 진리의 복음 32 등과 병행함을 가리킨다. 인용한 신약 외경 병행 본문의 문맥을 드러내기 위해 병행 본문 앞뒤 넓은 범위로 인용한다. 직접 병행하는 단어나 절 또는 문장은 음영으로 표시한다.

루카

형제가 죄를 지으면 몇 번이고 용서하여라 17,3ㄴ-4

17,3ㄴ "네 형제가 죄를 짓거든 꾸짖고, 회개하거든
용서하여라."

요한

18,15-18 // 사도들의 편지 48. 네가 죄인을 보면 너희 둘만 있을 때 그를 꾸짖어라. 그러나 그가 네 말을 듣지 않으면 다른 사람을 두 명 더 데려가서 네 형제를 꾸짖어라. 또 다시 그가 네 말을 듣지 않으면 그 사람을 [...] 네 앞에 세워라.

마태 18,15-18이 사도들의 편지 48과 병행함을 가리킨다. 병행 본문 가운데 마태오 복음과 직접 관련이 없는 구절이나 문장은 ... 로 표시한다(예: 1,18 // 야고보 원복음 13,1 이하). 병행 본문의 [...]는 원문이 훼손되어 복구하기 어려운 경우를 가리킨다.

157

쓰인 맥락은 다른데 한 두 구절이 병행하는 경우다. 해당 구절이 포함된 대목의 제목과 장,절을 표시한 뒤 병행 구절을 인용한다.

구약성경 · 구약 외경

마태오 복음

마르코 복음

루카 복음

요한 복음

신약 외경

예수 그리스도의 족보

마태 1,1-17

[1]다윗의 자손이시며 아브라함의 자손이신 예수
그리스도의 족보.

마르

[2]아브라함은 이사악을 낳고 이사악은 야곱을 낳았으며 야곱은 유다와 그 형제들을 낳았다. [3]유
다는 타마르에게서 페레츠와 제라를 낳고 페레츠는 헤츠론을 낳았으며 헤츠론은 람을 낳았다.
[4]람은 암미나답을 낳고 암미나답은 나흐손을 낳았으며 나흐손은 살몬을 낳았다. [5]살몬은 라합
에게서 보아즈를 낳고 보아즈는 룻에게서 오벳을 낳았다. 오벳은 이사이를 낳고 [6]이사이는 다
윗 임금을 낳았다.

다윗은 우리야의 아내에게서 솔로몬을 낳고, [7]솔로몬은 르하브암을 낳았으며 르하브암은 아비
야를 낳고 아비야는 아삽을 낳았다. [8]아삽은 여호사팟을 낳고 여호사팟은 여호람을 낳았으며
여호람은 우찌야를 낳았다. [9]우찌야는 요탐을 낳고 요탐은 아하즈를 낳았으며 아하즈는 히즈키
야를 낳았다. [10]히즈키야는 므나쎄를 낳고 므나쎄는 아몬을 낳았으며 아몬은 요시야를 낳았다.
[11]요시야는 바빌론 유배 때에 여호야킨과 그 동생들을 낳았다.
[12]바빌론 유배 뒤에 여호야킨은 스알티엘을 낳고 스알티엘은 즈루빠벨을 낳았다. [13]즈루빠벨은
아비훗을 낳고 아비훗은 엘야킴을 낳았으며 엘야킴은 아조르를 낳았다. [14]아조르는 차독을 낳
고 차독은 아킴을 낳았으며 아킴은 엘리웃을 낳았다. [15]엘리웃은 엘아자르를 낳고 엘아자르는
마탄을 낳았으며 마탄은 야곱을 낳았다. [16]야곱은 마리아의 남편 요셉을 낳았는데, 마리아에게
서 그리스도라고 불리는 예수님께서 태어나셨다.
[17]그리하여 이 모든 세대의 수는 아브라함부터 다윗까지가 십사 대이고, 다윗부터 바빌론 유배
까지가 십사 대이며, 바빌론 유배부터 그리스도까지가 십사 대이다.

루카 3,23-38

요한

23 예수님께서는 서른 살쯤에 활동을 시작하셨는
데, 사람들은 그분을 요셉의 아들로 여겼다.

요셉은 엘리의 아들, 24 엘리는 마탓의 아들, 마탓은 레위의 아들, 레위는 멜키의 아들, 멜키는 얀나이
의 아들, 얀나이는 요셉의 아들, 25 요셉은 마티트야의 아들, 마티트야는 아모츠의 아들, 아모츠는 나훔
의 아들, 나훔은 헤슬리의 아들, 헤슬리는 나깨의 아들, 26 나깨는 마핫의 아들, 마핫은 마티트야의 아
들, 마티트야는 시므이의 아들, 시므이는 요섹의 아들, 요섹은 요다의 아들, 27 요다는 요하난의 아들, 요
하난은 레사의 아들, 레사는 즈루빠벨의 아들, 즈루빠벨은 스알티엘의 아들, 스알티엘은 네리의 아들,
28 네리는 멜키의 아들, 멜키는 아띠의 아들, 아띠는 코삼의 아들, 코삼은 엘마담의 아들, 엘마담은 에르
의 아들, 29 에르는 여호수아의 아들, 여호수아는 엘리에제르의 아들, 엘리에제르는 요림의 아들, 요림
은 마탓의 아들, 마탓은 레위의 아들, 30 레위는 시메온의 아들, 시메온은 유다의 아들, 유다는 요셉의
아들, 요셉은 요남의 아들, 요남은 엘리야킴의 아들, 31 엘리야킴은 멜레아의 아들, 멜레아는 멘나의 아
들, 멘나는 마타타의 아들, 마타타는 나탄의 아들, 나탄은 다윗의 아들,
32 다윗은 이사이의 아들, 이사이는 오벳의 아들, 오벳은 보아즈의 아들, 보아즈는 살라의 아들, 살라는
나흐손의 아들, 33 나흐손은 암미나답의 아들, 암미나답은 아드민의 아들, 아드민은 아르니의 아들, 아
르니는 헤츠론의 아들, 헤츠론은 페레츠의 아들, 페레츠는 유다의 아들, 34 유다는 야곱의 아들, 야곱
은 이사악의 아들,

이사악은 아브라함의 아들, 아브라함은 테라의 아들, 테라는 나호르의 아들, 35 나호르는 스룩의 아들,
스룩은 르우의 아들, 르우는 펠렉의 아들, 펠렉은 에베르의 아들, 에베르는 셀라의 아들, 36 셀라는 케
난의 아들, 케난은 아르팍삿의 아들, 아르팍삿은 셈의 아들, 셈은 노아의 아들, 노아는 라멕의 아들,
37 라멕은 므투셀라의 아들, 므투셀라는 에녹의 아들, 에녹은 예렛의 아들, 예렛은 마할랄엘의 아들,
마할랄엘은 케난의 아들, 38 케난은 에노스의 아들, 에노스는 셋의 아들, 셋은 아담의 아들, 아담은 하
느님의 아들이다.

1,1-17 // 야고보 원복음 10,1 사제들의 의
회가 열리고 사람들이 이렇게 말
하였다. "주님의 성전에 휘장을 만
듭시다." 2 대사제가 말하였다. "다
윗의 지파에서 흠 없는 처녀들을
불러오시오." 3 그리하여 시종들
이 그들을 찾으러 나갔다. 그리고
일곱 처녀를 찾았다. 4 대사제는
마리아라는 아이가 다윗 가문 출
신이며 하느님 앞에 흠 없다는 것
을 기억하였다. 5 그래서 시종들이
가서 그녀를 데려 왔다.

예수 그리스도의 탄생

마태 1,18-25 **마르**

18 예수 그리스도께서는 이렇게 탄생하셨다. 그분의 어머니 마리아가 요셉과 약혼하였는데, 그들이 같이 살기 전에 마리아가 성령으로 말미암아 잉태한 사실이 드러났다. 19 마리아의 남편 요셉은 의로운 사람이었고 또 마리아의 일을 세상에 드러내고 싶지 않았으므로, 남모르게 마리아와 파혼하기로 작정하였다. 20 요셉이 그렇게 하기로 생각을 굳혔을 때, 꿈에 주님의 천사가 나타나 말하였다. "다윗의 자손 요셉아, 두려워하지 말고 마리아를 아내로 맞아들여라. 그 몸에 잉태된 아기는 성령으로 말미암은 것이다. 21 마리아가 아들을 낳으리니 그 이름을 예수라고 하여라. 그분께서 당신 백성을 죄에서 구원하실 것이다." 22 주님께서 예언자를 통하여 하신 말씀이 이루어지려고 이 모든 일이 일어났다. 곧

23 "보아라, 동정녀가 잉태하여 아들을 낳으리니
그 이름을 임마누엘이라고 하리라."

하신 말씀이다. 임마누엘은 번역하면 '하느님께서 우리와 함께 계시다.'는 뜻이다. 24 잠에서 깨어난 요셉은 주님의 천사가 명령한 대로 아내를 맞아들였다. 25 그러나 아내가 아들을 낳을 때까지 잠자리를 같이하지 않았다. 그리고 아들의 이름을 예수라고 하였다.

1,20 // 4바룩 4,11 이 말을 마친 다음 바룩은 울면서 도성 밖으로 나갔다. 그리고 말하였다. "예루살렘아, 나는 너 때문에 슬퍼하면서 너를 빠져나왔다!" 12 그런 뒤 그는 어떤 무덤 안에 머무르며 앉아 있었다. 그때 천사들이 그에게 다가와 주님께서 그들을 통해 알려 주신 모든 것을 설명해 주었다.

1,20-21 // 4에즈 12,32 그는 지극히 높으신 분께서 마지막 날들까지 유보해 두신 메시아다. 그는 다윗의 후손에서 일어나, 와서 그들과 말할 것이다. ... 34 그러나 남은 내 백성은, 그가 자비로운 마음으로 구원할 것이다. 그들은 내 경계 안에 머물렀던 이들이다. 그리고 그는 끝, 곧 처음에 네게 이야기한 심판 날이 올 때까지 그들을 기쁘게 할 것이다.

1,21 // 4에즈 13,25 네가 본 환시의 해석은 이러하다. 너는 한 남자가 바닷물 속에서 올라오는 것을 보았다. 26 그는 지극히 높으신 분께서 오랜 시간 유보해 두신 그자다. 그분께서 그를 통해 당신 피조물을 구원하실 것이다. 그는 남은 자들에게 다가갈 것이다.

1,21-23 // 3바룩 4,15 그러자 하느님께서 사라사엘 천사를 보내셨다. 그 천사가 그에게 말하였다. "일어서라 노아야, 그 (포도나무) 가지를 심어라. 주님께서 이렇게 말씀하신다. '그것의 쓴맛이 단맛으로 변하리라! 그것의 저주가 축복이 되리라! 거기에서 난 것이 하느님의 피가 되리라. 그리고 그것으로 인해 인류가 단죄를 받았듯, 이제는 그것으로 예수 그리스도 임마누엘을 통하여 낙원으로 가는 입장권과 초대장을 얻게 되리라!'"

1,23 // 이사 7,14 그러므로 주님께서 몸소 여러분에게 표징을 주실 것입니다. 보십시오, 젊은 여인이 잉태하여 아들을 낳고 그 이름을 임마누엘이라 할 것입니다.

동방 박사들의 방문

마태 2,1-12 **마르**

1 예수님께서는 헤로데 임금 때에 유다 베들레헴에서 태어나셨다. 그러자 동방에서 박사들이 예루살렘에 와서, 2 "유다인들의 임금으로 태어나신 분이 어디 계십니까? 우리는 동방에서 그분의 별을 보고 그분께 경배하러 왔습니다." 하고 말하였다. 3 이 말을 듣고 헤로데 임금을 비롯하여 온 예

루카 2,1-7

1 그 무렵 아우구스투스 황제에게서 칙령이 내려, 온 세상이 호적 등록을 하게 되었다. 2 이 첫 번째 호적 등록은 퀴리니우스가 시리아 총독으로 있을 때에 실시되었다. 3 그래서 모두 호적 등록을 하러 저마다 자기 본향으로 갔다. 4 요셉도 갈릴래아 지방 나자렛 고을을 떠나 유다 지방, 베들레헴이라고 불리는 다윗 고을로 올라갔다. 그가 다윗 집안의 자손이었기 때문이다. 5 그는 자기와 약혼한 마리아와 함께 호적 등록을 하러 갔는데, 마리아는 임신 중이었다. 6 그들이 거기에 머무르는 동안 마리아는 해산 날이 되어, 7 첫아들을 낳았다. 그들은 아기를 포대기에 싸서 구유에 뉘었다. 여관에는 그들이 들어갈 자리가 없었던 것이다.

요한

1,18 // 야고보 원복음 13,1 여섯째 달이 되었을 때 요셉은 건축 일을 마치고 돌아왔다. 집 안으로 들어왔을 때 요셉은 그녀의 배가 불러 있는 것을 알아채었다. … 9 요셉이 그녀에게 말하였다. "그러면 네 뱃속에 있는 아기는 어디서 왔느냐?" 10 그녀가 답하였다. "저의 주 하느님께서 살아계시는 한, 이 아이가 어디에서 제게 왔는지 모릅니다."

1,18-19 // 야고보 원복음 9,7 대사제가 말하였다. "**요셉아, 요셉아! 네가 주님의 동정녀를 책임지고 맞아들일 임무를 받았다.**" 8 요셉은 반대하며 말하였다. "저는 아들들이 있고 이미 늙었는데 그녀는 어립니다. 그러니 제가 이스라엘 자손들에게 조롱거리가 되지 않겠습니까?"

1,18-19 // 야고보 원복음 14,1 요셉은 몹시 두려워져서 그녀와 대화를 그만두었다. 그리고 그녀를 어떻게 해야 할지 곰곰이 생각하였다. 2 요셉은 마음속으로 생각하였다. '그녀의 잘못을 덮어 두자니 주님의 율법을 어기는 일이 될 것이다. 3 그녀의 일을 이스라엘 자손들에게 알리자니 혹시 뱃속에 있는 아이가 천사가 보낸 아이가 아닐까 두렵구나. 그러다 무죄한 피를 넘겨 사형 선고라도 받게 하면? 4 그러니 그녀를 어떻게 하면 좋을까? 그녀를 사람들 몰래 내보내야겠다.'

1,21 // 야고보 원복음 11,5 그때 천사가 그녀 앞에 서서 말하였다. "두려워하지 마라, 마리아야. 너는 만인의 주님 눈에 들었다. 너는 그분의 말씀으로 잉태하게 될 것이다." 6 그 말을 듣고 마리아가 마음속으로 생각하였다. '내가 살아 계신 주 하느님에 의해 잉태하고 다른 모든 여인들처럼 아이를 낳는다는 말씀일까?' 7 주님의 천사가 말하였다. "그렇지 않다, 마리아야. 하느님의 힘이 너를 뒤덮을 것이다. 그러므로 태어날 아기는 거룩하신 분, 지극히 높으신 분의 아드님이라 불리실 것이다. 8 **너는 아기의 이름을 예수라 하여라. 그분께서 당신 백성을 죄에서 구원하실 것이다.**" 9 그러자 마리아가 말하였다. "보십시오, 주님의 여종이 그분 앞에 있습니다. 말씀하신 대로 저에게 이루어지기를 바랍니다."

1,20-21.23 // 야고보 원복음 14,5 그리고 밤이 되었다. 그때 꿈에 주님의 천사가 요셉에게 나타나 말하였다. "이 소녀를 두고 두려워하지 마라. 사실 그녀의 몸에 있는 아기는 성령으로 말미암은 것이다. 6 그녀가 너에게 아들을 낳아 줄 터이니 그 이름을 예수라고 하여라. 그분께서 당신 백성을 죄에서 구원하실 것이다." 7 요셉은 잠에서 깨어 이스라엘의 하느님, 그에게 이 같은 은총을 베풀어주신 분께 영광을 드렸다. 그리고 그는 그 소녀를 보호하였다.

루카

천사가 목자들에게 예수님의 탄생을 알리다 2,8-14

2,8 그 고장에는 들에 살면서 밤에도 양 떼를 지키는 목자들이 있었다. 9 그런데 주님의 천사가 다가오고 주님의 영광이 그 목자들의 둘레를 비추었다. 그들은 몹시 두려워하였다. 10 그러자 천사가 그들에게 말하였다. "두려워하지 마라. 보라, 나는

요한

예수님에 관한 여러 가지 생각 7,40-44

7,40 이 말씀을 들은 군중 가운데 어떤 이들은, "저분은 참으로 그 예언자시다." 하고, 41 어떤 이들은 "저분은 메시아시다." 하였다. 그러나 이렇게 말하는 이들도 있었다. "메시아가 갈릴래아에서 나올 리가 없지 않은가? 42 성경에 메시아는 다윗의 후

2,1 // 야고보 원복음 17,1 한편 아우구스투스 임금에게서 호적을 등록하라는 명령이 **유다의 베들레헴**에 사는 모든 사람들에게 내려왔다. 2 그래서 요셉이 말하였다. "내 아들들을 호적에 등록해야겠구나. 그런데 이 소녀는 어떻게 할까? 그녀를 뭐라고 등록하지? 3 내

루살렘이 깜짝 놀랐다. 4헤로데는 백성의 수석 사
제들과 율법 학자들을 모두 모아 놓고, 메시아가
태어날 곳이 어디인지 물어보았다. 5그들이 헤로
데에게 말하였다. "유다 베들레헴입니다. 사실 예
언자가 이렇게 기록해 놓았습니다.

2,6 // 미카 5,1 그러나 너 에프라타의 베들레헴아 너는 유다 부족들 가운데에서 보잘것없지만 나를 위하여 이스라엘을 다스릴 이가 너에게서 나오리라. 그의 뿌리는 옛날로, 아득한 시절로 거슬러 올라간다.

2,6 // 2사무 5,2 "전에 사울이 우리의 임금이었을 때에도, 이스라엘을 거느리고 출전하신 이는 임금님이셨습니다. 또한 주님께서는 '너는 내 백성 이스라엘의 목자가 되고 이스라엘의 영도자가 될 것이다.' 하고 임금님께 말씀하셨습니다."

6'유다 땅 베들레헴아
너는 유다의 주요 고을 가운데 결코 가장 작은 고
을이 아니다.
너에게서 통치자가 나와
내 백성 이스라엘을 보살피리라.'"
7그때에 헤로데는 박사들을 몰래 불러 별이 나타
난 시간을 정확히 알아내고서는, 8그들을 베들레
헴으로 보내면서 말하였다. "가서 그 아기에 관하
여 잘 알아보시오. 그리고 그 아기를 찾거든 나에
게 알려 주시오. 나도 가서 경배하겠소." 9그들은
임금의 말을 듣고 길을 떠났다. 그러자 동방에서
본 별이 그들을 앞서가다가, 아기가 있는 곳 위에
이르러 멈추었다. 10그들은 그 별을 보고 더없이
기뻐하였다. 11그리고 그 집에 들어가 어머니 마리
아와 함께 있는 아기를 보고 땅에 엎드려 경배하
였다. 또 보물 상자를 열고 아기에게 황금과 유향
과 몰약을 예물로 드렸다. 12그들은 꿈에 헤로데
에게 돌아가지 말라는 지시를 받고, 다른 길로 자
기 고장에 돌아갔다.

이집트로 피신하시다

마태 2,13-15 | **마르**

2,13-15 // 예언자들의 생애 2,7 한편 그 예레미야가 이집트의 사제들에게 표징을 알려주었다. 하느님 형상의 아기를 낳은 동정녀가 이집

13박사들이 돌아간 뒤, 꿈에 주님의 천사가 요셉
에게 나타나서 말하였다. "일어나 아기와 그 어머
니를 데리고 이집트로 피신하여, 내가 너에게 일

온 백성에게 큰 기쁨이 될 소식을 너희에게 전한
다. 11 오늘 너희를 위하여 다윗 고을에서 구원자
가 태어나셨으니, 주 그리스도이시다. 12 너희는 포
대기에 싸여 구유에 누워 있는 아기를 보게 될 터
인데, 그것이 너희를 위한 표징이다." 13 그때에 갑
자기 그 천사 곁에 수많은 하늘의 군대가 나타나
하느님을 이렇게 찬미하였다.
14 "지극히 높은 곳에서는 하느님께 영광
땅에서는 그분 마음에 드는 사람들에게 평화!"

목자들이 예수님을 뵙다 2,15-20

2,15 천사들이 하늘로 떠나가자 목자들은 서로 말
하였다. "베들레헴으로 가서 주님께서 우리에게
알려 주신 그 일, 그곳에서 일어난 일을 봅시다."
16 그리고 서둘러 가서, 마리아와 요셉과 구유에
누운 아기를 찾아냈다. 17 목자들은 아기를 보고
나서, 그 아기에 관하여 들은 말을 알려 주었다.
18 그것을 들은 이들은 모두 목자들이 자기들에게
전한 말에 놀라워하였다. 19 그러나 마리아는 이
모든 일을 마음속에 간직하고 곰곰이 되새겼다.
20 목자들은 천사가 자기들에게 말한 대로 듣고 본
모든 것에 대하여 하느님을 찬양하고 찬미하며
돌아갔다.

손 가운데에서, 그리고 다윗이 살았던 베들레헴
에서 나온다고 하지 않았는가?" 43 이렇게 군중 가
운데에서 예수님 때문에 논란이 일어났다. 44 그들
가운데 몇몇은 예수님을 잡으려고 하였지만, 그분
께 손을 대는 자는 아무도 없었다.

부인으로? 부끄러울 텐데. 아니면
딸로? 이스라엘 자손들이 그녀가
내 딸이 아니라는 걸 아는데. 4 주
님의 날이 그분께서 원하시는 대
로 이루어지게 하리라." 5 그는 나
귀에 안장을 얹고는 그녀를 위에
앉혔다. 그의 아들이 앞에서 끌고
사무엘은 뒤따라갔다. … 10 여정이
절반가량 지났을 때 마리아가 그
에게 말하였다. "요셉님, 저를 당나귀에서 내려주세요. 뱃속의 아기가 나오려고 합니다." 11 요셉은 그
녀를 당나귀에서 내려놓고 그녀에게 말하였다. "너를 어디로 데려가야 네 수치를 숨길 수 있을까? 여
기는 한적한 광야이니 말이다." … 18,1 그는 거기에서 동굴을 발견하고 그녀를 데려다 놓았다. 그리고 그
의 아들들을 곁에 세워두었다. 2 그리고 히브리 여자 산파를 구하려고 베들레헴 마을로 갔다. … 19,13 그
들이 동굴에 도착했을 때 짙은 구름이 동굴을 뒤덮고 있었다. 14 산파가 말하였다. "오늘 내 영혼이 영
광을 입었습니다. 오늘 내 눈이 놀라운 일을 보았고 이스라엘에는 구원이 내렸습니다!" 15 그러자 갑자
기 동굴에서 구름이 걷히고 동굴 안에 눈으로 볼 수 없을 정도의 큰 빛이 퍼졌다. 16 잠시 뒤 그 빛이 걷
히고 아기가 보였다. 아기는 어머니 마리아에게 다가가 가슴에 손을 얹었다.
2,1-12 // 야고보 원복음 21,1 마침 요셉은 유다로 떠날 채비가 끝났지만, 유다의 베들레헴에서는 큰 소동이 일
어났다. 2 박사들이 와서 다음과 같이 말하였던 것이다. "유다인들의 임금으로 태어나신 분이 어디 계
십니까? 우리는 동방에서 그분의 별을 보고 그분께 경배하러 왔습니다." 3 헤로데가 이 말을 듣고 마음
이 혼란하여 시종들을 박사들에게 보냈다. 4 그리고 수석 사제들도 관저에 소집하여 그들에게 물어보
았다. "그리스도에 관해 어떻게 기록되어 있소? 그는 어디서 태어나오?" 5 그들이 그에게 대답하였다.
"유다 베들레헴입니다. 실제로 그렇게 기록되어 있습니다." 6 헤로데는 그들을 돌려보냈다. 7 그러고는
헤로데는 박사들에게 질문하였다. "새로 태어난 임금에 관해 무슨 표징을 보았소?" 8 박사들이 말하였
다. "저희는 이 별들 사이에서 대단히 큰 별이 빛나면서 다른 별들의 빛을 가리는 것을 보았습니다. 다
른 별들은 보이지 않을 정도가 되었습니다. 이로써 저희는 이스라엘에 임금이 태어났다는 것을 알게
되었고 그분께 경배하러 온 것입니다." 9 헤로데가 그들에게 말하였다. "가서 그 아기를 찾아보시오. 그
리고 찾거든 나에게 알려 주시오. 나도 가서 경배해야겠소." 10 박사들은 거기서 나왔다. 동방에서 본
별이 그들을 앞서 가다가 그들이 동굴 안에 이르자 아기의 머리 위에 멈추었다. 11 박사들은 어머니 마
리아와 함께 있는 아기를 보고, 그들의 주머니에서 황금과 유향과 몰약을 예물로 내어 놓았다. 12 그들
은 유다에 들어가지 말라는 천사의 지시를 받고 다른 길로 자기 고장에 돌아갔다.
2,11 // 야고보 원복음 18,1 그는 거기에서 동굴을 발견하고 그녀를 데려다 놓았다. 그리고 그의 아들들을 곁
에 세워두었다. 2 그리고 히브리 여자 산파를 구하려고 베들레헴 마을로 갔다.

루카

요한

2,13-15 // 니코데모 복음 2,2 유다인들
이 그(예수님)에게 말하였다. "우
리가 당신에 대해 무슨 말을 해야
겠소? 첫째, 당신은 죄에서 태어났

트에 오면 반드시 그들의 신상들이 흔들리고 손으로 만든 모든 것이 무너지리라는 것이었다. [8] 이 때문에 지금껏 그들은 출산한 동정녀를 공경하며 아기를 구유에 누이고 절을 올린다. 그 까닭을 물은 프톨레마이오스 임금에게 사제들이 말하였다. "(그 표징은) 조상들에게 물려받은 신비로서, 경건한 예언자에 의해 우리 아버지들에게 전달되었습니다. 우리는 그가 (알려준) 신비의 결말을 기다리고 있습니다."

2,15 // 호세 11,1 이스라엘이 아이였을 때에 나는 그를 사랑하여 나의 그 아들을 이집트에서 불러내었다.

러 줄 때까지 거기에 있어라. 헤로데가 아기를 찾
아 없애 버리려고 한다." 14 요셉은 일어나 밤에 아
기와 그 어머니를 데리고 이집트로 가서, 15 헤로데
가 죽을 때까지 거기에 있었다. 주님께서 예언자
를 통하여, "내가 내 아들을 이집트에서 불러내
었다." 하신 말씀이 이루어지려고 그리된 것이다.

헤로데가 아기들을 학살하다

마태 2,16-18 | **마르**

16 그때에 헤로데는 박사들에게 속은 것을 알고 크
게 화를 내었다. 그리고 사람들을 보내어, 박사들
에게서 정확히 알아낸 시간을 기준으로, 베들레
헴과 그 온 일대에 사는 두 살 이하의 사내아이들
을 모조리 죽여 버렸다. 17 그리하여 예레미야 예언
자를 통하여 하신 말씀이 이루어졌다.
18 "라마에서 소리가 들린다.
울음소리와 애끊는 통곡 소리.
라헬이 자식들을 잃고 운다.
자식들이 없으니
위로도 마다한다."

2,18 // 예레 31,15 주님께서 이렇게 말씀하신다. "라마에서 소리가 들린다. 비통한 울음소리와 통곡 소리가 들려온다. 라헬이 자식들을 잃고 운다. 자식들이 없으니 위로도 마다한다."

이집트에서 돌아오시다

마태 2,19-23 | **마르**

19 헤로데가 죽자, 꿈에 주님의 천사가 이집트에 있
는 요셉에게 나타나서 말하였다. 20 "일어나 아기와
그 어머니를 데리고 이스라엘 땅으로 가거라. 아

소. 둘째, 당신이 태어났을 때 당
신 때문에 영아들이 살해되었소.
셋째, 당신 아버지와 어머니가 이
집트로 도망갔소. 그들이 백성에
게 아무런 신뢰가 없었던 것이오."

2,13-15 // 니코데모 복음 9,3 유다인들이 소리치며 말하였다. "... 헤로데도 임금이 태어날 것이라는 말을 듣고 그자를 죽이고 싶어 하였습니다. 그래서 사람들을 보내어 베들레헴에 있는 모든 영아들을 학살하였습니다. 그 일로 그자의 아버지 요셉과 그자의 어머니도 헤로데 임금이 두려워져 이집트로 도망갔습니다."

루카

요한

2,16 // 야고보 원복음 22,1 그때 헤로데
는 박사들에게 속은 것을 알고 분
노하였다. 2 그리하여 처형꾼들을
보내어 두 살 이하의 아기들을 모
조리 죽이라고 하였다. 3 마리아는
아기들이 처형된다는 소식을 들
었다. 4 두려워진 그녀는 아기를 베
로 감싼 뒤 소 구유에 넣었다.

2,16 // 니코데모 복음 2,2 유다인들이 그(예수님)에게 말하였다. "우리가 당신에 대해 무슨 말을 해야겠소? 첫째, 당신은 죄에서 태어났소. 둘째, 당신이 태어났을 때 당신 때문에 영아들이 살해되었소. 셋째, 당신 아버지와 어머니가 이집트로 도망갔소. 그들이 백성에게 아무런 신뢰가 없었던 것이오."

2,16 // 니코데모 복음 9,3 유다인들이 소리치며 말하였다. "... 헤로데도 임금이 태어날 것이라는 말을 듣고 그자를 죽이고 싶어 하였습니다. 그래서 사람들을 보내어 베들레헴에 있는 모든 영아들을 학살하였습니다. 그 일로 그자의 아버지 요셉과 그자의 어머니도 헤로데 임금이 두려워져 이집트로 도망갔습니다."

루카

요한

2,23 // 판관 13,5 "네가 임신하여 아들을 낳을 것이기 때문이다. 그리고 아기의 머리에 면도칼을 대어서는 안 된다. 그 아이는 모태에서부터 이미 하느님께 바쳐진 나지르인이 될 것이다. 그가 이스라엘을 필리스티아인들의 손에서 구원해 내기 시작할 것이다."
2,23 // 판관 16,17 그래서 삼손은 자기 속을 다 털어놓고 말았다. "내 머리는 면도칼을 대어 본 적이 없소. 나는 모태에서부터 하느님께 바쳐진 나지르인이기 때문이오. 내 머리털을 깎아 버리면 내 힘이 빠져나가 버릴 것이오. 그러면 내가 약해져서 다른 사람처럼 된다오."

기의 목숨을 노리던 자들이 죽었다." [21] 요셉은 일
어나 아기와 그 어머니를 데리고 이스라엘 땅으로
들어갔다. [22] 그러나 아르켈라오스가 아버지 헤로
데를 이어 유다를 다스린다는 말을 듣고, 그곳으로 가기를 두려워하였다. 그러다가 꿈에 지시
를 받고 갈릴래아 지방으로 떠나,
[23] 나자렛이라고 하는 고을로 가서 자리를 잡았다. 이로써 예언자들을 통하여 "그는 나자렛 사
람이라고 불릴 것이다." 하신 말씀이 이루어졌다.

세례자 요한의 설교

마태 3,1-12

[1] 그 무렵에 세례자 요한이 나타나 유다 광야에서
이렇게 선포하였다. [2] "회개하여라. 하늘 나라가 가
까이 왔다." [3] 요한은 이사야 예언자가 말한 바로
그 사람이다. 이사야는 이렇게 말하였다.
"광야에서 외치는 이의 소리.
'너희는 주님의 길을 마련하여라.
그분의 길을 곧게 내어라.'"
[4] 요한은 낙타털로 된 옷을 입고 허리에 가죽띠를
둘렀다. 그의 음식은 메뚜기와 들꿀이었다. [5] 그때
에 예루살렘과 온 유다와 요르단 부근 지방의 모
든 사람이 그에게 나아가, [6] 자기 죄를 고백하며 요
르단강에서 그에게 세례를 받았다.
[7] 그러나 요한은 많은 바리사이와 사두가이가 자
기에게 세례를 받으러 오는 것을 보고, 그들에게
말하였다. "독사의 자식들아, 다가오는 진노를 피
하라고 누가 너희에게 일러 주더냐? [8] 회개에 합당

3,3 // 이사 40,3 한 소리가 외친다. "너희는 광야에 주님의 길을 닦아라. 우리 하느님을 위하여 사막에 길을 곧게 내어라."

마르 1,1-8

[1] 하느님의 아드님 예수 그리스도의 복음의 시작.
[2] 이사야 예언자의 글에
"보라, 내가 네 앞에 내 사자를 보내니
그가 너의 길을 닦아 놓으리라."
[3] "광야에서 외치는 이의 소리.
'너희는 주님의 길을 마련하여라.
그분의 길을 곧게 내어라.'"
하고 기록된 대로, [4] 세례자 요한이 광야에 나타
나 죄의 용서를 위한 회개의 세례를 선포하였다.
[5] 그리하여 온 유다 지방 사람들과 예루살렘 주민
들이 모두 그에게 나아가, 자기 죄를 고백하며 요
르단강에서 그에게 세례를 받았다. [6] 요한은 낙타
털 옷을 입고 허리에 가죽띠를 둘렀으며, 메뚜기
와 들꿀을 먹고 살았다.

시메온과 한나의 예언 2,25-39

2,39 주님의 법에 따라 모든 일을 마치고 나서, 그들은 갈릴래아에 있는 고향 나자렛으로 돌아갔다.

예수님의 유년 시절 2,40

2,40 아기는 자라면서 튼튼해지고 지혜가 충만해졌으며, 하느님의 총애를 받았다.

루카 3,1-9.15-18

1 티베리우스 황제의 치세 제십오년, 본시오 빌라
도가 유다 총독으로, 헤로데가 갈릴래아의 영주
로, 그의 동생 필리포스가 이투래아와 트라코니
티스 지방의 영주로, 리사니아스가 아빌레네의 영
주로 있을 때, 2 또 한나스와 카야파가 대사제로
있을 때,
하느님의 말씀이 광야에 있는 즈카르야의 아들 요
한에게 내렸다. 3 그리하여 요한은 요르단 부근의
모든 지방을 다니며, 죄의 용서를 위한 회개의 세
례를 선포하였다. 4 이는 이사야 예언자가 선포한
말씀의 책에 기록된 그대로이다.
"광야에서 외치는 이의 소리.
'너희는 주님의 길을 마련하여라.
그분의 길을 곧게 내어라.
5 골짜기는 모두 메워지고
산과 언덕은 모두 낮아져라.

요한 1,19-28

19 요한의 증언은 이러하다. 유다인들이 예루살렘
에서 사제들과 레위인들을 요한에게 보내어, "당
신은 누구요?" 하고 물었을 때, 20 요한은 서슴지
않고 고백하였다. "나는 그리스도가 아니다." 하고
고백한 것이다. 21 그들이 "그러면 누구란 말이오?
엘리야요?" 하고 묻자, 요한은 "아니다." 하고 대답
하였다. "그러면 그 예언자요?" 하고 물어도 다시
"아니다." 하고 대답하였다. 22 그래서 그들이 물었
다. "당신은 누구요? 우리를 보낸 이들에게 우리
가 대답을 해야 하오. 당신은 자신을 무엇이라고
말하는 것이오?" 23 요한이 말하였다. "나는 이사
야 예언자가 말한 대로
'너희는 주님의 길을 곧게 내어라.' 하고
광야에서 외치는 이의 소리다."
24 그들은 바리사이들이 보낸 사람들이었다.

3,4 // 에비온파 복음 요한이 세례를 베풀자 바리사이들과 모든 예루살렘 (사람)이 그에게 와서 세례를 받았다. 요한은 낙타털로 된 옷을 입고 허리에 가죽 띠를 둘렀다. 그리고 그의 식량은 들꿀이었는데 그것은 기름을 넣은 빵인 만나 맛이 났다. (에피파니우스 『구급상자』 30.13.4)

한 열매를 맺어라. 9 그리고 '우리는 아브라함을 조
상으로 모시고 있다.'고 말할 생각일랑 하지 마라.
내가 너희에게 말하는데, 하느님께서는 이 돌들로
도 아브라함의 자녀들을 만드실 수 있다. 10 도끼가
이미 나무뿌리에 닿아 있다. 좋은 열매를 맺지 않
는 나무는 모두 찍혀서 불 속에 던져진다.

3,11 // 4바룩 9,20 "참으로 그분께서 오실 것입니다. 그분께서는 나가서 당신을 위해 열두 사도들을 뽑으실 것입니다. 그들이 민족들 가운데에서 복음을 선포할 수 있도록! 그분의 아버지께서 그분을 채비시켜주신 것을 나는 보았습니다. 그리고 그분께서 이 세상, 올리브 산에 오시는 것을 보았습니다. 그분께서는 배고픈 영혼들을 채워주실 것입니다."

3,12 // 예언자들의 생애 21,2 그(엘리야)가 태어났을 때 그의 아버지 소바카는, 눈부시게 새하얀 옷을 입은 남자들이 자기를 부르는 것을 환시로 보았다. (환시에서) 그들은 자기를 불에 감싸고는 불꽃을 먹으라고 자기에게 주었다. 3 그는 예루살렘에 와서 이 사실을 알렸다. 그러자 신탁이 그에게 말하였다. "두려워하지 마라. 그의 거처는 빛이 되고 그의 말은 선고가 될 것이다. 그리고 그는 칼과 불로 이스라엘을 심판할 것이다."

11 나는 너희를 회개시키려고 물로 세례를 준다. 그
러나 내 뒤에 오시는 분은 나보다 더 큰 능력을
지니신 분이시다. 나는 그분의 신발을 들고 다닐
자격조차 없다. 그분께서는 너희에게 성령과 불로
세례를 주실 것이다. 12 또 손에 키를 드시고 당신
의 타작마당을 깨끗이 하시어, 알곡은 곳간에 모
아들이시고 쭉정이는 꺼지지 않는 불에 태워 버
리실 것이다."

| 마태 3,10 // 7,19

7 그리고 이렇게 선포하였다. "나보다 더 큰 능력을
지니신 분이 내 뒤에 오신다. 나는 몸을 굽혀 그분
의 신발 끈을 풀어 드릴 자격조차 없다. 8 나는 너
희에게 물로 세례를 주었지만, 그분께서는 너희에
게 성령으로 세례를 주실 것이다."

세례를 받으시다

마태 3,13–17

13 그때에 예수님께서는 요한에게 세례를 받으시
려고 갈릴래아에서 요르단으로 그를 찾아가셨다.
14 그러나 요한은 "제가 선생님께 세례를 받아야
할 터인데 선생님께서 저에게 오시다니요?" 하면
서 그분을 말렸다. 15 예수님께서는 "지금은 이대

마르 1,9–11

9 그 무렵에 예수님께서 갈릴래아 나자렛에서 오시
어, 요르단에서 요한에게 세례를 받으셨다.

굽은 데는 곧아지고
거친 길은 평탄하게 되어라.
6 그리하여 모든 사람이 하느님의 구원을 보리라.'"
7 요한은 자기에게 세례를 받으러 오는 군중에게 말하였다. "독사의 자식들아, 다가오는 진노를
피하라고 누가 너희에게 일러 주더냐? 8 회개에 합당한 열매를 맺어라. 그리고 '우리는 아브라함
을 조상으로 모시고 있다.'는 말은 아예 혼잣말로라도 꺼내지 마라. 내가 너희에게 말하는데, 하
느님께서는 이 돌들로도 아브라함의 자녀들을 만드실 수 있다. 9 도끼가 이미 나무뿌리에 닿아
있다. 좋은 열매를 맺지 않는 나무는 모두 찍혀서 불 속에 던져진다."

3,10 // 필립보 복음 83. "도끼가 이미 나무뿌리에 닿아 있다." (도끼는) 그저 자르기만 하지는 않을 것입니다. 잘린 것이 다시 싹을 틔울 것이기 때문입니다. 도끼는 뿌리를 뽑을 때까지 아래쪽으로 깊이 파고들 것입니다. 예수님께서는 온 땅의 뿌리를 뽑으셨습니다. 그러나 다른 이들은 부분적으로만 (그렇게 했을 따름입니다). 우리는 각자 자기 안에 있는 악의 뿌리를 좇아 파내려갑시다. 그리고 각자의 마음에서 (악을) 뿌리째 뽑아냅시다.

15 백성은 기대에 차 있었으므로, 모두 마음속으
로 요한이 메시아가 아닐까 하고 생각하였다. 16 그
래서 요한은 모든 사람에게 말하였다. "나는 너희
에게 물로 세례를 준다. 그러나 나보다 더 큰 능
력을 지니신 분이 오신다. 나는 그분의 신발 끈
을 풀어 드릴 자격조차 없다. 그분께서는 너희에
게 성령과 불로 세례를 주실 것이다. 17 또 손에 키
를 드시고 당신의 타작마당을 깨끗이 치우시어,
알곡은 당신의 곳간에 모아들이시고 쭉정이는 꺼
지지 않는 불에 태워 버리실 것이다." 18 요한은 그
밖에도 여러 가지로 권고하면서 백성에게 기쁜 소
식을 전하였다.

25 이들이 요한에게 물었다. "당신이 그리스도도
아니고 엘리야도 아니고 그 예언자도 아니라면,
세례는 왜 주는 것이오?" 26 그리자 요한이 그들에
게 대답하였다. "나는 물로 세례를 준다. 그런데
너희 가운데에는 너희가 모르는 분이 서 계신다.
27 내 뒤에 오시는 분이신데, 나는 그분의 신발 끈
을 풀어 드리기에도 합당하지 않다."
28 이는 요한이 세례를 주던 요르단강 건너편 베타
니아에서 일어난 일이다.

루카 3,21-22

요한

3,13-17 // 에비온파 복음 "백성이 세례를 받고 있을 때 예수님도 오셔서 요한에게 세례를 받으셨다. 그분께서 물에서 나오시자 하늘이 열렸다. 그분께서는 성령이 비둘기 모양으로 내려오시어 당신에게 들어오시는 것을 보셨다. 그리고 하늘에서 이렇게 말하는 소리가 들려왔다. '너는 내가 사랑하는 아들, 내 마음에 드는 아들이다.' 그 소리는 다시 '내가 오늘 너를 낳았다'고 하였다. 곧이어 큰 빛이 그곳을 환히 비추었다. 이것을 본 요한이 그분께 말하였다. '주님, 당신은 누구십니까?' 그러자 다시 하늘에서 그

로 하십시오. 우리는 이렇게 해서 마땅히 모든 의
로움을 이루어야 합니다." 하고 대답하셨다. 그제
야 요한이 예수님의 뜻을 받아들였다.
16 예수님께서는 세례를 받으시고 곧 물에서 올라
오셨다. 그때 그분께 하늘이 열렸다. 그분께서는
하느님의 영이 비둘기처럼 당신 위로 내려오시는
것을 보셨다. 17 그리고 하늘에서 이렇게 말하는
소리가 들려왔다. "이는 내가 사랑하는 아들, 내
마음에 드는 아들이다."

| 마태 3,17 // 17,5

10 그리고 물에서 올라오신 예수님께서는 곧 하늘
이 갈라지며 성령께서 비둘기처럼 당신께 내려오
시는 것을 보셨다. 11 이어 하늘에서 소리가 들려
왔다. "너는 내가 사랑하는 아들, 내 마음에 드는
아들이다."

3,16-17 // 4에즈 13,32 그리고 내가 전에 말한 표징들이 나타날 것이다. 그런 다음, 내 아들이 모습을 드러낼 것이다. 네가 (바다에서) 올라오는 것을 본 그 남자다.

3,17 // 창세 22,2 네가 사랑하는 외아들 이사악

3,17 // 시편 2,7 주님의 결정을 나는 선포하리라. 나에게 말씀하셨다. "너는 내 아들. 내가 오늘 너를 낳았노라."

3,17 // 이사 42,1 여기에 나의 종이 있다. 그는 내가 붙들어 주는 이, 내가 선택한 이, 내 마음에 드는 이다. 내가 그에게 나의 영을 주었으니 그는 민족들에게 공정을 펴리라.

3,16-17 // 2바룩 22,1 이 일들이 있은 뒤의 일이었다. 보라, 하늘이 열리고 나는 보았다. 그리고 힘이 나(바룩)에게 주어졌다. 그리고 한 목소리가 높은 곳에서 들려와 내게 말하였다.

3,16-17 // 2바룩 13,1 그리고 이 일들이 있은 다음의 일이다. 나 바룩은 시온 산 위에 서 있었다. 그런데 보라! 높은 데서 한 목소리가 나와 나에게 말하였다. 2 "두 발로 일어서라, 바룩아. 그리고 능하신 하느님의 말씀을 들어라!"

광야에서 유혹을 받으시다

마태 4,1-11

1 그때에 예수님께서는 성령의 인도로 광야에 나
가시어, 악마에게 유혹을 받으셨다. 2 그분께서는
사십 일을 밤낮으로 단식하신 뒤라 시장하셨다.

마르 1,12-13

12 그 뒤에 성령께서는 곧 예수님을 광야로 내보내
셨다. 13 예수님께서는 광야에서 사십 일 동안 사
탄에게 유혹을 받으셨다.

3 그런데 유혹자가 그분께 다가와, "당신이 하느님의 아들이라면 이 돌들에게 빵이 되라고 해 보
시오." 하고 말하였다. 4 예수님께서 대답하셨다. "성경에 기록되어 있다.
'사람은 빵만으로 살지 않고
하느님의 입에서 나오는 모든 말씀으로 산다.'"
5 그러자 악마는 예수님을 데리고 거룩한 도성으로 가서 성전 꼭대기에 세운 다음, 6 그분께 말하

4,4 // 신명 8,3 그분께서는 너희를 낮추시고 굶주리게 하신 다음, 너희도 모르고 너희 조상들도 몰랐던 만나를 먹게 해 주셨다. 그것은 사람이 빵만으로 살지 않고, 주님의 입에서 나오는 모든 말씀으로 산다는 것을 너희가 알게 하시려는 것이었다.

4,1-11 // 2바룩 9,1 그리고 나 바룩은 예레미야와 함께 (도성에) 왔다. 그는 마음이 죄 없이 깨끗한 이로 드러난 사람이며 도성 함락 때 잡혀가지 않았다. 우리는 옷을 찢고 울

21 온 백성이 세례를 받은 뒤에 예수님께서도 세
례를 받으시고 기도를 하시는데, 하늘이 열리며
22 성령께서 비둘기 같은 형체로 그분 위에 내리시
고, 하늘에서 소리가 들려왔다. "너는 내가 사랑
하는 아들, 내 마음에 드는 아들이다."

하느님의 어린양 1,29-34

1,32 요한은 또 증언하였다. "나는 성령께서 비둘기
처럼 하늘에서 내려오시어 저분 위에 머무르시는
것을 보았다. 33 나도 저분을 알지 못하였다. 그러
나 물로 세례를 주라고 나를 보내신 그분께서 나
에게 일러 주셨다. '성령이 내려와 어떤 분 위에 머
무르는 것을 네가 볼 터인데, 바로 그분이 성령으
로 세례를 주시는 분이다.' 34 과연 나는 보았다. 그
래서 저분이 하느님의 아드님이시라고 내가 증언
하였다."

분에게 말하는 소리가 들려왔다. '이는 내가 사랑하는 아들, 내 마음에 드는 아들이다.' 그러자 요한이 그분께 엎드려 절하며 말하였다. '당신께 청합니다. 주님, 당신께서 저에게 세례를 베풀어 주십시오.' 그러나 그분께서는 그를 막으며 말씀하셨다. '이대로 하여라. 이렇게 해서 모든 것이 이루어져야 한다.'" (에피파니우스 『구급상자』 30.13.7-8)

3,13-17 // 히브리인들의 복음 "주님께서 물에서 올라오셨을 때 성령의 샘 전체가 내려와 그분 위에 머무시며 그분께 말씀하셨다. '내 아들아, 나는 모든 예언자들 가운데 바로 네가 오기를, 그리하여 내가 네 안에서 쉬기를 고대하였다. 너는 나의 휴식이며 너는 나의 맏아들, 영원히 다스릴 자이기 때문이다.'" (히에로니무스 『이사야서 (11,1-3) 주해』 4)

루카 4,1-13

1 예수님께서는 성령으로 가득 차 요르단강에서
돌아오셨다. 그리고 성령에 이끌려 광야로 가시
어, 2 사십 일 동안 악마에게 유혹을 받으셨다. 그
동안 아무것도 잡수시지 않아 그 기간이 끝났을
때에 시장하셨다.
3 그런데 악마가 그분께, "당신이 하느님의 아들이라면 이 돌
더러 빵이 되라고 해 보시오." 하고 말하였다. 4 예수님께서 그
에게 대답하셨다.
"'사람은 빵만으로 살지 않는다.'라고 성경에 기록되어 있다."
5 그러자 악마는 예수님을 높은 곳으로 데리고 가서 한순간에 세계의 모든 나라를 보여 주며, 6 그분께

요한

었다. 그리고 애도하며 이레 동안
단식하였다. 10,1 이레 뒤의 일이었
다. 하느님의 말씀이 내리셨다. 그
리고 내게 말씀하셨다. 2 "예레미
야에게, 가서 바빌론에 유배된 백
성을 일으키라고 말하여라. 3 그러
나 너는 여기 시온의 폐허에 남아
있어라. 내가 너에게, 이 날들이 지
난 뒤 마지막 날들에 일어날 일들
을 보여 주겠다."

4,6 // 시편 91,11 그분께서 당신 천사들에게 명령하시어 네 모든 길에서 너를 지키게 하시리라. 12 행여 네 발이 돌에 차일세라 그들이 손으로 너를 받쳐 주리라.

4,7 // 신명 6,16 너희가 마싸에서 주 너희 하느님을 시험한 것처럼, 그분을 시험해서는 안 된다.

4,10 // 신명 6,13 너희는 주 너희 하느님을 경외하고 그분을 섬기며, 그분의 이름으로만 맹세해야 한다.

4,1-11 // 2바룩 12,5 이 말들을 마친 뒤 나는 이레 동안 단식했다. 13,1 그리고 이 일들이 있은 다음의 일이다. 나 바룩은 시온 산 위에 서 있었다. 그런데 보라! 높은 데서 한 목소리가 나와 나에게 말하였다. 2 "두 발로 일어서라, 바룩아. 그리고 능하신 하느님의 말씀을 들어라! 3 네가 시온에 일어난 일로 경악했기에, 그 때문에 너는 시간의 마지막까지 남겨질 것이다. 네가 증인이 되기 위해서다. ..."

4,1-11 // 2바룩 20,5 그러니 가라! 이레 동안 자신을 정결히 하고, 빵도 먹지 말고 물도 마시지 마라. 그리고 누구에게도 말하지 마라. 6 그런 다음 이 장소로 가라. 그러면 나는 너에게 나를 보여 주겠다. 그리고 너에게 진실을 말해주겠다. 그리고 시간들의 행로에 대해 너에게 일러 주겠다.

4,1-11 // 4에즈 6,31 그러므로 만약 네가 다시 이레 동안 탄원하고 단식한다면 이 일들보다 더 엄청난 것들을 너에게 계시해 주겠다.

였다. "당신이 하느님의 아들이라면 밑으로 몸을
던져 보시오. 성경에 이렇게 기록되어 있지 않소?
'그분께서는 너를 위해 당신 천사들에게 명령하
시리라.'
'행여 네 발이 돌에 차일세라 그들이 손으로 너를 받쳐 주리라.'"
7 예수님께서는 그에게 이르셨다. "성경에 이렇게도 기록되어 있다. '주 너의 하느님을 시험
하지 마라.'"
8 악마는 다시 그분을 매우 높은 산으로 데리고 가서, 세상의 모든 나라와 그 영광을 보여
주며, 9 "당신이 땅에 엎드려 나에게 경배하면 저 모든 것을 당신에게 주겠소." 하고 말하
였다. 10 그때에 예수님께서 그에게 말씀하셨다. "사탄아, 물러가라. 성경에 기록되어 있다.
'주 너의 하느님께 경배하고
그분만을 섬겨라.'"
11 그러자 악마는 그분을 떠나가고, 천사들이 다가
와 그분의 시중을 들었다.

또한 들짐승들과 함께 지내셨는데 천사들이 그분
의 시중을 들었다.

갈릴래아 전도를 시작하시다

마태 4,12-17

12 예수님께서는 요한이 잡혔다는 말을 들으시고
갈릴래아로 물러가셨다. 13 그리고 나자렛을 떠나
즈불룬과 납탈리 지방 호숫가에 있는 카파르나움
으로 가시어 자리를 잡으셨다. 14 이사야 예언자

마르 1,14-15

14 요한이 잡힌 뒤에 예수님께서는 갈릴래아에 가
시어, 하느님의 복음을 선포하시며

말하였다. "내가 저 나라들의 모든 권세와 영광
을 당신에게 주겠소. 내가 받은 것이니 내가 원하
는 이에게 주는 것이오. 7 당신이 내 앞에 경배하
면 모두 당신 차지가 될 것이오." 8 예수님께서 그
에게 대답하셨다.
"성경에 기록되어 있다.
'주 너의 하느님께 경배하고
그분만을 섬겨라.'"
9 그러자 악마는 예수님을 예루살렘으로 데리고 가서 성전 꼭대기에 세운 다음, 그분께 말하였다. "당
신이 하느님의 아들이라면 여기에서 밑으로 몸을 던져 보시오. 10 성경에 이렇게 기록되어 있지 않소?
'그분께서는 너를 위해 당신 천사들에게
너를 보호하라고 명령하시리라.'
11 '행여 네 발이 돌에 차일세라
그들이 손으로 너를 받쳐 주리라.'"
12 예수님께서는 그에게, "'주 너의 하느님을 시험하지 마라.' 하신 말씀이 성경에 있다." 하고 대답하셨다.
13 악마는 모든 유혹을 끝내고 다음 기회를 노리며 그분에게서 물러갔다.

루카 4,14-15

14 예수님께서 성령의 힘을 지니고 갈릴래아로 돌
아가시니, 그분의 소문이 그 주변 모든 지방에 퍼
졌다. 15 예수님께서는 그곳의 여러 회당에서 가르
치시며 모든 사람에게 칭송을 받으셨다.

요한

4,13 // 에비온파 복음 이름이 예수인 한 남자분이 계셨다. 그분이 서른 즈음에 우리를 뽑으셨다. 그분이 카파르나움에 가셨을 때 베드로라 불리는 시몬의 집에 들어가 입을 열어 말씀하셨다. (에피파니우스 『구급상자』 30.13.2)

4,15-16 // 이사 8,23 그러나 곤궁에 처해 있는 그 땅에 더 이상 어둠이 없으리라. 옛날에는 즈불룬 땅과 납탈리 땅이 천대를 받았으나 앞으로는 바다로 가는 길과 요르단 건너편과 이민족들의 지역이 영화롭게 되리이다. 9,1 어둠 속을 걷던 백성이 큰 빛을 봅니다. 암흑의 땅에 사는 이들에게 빛이 비칩니다.

를 통하여 하신 말씀이 이루어지려고 그리된 것이다.
15 "즈불룬 땅과 납탈리 땅
바다로 가는 길, 요르단 건너편
이민족들의 갈릴래아,
16 어둠 속에 앉아 있는 백성이
큰 빛을 보았다.
죽음의 그림자가 드리운 고장에 앉아 있는 이들에게
빛이 떠올랐다."
17 그때부터 예수님께서는 "회개하여라. 하늘 나라
가 가까이 왔다." 하고 선포하기 시작하셨다.

| 마태 4,12 // 14,3
| 마태 4,17 // 10,7

(마르)
15 이렇게 말씀하셨다. "때가 차서 하느님의 나라가
가까이 왔다. 회개하고 복음을 믿어라."

어부 네 사람을 제자로 부르시다

마태 4,18-22

18 예수님께서는 갈릴래아 호숫가를 지나가시다가
두 형제, 곧 베드로라는 시몬과 그의 동생 안드레
아가 호수에 어망을 던지는 것을 보셨다. 그들은
어부였다. 19 예수님께서 그들에게 이르셨다. "나를
따라오너라. 내가 너희를 사람 낚는 어부로 만들
겠다." 20 그러자 그들은 곧바로 그물을 버리고 예
수님을 따랐다. 21 거기에서 더 가시다가 예수님께

마르 1,16-20

16 예수님께서 갈릴래아 호숫가를 지나가시다가,
호수에 그물을 던지고 있는 시몬과 그의 동생 안
드레아를 보셨다. 그들은 어부였다. 17 예수님께서
그들에게 이르셨다. "나를 따라오너라. 내가 너희
를 사람 낚는 어부가 되게 하겠다." 18 그러자 그들
은 곧바로 그물을 버리고 예수님을 따랐다. 19 예
수님께서 조금 더 가시다가, 배에서 그물을 손질

루카 5,1-11

1 예수님께서 겐네사렛 호숫가에 서 계시고, 군중
은 그분께 몰려들어 하느님의 말씀을 듣고 있을
때였다. 2 그분께서는 호숫가에 대어 놓은 배 두
척을 보셨다. 어부들은 거기에서 내려 그물을 씻
고 있었다. 3 예수님께서는 그 두 배 가운데 시몬
의 배에 오르시어 그에게 뭍에서 조금 저어 나가
달라고 부탁하신 다음, 그 배에 앉으시어 군중을
가르치셨다.

4 예수님께서 말씀을 마치시고 나서 시몬에게 이
르셨다. "깊은 데로 저어 나가서 그물을 내려 고기
를 잡아라." 5 시몬이 "스승님, 저희가 밤새도록 애
썼지만 한 마리도 잡지 못하였습니다. 그러나 스
승님의 말씀대로 제가 그물을 내리겠습니다." 하
고 대답하였다. 6 그렇게 하자 그들은 그물이 찢어
질 만큼 매우 많은 물고기를 잡게 되었다. 7 그래서

요한

첫 제자들 1,35-42

1,35 이튿날 요한이 자기 제자 두 사람과 함께 그곳
에 다시 서 있다가, 36 예수님께서 지나가시는 것을
눈여겨보며 말하였다. "보라, 하느님의 어린양이시
다." 37 그 두 제자는 요한이 말하는 것을 듣고 예
수님을 따라갔다. 38 예수님께서 돌아서시어 그들
이 따라오는 것을 보시고, "무엇을 찾느냐?" 하고
물으시자, 그들이 "라삐, 어디에 묵고 계십니까?"

서 다른 두 형제, 곧 제베대오의 아들 야고보와
그의 동생 요한이 배에서 아버지 제베대오와 함
께 그물을 손질하는 것을 보시고 그들을 부르셨
다. [22]그들은 곧바로 배와 아버지를 버려두고 그
분을 따랐다.

하는 제베대오의 아들 야고보와 그의 동생 요한
을 보시고, [20]곧바로 그들을 부르셨다. 그러자 그
들은 아버지 제베대오를 삯꾼들과 함께 배에 버
려두고 그분을 따라나섰다.

예수님과 군중

마태 4,23-25

[23]예수님께서는 온 갈릴래아를 두루 다니시며 회
당에서 가르치시고 하늘 나라의 복음을 선포하
시며, 백성 가운데에서 병자와 허약한 이들을 모
두 고쳐 주셨다. [24]그분의 소문이 온 시리아에 퍼
졌다. 그리하여 사람들이 갖가지 질병과 고통에
시달리는 환자들과 마귀 들린 이들, 간질 병자들
과 중풍 병자들을 그분께 데려왔다. 예수님께서
는 그들을 고쳐 주셨다. [25]그러자 갈릴래아, 데카
폴리스, 예루살렘, 유다, 그리고 요르단 건너편에
서 온 많은 군중이 그분을 따랐다.

| 마태 4,23 // 9,35
| 마태 4,23-24 // 14,34-36

마르

전도 여행을 떠나시다 1,35-39

[1,39]그러고 나서 예수님께서는 온 갈릴래아를 다니
시며, 회당에서 복음을 선포하시고 마귀들을 쫓
아내셨다.

다른 배에 있는 동료들에게 손짓하여 와서 도와
달라고 하였다. 동료들이 와서 고기를 두 배에 가
득 채우니 배가 가라앉을 지경이 되었다.
8 시몬 베드로가 그것을 보고 예수님의 무릎 앞에
엎드려 말하였다. "주님, 저에게서 떠나 주십시오.
저는 죄 많은 사람입니다." 9 사실 베드로도, 그와
함께 있던 이들도 모두 자기들이 잡은 그 많은 고
기를 보고 몹시 놀랐던 것이다. 10 시몬의 동업자
인 제베대오의 두 아들 야고보와 요한도 그러하
였다. 예수님께서 시몬에게 이르셨다. "두려워하
지 마라. 이제부터 너는 사람을 낚을 것이다." 11 그
들은 배를 저어다 뭍에 대어 놓은 다음, 모든 것
을 버리고 예수님을 따랐다.

하고 말하였다. '라삐'는 번역하면 '스승님'이라는
말이다. 39 예수님께서 그들에게 "와서 보아라." 하
시니, 그들이 함께 가 예수님께서 묵으시는 곳을
보고 그날 그분과 함께 묵었다. 때는 오후 네 시
쯤이었다.
40 요한의 말을 듣고 예수님을 따라간 두 사람 가
운데 하나는 시몬 베드로의 동생 안드레아였다.
41 그는 먼저 자기 형 시몬을 만나, "우리는 메시
아를 만났소." 하고 말하였다. '메시아'는 번역하
면 '그리스도'이다. 42 그가 시몬을 예수님께 데려
가자, 예수님께서 시몬을 눈여겨보며 이르셨다.
"너는 요한의 아들 시몬이구나. 앞으로 너는 케
파라고 불릴 것이다." '케파'는 '베드로'라고 번역
되는 말이다.

루카 6,17-19

17 예수님께서 그들과 함께 산에서 내려가 평지에
서시니, 그분의 제자들이 많은 군중을 이루고, 온
유다와 예루살렘, 그리고 티로와 시돈의 해안 지
방에서 온 백성이 큰 무리를 이루고 있었다. 18 그
들은 예수님의 말씀도 듣고 질병도 고치려고 온
사람들이었다. 그리하여 더러운 영들에게 시달리
는 이들도 낫게 되었다. 19 군중은 모두 예수님께
손을 대려고 애를 썼다. 그분에게서 힘이 나와 모
든 사람을 고쳐 주었기 때문이다.

요한

산상 설교(5—7장)

5,1 예수님께서는 그 군중을 보시고 산으로 오르셨
다. 그분께서 자리에 앉으시자 제자들이 그분께
다가왔다. 2 예수님께서 입을 여시어 그들을 이렇
게 가르치셨다.

참행복

마태 5,3-12 | **마르**

5,5 // 시편 37,11 그러나 가난한 이들은 땅을 차지하고 큰 평화로 즐거움을 누리리라.

5,6 // 4바룩 9,20 참으로 그분께서 오실 것입니다. 그분께서는 나가서 당신을 위해 열두 사도들을 뽑으실 것입니다. 그들이 민족들 가운데에서 복음을 선포할 수 있도록! 그분의 아버지께서 그분을 채비시켜주신 것을 나는 보았습니다. 그리고 그분께서 이 세상, 올리브 산에 오시는 것을 보았습니다. 그분께서는 배고픈 영혼들을 채워주실 것입니다."

5,6 // 아리스테아스의 편지 189 폐하께서 그의 답변을 칭송하신 뒤 옆 사람에게 물으셨습니다. "(사람이) 매사에 어떻게 행동해야 하오?" 그가 답했습니다. "모든 이를 향해 정의로운 자세를 유지한다면, 모든 생각이 있는 그대로 하느님께 알려져 있음을 명심하면서 매사

3 "행복하여라, 마음이 가난한 사람들!
하늘 나라가 그들의 것이다.
4 행복하여라, 슬퍼하는 사람들!
그들은 위로를 받을 것이다.
5 행복하여라, 온유한 사람들!
그들은 땅을 차지할 것이다.
6 행복하여라, 의로움에 주리고 목마른 사람들!
그들은 흡족해질 것이다.
7 행복하여라, 자비로운 사람들!
그들은 자비를 입을 것이다.
8 행복하여라, 마음이 깨끗한 사람들!
그들은 하느님을 볼 것이다.
9 행복하여라, 평화를 이루는 사람들!
그들은 하느님의 자녀라 불릴 것이다.
10 행복하여라, 의로움 때문에 박해를 받는 사람들!

예수님과 군중 6,17-20ㄱ

6,17 예수님께서 그들과 함께 산에서 내려가 평지에
서시니, 그분의 제자들이 많은 군중을 이루고, 온
유다와 예루살렘, 그리고 티로와 시돈의 해안 지
방에서 온 백성이 큰 무리를 이루고 있었다. 18 그
들은 예수님의 말씀도 듣고 질병도 고치려고 온
사람들이었다. 그리하여 더러운 영들에게 시달리
는 이들도 낫게 되었다. 19 군중은 모두 예수님께
손을 대려고 애를 썼다. 그분에게서 힘이 나와 모
든 사람을 고쳐 주었기 때문이다.
20ㄱ 예수님께서 눈을 들어 제자들을 보시며 말씀
하셨다.

루카 6,20ㄴ-23

20ㄴ "행복하여라, 가난한 사람들!
하느님의 나라가 너희 것이다.
21 행복하여라, 지금 굶주리는 사람들!
너희는 배부르게 될 것이다.
행복하여라, 지금 우는 사람들!
너희는 웃게 될 것이다.
22 사람들이 너희를 미워하면, 그리고 사람의 아들
때문에 너희를 쫓아내고 모욕하고 중상하면, 너
희는 행복하다! 23 그날에 기뻐하고 뛰놀아라. 보
라, 너희가 하늘에서 받을 상이 크다. 사실 그들의
조상들도 예언자들을 그렇게 대하였다."

요한

5,3 // 토마 복음 54 예수님께서 말씀하셨다. "행복하여라, 가난한 사람들! 하늘 나라가 너희 것이다."

5,3-12 // 용사 토마의 책 145 너희는 행복하다, 걸림돌에 대해 미리 알고 낯선 것들에게서 달아나는 이들. 너희는 행복하다, 자기들을 향한 주님의 사랑 때문에 5 멸시당하고 비난받는 이들. 너희는 행복하다, 희망이 없는 자들에게 짓밟히며 우는 이들. 너희는 모든 사슬에서 풀려날 것이기 때문이다.

5,6 // 토마 복음 69,1 예수님께서 말씀하셨다. "행복하여라, 마음으로 박해받은 사람들! 그들은 참으로 아버지를 알게 되었다. 2 행복하여라, 지금 굶주리는 사람들! 갈구하는 이의 배가 채워질 것이다."

5,10 // 토마 복음 69,1 예수님께서 말씀하셨다. "행복하여라, 마음으로 박해받은 사람들! 그들은 참으로 아버지를 알게 되었다. 2 행복하여라, 지금 굶주리는 사람들! 갈구하는 이의 배가 채워질 것이다."

에 올바로 처신하게 될 것입니다."
5,3-12 // 1에녹 3,6 그러나 죄 없는 모
든 이는 기뻐할 것입니다. 그들에
게는 죄의 해방과 온갖 자비와 평
화와 관용이 있을 것입니다. 그리
고 그들에게는 구원과 좋은 빛이
있을 것입니다. 땅을 상속받을 이
들이 바로 그들입니다. 그러나 죄인인 여러분 모두에게는 구원이 없을 것입니다. 여러분 모두에게 파
멸과 저주가 있을 것입니다. 7 뽑힌 이들에게는 빛과 기쁨과 평화가 있을 것입니다. 바로 그들이 땅을
상속받을 것입니다. 그러나 여러분, 불경한 자들에게는 저주가 있을 것입니다. 8 그때 뽑힌 이들에게는
빛과 기쁨이 주어질 것입니다. 그리고 바로 그들이 땅을 상속받을 것입니다. 그때 뽑힌 이들에게는 지
혜가 주어질 것입니다. 그리고 이들은 모두 살 것입니다. 그들은 결코 죄를 짓지 않을 것입니다. 진리를
거슬러서도, 오만에 의해서도! 그리고 빛을 받은 사람에게는 빛이, 총기를 얻은 사람에게는 생각이 있
을 것입니다. 그들은 결코 잘못을 저지르지 않을 것입니다. 9 그리고 그들 생애의 모든 날에 결코 죄를
짓지 않을 것입니다. 그리고 그들은 진노 속에서 죽지 않을 것입니다. 대신 자기 생명의 날수를 채울 것
입니다. 그리고 그들의 생명은 평화 안에서 늘어날 것입니다. 그들의 기쁨의 햇수는 즐거움 속에 늘어
날 것입니다. 또한 그들 생명의 모든 날에 영원한 평화가 함께할 것입니다.

하늘 나라가 그들의 것이다.
11 사람들이 나 때문에 너희를 모욕하고 박해하며,
너희를 거슬러 거짓으로 온갖 사악한 말을 하면, 너희는 행복하다! 12 기뻐하고 즐거워하여
라. 너희가 하늘에서 받을 상이 크다. 사실 너희에 앞서 예언자들도 그렇게 박해를 받았다."

세상의 소금과 빛

마태 5,13-16

13 "너희는 세상의 소금이다. 그러나 소금이 제맛
을 잃으면 무엇으로 다시 짜게 할 수 있겠느냐? 아
무 쓸모가 없으니 밖에 버려져 사람들에게 짓밟
힐 따름이다.
14 너희는 세상의 빛이다. 산 위에 자리 잡은 고을
은 감추어질 수 없다.
15 등불은 켜서 함지 속이 아니라 등경 위에 놓는
다. 그렇게 하여 집 안에 있는 모든 사람을 비춘다.

마르 9,49-50

49 "모두 불 소금에 절여질 것이다.
50 소금은 좋은 것이다. 그러나 소금이 짠맛을 잃
으면 무엇으로 그 맛을 내겠느냐? 너희는 마음에
소금을 간직하고 서로 평화롭게 지내라."

등불의 비유 4,21-25
4,21 예수님께서 또 그들에게 말씀하셨다. "누가 등
불을 가져다가 함지 속이나 침상 밑에 놓겠느냐?
등경 위에 놓지 않느냐?

16 이와 같이 너희의 빛이 사람들 앞을 비추어, 그들이 너희의 착
한 행실을 보고 하늘에 계신 너희 아버지를 찬양하게 하여라."

5,11 // 토마 복음 68,1 예수님께서 말씀하셨다. "사람들이 너희를 미워하고 박해하면 너희는 행복하다! [2] 너희를 박해한 곳에서는 그들이 있을 곳을 찾지 못할 것이다."

루카 14,34-35

요한

34 "소금은 좋은 것이다. 그러나 소금이 제맛을 잃
으면 무엇으로 다시 짜게 하겠느냐? 35 땅에도 거
름에도 쓸모가 없어 밖에 내던져 버린다. 들을 귀
있는 사람은 들어라."

등불의 비유 8,16-18

8,16 "아무도 등불을 켜서 그릇으로 덮거나 침상 밑에 놓지 않
는다. 등경 위에 놓아 들어오는 이들이 빛을 보게 한다."

눈은 몸의 등불 11,33-36

11,33 "아무도 등불을 켜서 숨겨 두거나 함지 속에 놓지 않는다.
등경 위에 놓아, 들어오는 이들이 빛을 보게 한다."

5,14 // 토마 복음 32 예수님께서 말씀하셨다. "높은 산 위에 세운 견고한 도성은 쓰러질 수도 없고 감추어질 수도 없다."

5,15 // 토마 33,1 예수님께서 말씀하셨다. "네 귀로 들은 것을 지붕 위에서 다른 이의 귀에 대고 선포하여라. [2] 사실 아무도 등불을 켜서 함지 아래 놓지 않고 은밀한 곳에 숨겨 두지도 않는다. 대신 그것을 등경 위에 놓아 드나드는 이들이 모두 그 빛을 보게 할 것이다."

예수님과 율법

마태 5,17-20

마르

[17] "내가 율법이나 예언서들을 폐지하러 온 줄로
생각하지 마라. 폐지하러 온 것이 아니라 오히려
완성하러 왔다. [18] 내가 진실로 너희에게 말한다.
하늘과 땅이 없어지기 전에는, 모든 것이 이루어질 때까지 율법에서 한 자 한 획도 없어지지 않
을 것이다.
[19] 그러므로 이 계명들 가운데에서 가장 작은 것 하나라도 어기고 또 사람들을 그렇게 가르치는
자는 하늘 나라에서 가장 작은 자라고 불릴 것이다. 그러나 스스로 지키고 또 그렇게 가르치는
이는 하늘 나라에서 큰사람이라고 불릴 것이다. [20] 내가 너희에게 말한다. 너희의 의로움이 율법
학자들과 바리사이들의 의로움을 능가하지 않으면, 결코 하늘 나라에 들어가지 못할 것이다."

화해하여라

마태 5,21-26

마르

5,21 // 탈출 20,13 살인해서는 안 된다.
5,21 // 신명 5,17 살인해서는 안 된다.

5,22 // 1에녹 27,1 나는 말하였습니다. "복된 이 땅은 온통 나무들로 가득한데, 이 골짜기는 무엇 때문에 저주받았습니까?" [2] "저주받은 땅은 영원히 저주받은 자들을 위한 곳이다. 저주받은 자들은 모두 이곳에 모일 것이다. 그들은 자기 입으로 주님을 거슬러 부적절한 말을 지껄이는 자들, 그분의 영광을 두고 거친 말을 내뱉는 자들이다. 그들은 이곳에 모일 것이다. 그리하여 이곳이 그들의 거처가 될 것이다."

[21] "'살인해서는 안 된다. 살인한 자는 재판에 넘겨
진다.'고 옛사람들에게 이르신 말씀을 너희는 들
었다. [22] 그러나 나는 너희에게 말한다. 자기 형제
에게 성을 내는 자는 누구나 재판에 넘겨질 것이
다. 그리고 자기 형제에게 '바보!'라고 하는 자는 최고 의회에 넘겨지고, '멍청이!'라고 하는 자는
불붙는 지옥에 넘겨질 것이다. [23] 그러므로 네가 제단에 예물을 바치려고 하다가, 거기에서 형제
가 너에게 원망을 품고 있는 것이 생각나거든, [24] 예물을 거기 제단 앞에 놓아두고 물러가 먼저
그 형제와 화해하여라. 그런 다음에 돌아와서 예물을 바쳐라.
[25] 너를 고소한 자와 함께 법정으로 가는 도중에 얼른 타협하여라. 그러지 않으면 고소한 자가
너를 재판관에게 넘기고 재판관은 너를 형리에게 넘겨, 네가 감옥에 갇힐 것이다. [26] 내가 진실로
너에게 말한다. 네가 마지막 한 닢까지 갚기 전에는 결코 거기에서 나오지 못할 것이다."

극기하여라

마태 5,27-30

마르

5,27 // 탈출 20,14 간음해서는 안 된다.

[27] "'간음해서는 안 된다.'고 이르신 말씀을 너희는

루카

요한

5,18 // 토마 복음 11,1 예수님께서 말
씀하셨다. "이 하늘은 사라질 것
이다. 그리고 하늘에 있는 것도 사
라질 것이다. [2] 죽은 이는 살아 있지 않고, 산 이는 죽지 않을 것이다.
[3] 한때 너희는 죽은 것을 먹어 그것을 산 것으로 만들었다. 너희가 빛
속에 있을 때는 무엇을 하겠느냐? [4] 너희가 하나였던 날 너희는 둘이
되었다. 그러나 너희가 둘이 될 때는 무엇을 하겠느냐?"

5,18 // 토마 111,1 예수님께서 말씀하셨다. "하늘과 땅이 너희 앞에서
한데 말려들어갈 것이다. [2] 그리고 살아 계신 분 덕분에 살아 있는 이
는 죽음을 보지 않을 것이다." [3] 예수님께서 "자기 자신을 발견한 사
람에게 세상은 합당하지 않다"고 말씀하시는 것은 아닐까?

율법과 하느님의 나라 16,16-17

16,17 "율법에서 한 획이 빠지는 것보다 하늘과 땅이 사라지는 것이 더 쉽다."

루카

요한

늦기 전에 화해하여라 12,57-59

12,58 "너를 고소한 자와 함께 재판관에게 갈 때, 도중에 그와 합의를 보도록 힘써라. 그러지 않으면 그가 너를 재판관에게 끌고 가, 재판관은 너를 옥리에게 넘기고 옥리는 너를 감옥에 가둘 것이
다. 59 내가 너에게 말한다. 네가 마지막 한 닢까지 갚기 전에는 결코 거기에서 나오지 못할 것이다."

루카

요한

5,27 // 신명 5,18 간음해서는 안 된다.

들었다. [28]그러나 나는 너희에게 말한다. 음욕을
품고 여자를 바라보는 자는 누구나 이미 마음으
로 그 여자와 간음한 것이다.
[29]네 오른눈이 너를 죄짓게 하거든
그것을 빼어 던져 버려라. 온몸이
지옥에 던져지는 것보다 지체 하
나를 잃는 것이 낫다. [30]또 네 오
른손이 너를 죄짓게 하거든 그것
을 잘라 던져 버려라. 온몸이 지옥
에 던져지는 것보다 지체 하나를
잃는 것이 낫다."

| 마태 5,29-30 // 18,8-9

죄의 유혹을 단호히 물리쳐라 9,42-48

[9,43]"네 손이 너를 죄짓게 하거든 그것을 잘라 버려
라. 두 손을 가지고 지옥에, 그 꺼지지 않는 불에
들어가는 것보다, 불구자로 생명에 들어가는 편이 낫다. [44] [45]네
발이 너를 죄짓게 하거든 그것을 잘라 버려라. 두 발을 가지고 지
옥에 던져지는 것보다, 절름발이로 생명에 들어가는 편이 낫다.
[46] [47]또 네 눈이 너를 죄짓게 하거든 그것을 빼 던져 버려라. 두
눈을 가지고 지옥에 던져지는 것보다, 외눈박이로 하느님 나라에
들어가는 편이 낫다. [48]지옥에서는 그들을 파먹는 구더기도 죽지
않고 불도 꺼지지 않는다."

아내를 버려서는 안 된다

5,31 // 신명 24,1 어떤 남자가 여자를 맞아들여 혼인하였는데, 그 여자에게서 추한 것이 드러나 눈에 들지 않을 경우, 이혼 증서를 써서 손에 쥐어 주고 자기 집에서 내보낼 수 있다.

마태 5,31-32

[31]"'자기 아내를 버리는 자는 그 여자에게 이혼장
을 써 주어라.' 하신 말씀이 있다.

마르 10,2-9.11-12

[2]그런데 바리사이들이 와서 예수님을 시험하려
고, "남편이 아내를 버려도 됩니까?" 하고 물었다.
[3]예수님께서 그들에게 "모세는 너희에게 어떻게
하라고 명령하였느냐?" 하고 되물으시니, [4]그들이 "'이혼장을 써 주고 아내를
버리는 것'을 모세는 허락하였습니다." 하고 대답하였다. [5]그러자 예수님께서
이르셨다. "너희 마음이 완고하기 때문에 모세가 그런 계명을 기록하여 너희
에게 남긴 것이다. [6]창조 때부터 '하느님께서는 사람들을 남자와 여자로 만
드셨다.' [7]'그러므로 남자는 아버지와 어머니를 떠나 아내와 결합하여, [8]둘이
한 몸이 될 것이다.' 따라서 그들은 이제 둘이 아니라 한 몸이다. [9]하느님께서
맺어 주신 것을 사람이 갈라놓아서는 안 된다."

[32]그러나 나는 너희에게 말한다. 불륜을 저지른
경우를 제외하고 아내를 버리는 자는 누구나 그
여자가 간음하게 만드는 것이다. 또 버림받은 여자
와 혼인하는 자도 간음하는 것이다."

| 마태 5,31-32 // 19,7-9

[11]예수님께서 그들에게 말씀하셨다. "누구든지 아
내를 버리고 다른 여자와 혼인하면, 그 아내를 두
고 간음하는 것이다. [12]또한 아내가 남편을 버리
고 다른 남자와 혼인하여도 간음하는 것이다."

루카 16,18

요한

18 "아내를 버리고 다른 여자와 혼인하는 자는 누
구나 간음하는 것이다. 남편에게 버림받은 여자와
혼인하는 자도 간음하는 것이다."

정직하여라

마태 5,33-37 **마르**

5,33 // 레위 19,12 너희는 나의 이름으로 거짓 맹세를 해서는 안 된다. 그러면 너희는 너희 하느님의 이름을 더럽히게 된다. 나는 주님이다.

5,33 // 민수 30,3 남자가 주님께 서원을 하거나 맹세를 하여 스스로 서약을 할 경우, 자기 말을 어겨서는 안 된다. 제 입에서 나온 것을 다 그대로 실행해야 한다.

5,33 // 신명 23,22 너희는 주 너희 하느님께 서원을 할 경우, 그것을 미루지 말고 채워야 한다. 그러지 않으면 주 너희 하느님께서 반드시 그것을 너희에게 요구하실 것이고, 너희에게는 죄가 될 것이다.

5,35 // 이사 66,1 주님께서 이렇게 말씀하신다. "하늘이 나의 어좌요 땅이 나의 발판이다. 너희가 나에게 지어 바칠 수 있는 집이 어디 있느냐? 나의 안식처가 어디 있느냐?"

5,35 // 시편 48,2 우리 하느님의 도성 당신의 거룩한 산에서.

33 "'거짓 맹세를 해서는 안 된다. 네가 맹세한 대로
주님께 해 드려라.' 하고 옛사람들에게 이르신 말
씀을 너희는 또 들었다. 34 그러나 나는 너희에게
말한다. 아예 맹세하지 마라. 하늘을 두고도 맹세하지 마라. 하느님의 옥좌이기 때문이다. 35 땅
을 두고도 맹세하지 마라. 그분의 발판이기 때문이다. 예루살렘을 두고도 맹세하지 마라. 위대
하신 임금님의 도성이기 때문이다. 36 네 머리를 두고도 맹세하지 마라. 네가 머리카락 하나라도
희거나 검게 할 수 없기 때문이다. 37 너희는 말할 때에 '예.' 할 것은 '예.' 하고, '아니요.' 할 것은
'아니요.'라고만 하여라. 그 이상의 것은 악에서 나오는 것이다."

폭력을 포기하여라

마태 5,38-42 **마르**

5,38 // 탈출 21,24 눈은 눈으로, 이는 이로, 손은 손으로, 발은 발로

5,38 // 레위 24,20 골절은 골절로, 눈은 눈으로, 이는 이로 갚는다. 다른 사람에게 상해를 입힌 대로 자신도 상해를 입어야 한다.

5,38 // 신명 19,21 너희는 그를 동정해서는 안 된다. 목숨은 목숨으로, 눈은 눈으로, 이는 이로, 손은 손으로, 발은 발로 갚아야 한다.

38 "'눈은 눈으로, 이는 이로.' 하고 이르신 말씀을
너희는 들었다.
39 그러나 나는 너희에게 말한다. 악인에게 맞서지 마라. 오히려 누가 네 오른뺨을 치거든
다른 뺨마저 돌려 대어라. 40 또 너를 재판에 걸어 네 속옷을 가지려는 자에게는 겉옷까지
내주어라. 41 누가 너에게 천 걸음을 가자고 강요하거든, 그와 함께 이천 걸음을 가 주어라.
42 달라는 자에게 주고 꾸려는 자를 물리치지 마라."

원수를 사랑하여라

마태 5,43-48 **마르**

5,43 // 레위 19,18 너희는 동포에게 앙갚음하거나 앙심을 품어서는 안 된다. 네 이웃을 너 자신처럼 사랑해야 한다. 나는 주님이다.

43 "'네 이웃을 사랑해야 한다. 그리고 네 원수는
미워해야 한다.'고 이르신 말씀을 너희는 들었다.

루카

요한

루카

요한

원수를 사랑하여라 6,27-36
6,29 네 뺨을 때리는 자에게 다른 뺨을 내밀고, 네
겉옷을 가져가는 자는 속옷도 가져가게 내버려
두어라.
30 달라고 하면 누구에게나 주고, 네 것을 가져가
는 이에게서 되찾으려고 하지 마라.

5,42 // 토마 복음 95 [예수님께서 말씀하셨다.] "너희에게 돈이 있거든 그것을 이자를 받고 꾸어 주지 말고, 되돌려 받을 수 없는 이에게 주어라."

루카 6,27-28.32-36

요한

27 "그러나 내 말을 듣고 있는 너희에게 내가 말한
다. 너희는 원수를 사랑하여라. 너희를 미워하는

5,43-48 // 아리스테아스의 편지 227 이 사람을 칭찬하신 뒤 다른 이에게 물으셨습니다. "누구에게 관대해야 하오?" 그가 말했습니다. "우리에게 우호적인 사람들, 바로 이들에게 (관대해야) 한다고 모든 이가 생각합니다. 그러나 저는 우리를 반대하는 자들에게 한없는 관대함을 베풀어야 한다고 믿습니다. 이런 태도를 통해 우리가 그들에게 어울리는 유익한 일로 그들을 인도할 수 있기 때문입니다. 그러나 이것이 이루어지기 위해서는 하느님께 청해야 합니다. 그분께서 모든 이의 마음을 다스리시기 때문입니다."

5,45 // 아리스테아스의 편지 187 잠시 뒤 폐하께서는 적당한 시간을 포착하여 첫째 자리에 앉은 사람 — 그들은 나이순으로 앉아 있었습니다 — 에게 물으셨습니다. "어떻게 하면 왕국을, 무너지는 법 없이 영원히 지속시킬 수 있겠소?" 188 잠시 시간을 둔 뒤 (질문 받은 이가) 대답했습니다. "어떠한 경우에나 하느님의 너그러우심을 본받으실 때 가장 잘 다스리실 것입니다. 인내를 보이실 때, 그리고 (벌 받아) 마땅한 사람들에게 그들이 받아야 할 벌에 비해 너그럽게 대하실 때, 그들을 악에서 이끌어내어 회개로 인도하실 것입니다."

44 그러나 나는 너희에게 말한다. 너희는 원수를
사랑하여라. 그리고 너희를 박해하는 자들을 위
하여 기도하여라. 45 그래야 너희가 하늘에 계신 너
희 아버지의 자녀가 될 수 있다. 그분께서는 악인에게나 선인에게나 당신의 해가 떠오르게
하시고, 의로운 이에게나 불의한 이에게나 비를 내려 주신다.
46 사실 너희가 자기를 사랑하는 이들만 사랑한다면 무슨 상을 받겠느냐? 그것은 세리들도
하지 않느냐? 47 그리고 너희가 자기 형제들에게만 인사한다면, 너희가 남보다 잘하는 것이
무엇이겠느냐? 그런 것은 다른 민족 사람들도 하지 않느냐?

48 그러므로 하늘의 너희 아버지께서 완전하신 것처럼 너희도 완전한 사람이 되어야 한다."

올바른 자선

마태 6,1-4 **마르**

1 "너희는 사람들에게 보이려고 그들 앞에서 의로
운 일을 하지 않도록 조심하여라. 그러지 않으면
하늘에 계신 너희 아버지에게서 상을 받지 못한다.
2 그러므로 네가 자선을 베풀 때에는, 위선자들이 사람들
에게 칭찬을 받으려고 회당과 거리에서 하듯이, 스스로
나팔을 불지 마라. 내가 진실로 너희에게 말한다. 그들은
자기들이 받을 상을 이미 받았다. 3 네가 자선을 베풀 때
에는 오른손이 하는 일을 왼손이 모르게 하여라. 4 그렇게
하여 네 자선을 숨겨 두어라. 그러면 숨은 일도 보시는 네
아버지께서 너에게 갚아 주실 것이다."

6,4 // 2바룩 83,3 또한 정녕 그분께서는 숨은 생각들을, 그리고 사람의 모든 지체들의 골방에 쌓여 있는 모든 것을 살펴보시고 모든 사람 앞에 드러내어 꾸짖으실 것입니다.

6,4 // 잠언 20,27 인간의 영은 주님의 등불 그것은 배 속 온갖 깊은 곳까지 살핀다.

자들에게 잘해 주고, [28]너희를 저주하는 자들에
게 축복하며, 너희를 학대하는 자들을 위하여 기
도하여라.

5,44 // 옥시린쿠스 1224 4. "[…] 그리고 너희 [원]수들을 위하여 기도하여라. 너[희를 반대]하지 않는 사람은 너희를 지지하는 사람이다. […] [오늘] 멀리 [있는 것이] 내일은 [가까이] 있을 것이다.

5,48 // 사도들의 편지 29. 우리가 그분께 말하였습니다. "주님, 당신을 [뵙고] 당신께서 하시는 이런 [말씀을] 들으니 저희는 행복합니다. 저희 눈이 당신께서 행하신 큰 이적을 보았습니다." 그분께서 대답하시며 말씀하셨습니다. "사실 보지 않고도 믿은 사람들이 더 행복하다. 이런 [이들이] (하늘) 나라의 자[녀]들이라 불리고 완전하신 분[처럼] 완전해질 것이기 때문이다. 나는 내 아버지의 나라에서 그들의 [모퉁이] 돌이 될 것이다."

[32]너희가 자기를 사랑하는 이들만 사랑한다면 무슨 인정을 받겠느냐? 죄인들도 자기를 사랑하는 이들
은 사랑한다. [33]너희가 자기에게 잘해 주는 이들에게만 잘해 준다면 무슨 인정을 받겠느냐? 죄인들도
그것은 한다. [34]너희가 도로 받을 가망이 있는 이들에게만 꾸어 준다면 무슨 인정을 받겠느냐? 죄인들
도 고스란히 되받을 요량으로 서로 꾸어 준다. [35]그러나 너희는 원수를 사랑하여라. 그에게 잘해 주고
아무것도 바라지 말고 꾸어 주어라. 그러면 너희가 받을 상이 클 것이다. 그리고 너희는 지극히 높으
신 분의 자녀가 될 것이다. 그분께서는 은혜를 모르는 자들과 악한 자들에게도 인자하시기 때문이다.
[36]너희 아버지께서 자비하신 것처럼 너희도 자비로운 사람이 되어라."

루카

요한

6,3 // 토마 복음 62,1 예수님께서 말씀하셨다. "나는 내 신비에 합[당한] 이들에게 [내] 신비를 말해 준다. [2]네 오른손이 하려는 일이 무엇인지 네 왼손이 모르게 하여라."

올바른 기도

마태 6,5-8

5 "너희는 기도할 때에 위선자들처럼 해서는 안 된
다. 그들은 사람들에게 드러내 보이려고 회당과
한길 모퉁이에 서서 기도하기를 좋아한다. 내가
진실로 너희에게 말한다. 그들은 자기들이 받을 상을 이미 받았다. 6 너는 기
도할 때 골방에 들어가 문을 닫은 다음, 숨어 계신 네 아버지께 기도하여라.
그러면 숨은 일도 보시는 네 아버지께서 너에게 갚아 주실 것이다.
7 너희는 기도할 때에 다른 민족 사람들처럼 빈말을 되풀이하지 마라. 그들은
말을 많이 해야 들어 주시는 줄로 생각한다. 8 그러니 그들을 닮지 마라. 너희
아버지께서는 너희가 청하기도 전에 무엇이 필요한지 알고 계신다."

| 마태 6,8 // 6,32

마르

주님의 기도

마태 6,9-15

9 "그러므로 너희는 이렇게 기도하여라.

'하늘에 계신 저희 아버지
아버지의 이름을 거룩히 드러내시며
10 아버지의 나라가 오게 하시며
아버지의 뜻이 하늘에서와 같이
땅에서도 이루어지게 하소서.
11 오늘 저희에게 일용할 양식을 주시고
12 저희에게 잘못한 이를 저희도 용서하였듯이
저희 잘못을 용서하시고
13 저희를 유혹에 빠지지 않게 하시고
저희를 악에서 구하소서.'
14 너희가 다른 사람들의 허물을 용서하면, 하늘
의 너희 아버지께서도 너희를 용서하실 것이다.
15 그러나 너희가 다른 사람들을 용서하지 않으면,

6,11 // 솔로몬의 시편 5,8 제가 굶주린다면 참으로 저는 당신께 부르짖을 것입니다. 오, 하느님. 그러면 당신께서 제게 먹을 것을 주실 것입니다. [9] 당신께서는 새와 물고기들을 먹여 주시고, 새순이 돋을 때까지 광야에 비를 내려주십니다!

마르

말라 버린 무화과나무의 교훈 11,20-25

11,25 "너희가 서서 기도할 때에 누군가에게 반감을

루카

요한

6,6 // **필립보 복음 68** 그분께서 “숨은 곳에 계시는 나의 아버지” 하고 말씀하셨습니다. 그분께서 말씀하셨습니다. “네 방으로 가서 문을 닫아걸고 숨은 곳에 계시는 네 아버지 곧 모든 것 안에 계시는 분께 기도하여라.” 그 모든 것 안에 계시는 분은 ‘플레로마’입니다. 그분 외에는 그 안에 아무것도 없습니다. 이분이 ‘그들 위에 계신 분’이라 일컬어지는 바로 그분이십니다.

루카 11,2-4

2 예수님께서 그들에게 이르셨다. “너희는 기도할 때 이렇게 하여라.
‘아버지
아버지의 이름을 거룩히 드러내시며
아버지의 나라가 오게 하소서.
3 날마다 저희에게 일용할 양식을 주시고
4 저희에게 잘못한 모든 이를 저희도 용서하오니
저희의 죄를 용서하시고
저희를 유혹에 빠지지 않게 하소서.’”

요한

사람의 아들은 들어 올려져야 한다 12,27-36

12,28 “아버지,
아버지의 이름을 영광스럽게 하십시오.”

6,13 // **요셉과 아세넷 26,2** 요셉이 아세넷에게 말하였다. “용기를 내시오. 그리고 두려워 말고 가시오. 주님께서 당신과 함께 계시기 때문이오. 몸소 그분께서 온갖 악에서 당신을 눈동자처럼 지켜주실 테요. 3 나도 양식을 분배해 주러 떠날 것이오. 그리고 도시에 있는 모든 사람에게 양식을 나누어 줄 테요. 이집트에서 단 한 사람도 기근 때문에 죽지 않게 하려는 것이오.”

6,13 // **사도들의 편지 28.** 나는 모든 악과 지배자들의 [권한에서] 너희와 너희를 통해 나를 믿[는] 모든 사람을 구출해 내었다. 실제로 내가 [너희에게] 약속한 것들을 그들에게도 줄 것이다. 그리하여 그들은 감옥과 지배자들의 속박과 강력한 불[에서] 빠져 나올 것이다.

6,13 // **야고보의 비전 4.** 나는 그분께 대답하며 말하였습니다. “주님, 저희는 주님께 순종할 수 있습니다, 주님께서 원하신다면! 저희가 저희의 아버지와 어머니와 고향을 버리고 주님을 따랐기 때문입니다. 그러니 저희가 사악한 악마(디아볼로스)에게 유혹을 받지 않게 해 주십시오.”

아버지께서도 너희의 허물을 용서하지 않으실 것
이다."

| 마태 6,15 // 18,35

품고 있거든 용서하여라. 그래야 하늘에 계신 너희 아버지께서도 너희의 잘못을 용서해 주신다."

올바른 단식

마태 6,16-18 | **마르**

16 "너희는 단식할 때에 위선자들처럼 침통한 표정
을 짓지 마라. 그들은 단식한다는 것을 사람들에
게 드러내 보이려고 얼굴을 찌푸린다. 내가 진실
로 너희에게 말한다. 그들은 자기들이 받을 상을 이미 받았다. 17 너는 단식할 때 머리에 기름을
바르고 얼굴을 씻어라. 18 그리하여 네가 단식한다는 것을 사람들에게 드러내 보이지 말고, 숨어
계신 네 아버지께 보여라. 그러면 숨은 일도 보시는 네 아버지께서 너에게 갚아 주실 것이다."

보물을 하늘에 쌓아라

마태 6,19-21 | **마르**

19 "너희는 자신을 위하여 보물을 땅에 쌓아 두지
마라. 땅에서는 좀과 녹이 망가뜨리고 도둑들이
뚫고 들어와 훔쳐 간다. 20 그러므로 하늘에 보물을 쌓아라. 거기에서는 좀도 녹도 망가뜨리지
못하고, 도둑들이 뚫고 들어오지도 못하며 훔쳐 가지도 못한다.
21 사실 너의 보물이 있는 곳에 너의 마음도 있다."

6,19-21 // 2바룩 14,12 의로운 이들은 마지막을 아름답게 기대합니다. 그리고 두려움 없이 이 삶을 떠납니다. 그들은 당신 곁의 보물 창고에 행업의 힘을 쌓아두었기 때문입니다. 13 이 때문에 그들은 이 세상을 두려움 없이 떠나갑니다. 그리고 그들은 기쁨 속에서 기대하며 당신께서 그들에게 약속하신 세상을 받게 되리라 확신하고 있습니다.

6,19-21 // 4에즈 7,77 너에게는 지극히 높으신 분 앞에 놓인 (좋은) 행업의 보고(寶庫)가 있기 때문이다. 그러나 그 보고는 마지막 때까지 너의 눈에 보이지 않을 것이다.

눈은 몸의 등불

마태 6,22-23 | **마르**

22 "눈은 몸의 등불이다. 그러므로 네 눈이 맑으면
온몸도 환하고, 23 네 눈이 성하지 못하면 온몸도

루카

요한

루카 12,33-34

33 “너희는 가진 것을 팔아 자선을 베풀어라. 너희
자신을 위하여 해지지 않는 돈주머니와 축나지 않
는 보물을 하늘에 마련하여라. 거기에는 도둑이 다가
가지도 못하고 좀이 쏠지도 못한다.
34 사실 너희의 보물이 있는 곳에 너희의 마음도 있다.”

요한

6,20 // 토마 76,1 예수님께서 말씀하셨다. “아버지의 나라는 팔 물건을 가지고 있다가 진주를 발견한 상인과 같다. 그 상인은 현명하였다. 그는 물건을 팔아 진주를 사서 자기 것으로 삼았다. [2] 너희도 파괴되지 않고 영원히 남는 곳간을 찾아라. 그곳은 좀이 들어와 쏠지도 않고 벌레도 망가뜨리지 않는다.”

6,21 // 마리아 복음 10. 너(마리아)는 행복하다. 나를 보고도 흔들리지 않았기 때문이다. 사실 마음이 있는 곳에 재물이 있다.

루카 11,34-36

34 “네 눈은 네 몸의 등불이다. 네 눈이 맑을 때에
는 온몸도 환하고, 성하지 못할 때에는 몸도 어둡

요한

어두울 것이다. 그러니 네 안에 있는 빛이 어둠이
면 그 어둠이 얼마나 짙겠느냐?"

하느님이냐, 재물이냐

마태 6,24　**마르**

24 "아무도 두 주인을 섬길 수 없다. 한쪽은 미워하
고 다른 쪽은 사랑하며, 한쪽은 떠받들고 다른 쪽
은 업신여기게 된다. 너희는 하느님과 재물을 함
께 섬길 수 없다."

세상 걱정과 하느님의 나라

마태 6,25-34　**마르**

25 "그러므로 내가 너희에게 말한다. 목숨을 부지
하려고 무엇을 먹을까, 무엇을 마실까, 또 몸을 보
호하려고 무엇을 입을까 걱정하지 마라. 목숨이
음식보다 소중하고 몸이 옷보다 소중하지 않으냐? 26 하늘의 새들을 눈여겨보아라. 그것들은 씨를 뿌리
지도 않고 거두지도 않을 뿐만 아니라 곳간에 모아들이지도 않는다. 그러나 하늘의 너희 아버지께서는
그것들을 먹여 주신다. 너희는 그것들보다 더 귀하지 않으냐? 27 너희 가운데 누가 걱정한다고 해서 자
기 수명을 조금이라도 늘릴 수 있느냐?
28 그리고 너희는 왜 옷 걱정을 하느냐? 들에 핀 나리꽃들이 어떻게 자라는지 지켜보아라. 그것들은 애
쓰지도 않고 길쌈도 하지 않는다. 29 그러나 내가 너희에게 말한다. 솔로몬도 그 온갖 영화 속에서 이 꽃
하나만큼 차려입지 못하였다. 30 오늘 서 있다가도 내일이면 아궁이에 던져질 들풀까지 하느님께서 이처
럼 입히시거든, 너희야 훨씬 더 잘 입히시지 않겠느냐? 이 믿음이 약한 자들아! 31 그러므로 너희는 '무
엇을 먹을까?', '무엇을 마실까?', '무엇을 차려입을까?' 하며 걱정하지 마라. 32 이런 것들은 모두 다른 민
족들이 애써 찾는 것이다. 하늘의 너희 아버지께서는 이 모든 것이 너희에게 필요함을 아신다.
33 너희는 먼저 하느님의 나라와 그분의 의로움을 찾아라. 그러면 이 모든 것도 곁들여 받게 될 것이
다. 34 그러므로 내일을 걱정하지 마라. 내일 걱정은 내일이 할 것이다. 그날 고생은 그날로 충분하다."

6,26 // 솔로몬의 시편 5,8 제가 굶주린다면 참으로 저는 당신께 부르짖을 것입니다. 오, 하느님. 그러면 당신께서 제게 먹을 것을 주실 것입니다. 9 당신께서는 새와 물고기들을 먹여 주시고, 새순이 돋을 때까지 광야에 비를 내려주십니다!

다. 35 그러니 네 안에 있는 빛이 어둠이 아닌지 살
펴보아라. 36 너의 온몸이 환하여 어두운 데가 없
으면, 등불이 그 밝은 빛으로 너를 비출 때처럼,
네 몸이 온통 환할 것이다."

루카 16,13

13 "어떠한 종도 두 주인을 섬길 수 없다. 한쪽은 미
워하고 다른 쪽은 사랑하며, 한쪽은 떠받들고 다
른 쪽은 업신여기게 된다. 너희는 하느님과 재물
을 함께 섬길 수 없다."

요한

6,24 // 토마 47,1 예수님께서 말씀하
셨다. "한 사람이 두 마리 말에 올
라탈 수 없고, 활시위 두 줄을 한
번에 당기지도 못한다. 2 한 종이
두 주인을 섬기지 못한다. 한 사람은 존경하고 다른 한 사람은 무시할 것이다. 3 아무도 묵은
포도주를 마시고 나서 곧바로 새 포도주를 마시고 싶어 하지 않는다. 그리고 새 포도주를 헌
부대에 넣는 사람은 없다. 부대가 터질 것이다. 묵은 포도주를 새 부대에 넣는 사람도 없다.
맛을 버릴 것이다. 4 헌 천 조각을 새 옷에 대고 꿰매는 사람은 없다. 찢어질 것이기 때문이다."

루카 12,22-32

22 예수님께서 제자들에게 이르셨다. "그러므로 내
가 너희에게 말한다. 목숨을 부지하려고 무엇을
먹을까, 몸을 보호하려고 무엇을 입을까 걱정하
지 마라. 23 목숨은 음식보다 소중하고 몸은 옷보다 소중하다. 24 까마귀들을 살펴보아라. 그것들은 씨
를 뿌리지도 않고 거두지도 않을 뿐만 아니라 골방도 곳간도 없다. 그러나 하느님께서는 그것들을 먹여
주신다. 너희가 새들보다 얼마나 더 귀하냐? 25 너희 가운데 누가 걱정한다고 해서 자기 수명을 조금이
라도 늘릴 수 있느냐? 26 너희가 이처럼 지극히 작은 일도 할 수 없는데, 어찌 다른 것들을 걱정하느냐?
27 그리고 나리꽃들이 어떻게 자라는지 살펴보아라. 그것들은 애쓰지도 않고 길쌈도 하지 않는다. 그러
나 내가 너희에게 말한다. 솔로몬도 그 온갖 영화 속에서 이 꽃 하나만큼 차려입지 못하였다. 28 오늘
들에 서 있다가도 내일이면 아궁이에 던져질 풀까지 하느님께서 이처럼 입히시거든, 너희야 얼마나 더
잘 입히시겠느냐? 이 믿음이 약한 자들아! 29 너희는 무엇을 먹을까, 무엇을 마실까 하고 찾지 마라. 염
려하지 마라. 30 이런 것들은 모두 이 세상 다른 민족들이 애써 찾는 것이다. 너희의 아버지께서는 이것
들이 너희에게 필요함을 아신다.
31 오히려 너희는 그분의 나라를 찾아라. 그러면 이것들도 곁들여 받게 될 것이다. 32 너희들 작은 양 떼
야, 두려워하지 마라. 너희 아버지께서는 그 나라를 너희에게 기꺼이 주기로 하셨다."

요한

6,25 // 토마 복음 36 예수님께서 말씀
하셨다. "아침부터 저녁까지, 저녁
부터 아침까지 무엇을 몸에 걸칠
까 걱정하지 마라."

남을 심판하지 마라

마태 7,1-5

[1]"남을 심판하지 마라. 그래야 너희도 심판받지
않는다. [2]너희가 심판하는 그대로 너희도 심판받
고, 너희가 되질하는 바로 그 되로 너희도 받을
것이다.

마르

등불의 비유 4,21-25

[4,24]예수님께서 다시 그들에게 말씀하셨다. "너희
는 새겨들어라. 너희가 되어서 주는 만큼 되어서
받고 거기에 더 보태어 받을 것이다."

[3]너는 어찌하여 형제의 눈 속에 있는 티는 보면서, 네 눈 속에 있는 들보는 깨
닫지 못하느냐? [4]네 눈 속에는 들보가 있는데, 어떻게 형제에게 '가만, 네 눈에
서 티를 빼내 주겠다.' 하고 말할 수 있느냐? [5]위선자야, 먼저 네 눈에서 들보를
빼내어라. 그래야 네가 뚜렷이 보고 형제의 눈에서 티를 빼낼 수 있을 것이다."

거룩한 것을 욕되게 하지 마라

마태 7,6

[6]"거룩한 것을 개들에게 주지 말고, 너희의 진주
를 돼지들 앞에 던지지 마라. 그것들이 발로 그것
을 짓밟고 돌아서서 너희를 물어뜯을지도 모른다."

마르

청하여라, 찾아라, 문을 두드려라

마태 7,7-11

[7]"청하여라, 너희에게 주실 것이다. 찾아라, 너희
가 얻을 것이다. 문을 두드려라, 너희에게 열릴 것
이다. [8]누구든지 청하는 이는 받고, 찾는 이는 얻
고, 문을 두드리는 이에게는 열릴 것이다. [9]너희 가운데 아들이
빵을 청하는데 돌을 줄 사람이 어디 있겠느냐? [10]생선을 청하는
데 뱀을 줄 사람이 어디 있겠느냐? [11]너희가 악해도 자녀들에게
는 좋은 것을 줄 줄 알거든, 하늘에 계신 너희 아버지께서야 당
신께 청하는 이들에게 좋은 것을 얼마나 더 많이 주시겠느냐?"

마르

| 마태 7,7-8 // 21,22

루카 6,37-38.41-42

[37]"남을 심판하지 마라. 그러면 너희도 심판받지
않을 것이다. 남을 단죄하지 마라. 그러면 너희도
단죄받지 않을 것이다. 용서하여라. 그러면 너희도
용서받을 것이다. [38]주어라. 그러면 너희도 받을 것이다. 누르고 흔들어서 넘치도록 후하게 되어 너희 품
에 담아 주실 것이다. 너희가 되질하는 바로 그 되로 너희도 되받을 것이다."
[41]"너는 어찌하여 형제의 눈 속에 있는 티는 보면서, 네 눈 속에 있는 들보는 깨닫지 못하느냐? [42]네 눈
속에 있는 들보는 보지 못하면서, 어떻게 형제에게 '아우야! 가만, 네 눈 속에 있는 티를 빼내 주겠다.'
하고 말할 수 있느냐? 위선자야, 먼저 네 눈에서 들보를 빼내어라. 그래야 네가 형제의 눈에 있는 티를
뚜렷이 보고 빼낼 수 있을 것이다."

요한

7,3-5 // 토마 복음 26 예수님께서 말씀하셨다. "너는 네 형제의 눈 속에 있는 티는 보면서, 네 눈 속에 있는 들보는 보지 못한다. 네 눈에서 들보를 빼낼 때, 그때야 네 형제의 눈에서 티를 보고 빼낼 수 있을 것이다."

루카

요한

7,6 // 토마 복음 93,1 <예수님께서 말씀하셨다.> "거룩한 것을 개들에게 주지 마라. 분뇨 더미에 차버릴지도 모른다. [2]진주를 돼지들에게 던지지 마라. 그것을 [...]로 만들지도 모른다."

루카 11,9-13

[9]"내가 너희에게 말한다. 청하여라, 너희에게 주
실 것이다. 찾아라, 너희가 얻을 것이다. 문을 두
드려라, 너희에게 열릴 것이다. [10]누구든지 청하는 이는
받고, 찾는 이는 얻고, 문을 두드리는 이에게는 열릴 것이
다. [11]너희 가운데 어느 아버지가 아들이 생선을 청하는
데, 생선 대신에 뱀을 주겠느냐? [12]달걀을 청하는데 전갈
을 주겠느냐? [13]너희가 악해도 자녀들에게는 좋은 것을
줄 줄 알거든, 하늘에 계신 아버지께서야 당신께 청하는
이들에게 성령을 얼마나 더 잘 주시겠느냐?"

요한

7,7-8 // 토마 복음 94 예수님께서 [말씀하셨]다. "찾는 자는 찾을 것이다. [두드리는 이에게는] 열릴 것이다."

7,7-8 // 토마 복음 92,1 예수님께서 말씀하셨다. "찾아라, 찾을 것이다. [2]너희가 나에게 물은 것들을, 전에는 말해 주지 않았지만 지금은 말해 주고 싶구나. 그런데도 너희는 그것들을 찾으려 하지 않는다."

7,7 // 사도들의 편지 39 "'모든 사람에게는, 생명이며 나를 보내신 아버지인 빛을 믿을 권한이 있다. 믿고 빛의 일들을 행하는 모든 사람은 빛의 일들 안에 살 것이다. 그러나 누군가 어둠의 일들을 행하면서 자신이 빛에 속한다고 고백한다면 그런 사람은 그곳에서 변명할 말이 없을 것이며, 하느님의 아들인 내 [앞에서] 얼굴을 들지 못할 것이다.' 나는 그에게 이렇게 말할 것이다. '너는 찾았을 때 찾았고, 청했을 때 받았다. 그런데 너는 무슨 근거로 나를 단죄했느냐? 사람아, 너는 무엇 때문에 나를 떠나고 나를 부인했느냐? 그리고 나를 믿는다고 고백했다가 무엇 때문에 나를 부인했느냐? 사람은 저마다 살 권한과 죽을 권한이 있지 않느냐? 내 계명들을 지킨 사람은, 빛 곧 내 안에 계신 아버지의 자녀가 될 것이다.'"

황금률

마태 7,12

[12]“그러므로 남이 너희에게 해 주기를 바라는 그
대로 너희도 남에게 해 주어라. 이것이 율법과 예
언서의 정신이다.”

마르

7,12 // 아리스테아스의 편지 207 이 사람을 특히 크게 칭송하신 뒤 폐하께서는 (다른 이를) 보시며 말씀하셨습니다. “지혜의 가르침은 무엇이오?” 다른 이가 답했습니다. “폐하께서 당신께 나쁜 일이 일어나지 않고 그 대신 좋은 일을 모두 나눠 받기를 원하시듯이, 아랫사람들과 죄인들에게도 이 (원칙)을 실천하신다면, 그리고 선하고 훌륭한 사람들을 더 자애롭게 가르치신다면, (이것이 지혜일 것입니다). 하느님께서는 모든 사람을 자애로 인도하시기 때문입니다.”

좁은 문으로 들어가라

마태 7,13-14

[13]“너희는 좁은 문으로 들어가라. 멸망으로 이끄
는 문은 넓고 길도 널찍하여 그리로 들어가는 자
들이 많다. [14]생명으로 이끄는 문은 얼마나 좁고
또 그 길은 얼마나 비좁은지, 그리로 찾아드는 이
들이 적다.”

마르

7,13 // 4에즈 7,47 이제 저는 압니다. 다가올 세상이 소수에게는 기쁨을, 많은 이들에게는 고통을 가져오리라는 것을.

7,13-14 // 4에즈 7,11 “사실 나는 그들을 위해 세상을 만들었다. 그러나 아담이 내 계명을 어겼을 때, 창조된 만물도 유죄가 되었다. [12] 이 때문에 그들에게 지금 이 세상의 입구들이 좁아졌다. 그리고 그것들은 슬픔, 고통, 많은 위험들, 엄청난 노고, 질병, 고난으로 가득 차 있다. [13] 그러나 다가올 세상의 입구들은 넓어서 불안할 일이 없으며 죽지 않는 열매를 맺는다. [14] 살아 있는 이들이 좁고 험난한 곳을 통과하지 않으면 자기들을 위해 마련된 것들을 얻지 못할 것이다.” … [17] 나는 답하며 말하였다. “주님, 내 주님! 보십시오! 당신께서는, 의로운 이들은 이것들을 상속받을 것이나 불경한 자들은 멸망하리라고, 당신 율법 안에 (둘을) 구분해 놓으셨습니다. [18] 그러므로 의로운 이들은 당연히 협소함을 견디고 있습니다. 그들은 넓은 곳이 다가오리라 희망하기 때문입니다. 불경한 이들도 협소함을 참고 있지만 그들은 넓은 곳을 보지 못할 것입니다.”

7,13 // 2바룩 14,2 그리고 이제 저는 압니다. 죄를 짓고 번창하며 살다가 세상을 떠난 자들이 매우 많다는 것을! 그러나 그때에, 당신께서 하신 말씀들을 듣게 될, 남은 민족들은 매우 적을 것입니다!

열매를 보면 나무를 안다

마태 7,15-20

[15]“너희는 거짓 예언자들을 조심하여라. 그들은
양의 옷차림을 하고 너희에게 오지만 속은 게걸
든 이리들이다.

마르

루카

요한

원수를 사랑하여라 6,27-36

6,31 "남이 너희에게 해 주기를 바라는 그대로 너희
도 남에게 해 주어라."

루카

요한

구원과 멸망 13,22-30

13,24 "너희는 좁은 문으로 들어가도록 힘써라. 내가
너희에게 말한다. 많은 사람이 그곳으로 들어가려
고 하겠지만 들어가지 못할 것이다."

루카 6,43-45

요한

16 너희는 그들이 맺은 열매를 보고 그들을 알아
볼 수 있다. 가시나무에서 어떻게 포도를 거두어
들이고, 엉겅퀴에서 어떻게 무화과를 거두어들이
겠느냐? 17 이와 같이 좋은 나무는 모두 좋은 열매를 맺고 나쁜 나무는 나쁜 열매
를 맺는다. 18 좋은 나무가 나쁜 열매를 맺을 수 없고 나쁜 나무가 좋은 열매를 맺
을 수 없다. 19 좋은 열매를 맺지 않는 나무는 모두 잘려 불에 던져진다.
20 그러므로 너희는 그들이 맺은 열매를 보고 그들을 알아볼 수 있다."

| 마태 7,16-18 // 12,33

주님의 뜻을 실천하여라

마태 7,21-23 | **마르**

21 "나에게 '주님, 주님!' 한다고 모두 하늘 나라에
들어가는 것이 아니다. 하늘에 계신 내 아버지의
뜻을 실행하는 이라야 들어간다. 22 그날에 많은
사람이 나에게, '주님, 주님! 저희가 주님의 이름으로 예언을 하고, 주님의 이름으
로 마귀를 쫓아내고, 주님의 이름으로 많은 기적을 일으키지 않았습니까?' 하고
말할 것이다. 23 그때에 나는 그들에게, '나는 너희를 도무지 알지 못한다. 내게서
물러들 가라, 불법을 일삼는 자들아!' 하고 선언할 것이다."

7,23 // 시편 6,9 내게서 모두 물러들 가라, 나쁜 짓 하는 자들아. 주님께서 나의 울음소리를 듣고 계신다.

내 말을 실행하여라

마태 7,24-27 | **마르**

24 "그러므로 나의 이 말을 듣고 실행하는 이는 모
두 자기 집을 반석 위에 지은 슬기로운 사람과 같
을 것이다. 25 비가 내려 강물이 밀려오고 바람이 불어 그 집에 들이쳤지만 무너
지지 않았다. 반석 위에 세워졌기 때문이다. 26 그러나 나의 이 말을 듣고 실행하
지 않는 자는 모두 자기 집을 모래 위에 지은 어리석은 사람과 같다. 27 비가 내
려 강물이 밀려오고 바람이 불어 그 집에 휘몰아치자 무너져 버렸다. 완전히 무
너지고 말았다."

43 "좋은 나무는 나쁜 열매를 맺지 않는다. 또 나쁜
나무는 좋은 열매를 맺지 않는다.

7,16-18 // 토마 복음 45,1 예수님께서 말씀하셨다. "가시덤불에서 포도를 거두지 못하고, 엉겅퀴에서 무화과를 따지도 못한다. 그것들(가시덤불과 엉겅퀴)은 열매를 맺지 못하기 때문이다. 2 선한 사람은 곳간에서 선한 것을 내놓지만 악한 사람은 자기 마음의 악한 곳간에서 악한 것을 내놓고 악한 것을 말한다. 사실 그는 마음의 넘치는 것에서 악한 것을 내놓는다."

44 나무는 모두 그 열매를 보면 안다. 가시나무에서 무화과를 따지 못하고 가시덤불에서 포도를
거두어들이지 못한다. 45 선한 사람은 마음의 선한 곳간에서 선한 것을 내놓고, 악한 자는 악한
곳간에서 악한 것을 내놓는다. 마음에서 넘치는 것을 입으로 말하는 법이다."

루카 **요한**

구원과 멸망 13,22-30

13,25 "집주인이 일어나 문을 닫아 버리면, 너희가
밖에 서서 '주님, 문을 열어 주십시오.' 하며 문을
두드리기 시작하여도, 그는 '너희가 어디에서 온 사람들인지 나는 모른다.' 하고 대답할 것이
다. 26 그러면 너희는 이렇게 말하기 시작할 것이다. '저희는 주님 앞에서 먹고 마셨고, 주님께서
는 저희가 사는 길거리에서 가르치셨습니다.' 27 그러나 집주인은 '너희가 어디에서 온 사람들인
지 나는 모른다. 모두 내게서 물러가라, 불의를 일삼는 자들아!' 하고 너희에게 말할 것이다."

7,21 // 에게르톤 복음 3,5 "너희는 어찌하여 너[희] 입으로는 나를 [스]승이라 부르면서 내가 [하]는 말은 [실행]하지 않느냐? 6 이[사야가] 너[희를 두고] 옳게 예언하였다. 그는 이렇게 말하였다. '이 [백성이] 자기[네] 입술로는 나를 [공경하지만] 그 [마음은] 내게서 [멀리] 떠나 있다. [그들은 나를] 헛[되이] 섬긴다.' "

루카 6,47-49 **요한**

47 "나에게 와서 내 말을 듣고 그것을 실행하는
이가 어떤 사람과 같은지 너희에게 보여 주겠다.
48 그는 땅을 깊이 파서 반석 위에 기초를 놓고 집을 짓는 사람과 같다. 홍수가 나서 강물이 집
에 들이닥쳐도, 그 집은 잘 지어졌기 때문에 전혀 흔들리지 않는다. 49 그러나 내 말을 듣고도 실
행하지 않는 자는, 기초도 없이 맨땅에 집을 지은 사람과 같다. 강물이 들이닥치자 그 집은 곧
무너져 버렸다. 그 집은 완전히 허물어져 버렸다."

청중의 반응

마태 7,28-29

28 예수님께서 이 말씀들을 마치시자 군중은 그분
의 가르침에 몹시 놀랐다. 29 그분께서 자기들의 율
법 학자들과는 달리 권위를 가지고 가르치셨기
때문이다.

| 마태 7,28 // 13,54; 22,33

마르

회당에서 더러운 영을 쫓아내시다 1,21-28

1,22 사람들은 그분의 가르침에 몹시 놀랐다. 그분
께서 율법 학자들과 달리 권위를 가지고 가르치
셨기 때문이다.

나병 환자를 고치시다

마태 8,1-4

1 예수님께서 산에서 내려오시자 많은 군중이 그
분을 따랐다.

2 그때에 어떤 나병 환자가 다가와 예수님께 엎드
려 절하며 이렇게 말하였다. "주님! 주님께서는 하
고자 하시면 저를 깨끗하게 하실 수 있습니다."
3 예수님께서 손을 내밀어 그에게 대시며 말씀하
셨다. "내가 하고자 하니 깨끗하게 되어라." 그러
자 곧 그의 나병이 깨끗이 나았다. 4 예수님께서
는 이렇게 말씀하셨다. "아무에게도 말하지 않도
록 조심하여라. 다만 사제에게 가서 네 몸을 보이
고 모세가 명령한 예물을 바쳐, 그들에게 증거가
되게 하여라."

마르 1,40-45

40 어떤 나병 환자가 예수님께 와서 도움을 청하였
다. 그가 무릎을 꿇고 이렇게 말하였다. "스승님께
서는 하고자 하시면 저를 깨끗하게 하실 수 있습
니다." 41 예수님께서 가엾은 마음이 드셔서 손을
내밀어 그에게 대시며 말씀하셨다. "내가 하고자
하니 깨끗하게 되어라." 42 그러자 바로 나병이 가
시고 그가 깨끗하게 되었다. 43 예수님께서는 그를
곧 돌려보내시며 단단히 이르셨다. 44 그에게 이렇
게 말씀하셨다. "누구에게든 아무 말도 하지 않도
록 조심하여라. 다만 사제에게 가서 네 몸을 보이
고, 네가 깨끗해진 것과 관련하여 모세가 명령한
예물을 바쳐, 그들에게 증거가 되게 하여라."
45 그러나 그는 떠나가서 이 이야기를 널리 알리고
퍼뜨리기 시작하였다. 그리하여 예수님께서는 더
이상 드러나게 고을로 들어가지 못하시고, 바깥
외딴곳에 머무르셨다. 그래도 사람들은 사방에서
그분께 모여들었다.

루카

회당에서 더러운 영을 쫓아내시다 4,31-37

4,32 그들은 그분의 가르침에 몹시 놀랐다. 그분의
말씀에 권위가 있었기 때문이다.

요한

예수님을 믿지 않는 지도자들 7,45-52

7,46 "그분처럼 말하는 사람은 지금까지 하나도 없
었습니다." 하고 성전 경비병들이 대답하자,

루카 5,12-16

12 예수님께서 어느 한 고을에 계실 때, 온몸에 나
병이 걸린 사람이 다가왔다. 그는 예수님을 보자
얼굴을 땅에 대고 엎드려 이렇게 청하였다. "주님!
주님께서는 하고자 하시면 저를 깨끗하게 하실 수
있습니다." 13 예수님께서 손을 내밀어 그에게 대시
며 말씀하셨다. "내가 하고자 하니 깨끗하게 되어
라." 그러자 곧 나병이 가셨다. 14 예수님께서는 아
무에게도 말하지 말라고 그에게 분부하시고, "다
만 사제에게 가서 네 몸을 보이고, 모세가 명령한
대로 네가 깨끗해진 것에 대한 예물을 바쳐, 그들
에게 증거가 되게 하여라." 하셨다.

15 그래도 예수님의 소문은 점점 더 퍼져, 많은 군
중이 말씀도 듣고 병도 고치려고 모여 왔다. 16 그
러나 예수님께서는 외딴곳으로 물러가 기도하셨
다.

요한

8,1-4 // 에게르톤 복음 2,1 어떤 나병 환
자가 [그분께] 다가[와] 말하였다.
2 "스승이신 예수님, 나병 환[자
들과 함께] 다니고 여관에서 [그
들과] 함께 먹었더니 저도 나[병
에 걸렸습니다]. 3 [당신께서 하고
자 하시]면 제가 깨끗해질 것입니
다." 4 그러자 주님께서 [그에게 말
씀하셨다]. "[내가] 하고자 하니 깨
끗하게 되어라." 5 [그러자 바로] 나
병이 그에게서 [달]아났다. 6 그러
자 예수님께서 그에게 [말씀하셨
다]. "[사제]들에게 가서 네 몸을
보이고 [모세가] 명령[한] 대로 [네
가] 깨끗[해진 것에 대한] 예물을
바쳐라. 7 [그리고] 다시는 죄[짓]
지 마라."

백인대장의 병든 종을 고치시다

마태 8,5-13

5 예수님께서 카파르나움에 들어가셨을 때에 한
백인대장이 다가와 도움을 청하였다. 6 그가 이렇
게 말하였다. “주님, 제 종이 중풍으로 집에 드러
누워 있는데 몹시 괴로워하고 있습니다.” 7 예수님
께서 “내가 가서 그를 고쳐 주마.” 하시자,

8 백인대장이 대답하였다. “주님, 저는 주님을 제
지붕 아래로 모실 자격이 없습니다. 그저 한 말씀
만 해 주십시오. 그러면 제 종이 나을 것입니다.
9 사실 저는 상관 밑에 있는 사람입니다만 제 밑으
로도 군사들이 있어서, 이 사람에게 가라 하면 가
고 저 사람에게 오라 하면 옵니다. 또 제 노예더러
이것을 하라 하면 합니다.” 10 이 말을 들으시고 예
수님께서는 감탄하시며 당신을 따르는 이들에게
이르셨다. “내가 진실로 너희에게 말한다. 나는 이
스라엘의 그 누구에게서도 이런 믿음을 본 일이
없다. 11 내가 너희에게 말한다. 많은 사람이 동쪽
과 서쪽에서 모여 와, 하늘 나라에서 아브라함과
이사악과 야곱과 함께 잔칫상에 자리 잡을 것이
다. 12 그러나 하느님 나라의 상속자들은 바깥 어
둠 속으로 쫓겨나, 거기에서 울며 이를 갈 것이다.”

마르

8,12 // 3바룩 4,3 그리고 천사는 나에게 하데스를 보여주었다. 그의 모습은 음침하고 속되어 보였다.

8,12 // 솔로몬의 시편 14,6 그러나 죄인들과 범법자들은 그렇지 않다네! 그들은 죄와 함께 보낸 세상의 날들을 사랑했다네! 7 그들 욕망은 무의미한 부패 속에 있고, 그들은 하느님을 기억하지 않았다네! 8 사람의 길은 언제나 그분 앞에 드러나 있고, 마음의 비밀은 생기기도 전에 그분께 알려진다네. 9 그러므로 그들의 유산은 저승과 어둠과 파멸이라네. 의인들을 위한 자비의 날에 그들을 찾아볼 수 없으리라!

8,12 // 솔로몬의 시편 15,10 죄인들의 유산은 파멸과 어둠! 그들의 불법은 저 아래 저승까지 그들을 뒤따라 가리라!

8,12 // 1에녹 10,4 그분께서 라파엘에게 이르셨습니다. “아자엘의 손과 발을 묶어 어둠 속에 던져라. 그리고 다두엘에 있는 광야를 열어 그자를 그곳에 던져 버려라. 5 그자에게 거칠고 뾰족한 바윗돌들을 얹고, 그자를 어둠으로 뒤덮어라. 그리고 그자로 하여금 영원히 그곳에서 살게 하여라. 그자의 얼굴을 가려서 빛을 보지 못하게 하라! 6 위대한 심판의 날에 그자는 타오르는 불길 속으로 인도될 것이다.”

루카 7,1-10

1 예수님께서는 백성에게 들려주시던 말씀들을 모
두 마치신 다음, 카파르나움에 들어가셨다. 2 마침
어떤 백인대장의 노예가 병들어 죽게 되었는데,
그는 주인에게 소중한 사람이었다. 3 이 백인대장
이 예수님의 소문을 듣고 유다인의 원로들을 그
분께 보내어, 와서 자기 노예를 살려 주십사고 청
하였다. 4 이들이 예수님께 다가와 이렇게 말하며
간곡히 청하였다. "그는 선생님께서 이 일을 해 주
실 만한 사람입니다. 5 그는 우리 민족을 사랑할
뿐만 아니라 우리에게 회당도 지어 주었습니다."
6 그리하여 예수님께서 그들과 함께 가셨다. 그런
데 백인대장의 집에서 그리 멀지 않은 곳에 이르
셨을 때, 백인대장이 친구들을 보내어 예수님께
아뢰었다. "주님, 수고하실 것 없습니다. 저는 주님
을 제 지붕 아래로 모실 자격이 없습니다. 7 그래서
제가 주님을 찾아뵙기에도 합당하지 않다고 여겼
습니다. 그저 말씀만 하시어 제 종이 낫게 해 주
십시오. 8 사실 저는 상관 밑에 매인 사람입니다만
제 밑으로도 군사들이 있어서, 이 사람에게 가라
하면 가고 저 사람에게 오라 하면 옵니다. 또 제
노예더러 이것을 하라 하면 합니다." 9 이 말을 들
으시고 예수님께서는 백인대장에게 감탄하시며,
당신을 따르는 군중에게 돌아서서 말씀하셨다.
"내가 너희에게 말한다. 나는 이스라엘에서 이런
믿음을 본 일이 없다."

요한 4,43-54(왕실 관리의 아들을 살리시다)

43 이틀 뒤에 예수님께서는 그곳을 떠나 갈릴래아
로 가셨다. 44 예수님께서는 친히, 예언자는 자기
고향에서 존경을 받지 못한다고 증언하신 적이
있다.
45 예수님께서 갈릴래아에 가시자 갈릴래아 사람
들이 그분을 맞아들였다. 그들도 축제를 지내러
예루살렘에 갔다가, 예수님께서 축제 때에 그곳에
서 하신 모든 일을 보았기 때문이다.
46 예수님께서는 물을 포도주로 만드신 적이 있는
갈릴래아 카나로 다시 가셨다. 거기에 왕실 관리
가 한 사람 있었는데, 그의 아들이 카파르나움에
서 앓아누워 있었다. 47 그는 예수님께서 유다를
떠나 갈릴래아에 오셨다는 말을 듣고 예수님을 찾
아와, 자기 아들이 죽게 되었으니 카파르나움으로
내려가시어 아들을 고쳐 주십사고 청하였다. 48 예
수님께서는 그에게 이르셨다. "너희는 표징과 이
적을 보지 않으면 믿지 않을 것이다." 49 그래도 그
왕실 관리는 예수님께 "주님, 제 아이가 죽기 전
에 같이 내려가 주십시오." 하고 말하였다. 50 그러
자 예수님께서 그에게 말씀하셨다. "가거라. 네 아
들은 살아날 것이다." 그 사람은 예수님께서 자기
에게 이르신 말씀을 믿고 떠나갔다. 51 그가 내려
가는 도중에 그의 종들이 마주 와서 아이가 살아
났다고 말하였다. 52 그래서 그가 종들에게 아이가
나아지기 시작한 시간을 묻자, "어제 오후 한 시
에 열이 떨어졌습니다." 하고 대답하는 것이었다.
53 그 아버지는 바로 그 시간에 예수님께서 자기에
게, "네 아들은 살아날 것이다." 하고 말씀하신 것

13 그리고 예수님께서는 백인대장에게 말씀하셨
다. "가거라. 네가 믿은 대로 될 것이다." 바로 그
시간에 종이 나았다.

| 마태 8,12 // 13,42; 13,50; 22,13; 24,51; 25,30

베드로의 병든 장모를 고치시다

마태 8,14-15

14 예수님께서 베드로의 집으로 가셨을 때, 그의
장모가 열병으로 드러누워 있는 것을 보셨다.

15 예수님께서 당신 손을 그 부인의 손에 대시니
열이 가셨다. 그래서 부인은 일어나 그분의 시중
을 들었다.

마르 1,29-31

29 그들은 회당에서 나와, 야고보와 요한과 함께
곧바로 시몬과 안드레아의 집으로 갔다. 30 그때에
시몬의 장모가 열병으로 누워 있어서, 사람들이
곧바로 예수님께 그 부인의 사정을 이야기하였다.
31 예수님께서 그 부인에게 다가가시어 손을 잡아
일으키시니 열이 가셨다. 그러자 부인은 그들의
시중을 들었다.

많은 병자를 고치시다

마태 8,16-17

8,16-17 // 2바룩 29,3 그 부분들에서 일어나기로 된 일이 완결되고 나면 메시아가 모습을 드러내기 시작할 것이다. ... 7 그리고 매일 아침 내 앞에서부터 바람들이 나와 달콤한 과일 향을 실어다 줄 것이다. 그 날의 마지막에는 구름들이 치유의 이슬을 흩뿌릴 것이다.

16 저녁이 되자 사람들이 마귀 들린 이들을 예수
님께 많이 데리고 왔다. 예수님께서는 말씀으로
악령들을 쫓아내시고, 앓는 사람들을 모두 고쳐
주셨다.

8,17 // 이사 53,4 그렇지만 그는 우리의 병고를 메고 갔으며 우리의 고통을 짊어졌다. 그런데 우리는 그를 벌받은 자, 하느님께 매 맞은 자, 천대받은 자로 여겼다.

17 이사야 예언자를 통하여
"그는 우리의 병고를 떠맡고
우리의 질병을 짊어졌다."
하신 말씀이 이루어지려고 그리된 것이다.

마르 1,32-34

32 저녁이 되고 해가 지자, 사람들이 병든 이들과
마귀 들린 이들을 모두 예수님께 데려왔다. 33 온
고을 사람들이 문 앞에 모여들었다. 34 예수님께서
는 갖가지 질병을 앓는 많은 사람을 고쳐 주시고
많은 마귀를 쫓아내셨다. 그러면서 마귀들이 말
하는 것을 허락하지 않으셨다. 그들이 당신을 알
고 있었기 때문이다.

[10]심부름 왔던 이들이 집에 돌아가 보니 노예는
이미 건강한 몸이 되어 있었다.

을 알았다. 그리하여 그와 그의 온 집안이 믿게 되
었다. [54]이렇게 예수님께서는 유다를 떠나 갈릴래
아로 가시어 두 번째 표징을 일으키셨다.

루카 4,38-39

[38]예수님께서는 회당을 떠나 시몬의 집으로 가셨
다. 그때에 시몬의 장모가 심한 열에 시달리고 있
어서, 사람들이 그를 위해 예수님께 청하였다.

[39]예수님께서 그 부인에게 가까이 가시어 열을 꾸
짖으시니 열이 가셨다. 그러자 부인은 즉시 일어나
그들의 시중을 들었다.

요한

루카 4,40-41

[40]해 질 무렵에 사람들이 갖가지 질병을 앓는 이
들을 있는 대로 모두 예수님께 데리고 왔다. 예수
님께서는 한 사람 한 사람에게 손을 얹으시어 그
들을 고쳐 주셨다. [41]마귀들도 많은 사람에게서
나가며, "당신은 하느님의 아드님이십니다." 하고
소리 질렀다. 그러나 예수님께서는 꾸짖으시며 그
들이 말하는 것을 용납하지 않으셨다. 당신이 그
리스도임을 그들이 알고 있었기 때문이다.

요한

예수님을 따르려면

마태 8,18-22

18 예수님께서는 둘러선 군중을 보시고 제자들에
게 호수 건너편으로 가라고 명령하셨다.
19 그때에 한 율법 학자가 다가와 예수님께, "스승님, 어디로 가시든지 저는 스승님을 따르
겠습니다." 하고 말하였다. 20 그러자 예수님께서 그에게 말씀하셨다. "여우들도 굴이 있
고 하늘의 새들도 보금자리가 있지만, 사람의 아들은 머리를 기댈 곳조차 없다."
21 그분의 제자들 가운데 어떤 이가, "주님, 먼저 집에 가서 아버지의 장사를 지내게 허락
해 주십시오." 하고 말하였다. 22 예수님께서는 그에게, "너는 나를 따라라. 죽은 이들의
장사는 죽은 이들이 지내도록 내버려 두어라." 하고 말씀하셨다.

마르

풍랑을 가라앉히시다

마태 8,23-27

23 예수님께서 배에 오르시자 제자들도 그분을 따
랐다.
24 그때 호수에 큰 풍랑이 일어 배가 파도에 뒤덮
이게 되었다. 그런데도 예수님께서는 주무시고 계
셨다.
25 제자들이 다가가 예수님을 깨우며, "주님, 구해
주십시오. 저희가 죽게 되었습니다." 하였다.
26 그러자 그분은 "왜 겁을 내느냐? 이 믿음이 약
한 자들아!" 하고 말씀하셨다. 그런 다음 일어나
셔서 바람과 호수를 꾸짖으셨다. 그러자 아주 고
요해졌다.

마르 4,35-41

35 그날 저녁이 되자 예수님께서 제자들에게, "호
수 저쪽으로 건너가자." 하고 말씀하셨다.
36 그래서 그들이 군중을 남겨 둔 채, 배에 타고 계
신 예수님을 그대로 모시고 갔는데, 다른 배들도
그분을 뒤따랐다.
37 그때에 거센 돌풍이 일어 물결이 배 안으로 들
이쳐서, 물이 배에 거의 가득 차게 되었다. 38 그런
데도 예수님께서는 고물에서 베개를 베고 주무시
고 계셨다. 제자들이 예수님을 깨우며, "스승님,
저희가 죽게 되었는데도 걱정되지 않으십니까?"
하고 말하였다.
39 그러자 예수님께서 깨어나시어 바람을 꾸짖으시
고 호수더러, "잠잠해져라. 조용히 하여라!" 하시
니 바람이 멎고 아주 고요해졌다.

루카 9,57-62

요한

[57] 그들이 길을 가는데 어떤 사람이 예수님께, "어
디로 가시든지 저는 스승님을 따르겠습니다." 하고 말하였다. [58] 그러자 예수님께서 그에게 말씀하셨
다. "여우들도 굴이 있고 하늘의 새들도 보금자리가 있지만, 사람의 아들은 머리를 기댈 곳조차 없다."
[59] 예수님께서는 다른 사람에게 "나를 따라라." 하고 이르셨다. 그러나 그는 "주님, 먼저 집에 가서 아버
지의 장사를 지내게 허락해 주십시오." 하고 말하였다. [60] 예수님께서는 그에게, "죽은 이들의 장사는 죽
은 이들이 지내도록 내버려 두고, 너는 가서 하느님의 나라를 알려라." 하고 말씀하셨다.
[61] 또 다른 사람이 "주님, 저는 주님을 따르겠습니다. 그러나 먼저 가족들에게 작별 인사를 하게 허락해
주십시오." 하고 말하였다. [62] 예수님께서 그에게 이르셨다. "쟁기에 손을 대고 뒤를 돌아보는 자는 하느
님 나라에 합당하지 않다."

8,20 // 토마 복음 86 예수님께서 말씀하셨다. "[여우들도] 굴이 있고 새들도 보금자리가 있지만, 사람의 아들은 머리를 기대고 쉴 곳조차 없다."

루카 8,22-25

요한

[22] 어느 날 예수님께서 제자들과 함께 배에 오르시
어 그들에게, "호수 저쪽으로 건너가자." 하고 이
르시니, 그들이 출발하였다.

[23] 그들이 배를 저어 갈 때에 예수님께서는 잠이 드
셨다. 그때에 돌풍이 호수로 내리 몰아치면서 물
이 차 들어와 그들이 위태롭게 되었다.
[24] 제자들이 다가가 예수님을 깨우며, "스승님, 스
승님, 저희가 죽게 되었습니다." 하고 말하였다. 그
러자 예수님께서 깨어나시어 바람과 물결을 꾸짖
으시니, 곧 잠잠해지며 고요해졌다.
[25] 예수님께서는 그들에게, "너희의 믿음은 어디에
있느냐?" 하셨다.

[40]예수님께서는 그들에게, "왜 겁을 내느냐? 아직
도 믿음이 없느냐?" 하고 말씀하셨다.

[27]그 사람들은 놀라워하며 말하였다. "이분이 어
떤 분이시기에 바람과 호수까지 복종하는가?"
| 마태 8,26ㄱ // 6,30; 14,31; 16,8

[41]그들은 큰 두려움에 사로잡혀 서로 말하였다.
"도대체 이분이 누구시기에 바람과 호수까지 복
종하는가?"

마귀들과 돼지 떼

8,28-34 // 1에녹 16,1 학살과 파괴와 죽음의 날로부터, 거인들의 육신의 혼에서 영들이 나온 그날부터 그 영들은 재판도 없이 파괴할 것이다. 이렇게 그들은 완결의 날까지, 위대한 심판의 날, 위대한 시대가 완성될 그날까지 파괴를 일삼을 것이다.

마태 8,28-34

[28]예수님께서 건너편 가다라인들의 지방에 이르
셨을 때, 마귀 들린 사람 둘이 무덤에서 나와 그
분께 마주 왔다. 그들은 너무나 사나워 아무도 그
길로 다닐 수가 없었다.

마르 5,1-20

[1]그들은 호수 건너편 게라사인들의 지방으로 갔
다. [2]예수님께서 배에서 내리시자마자, 더러운 영
이 들린 사람이 무덤에서 나와 그분께 마주 왔다.
[3]그는 무덤에서 살았는데, 어느 누구도 더 이상
그를 쇠사슬로 묶어 둘 수가 없었다. [4]이미 여러
번 족쇄와 쇠사슬로 묶어 두었으나, 그는 쇠사슬도 끊고 족쇄도 부수어 버려 아무도 그를 휘
어잡을 수가 없었다. [5]그는 밤낮으로 무덤과 산에서 소리를 지르고 돌로 제 몸을 치곤 하였다.

[29]그런데 그들이 "하느님의 아드님, 당신께서 저
희와 무슨 상관이 있습니까? 때가 되기도 전에
저희를 괴롭히시려고 여기에 오셨습니까?" 하고
외쳤다.

[6]그는 멀리서 예수님을 보고 달려와 그 앞에 엎
드려 절하며, [7]큰 소리로 "지극히 높으신 하느님
의 아들 예수님, 당신께서 저와 무슨 상관이 있습
니까? 하느님의 이름으로 당신께 말합니다. 저를
괴롭히지 말아 주십시오." 하고 외쳤다. [8]예수님께
서 그에게 "더러운 영아, 그 사람에게서 나가라." 하고 말씀하셨기 때문이다. [9]예수님께서 그에
게 "네 이름이 무엇이냐?" 하고 물으시자, 그가 "제 이름은 군대입니다. 저희 수가 많기 때문입
니다." 하고 대답하였다. [10]그러고 나서 예수님께 자기들을 그 지방 밖으로 쫓아내지 말아 달라
고 간곡히 청하였다.

[30]마침 그들에게서 멀리 떨어진 곳에 놓아기르는
많은 돼지 떼가 있었다. [31]마귀들이 예수님께, "저
희를 쫓아내시려거든 저 돼지 떼 속으로나 들여
보내 주십시오." 하고 청하였다. [32]예수님께서 "가

[11]마침 그곳 산 쪽에는 놓아기르는 많은 돼지 떼
가 있었다. [12]그래서 더러운 영들이 예수님께, "저
희를 돼지들에게 보내시어 그 속으로 들어가게 해
주십시오." 하고 청하였다. [13]예수님께서 허락하시

그들은 두려워하고 놀라워하며 서로 말하였다.
"도대체 이분이 누구시기에 바람과 물에게 명령
하시고 또 그것들이 이분께 복종하는가?"

루카 8,26-39

요한

26 그들은 갈릴래아 맞은쪽 게라사인들의 지방으
로 저어 갔다. 27 예수님께서 뭍에 내리시자, 마귀
들린 어떤 남자가 고을에서 나와 그분께 마주 왔
다. 그는 오래전부터 옷을 입지 않았을 뿐만 아니
라, 집에 있지 않고 무덤에서 지냈다.

28 그가 예수님을 보고 고함을 지르고서 그분 앞
에 엎드려 큰 소리로 말하였다. "지극히 높으신 하
느님의 아들 예수님, 당신께서 저와 무슨 상관이 있습니까? 당신께 청합니다. 저를 괴롭
히지 말아 주십시오." 29 예수님께서 더러운 영에게 그 사람에게서 나가라고 명령하셨기
때문이다. 그 더러운 영이 그를 여러 번 사로잡아, 그가 쇠사슬과 족쇄로 묶인 채 감시를
받았지만, 그는 그 묶은 것을 끊고 마귀에게 몰려 광야로 나가곤 하였다. 30 예수님께서
그에게 "네 이름이 무엇이냐?" 하고 물으시자, 그가 "군대입니다." 하고 대답하였다. 그에
게 많은 마귀가 들어가 있었기 때문이다. 31 마귀들은 예수님께 지하로 물러가라는 명령
을 내리지 말아 달라고 청하였다.

32 마침 그 산에는 놓아기르는 많은 돼지 떼가 있
었다. 그래서 마귀들이 예수님께 그 속으로 들어
가도록 허락해 달라고 청하였다. 예수님께서 허락
하시니, 33 마귀들이 그 사람에게서 나와 돼지들

라." 하고 말씀하시자, 마귀들이 나와서 돼지들 속
으로 들어갔다. 그러자 돼지 떼가 모두 호수를 향
해 비탈을 내리 달려 물속에 빠져 죽고 말았다.
33 돼지를 치던 이들이 달아나 그 고을로 가서는,
이 모든 일과 마귀 들렸던 이들의 일을 알렸다.
34 그러자 온 고을 주민들이 예수님을 만나러 나왔
다. 그들은 그분을 보고 저희 고장에서 떠나가 주
십사고 청하였다.

니 더러운 영들이 나와 돼지들 속으로 들어갔다.
그러자 이천 마리쯤 되는 돼지 떼가 호수를 향해
비탈을 내리 달려, 호수에 빠져 죽고 말았다.
14 돼지를 치던 이들이 달아나 그 고을과 여러 촌
락에 알렸다. 사람들은 무슨 일이 일어났는지 보
려고 왔다. 15 그들은 예수님께 와서 마귀 들렸던
사람, 곧 군대라는 마귀가 들렸던 사람이 옷을 입
고 제정신으로 앉아 있는 것을 보고는 그만 겁이
났다. 16 그 일을 본 사람들이 마귀 들렸던 이와 돼
지들에게 무슨 일이 일어났는지 그들에게 이야기해 주었다. 17 그러자 그들은 예수님께 저
희 고장에서 떠나 주십사고 청하기 시작하였다. 18 그리하여 예수님께서 배에 오르시자, 마
귀 들렸던 이가 예수님께 같이 있게 해 주십사고 청하였다. 19 그러나 예수님께서는 허락하
지 않으시고 그에게 말씀하셨다. "집으로 가족들에게 돌아가, 주님께서 너에게 해 주신 일
과 자비를 베풀어 주신 일을 모두 알려라." 20 그래서 그는 물러가, 예수님께서 자기에게 해
주신 모든 일을 데카폴리스 지방에 선포하기 시작하였다. 그러자 사람들이 모두 놀랐다.

중풍 병자를 고치시다

마태 9,1-8

1 예수님께서는 배에 오르시어 호수를 건너 당신
께서 사시는 고을로 가셨다.

2 그런데 사람들이 어떤 중풍 병자를 평상에 뉘어
그분께 데려왔다. 예수님께서 그들의 믿음을 보시
고 중풍 병자에게 말씀하셨다. "얘야, 용기를 내어
라. 너는 죄를 용서받았다."

마르 2,1-12

1 며칠 뒤에 예수님께서는 다시 카파르나움으로
들어가셨다. 그분께서 집에 계시다는 소문이 퍼
지자, 2 문 앞까지 빈자리가 없을 만큼 많은 사람
이 모여들었다. 예수님께서는 그들에게 복음 말
씀을 전하셨다.

3 그때에 사람들이 어떤 중풍 병자를 그분께 데리
고 왔다. 그 병자는 네 사람이 들것에 들고 있었
는데, 4 군중 때문에 그분께 가까이 데려갈 수가
없었다. 그래서 그분께서 계신 자리의 지붕을 벗
기고 구멍을 내어, 중풍 병자가 누워 있는 들것을
달아 내려보냈다. 5 예수님께서 그들의 믿음을 보

속으로 들어갔다. 그러자 돼지 떼가 호수를 향해
비탈을 내리 달려 물에 빠져 죽고 말았다.

[34]돼지를 치던 이들이 그 일을 보고 달아나 그 고
을과 여러 촌락에 알렸다. [35]사람들은 무슨 일이
일어났는지 보려고 나왔다. 그들은 예수님께 와
서, 마귀들이 떨어져 나간 그 사람이 옷을 입고 제
정신으로 예수님 발치에 앉아 있는 것을 보고는
그만 겁이 났다. [36]그 일을 본 사람들은 마귀 들렸
던 이가 어떻게 구원받았는지 알려 주었다. [37]그러자 게라사인들의 지역 주민 전체가 예
수님께 자기들에게서 떠나 주십사고 요청하였다. 그들이 큰 두려움에 사로잡혔기 때문
이다. 그리하여 예수님께서는 배에 올라 되돌아가셨다. [38]그때에 마귀들이 떨어져 나간
그 남자가 예수님께 같이 있게 해 주십사고 청하였다. 그러나 예수님께서는 그를 돌려보
내며 말씀하셨다. [39]"집으로 돌아가, 하느님께서 너에게 해 주신 일을 다 이야기해 주어
라." 그래서 그는 물러가, 예수님께서 자기에게 해 주신 일을 온 고을에 두루 선포하였다.

루카 5,17-26

요한

[17]하루는 예수님께서 가르치고 계셨는데, 갈릴래
아와 유다의 모든 마을과 예루살렘에서 온 바리
사이들과 율법 교사들도 앉아 있었다. 예수님께서
는 주님의 힘으로 병을 고쳐 주기도 하셨다.

[18]그때에 남자 몇이 중풍에 걸린 어떤 사람을 평
상에 누인 채 들고 와서, 예수님 앞으로 들여다 놓
으려고 하였다. [19]그러나 군중 때문에 그를 안으
로 들일 길이 없어 지붕으로 올라가 기와를 벗겨
내고, 평상에 누인 그 환자를 예수님 앞 한가운데
로 내려보냈다. [20]예수님께서 그들의 믿음을 보시

9,2-7 // 니코데모 복음 6,1 니코데모가 이 말을 했을 때 다른 히브리인이 일어나 빌라도에게 말하였다. "빌라도 나리, 당신께 청합니다. 제 말도 들어보십시오." 빌라도가 답하였다. "원하는 게 무언지 말해보시오!" 그 히브리인이 말했다. "저는 아파서 침상에 삼십팔 년 동안 누

시고 중풍 병자에게 말씀하셨다. "얘야, 너는 죄
를 용서받았다."

3 그러자 율법 학자 몇 사람이 속으로 '이자가 하느
님을 모독하는군.' 하고 생각하였다. 4 예수님께서
그들의 생각을 아시고 말씀하셨다. "너희는 어찌
하여 마음속에 악한 생각을 품느냐?

6 율법 학자 몇 사람이 거기에 앉아 있다가 마음
속으로 의아하게 생각하였다. 7 '이자가 어떻게 저
런 말을 할 수 있단 말인가? 하느님을 모독하는
군. 하느님 한 분 외에 누가 죄를 용서할 수 있단
말인가?' 8 예수님께서는 곧바로 그들이 속으로 의
아하게 생각하는 것을 당신 영으로 아시고 말씀
하셨다. "너희는 어찌하여 마음속으로 의아하게
생각하느냐?

5 '너는 죄를 용서받았다.' 하고 말하는 것과 '일어
나 걸어가라.' 하고 말하는 것 가운데에서 어느 쪽
이 더 쉬우냐? 6 이제 사람의 아들이 땅에서 죄
를 용서하는 권한을 가지고 있음을 너희가 알게
해 주겠다." 그런 다음 중풍 병자에게 말씀하셨다.
"일어나 네 평상을 가지고 집으로 돌아가거라."

9 중풍 병자에게 '너는 죄를 용서받았다.' 하고 말
하는 것과 '일어나 네 들것을 가지고 걸어가라.' 하
고 말하는 것 가운데에서 어느 쪽이 더 쉬우냐?
10 이제 사람의 아들이 땅에서 죄를 용서하는 권
한을 가지고 있음을 너희가 알게 해 주겠다." 그
러고 나서 중풍 병자에게 말씀하셨다. 11 "내가 너
에게 말한다. 일어나 들것을 들고 집으로 돌아가
거라."

7 그러자 그는 일어나 집으로 갔다. 8 이 일을 보
고 군중은 두려워하며, 사람들에게 그러한 권한
을 주신 하느님을 찬양하였다.

12 그러자 그는 일어나 곧바로 들것을 가지고, 모든
사람이 보는 앞에서 밖으로 걸어 나갔다. 이에 모
든 사람이 크게 놀라 하느님을 찬양하며 말하였
다. "이런 일은 일찍이 본 적이 없다."

마태오를 부르시고 세리들과 함께 음식을 드시다

마태 9,9-13

9 예수님께서 그곳을 떠나 길을 가시다가 마태오
라는 사람이 세관에 앉아 있는 것을 보시고 말씀
하셨다. "나를 따라라." 그러자 마태오는 일어나
그분을 따랐다.

마르 2,13-17

13 예수님께서 다시 호숫가로 나가셨다. 군중이 모
두 모여 오자 예수님께서 그들을 가르치셨다. 14 그
뒤에 길을 지나가시다가 세관에 앉아 있는 알패오
의 아들 레위를 보시고 말씀하셨다. "나를 따라

고 말씀하셨다. "사람아, 너는 죄를 용서받았다."

[21] 율법 학자들과 바리사이들은 의아하게 생각하
기 시작하였다. '저 사람은 누구인데 하느님을 모
독하는 말을 하는가? 하느님 한 분 외에 누가 죄
를 용서할 수 있단 말인가?' [22] 예수님께서는 그들
의 생각을 아시고 대답하셨다. "너희는 어찌하여
마음속으로 의아하게 생각하느냐?

[23] '너는 죄를 용서받았다.' 하고 말하는 것과 '일어
나 걸어가라.' 하고 말하는 것 가운데에서 어느 쪽
이 더 쉬우냐? [24] 이제 사람의 아들이 땅에서 죄를
용서하는 권한을 가지고 있음을 너희가 알게 해
주겠다." 그러고 나서 중풍에 걸린 이에게 말씀하
셨다. "내가 너에게 말한다. 일어나 네 평상을 가
지고 집으로 가거라."

[25] 그러자 그는 그들 앞에서 즉시 일어나 자기가 누
워 있던 것을 들고, 하느님을 찬양하며 집으로 돌
아갔다. [26] 이에 모든 사람이 크게 놀라 하느님을
찬양하였다. 그리고 두려움에 차서 "우리가 오늘
신기한 일을 보았다." 하고 말하였다.

워 있었습니다. 그런데 그분께서
저를 보시고 슬퍼하시며 제게 말
씀하셨습니다. '일어나라, 그리고
네 들것을 들고 네 집으로 가라!'
그분께서 이 말씀을 하시는 동안
에 제가 일으켜졌습니다. 그리고
걸어 다녔습니다." 히브리인들이
말하였다. "이 일이 주간의 몇째
날에 일어났는지, 그자에게 물어
보십시오." 그가 말하였다. "안식
일입니다." 유다인들이 말하였다.
"결국 그자가 안식일을 지키지 않
는다고 한 우리 말은 사실입니다."
[2] 그러자 다른 사람이 가운데 나와
서 말하였다. "나는 눈먼 이로 태
어났습니다. 그런데 예수님께서
길을 걸어가실 때 제가 그분께 소
리 높여 말하였습니다. '제게 자비
를 베풀어주십시오, 주님, 다윗의
후손이시여!' 그러자 그분께서 진
흙을 쥐어 제 눈에 바르셨습니다.
그러자 곧바로 제가 보게 되었습
니다." 다른 사람이 말하였다. "저
는 불구였습니다. 그분을 보고 '저
에게 자비를 베풀어 주십시오, 주
님!' 하고 소리쳤습니다. 그분께서
제 손을 잡자 곧바로 제가 일으켜
졌습니다." 다른 사람이 말하였다.
"저는 나환자였습니다. 그런데 그
분께서 말씀 하나로 저를 낫게 해
주셨습니다."

루카 5,27-32

[27] 그 뒤에 예수님께서는 밖에 나가셨다가 레위라
는 세리가 세관에 앉아 있는 것을 보시고 말씀하
셨다. "나를 따라라." [28] 그러자 레위는 모든 것을
버려둔 채 일어나 그분을 따랐다.

요한

9,9 // 에비온파 복음 그분이 말씀하셨다. "내가 세관에 앉아 있던 너, 마태오를 부르자 너는 나를 따랐다. 나는 이제 너희가 이스라엘의 증인으로 열두 사도가 되기를 바란다." (에피파니우스 『구급상자』 30.13.3)

10 예수님께서 집에서 식탁에 앉게 되셨는데, 마침
많은 세리와 죄인도 와서 예수님과 그분의 제자들
과 자리를 함께하였다. 11 그것을 본 바리사이들이
그분의 제자들에게 말하였다. "당신네 스승은 어
째서 세리와 죄인들과 함께 음식을 먹는 것이오?"
12 예수님께서 이 말을 들으시고 그들에게 말씀하
셨다. "튼튼한 이들에게는 의사가 필요하지 않으
나 병든 이들에게는 필요하다. 13 너희는 가서 '내
가 바라는 것은 희생 제물이 아니라 자비다.' 하신
말씀이 무슨 뜻인지 배워라. 사실 나는 의인이 아
니라 죄인을 부르러 왔다."

I 마태 9,13ㄱ // 12,7

라." 그러자 레위는 일어나 그분을 따랐다.
15 예수님께서 그의 집에서 음식을 잡수시게 되었
는데, 많은 세리와 죄인도 예수님과 그분의 제자
들과 자리를 함께하였다. 이런 이들이 예수님을
많이 따르고 있었기 때문이다. 16 바리사이파 율법
학자들은, 예수님께서 죄인과 세리들과 함께 음식
을 잡수시는 것을 보고 그분의 제자들에게 말하
였다. "저 사람은 어째서 세리와 죄인들과 함께 음
식을 먹는 것이오?" 17 예수님께서 이 말을 들으시
고 그들에게 말씀하셨다. "건강한 이들에게는 의
사가 필요하지 않으나 병든 이들에게는 필요하다.
나는 의인이 아니라 죄인을 부르러 왔다."

9,11 // 요셉과 아세넷 7,1 요셉은 페테프레스의 집에 들어가 의자에 앉았다. 그리고 발을 씻은 뒤 홀로 식탁을 차렸다. 이집트인들과 함께 음식을 먹지 않으려는 것이었다. 이것이 그에게는 혐오스러운 일이었던 까닭이다.

9,13 // 호세 6,6 정녕 내가 바라는 것은 희생 제물이 아니라 신의다. 번제물이 아니라 하느님을 아는 예지다.

단식 논쟁 - 새것과 헌것

마태 9,14-17

14 그때에 요한의 제자들이 예수님께 와서, "저희
와 바리사이들은 단식을 많이 하는데, 스승님의
제자들은 어찌하여 단식하지 않습니까?" 하고 물
었다. 15 예수님께서 그들에게 이르셨다. "혼인 잔
치 손님들이 신랑과 함께 있는 동안에 슬퍼할 수
야 없지 않으냐? 그러나 그들이 신랑을 빼앗길 날
이 올 것이다. 그러면 그들도 단식할 것이다.

16 아무도 새 천 조각을 헌 옷에 대고 꿰매지 않는
다. 헝겊에 그 옷이 땅겨 더 심하게 찢어지기 때문
이다. 17 또한 새 포도주를 헌 가죽 부대에 담지 않
는다. 그렇게 하면 부대가 터져 포도주는 쏟아지

마르 2,18-22

18 요한의 제자들과 바리사이들이 단식하고 있었
다. 사람들이 예수님께 와서, "요한의 제자들과 바
리사이의 제자들은 단식하는데, 선생님의 제자들
은 어찌하여 단식하지 않습니까?" 하고 물었다.
19 예수님께서 그들에게 이르셨다. "혼인 잔치 손님
들이 신랑과 함께 있는 동안에 단식할 수야 없지
않느냐? 신랑이 함께 있는 동안에는 단식할 수 없
다. 20 그러나 그들이 신랑을 빼앗길 날이 올 것이
다. 그때에는 그들도 단식할 것이다.
21 아무도 새 천 조각을 헌 옷에 대고 깁지 않는다.
그렇게 하면 헌 옷에 기워 댄 새 헝겊에 그 옷이
땅겨 더 심하게 찢어진다. 22 또한 아무도 새 포도
주를 헌 가죽 부대에 담지 않는다. 그렇게 하면 포

29 레위가 자기 집에서 예수님께 큰 잔치를 베풀었는데, 세리들과 다른 사람들이 큰 무리를 지어 함께 식탁에 앉았다. 30 그래서 바리사이들과 그들의 율법 학자들이 그분의 제자들에게 투덜거렸다. "당신들은 어째서 세리와 죄인들과 함께 먹고 마시는 것이오?" 31 예수님께서 그들에게 대답하셨다. "건강한 이들에게는 의사가 필요하지 않으나 병든 이들에게는 필요하다. 32 나는 의인이 아니라 죄인을 불러 회개시키러 왔다."

9,10-12 // 옥시린쿠스 1224 3 그러나 율법 학자들과 [바리사이 사람]들과 사제들은 [그]분을 보자 화가 났다. 그분께서 [죄]인들 가운데서 그들과 함께 [자리 잡고] 계셨기 때문이다. 예수님께서 (그들이 화내는 소리를) 들으시고는 다음과 같이 [말씀하셨다.] "건[강한 사람들에게는 의사가] [필요하지 않다.] [...]"

9,13 // 에비온파 복음 "나는 희생 제사를 폐지하기 위해 왔다. 그리고 너희가 제사 드리는 것을 그만두지 않는다면 너희에게서 분노가 거두어지지 않을 것이다." (에피파니우스 『구급상자』 30.16.5)

루카 5,33-39

33 그러자 그들이 예수님께 말하였다. "요한의 제자들은 자주 단식하며 기도를 하고 바리사이의 제자들도 그렇게 하는데, 당신의 제자들은 먹고 마시기만 하는군요." 34 예수님께서 그들에게 이르셨다. "혼인 잔치 손님들이 신랑과 함께 있는 동안에 단식을 할 수야 없지 않느냐? 35 그러나 그들이 신랑을 빼앗길 날이 올 것이다. 그때에는 그들도 단식할 것이다."

36 예수님께서는 그들에게 또 비유를 말씀하셨다. "아무도 새 옷에서 조각을 찢어 내어 헌 옷에 대고 꿰매지 않는다. 그렇게 하면 새 옷을 찢을 뿐만 아니라, 새 옷에서 찢어 낸 조각이 헌 옷에 어울리

요한

9,14-15 // 토마 복음 104,1 그들이 예수님께 말하였다. "자, 오늘은 기도하고 단식합시다." 2 예수님께서 말씀하셨다. "내가 무슨 죄를 저질렀다는 말이냐? 아니면 내가 어떤 면에서 (죄에) 굴복했다는 말이냐? 3 신랑이 신방에서 나가면 그때에는 단식하고 기도해야 한다."

9,17 // 토마 47,1 예수님께서 말씀하셨다. "한 사람이 두 마리 말에 올라탈 수 없고, 활시위 두 줄을 한 번에 당기지도 못한다. 2 한 종이 두 주인을 섬기지 못한다. 한 사람

고 부대도 버리게 된다. 새 포도주는 새 부대에 담
아야 한다. 그래야 둘 다 보존된다."

도주가 부대를 터뜨려 포도주도 부대도 버리게 된
다. 새 포도주는 새 부대에 담아야 한다."

야이로의 딸을 살리시고 하혈하는 부인을 고치시다

마태 9,18-26

18 예수님께서 그들에게 이 말씀을 하고 계실 때,
한 회당장이 와서 예수님께 엎드려 절하며, "제
딸이 방금 죽었습니다. 그러나 가셔서 아이에게
손을 얹으시면 살아날 것입니다." 하고 말하였다.
19 예수님께서는 일어나시어 제자들과 함께 그를
따라가셨다.

20 그때에 열두 해 동안 혈루증을 앓는 여자가 예
수님 뒤로 다가가, 그분의 옷자락 술에 손을 대었
다. 21 그는 속으로 '내가 저분의 옷에 손을 대기만
하여도 구원을 받겠지.' 하고 생각하였던 것이다.
22 예수님께서 돌아서시어 그 여자를 보시며 이르
셨다. "딸아, 용기를 내어라. 네 믿음이 너를 구원
하였다." 바로 그때에 그 부인은 구원을 받았다.

마르 5,21-43

21 예수님께서 배를 타시고 다시 건너편으로 가시
자 많은 군중이 그분께 모여들었다. 예수님께서
호숫가에 계시는데, 22 야이로라는 한 회당장이 와
서 예수님을 뵙고 그분 발 앞에 엎드려, 23 "제 어
린 딸이 죽게 되었습니다. 가셔서 아이에게 손을
얹으시어 그 아이가 병이 나아 다시 살게 해 주십
시오." 하고 간곡히 청하였다. 24 그리하여 예수님
께서는 그와 함께 나서시었다.
많은 군중이 그분을 따르며 밀쳐 댔다.

25 그 가운데에 열두 해 동안이나 하혈하는 여자가
있었다. 26 그 여자는 숱한 고생을 하며 많은 의사
의 손에 가진 것을 모두 쏟아부었지만, 아무 효험
도 없이 상태만 더 나빠졌다. 27 그가 예수님의 소
문을 듣고, 군중에 섞여 예수님 뒤로 가서 그분의
옷에 손을 대었다. 28 '내가 저분의 옷에 손을 대기
만 하여도 구원을 받겠지.' 하고 생각하였던 것이
다. 29 과연 곧 출혈이 멈추고 병이 나은 것을 몸으
로 느낄 수 있었다. 30 예수님께서는 곧 당신에게서 힘이 나간 것을 아시고 군중에게 돌아서시어, "누가
내 옷에 손을 대었느냐?" 하고 물으셨다. 31 그러자 제자들이 예수님께 반문하였다. "보시다시피 군중이
스승님을 밀쳐 대는데, '누가 나에게 손을 대었느냐?' 하고 물으십니까?" 32 그러나 예수님께서는 누가 그
렇게 하였는지 보시려고 사방을 살피셨다. 33 그 부인은 자기에게 일어난 일을 알았기 때문에, 두려워 떨
며 나와서 예수님 앞에 엎드려 사실대로 다 아뢰었다. 34 그러자 예수님께서 그 여자에게 이르셨다. "딸

지도 않을 것이다. [37] 또한 아무도 새 포도주를 헌
가죽 부대에 담지 않는다. 그렇게 하면 새 포도주
가 부대를 터뜨려, 포도주는 쏟아지고 부대도 버리게 된다. [38] 새 포도
주는 새 부대에 담아야 한다. [39] 묵은 포도주를 마시던 사람은 새 포
도주를 원하지 않는다. 사실 그런 사람은 '묵은 것이 좋다.'고 말한다."

은 존경하고 다른 한 사람은 무시
할 것이다. [3] 아무도 묵은 포도주를
마시고 나서 곧바로 새 포도주를
마시고 싶어 하지 않는다. 그리고 새 포도주를 헌 부대에 넣
는 사람은 없다. 부대가 터질 것이다. 묵은 포도주를 새 부
대에 넣는 사람도 없다. 맛을 버릴 것이다. [4] 헌 천 조각을 새
옷에 대고 꿰매는 사람은 없다. 찢어질 것이다기 때문이다."

루카 8,40-56

[40] 예수님께서 되돌아오시자 군중이 그분을 맞
아들였다. 모두 그분을 기다리고 있었던 것이다.
[41] 그때에 야이로라는 사람이 왔는데 그는 회당장
이었다. 그가 예수님의 발 앞에 엎드려 자기 집에
가 주시기를 청하였다. [42] 그에게 열두 살쯤 되는
외동딸이 있는데 그 아이가 죽어 가고 있었기 때
문이다.

예수님께서 그리로 가시는데 군중이 그분을 밀
어 댔다.

[43] 그 가운데에 열두 해 동안이나 하혈하는 여자
가 있었다. 그 여자는 의사들을 찾아다니느라 가
산을 탕진하였지만, 아무도 그를 고쳐 주지 못하
였다. [44] 그가 예수님 뒤로 가서 그분의 옷자락 술
에 손을 대자 즉시 하혈이 멎었다. [45] 예수님께서
"누가 나에게 손을 대었느냐?" 하고 물으셨다. 모
두 자기는 아니라고 하는데, 베드로가 "스승님, 군
중이 스승님을 에워싸 밀쳐 대고 있습니다." 하였
다. [46] 그러나 예수님께서는 "누가 나에게 손을 대
었다. 나에게서 힘이 나간 것을 나는 안다." 하고 말
씀하셨다. [47] 그 부인은 더 이상 숨어 있을 수 없음
을 알고 떨며 나와서 예수님 앞에 엎드려, 자기가
무슨 까닭으로 예수님께 손을 대었으며, 또 어떻

요한

9,18-26 // 토마 유년기 복음 17,1 이 일이
있은 뒤, 요셉의 이웃집 아기가 병
을 앓다가 죽었다. 그 어머니는 몹
시 울었다. 예수는 큰 비극과 소동
이 벌어졌다는 얘기를 듣고 재빨
리 그곳으로 달려갔다. [2] 예수는
아이가 죽어 있는 것을 보고 아
이의 가슴에 손을 대고 말하였다.
"네게 말하니 아가야, 죽지 말고
살아라. 그리고 네 엄마와 함께 있
어라." [3] 그러자 곧바로 아기가 위
를 쳐다보며 웃었다. 예수는 그 여
인에게 말하였다. "아기를 안아다
젖을 먹이십시오. 그리고 나를 기
억하십시오." [4] 거기 있던 군중은
이것을 보고 놀라서 말하였다. "참
으로 이 아이는 하느님이었거나,
하느님의 천사였나 봅니다. 그가
하는 모든 말이 곧바로 현실이 되
니 말입니다." 예수는 그곳을 빠져
나와 다른 아이들과 함께 놀았다.
9,22 // 니코데모 복음 7,1 거기에 베로니
카라는 여인도 있었는데 그녀가
말하였다. "저는 열두 해 동안 하
혈을 했습니다. 그런데 그분의 옷
자락 끝을 만지기만 했는데 곧바
로 나았습니다." 유다인들이 말하
였다. "율법은 여자의 증언은 받아
들이지 않습니다."

아, 네 믿음이 너를 구원하였다. 평안히 가거라. 그
리고 병에서 벗어나 건강해져라.”

23 예수님께서 회당장의 집에 이르시어 피리를 부
는 이들과 소란을 피우는 군중을 보시고, 24 “물러
들 가거라. 저 소녀는 죽은 것이 아니라 자고 있
다.” 하고 말씀하셨다. 그들은 예수님을 비웃었다.
25 군중이 쫓겨난 뒤에 예수님께서 안으로 들어가
시어 소녀의 손을 잡으셨다. 그러자 소녀가 일어났
다. 26 그 소문이 그 지방에 두루 퍼졌다.

35 예수님께서 아직 말씀하고 계실 때에 회당장의
집에서 사람들이 와서는, “따님이 죽었습니다. 그
러니 이제 스승님을 수고롭게 할 필요가 어디 있
겠습니까?” 하고 말하였다. 36 예수님께서는 그들
이 말하는 것을 곁에서 들으시고 회당장에게 말
씀하셨다. “두려워하지 말고 믿기만 하여라.” 37 그
리고 베드로와 야고보와 야고보의 동생 요한 외
에는 아무도 당신을 따라오지 못하게 하셨다.

38 그들이 회당장의 집에 이르렀다. 예수님께서는
소란한 광경과 사람들이 큰 소리로 울며 탄식하는 것을 보시고, 39 안으로 들어가셔서 그들에게, “어찌
하여 소란을 피우며 울고 있느냐? 저 아이는 죽은 것이 아니라 자고 있다.” 하고 말씀하셨다. 40 그들은
예수님을 비웃었다. 예수님께서는 그들을 다 내쫓으신 다음, 아이 아버지와 어머니와 당신의 일행만 데
리고 아이가 있는 곳으로 들어가셨다. 41 그리고 아이의 손을 잡으시고 말씀하셨다. “탈리타 쿰!” 이는
번역하면 ‘소녀야, 내가 너에게 말한다. 일어나라!’는 뜻이다. 42 그러자 소녀가 곧바로 일어서서 걸어 다
녔다. 소녀의 나이는 열두 살이었다. 사람들은 몹시 놀라 넋을 잃었다. 43 예수님께서는 아무에게도 이
일을 알리지 말라고 그들에게 거듭 분부하시고 나서, 소녀에게 먹을 것을 주라고 이르셨다.

눈먼 두 사람을 고치시다

마태 9,27-31 | **마르**

9,27 // 솔로몬의 시편 17,21 보십시오, 주님! 그들에게 그들의 임금을 일으켜 주소서! 하느님 당신께서 선택하신 그 시간에, 당신 종 이스라엘을 다스릴 다윗의 후손을!

27 예수님께서 그곳을 떠나 길을 가시는데 눈먼 사
람 둘이 따라오면서, “다윗의 자손이시여, 저희에
게 자비를 베풀어 주십시오.” 하고 외쳤다.
28 예수님께서 집 안으로 들어가시자 그 눈먼 이들이 그분께 다가왔다. 예수님께서 그들에게
“내가 그런 일을 할 수 있다고 너희는 믿느냐?” 하고 물으시자, 그들이 “예, 주님!” 하고 대답
하였다. 29 그때 예수님께서 그들의 눈에 손을 대시며 이르셨다. “너희가 믿는 대로 되어라.”

게 즉시 병이 나았는지 온 백성 앞에서 아뢰었다.
48 그러자 예수님께서 그 여자에게 이르셨다. "딸
아, 네 믿음이 너를 구원하였다. 평안히 가거라."
49 예수님께서 아직 말씀하고 계실 때에 회당장의
집에서 어떤 이가 와서는, "따님이 죽었습니다. 그
러니 스승님을 수고롭게 하지 마십시오." 하고 말
하였다. 50 예수님께서는 그 말을 들으시고 회당장
에게 대답하셨다. "두려워하지 말고 믿기만 하여
라. 아이는 구원을 받을 것이다." 51 그리고 그 집에
가셔서는 베드로와 요한과 야고보, 그리고 아이
아버지와 어머니 외에는 아무도 당신과 함께 들어
가지 못하게 하셨다.
52 사람들이 모두 아이 때문에 울며 가슴을 치는데, 예수님께
서는 "울지들 마라. 아이는 죽은 것이 아니라 자고 있다." 하고
말씀하셨다. 53 그들은 아이가 죽은 것을 알고 있었으므로 예
수님을 비웃었다. 54 예수님께서는 아이의 손을 잡으시고 말씀
하셨다. "아이야, 일어나라." 55 그러자 아이의 영이 되돌아와
서 아이가 즉시 일어섰다. 예수님께서는 아이에게 먹을 것을
주라고 지시하셨다. 56 아이의 부모는 몹시 놀랐다. 예수님께
서는 이 일을 아무에게도 말하지 말라고 분부하셨다.

루카 **요한**

30 그러자 그들의 눈이 열렸다. 예수님께서는 "아무
도 이 일을 알지 못하게 조심하여라." 하고 단단히
이르셨다. 31 그러나 그들은 나가서 예수님에 관한 이야기를 그 지방에 두루 퍼뜨렸다.

| 마태 9,27-31 // 20,29-34

말못하는 이를 고치시다

마태 9,32-34 **마르**

32 그들이 나간 뒤에 사람들이 마귀 들려 말못하
는 사람 하나를 예수님께 데려왔다. 33 마귀가 쫓
겨나자 말못하는 이가 말을 하였다. 그러자 군중은 놀라워하며, "이런 일은 이스라엘에
서 한 번도 본 적이 없다." 하고 말하였다. 34 그러나 바리사이들은, "저 사람은 마귀 우두
머리의 힘을 빌려 마귀들을 쫓아낸다." 하였다.

| 마태 9,32-34 // 12,22-24
| 마태 9,34 // 10,25

수확할 것은 많은데 일꾼은 적다

마태 9,35-38

35 예수님께서는 모든 고을과 마을을 두루 다니시
면서, 회당에서 가르치시고 하늘 나라의 복음을
선포하시며, 병자와 허약한 이들을 모두 고쳐 주
셨다.
36 그분은 군중을 보시고 가엾은 마음이 드셨다.
그들이 목자 없는 양들처럼 시달리며 기가 꺾여
있었기 때문이다.

마르

열두 제자를 파견하시다 6,6ㄴ-13

6,6ㄴ 예수님께서는 여러 마을을 두루 돌아다니며
가르치셨다.

오천 명을 먹이시다 6,30-44

6,34 예수님께서는 배에서 내리시어 많은 군중을 보
시고 가엾은 마음이 드셨다. 그들이 목자 없는 양
들 같았기 때문이다. 그래서 그들에게 많은 것을
가르쳐 주기 시작하셨다.

37 그래서 제자들에게 말씀하셨다. "수확할 것은
많은데 일꾼은 적다. 38 그러니 수확할 밭의 주인님께 일꾼들을 보내 주십사고 청하여라."

| 마태 9,35 // 4,23
| 마태 9,36ㄱ // 14,14; 15,32

루카

요한

루카

요한

일흔두 제자를 파견하시다 10,1-12

10,2 그들에게 말씀하셨다. "수확할 것은 많은데 일꾼은 적다. 그러니 수확할 밭의 주인님께 일꾼들을 보내 주십사고 청하여라."

9,37-38 // 토마 복음 73 예수님께서 말씀하셨다. "수확할 것은 많은데 일꾼은 적다. 주인님께 수확할 일꾼을 보내 주십사고 청하여라."

열두 사도를 뽑으시다

10,1-4 // 4바룩 9,20 “참으로 그분께서 오실 것입니다. 그분께서는 나가서 당신을 위해 열두 사도들을 뽑으실 것입니다. 그들이 민족들 가운데에서 복음을 선포할 수 있도록! 그분의 아버지께서 그분을 채비시켜주신 것을 나는 보았습니다. 그리고 그분께서 이 세상, 올리브 산에 오시는 것을 보았습니다. 그분께서는 배고픈 영혼들을 채워주실 것입니다.”

마태 10,1-4

1 예수님께서 열두 제자를 가까이 부르시고 그들
에게 더러운 영들에 대한 권한을 주시어, 그것들
을 쫓아내고 병자와 허약한 이들을 모두 고쳐 주
게 하셨다.

2 열두 사도의 이름은 이러하다. 베드로라고 하는
시몬을 비롯하여 그의 동생 안드레아, 제베대오
의 아들 야고보와 그의 동생 요한, 3 필립보와 바
르톨로메오, 토마스와 세리 마태오, 알패오의 아
들 야고보와 타대오, 4 열혈당원 시몬, 그리고 예
수님을 팔아넘긴 유다 이스카리옷이다.

마르 3,13-19

13 예수님께서 산에 올라가신 다음, 당신께서 원하
시는 이들을 가까이 부르시니 그들이 그분께 나
아왔다. 14 그분께서는 열둘을 세우시고 그들을 사
도라 이름하셨다. 그들을 당신과 함께 지내게 하
시고, 그들을 파견하시어 복음을 선포하게 하시
며, 15 마귀들을 쫓아내는 권한을 가지게 하시려
는 것이었다.

16 이렇게 예수님께서 열둘을 세우셨는데, 그들은
베드로라는 이름을 붙여 주신 시몬, 17 ‘천둥의 아
들들’이라는 뜻으로 보아네르게스라는 이름을 붙
여 주신 제베대오의 아들 야고보와 그의 동생 요
한, 18 그리고 안드레아, 필립보, 바르톨로메오, 마
태오, 토마스, 알패오의 아들 야고보, 타대오, 열
혈당원 시몬, 19 또 예수님을 팔아넘긴 유다 이스
카리옷이다.

열두 사도를 파견하시다

마태 10,5-15

5 예수님께서 이 열두 사람을 보내시며 이렇게 분
부하셨다. “다른 민족들에게 가는 길로 가지 말
고, 사마리아인들의 고을에도 들어가지 마라. 6 이
스라엘 집안의 길 잃은 양들에게 가라. 7 가서 ‘하
늘 나라가 가까이 왔다.’ 하고 선포하여라. 8 앓는
이들을 고쳐 주고 죽은 이들을 일으켜 주어라. 나병 환자들을 깨끗하게
해 주고 마귀들을 쫓아내어라. 너희가 거저 받았으니 거저 주어라.

9 전대에 금도 은도 구리 돈도 지니지 마라. 10 여행
보따리도 여벌 옷도 신발도 지팡이도 지니지 마

마르 6,6ㄴ-13

6ㄴ 예수님께서는 여러 마을을 두루 돌아다니며 가
르치셨다. 7 그리고 열두 제자를 부르시어 더러운
영들에 대한 권한을 주시고, 둘씩 짝지어 파견하
기 시작하셨다.

8 그러면서 길을 떠날 때에 지팡이 외에는 아무것
도, 빵도 여행 보따리도 전대에 돈도 가져가지 말

루카 6,12-16

[12]그 무렵에 예수님께서는 기도하시려고 산으로
나가시어, 밤을 새우며 하느님께 기도하셨다. [13]그
리고 날이 새자 제자들을 부르시어 그들 가운데
에서 열둘을 뽑으셨다. 그들을 사도라고도 부르
셨는데,

[14]그들은 베드로라고 이름을 지어 주신 시몬, 그
의 동생 안드레아, 그리고 야고보, 요한, 필립보,
바르톨로메오, [15]마태오, 토마스, 알패오의 아들
야고보, 열혈당원이라고 불리는 시몬, [16]야고보의
아들 유다, 또 배신자가 된 유다 이스카리옷이다.

요한

10,1-4 // 에비온파 복음 이름이 예수인 한 남자분이 계셨다. 그분이 서른 즈음에 우리를 뽑으셨다. 그분이 카파르나움에 가셨을 때 베드로라 불리는 시몬의 집에 들어가 입을 열어 말씀하셨다. "티베리아스 호숫가를 거닐다가 제베대오의 아들 요한과 야고보, 시몬과 안드레아, 그리고 타대오와 열혈당원 시몬, 유다 이스카리옷을 뽑았다. 그리고 내가 세관에 앉아 있던 너, 마태오를 부르자 너는 나를 따랐다. 나는 이제 너희가 이스라엘의 증인으로 열두 사도가 되기를 바란다." (에피파니우스 『구급상자』 30.13.2-3)

루카 9,1-6

[1]예수님께서는 열두 제자를 불러 모으시어, 모든
마귀를 쫓아 내고 질병을 고치는 힘과 권한을 주
셨다. [2]그리고 하느님의 나라를 선포하고 병자들
을 고쳐 주라고 보내시며,

[3]그들에게 이르셨다. "길을 떠날 때에 아무것도 가
져가지 마라. 지팡이도 여행 보따리도 빵도 돈도

요한

10,5-15 // 토마 14,1 예수님께서 그들
에게 말씀하셨다. "너희가 단식을
한다면 자신에게 죄를 하나 짓는
셈이다. 너희가 기도를 한다면 너
희는 심판을 받을 것이다. 자선을
베푼다면 너희 영혼에 해악을 끼
치는 셈이다. [2]어떤 땅에 들어가
든지 동네를 돌아다니다가 사람
들이 너희를 받아주거든, 너희에
게 차려주는 것을 먹고, 그들 가운
데 병자들을 고쳐 주어라. [3]너희
입으로 들어가는 것은 너희를 더
럽히지 않을 것이다. 오히려 너희
입에서 나오는 것이 너희를 더럽
힐 것이다."

라. 일꾼이 자기 먹을 것을 받는 것은 당연하다.

[11] 어떤 고을이나 마을에 들어가거든, 그곳에서 마
땅한 사람을 찾아내어 떠날 때까지 거기에 머물
러라.
[12] 집에 들어가면 그 집에 평화를 빈다고 인사하
여라. [13] 그 집이 평화를 누리기에 마땅하면 너희
의 평화가 그 집에 내리고, 마땅하지 않으면 그 평
화가 너희에게 돌아올 것이다. [14] 누구든지 너희를
받아들이지 않고 너희 말도 듣지 않거든, 그 집이나 그 고을을 떠날 때에 너희 발의
먼지를 털어 버려라. [15] 내가 진실로 너희에게 말한다. 심판 날에는 소돔과 고모라 땅
이 그 고을보다 견디기 쉬울 것이다."

| 마태 10,6 // 15,24
| 마태 10,7 // 4,17
| 마태 10,15 // 11,24

라고 명령하시고, [9] 신발은 신되 옷도 두 벌은 껴입
지 말라고 이르셨다.
[10] 그리고 그들에게 말씀하셨다. "어디에서나 어떤
집에 들어가거든 그 고장을 떠날 때까지 그 집에
머물러라.
[11] 또한 어느 곳이든 너희를 받아들이지 않고 너
희 말도 듣지 않으면, 그곳을 떠날 때에 그들에게
보이는 증거로 너희 발밑의 먼지를 털어 버려라."

[12] 그리하여 제자들은 떠나가서, 회개하라고 선포
하였다. [13] 그리고 많은 마귀를 쫓아내고 많은 병
자에게 기름을 부어 병을 고쳐 주었다.

박해를 각오하여라

마태 10,16-25

[16] "나는 이제 양들을 이리 떼 가운데로 보내는 것
처럼 너희를 보낸다. 그러므로 뱀처럼 슬기롭고 비
둘기처럼 순박하게 되어라.
[17] 사람들을 조심하여라. 그들이 너희를 의회에 넘
기고 회당에서 채찍질할 것이다. [18] 또 너희는 나
때문에 총독들과 임금들 앞에 끌려가, 그들과 다
른 민족들에게 증언할 것이다. [19] 사람들이 너희
를 넘길 때, 어떻게 말할까, 무엇을 말할까 걱정하
지 마라. 너희가 무엇을 말해야 할지, 그때에 너희
에게 일러 주실 것이다. [20] 사실 말하는 이는 너희
가 아니라 너희 안에서 말씀하시는 아버지의 영
이시다.

마르

재난의 시작 13,3-13

[13,9] 너희는 스스로 조심하여라. 사람들이 너희를
의회에 넘기고, 회당에서는 너희가 매를 맞을 것
이다. 또 너희는 나 때문에 총독들과 임금들 앞
에 서서 증언할 것이다. [10] 먼저 복음이 모든 민족
들에게 선포되어야 한다. [11] 사람들이 너희를 끌어
다가 법정에 넘길 때, 무슨 말을 할까 미리 걱정
하지 마라. 그저 그때에 너희에게 일러 주시는 대
로 말하여라. 사실 말하는 이는 너희가 아니라 성
령이시다.

여벌 옷도 지니지 마라. [4]어떤 집에 들어가거든 그
곳을 떠날 때까지 거기에 머물러라.

[5]사람들이 너희를 받아들이지 않으면, 그 고을을
떠날 때에 그들에게 보이는 증거로 너희 발에서
먼지를 털어 버려라."

[6]제자들은 떠나가서 이 마을 저 마을 돌아다니
며, 어디에서나 복음을 전하고 병을 고쳐 주었다.

루카

요한

재난의 시작 21,7-19

21,12 그러나 이 모든 일에 앞서, 사람들이 너희에게
손을 대어 박해할 것이다. 너희를 회당과 감옥에
넘기고, 내 이름 때문에 너희를 임금들과 총독들
앞으로 끌고 갈 것이다. [13]이러한 일이 너희에게는
증언할 기회가 될 것이다. [14]그러나 너희는 명심하
여, 변론할 말을 미리부터 준비하지 마라. [15]어떠
한 적대자도 맞서거나 반박할 수 없는 언변과 지
혜를 내가 너희에게 주겠다.

10,16 // 토마 39,1 예수님께서 말씀하셨다. "바리사이들과 율법 학자들은 지식의 열쇠들을 받아 그것들을 숨겨 두었다. 그리고 자기들도 들어가지 않고 또 들어가고 싶어 하는 이들도 들어가게 두지 않았다. [2]그러나 너희는 뱀처럼 슬기롭고 비둘기처럼 순박하게 되어라."

[21]형제가 형제를 넘겨 죽게 하고 아버지가 자식을
그렇게 하며, 자식들도 부모를 거슬러 일어나 죽
게 할 것이다. [22]그리고 너희는 내 이름 때문에 모
든 사람에게 미움을 받을 것이다. 그러나 끝까지
견디는 이는 구원을 받을 것이다.

[12]형제가 형제를 넘겨 죽게 하고 아버지가 자식을
그렇게 하며, 자식들이 부모를 거슬러 일어나 죽
게 할 것이다. [13]그리고 너희는 내 이름 때문에 모
든 사람에게 미움을 받을 것이다. 그러나 끝까지
견디어 내는 이는 구원을 받을 것이다."

[23]어떤 고을에서 너희를 박해하거든 다른 고을로 피하여라. 내가 진실로 너희에게 말
한다. 너희가 이스라엘의 고을들을 다 돌기 전에 사람의 아들이 올 것이다.
[24]제자는 스승보다 높지 않고 종은 주인보다 높지 않다. [25]제자가 스승처럼 되고 종
이 주인처럼 되는 것으로 충분하다.

사람들이 집주인을 베엘제불이라고 불렀다면, 그
집 식구들에게야 얼마나 더 심하게 하겠느냐?"

| 마태 10,17-18 // 24,9
| 마태 10,22ㄱ // 24,9
| 마태 10,22ㄴ // 24,13
| 마태 10,25 // 9,34; 12,24

예수님과 베엘제불 3,20-30

[3,22]한편 예루살렘에서 내려온 율법 학자들이, "그
는 베엘제불이 들렸다."고도 하고, "그는 마귀 우
두머리의 힘을 빌려 마귀들을 쫓아낸다."고도 하
였다.

두려워하지 말고 복음을 선포하여라

마태 10,26-33

10,26 // 2바룩 24,1 보라, 그 날들이 다 가오고 있다. 죄지은 모든 자들의 죄가 기록되어 있는 책들이 펼쳐질 것이다. 피조물 가운데 의롭게 산 모든 이들의 의로움이 모여 있는 보고들도 열릴 것이다.

[26]"그러니 너희는 그들을 두려워하지 마라. 숨겨진
것은 드러나기 마련이고 감추어진 것은 알려지기
마련이다. [27]내가 너희에게 어두운 데에서 말하는
것을 너희는 밝은 데에서 말하여라. 너희가 귓속말로 들은 것을 지붕 위에서 선포하여라.

마르

등불의 비유 4,21-25

[4,22]숨겨진 것도 드러나기 마련이고 감추어진 것도
드러나게 되어 있다.

[16]부모와 형제와 친척과 친구들까지도 너희를 넘
겨 더러는 죽이기까지 할 것이다. [17]그리고 너희
는 내 이름 때문에 모든 사람에게 미움을 받을
것이다.

남을 심판하지 마라 6,37-42

[6,40]"제자는 스승보다 높지 않다. 그러나 누구든지
다 배우고 나면 스승처럼 될 것이다."

제자들의 발을 씻어주시다 13,1-20

[13,16]"내가 진실로 진실로 너희에게 말한다. 종은
주인보다 높지 않고, 파견된 이는 파견한 이보다
높지 않다."

세상이 너희를 미워할 것이다 15,18—16,4

[15,20]"'종은 주인보다 높지 않다.'고 내가 너희에게
한 말을 기억하여라. 사람들이 나를 박해하였으면 너희도 박
해할 것이고, 내 말을 지켰으면 너희 말도 지킬 것이다."

예수님과 베엘제불 11,14-23

[11,15]그러나 그들 가운데 몇 사람은, "저자는 마귀
우두머리 베엘제불의 힘을 빌려 마귀들을 쫓아낸
다." 하고 말하였다.

루카 12,2-9

요한

[2]"숨겨진 것은 드러나기 마련이고 감추어진 것은
알려지기 마련이다. [3]그러므로 너희가 어두운 데
에서 한 말을 사람들이 모두 밝은 데에서 들을 것
이다. 너희가 골방에서 귀에 대고 속삭인 말은 지붕 위에서 선포될 것이다.

10,26 // 토마 복음 5,1 예수님께서 말씀하셨다. "바로 네 앞에 있는 것을 알아보아라. 그러면 네게 가려진 것이 분명히 드러날 것이다. [2]사실 가려진 것 가운데 드러나지 않을 것은 없다."

10,26 // 2바룩 83,3 또한 정녕 그분께서는 숨은 생각들을, 그리고 사람의 모든 지체들의 골방에 쌓여 있는 모든 것을 살펴보시고 모든 사람 앞에 드러내어 꾸짖으실 것입니다.

28 육신은 죽여도 영혼은 죽이지 못하는 자들을
두려워하지 마라. 오히려 영혼도 육신도 지옥에
서 멸망시키실 수 있는 분을 두려워하여라. 29 참
새 두 마리가 한 닢에 팔리지 않느냐? 그러나 그 가운데 한 마리도 너희
아버지의 허락 없이는 땅에 떨어지지 않는다. 30 그분께서는 너희의 머리
카락까지 다 세어 두셨다. 31 그러니 두려워하지 마라. 너희는 수많은 참
새보다 더 귀하다.

32 그러므로 누구든지 사람들 앞에서 나를 안다고 증언하면, 나도 하늘
에 계신 내 아버지 앞에서 그를 안다고 증언할 것이다. 33 그러나 누구든
지 사람들 앞에서 나를 모른다고 하면, 나도 하늘에 계신 내 아버지 앞
에서 그를 모른다고 할 것이다."

분열을 일으키러 왔다

마태 10,34-36

34 "내가 세상에 평화를 주러 왔다고 생각하지 마
라. 평화가 아니라 칼을 주러 왔다. 35 나는
아들이 아버지와
딸이 어머니와
며느리가 시어머니와
갈라서게 하려고 왔다.
36 집안 식구가 바로 원수가 된다."

마르

10,35 // 2바룩 70,2 보라! 그 날들이 오고 있다. 세상의 때가 무르익고 좋은 씨와 나쁜 씨의 수확 철이 다가오면, 능하신 분께서 이 땅과 그 주민들과 그 지배자들에게 영의 혼란과 마음의 동요를 가져오실 것이다. 3 그들은 서로 미워하고 서로 싸움을 도발할 것이다.

10,35 // 4에즈 6,23 그리고 나팔이 큰 소리로 울릴 것이며, 그 소리를 들은 모든 이가 갑자기 두려움에 사로잡힐 것이다. 24 그리고 그때에는, 원수들에게 하듯이 친구들이 친구들을 거슬러 전쟁을 일으킬 것이다. 땅은 그 주민들과 함께 경악하고 샘들의 물길은 멈추어 세 시간 동안 흐르지 않을 것이다.

10,35-36 // 미카 7,6 아들이 아버지를 경멸하고 딸이 어머니에게, 며느리가 시어머니에게 대든다. 집안 식구가 바로 원수가 된다.

4 나의 벗인 너희에게 말한다. 육신은 죽여도 그
이상 아무것도 못하는 자들을 두려워하지 마라.
5 누구를 두려워해야 할지 너희에게 알려 주겠다.
육신을 죽인 다음 지옥에 던지는 권한을 가지신 분을 두려워하여라. 그렇다, 내가
너희에게 말한다. 바로 그분을 두려워하여라. 6 참새 다섯 마리가 두 닢에 팔리지 않
느냐? 그러나 그 가운데 한 마리도 하느님께서 잊지 않으신다. 7 더구나 하느님께서
는 너희의 머리카락까지 다 세어 두셨다. 두려워하지 마라. 너희는 수많은 참새보
다 더 귀하다.
8 내가 너희에게 말한다. 누구든지 사람들 앞에서 나를 안다고 증언하면, 사람의 아
들도 하느님의 천사들 앞에서 그를 안다고 증언할 것이다. 9 그러나 사람들 앞에서
나를 모른다고 하는 자는, 사람의 아들도 하느님의 천사들 앞에서 그를 모른다고
할 것이다.

10,26 // 토마 6,1 그분의 제자들이 그분께 여쭈었다. "우리가 단식하기를 바라십니까? 우리는 어떻게 기도하고 자선을 베풀어야 합니까? 그리고 무슨 음식규정을 지켜야 합니까?" 2 예수님께서 말씀하셨다. "거짓말하지 마라. 그리고 너희가 혐오하는 짓을 하지 마라. 모든 것은 하늘 앞에 밝히 드러나기 때문이다. 3 사실 숨겨진 것 가운데 드러나지 않을 것은 아무것도 없고, 가려진 것 가운데 벗겨지지 않은 채로 남을 것은 아무것도 없다."

10,27 // 토마 33,1 예수님께서 말씀하셨다. "네 귀로 들은 것을 지붕 위에서 다른 이의 귀에 대고 선포하여라. 2 사실 아무도 등불을 켜서 함지 아래 놓지 않고 은밀한 곳에 숨겨 두지도 않는다. 대신 그것을 등경 위에 놓아 드나드는 이들이 모두 그 빛을 보게 할 것이다."

루카 12,51-53

51 "내가 세상에 평화를 주러 왔다고 생각하느냐?
아니다. 내가 너희에게 말한다. 오히려 분열을 일
으키러 왔다. 52 이제부터는 한 집안의 다섯 식구가
서로 갈라져, 세 사람이 두 사람에게 맞서고 두 사
람이 세 사람에게 맞설 것이다.
53 아버지가 아들에게
아들이 아버지에게
어머니가 딸에게
딸이 어머니에게
시어머니가 며느리에게
며느리가 시어머니에게 맞서
갈라지게 될 것이다."

요한

10,34-35 // 토마 복음 16,1 예수님께서 말씀하셨다. "아마도 사람들은 내가 세상에 평화를 주러 왔다고 생각할 것이다. 그들은 내가 땅에 분열과 불과 칼과 전쟁을 주러 왔다는 것을 모른다. 2 사실 한 집에 다섯이 있으면 세 사람이 두 사람에게 맞서고 두 사람이 세 사람에게 맞설 것이다. 아버지가 아들에게 아들이 아버지에게 맞설 것이다. 3 그리고 저마다 혼자 설 것이다."

버림과 따름

마태 10,37-39

[37]"아버지나 어머니를 나보다 더 사랑하는 사람은
나에게 합당하지 않다. 아들이나 딸을 나보다 더
사랑하는 사람도 나에게 합당하지 않다.
[38]또 제 십자가를 지고 나를 따르지 않는 사람도
나에게 합당하지 않다. [39]제 목숨을 얻으려는 사
람은 목숨을 잃고, 나 때문에 제 목숨을 잃는 사
람은 목숨을 얻을 것이다."

| 마태 10,38-39 // 16,24-25

마르

예수님을 어떻게 따라야 하는가 8,34-38

[8,34]예수님께서 제자들과 함께 군중을 가까이 부
르시고 그들에게 말씀하셨다. "누구든지 내 뒤를
따르려면 자신을 버리고 제 십자가를 지고 나를
따라야 한다. [35]정녕 자기 목숨을 구하려는 사람
은 목숨을 잃을 것이고, 나와 복음 때문에 목숨
을 잃는 사람은 목숨을 구할 것이다."

너희를 받아들이는 이들이 받을 상

마태 10,40-42

[40]"너희를 받아들이는 이는 나를 받아들이는 사
람이고, 나를 받아들이는 이는 나를 보내신 분을
받아들이는 사람이다. [41]예언자를 예언자라서 받
아들이는 이는 예언자가 받는 상을 받을 것이고,
의인을 의인이라서 받아들이는 이는 의인이 받는
상을 받을 것이다. [42]내가 진실로 너희에게 말한
다. 이 작은 이들 가운데 한 사람에게 그가 제자
라서 시원한 물 한 잔이라도 마시게 하는 이는 자
기가 받을 상을 결코 잃지 않을 것이다."

| 마태 10,40 // 18,5

10,42 // 2바룩 48,19 당신께 복종하는 작은 이들을 눈여겨보소서!

마르

우리를 반대하지 않는 이는 지지하는 사람이다 9,38-41

[9,41]"내가 진실로 너희에게 말한다. 너희가 그리스
도의 사람이기 때문에 너희에게 마실 물 한 잔이
라도 주는 이는, 자기가 받을 상을 결코 잃지 않
을 것이다."

루카 14,25-27

25 많은 군중이 예수님과 함께 길을 가는데, 예수
님께서 그들에게 돌아서서 이르셨다.
26 "누구든지 나에게 오면서 자기 아버지와 어머니,
아내와 자녀, 형제와 자매, 심지어 자기 목숨까지
미워하지 않으면, 내 제자가 될 수 없다.
27 누구든지 제 십자가를 짊어지고 내 뒤를 따라오
지 않는 사람은 내 제자가 될 수 없다."

요한

10,37 // 토마 복음 101,1 <예수님께서
말씀하셨다.> "나처럼 자기 아버
지와 어머니를 미워하지 않는 사
람은 내 제자가 될 수 없을 것이다.
2 그리고 나처럼 자기 아버지와 어
머니를 사랑하지 않는 사람도 내 제자가 될 수 없을 것이다. 3 내 어머니는
[...] 했지만 참된 내 어머니는 나에게 생명을 주었기 때문이다."

10,38 // 토마 복음 55,1 예수님께서 말씀하셨다. "자기 아버지와 어머니를 미
워하지 않는 사람은 내 제자가 될 수 없을 것이다. 그리고 자기 형제와 자
매를 미워하지 않고 2 나처럼 제 십자가를 지지 않는 사람은 나에게 합당
하지 않을 것이다."

루카

요한

[11,1] 예수님께서 열두 제자에게 다 지시하시고 나서, 유다인들의 여러 고을에서 가르치시고 복음을 선포하시려고 그곳에서 떠나가셨다.

| 마태 11,1 // 13,53; 19,1

세례자 요한의 질문에 답변하시다

마태 11,2-6 **마르**

[2] 그런데 요한이, 그리스도께서 하신 일을 감옥에서 전해 듣고 제자들을 보내어, [3] "오실 분이 선생님이십니까? 아니면 저희가 다른 분을 기다려야 합니까?" 하고 물었다.

11,2-6 // 4에즈 7,26 보라! 그 날들이 올 것이다. 내가 너에게 전에 예고한 표징이 오는 때, 도성처럼 보이는 신부가 모습을 드러낼 것이다. 그리고 특별한 그 도성이 나타날 것이다. [27] 그리고 앞에서 언급한 악행들에서 해방된 모든 이가 나의 기적들을 목격할 것이다. [28] 그 다음 내 아들 메시아가, 그와 함께 있는 이들과 같이 나타날 것이다. 그리고 남은 자들을 사백 년 동안 기쁘게 할 것이다.

[4] 예수님께서 그들에게 대답하셨다. "요한에게 가서 너희가 보고 듣는 것을 전하여라. [5] 눈먼 이들이 보고 다리저는 이들이 제대로 걸으며, 나병 환자들이 깨끗해지고 귀먹은 이들이 들으며, 죽은 이들이 되살아나고 가난한 이들이 복음을 듣는다. [6] 나에게 의심을 품지 않는 이는 행복하다."

11,5 // 이사 26,19 당신의 죽은 이들이 살아나리이다. 그들의 주검이 일어서리이다. 먼지 속 주민들아, 깨어나 환호하여라. 당신의 이슬은 빛의 이슬이기에 땅은 그림자들을 다시 살려 출산하리이다.

11,5 // 이사 29,18 그날에는 귀먹은 이들도 책에 적힌 말을 듣고 눈먼 이들의 눈도 어둠과 암흑을 벗어나 보게 되리라. [19] 겸손한 이들은 주님 안에서 기쁨에 기쁨을 더하고 사람들 가운데 가장 가난한 이들은 이스라엘의 거룩하신 분 안에서 즐거워하리니

11,5 // 이사 35,5 그때에 눈먼 이들은 눈이 열리고 귀먹은 이들은 귀가 열리리라. [6] 그때에 다리저는 이는 사슴처럼 뛰고 말못하는 이의 혀는 환성을 터뜨리리라. 광야에서는 물이 터져 나오고 사막에서는 냇물이 흐르리라.

11,5 // 이사 61,1 주님께서 나에게 기름을 부어 주시니 주 하느님의 영이 내 위에 내리셨다. 주님께서 나를 보내시어 가난한 이들에게 기쁜 소식을 전하고 마음이 부서진 이들을 싸매어 주며 잡혀간 이들에게 해방을, 갇힌 이들에게 석방을 선포하게 하셨다.

11,5 // 2바룩 29,3 그 부분들에서 일어나기로 된 일이 완결되고 나면 메시아가 모습을 드러내기 시작할 것이다. ... [6] 그리하여 굶주린 이들이 기뻐할 것이다. 그들은 매일 기적을 목격할 것이다.

11,2-6 // 2바룩 30,1 이 일들이 있은 다음에, 곧 메시아 오심의 때가 채워지고 영광중에 그가 돌아가면, 그분을 희망하며 잠들어 있는 모든 이가 일어날 것이다. [2] 그때에 의인들의 영혼이 보존된 보고들이 열리고 그들이 나올 것이다. 그리고 많은 영혼들이 함께, 하나의 모임 하나의 생각으로 나타날 것이다. 그리고 첫째들은 기뻐하고 꼴찌들도 슬퍼하지 않을 것이다. [3] 그들은, 시간들의 마지막이라고 선포된 그때가 다가왔음을 알기 때문이다.

11,2-6 // 4에즈 7,31 그리고 이레가 흐른 뒤에, 지금은 깨어 있지 않은 세상이 깨어날 것이다. 그리고 파멸은 죽음을 맞을 것이다. [32] 그리고 땅은 그 안에 누워 있는 자들을 내놓을 것이다. 흙은 그 안에 잠들어 있는 이들을 내놓을 것이다. 보고(寶庫)들은 그 안에 맡겨진 영혼들을 내놓을 것이다.

루카 7,18-23 **요한**

[18] 요한의 제자들이 이 모든 일을 요한에게 전하였
다. 그러자 요한은 자기 제자들 가운데에서 두 사
람을 불러 [19] 주님께 보내며, "오실 분이 선생님이
십니까? 아니면 저희가 다른 분을 기다려야 합니까?" 하고 여쭙게 하였다. [20] 그 사람들이 예수
님께 다가와 말하였다. "세례자 요한이 저희를 보내어, '오실 분이 선생님이십니까? 아니면 저희
가 다른 분을 기다려야 합니까?' 하고 여쭈어 보라고 하셨습니다." [21] 그때에 예수님께서는 질병
과 병고와 악령에 시달리는 많은 사람을 고쳐 주시고, 또 많은 눈먼 이를 볼 수 있게 해 주셨다.
[22] 예수님께서 그들에게 대답하셨다. "요한에게 가
서 너희가 보고 들은 것을 전하여라. 눈먼 이들이
보고 다리저는 이들이 제대로 걸으며, 나병 환자
들이 깨끗해지고 귀먹은 이들이 들으며, 죽은 이
들이 되살아나고 가난한 이들이 복음을 듣는다.
[23] 나에게 의심을 품지 않는 이는 행복하다."

11,2-6 // 토마 복음 91,1 그들이 그분께 말하였다. "당신을 믿을 수 있게 당신이 누구신지 말씀해 주십시오." [2] 그분께서 말씀하셨다. "너희는 하늘과 땅의 모습은 시험하면서 너희 앞에 있는 이는 알아보지 못하였다. 그리고 너희는 이 시대를 시험할 줄도 모른다."

11,5 // 토마 유년기 복음 8,1 유다인들이 자캐오에게 충고하자 아이(예수)가 크게 웃으며 말하였다. "이제 열매를 맺지 못하던 이들은 열매를 맺고 눈먼 이들은 앞을 보며 귀머거리들은 마음의 눈으로 듣도록 하십시오. [2] 저는 위에서 내려왔습니다. 아래에 있는 사람들을 구하여 위로 불러올리기 위해서였습니다. 이는 저를 여러분에게 보내신 분께서 제게 명하신 대로입니다."

세례자 요한에 관하여 말씀하시다

마태 11,7-19

마르

7 그들이 떠나가자 예수님께서 요한을 두고 군중
에게 말씀하기 시작하셨다. "너희는 무엇을 구경
하러 광야에 나갔더냐? 바람에 흔들리는 갈대냐?
8 아니라면 무엇을 보러 나갔더냐? 고운 옷을 입은 사람이냐? 고운 옷을 걸친 자들은 왕궁에 있
다. 9 아니라면 무엇을 보러 나갔더냐? 예언자냐? 그렇다. 내가 너희에게 말한다. 예언자보다 더
중요한 인물이다. 10 그는 성경에 이렇게 기록되어 있는 사람이다.
'보라, 내가 네 앞에 나의 사자를 보낸다.
그가 네 앞에서 너의 길을 닦아 놓으리라.'
11 내가 진실로 너희에게 말한다. 여자에게서 태어난 이들 가운데 세례자 요한보다 더 큰 인물은
나오지 않았다. 그러나 하늘 나라에서는 가장 작은 이라도 그보다 더 크다.
12 세례자 요한 때부터 지금까지 하늘 나라는 폭행을 당하고 있다. 폭력을 쓰는 자들이 하늘 나
라를 빼앗으려고 한다. 13 모든 예언서와 율법은 요한에 이르기까지 예언하였다. 14 너희가 그것
을 받아들이고자 한다면, 요한이 바로 오기로 되어 있는 엘리야다. 15 귀 있는 사람은 들어라.
16 이 세대를 무엇에 비기랴? 장터에 앉아 서로 부르며 이렇게 말하는 아이들과 같다.
17 '우리가 피리를 불어 주어도
너희는 춤추지 않고
우리가 곡을 하여도
너희는 가슴을 치지 않았다.'
18 사실 요한이 와서 먹지도 않고 마시지도 않자, '저자는 마귀가 들렸다.' 하고 말한다. 19 그런데
사람의 아들이 와서 먹고 마시자, '보라, 저자는 먹보요 술꾼이며 세리와 죄인들의 친구다.' 하
고 말한다. 그러나 지혜가 옳다는 것은 그 지혜가 이룬 일로 드러났다."

11,10 // 탈출 23,20 보라, 내가 너희 앞에 천사를 보내어, 길에서 너희를 지키고 내가 마련한 곳으로 너희를 데려가게 하겠다.
11,10 // 말라 3,1 보라, 내가 나의 사자를 보내니 그가 내 앞에서 길을 닦으리라.

회개하지 않는 고을들

마태 11,20-24

마르

20 그때에 예수님께서 당신이 기적을 가장 많이 일
으키신 고을들을 꾸짖기 시작하셨다. 그들이 회
개하지 않았기 때문이다.

루카 7,24-35

요한

24 요한의 심부름꾼들이 돌아가자 예수님께서 요
한을 두고 군중에게 말씀하기 시작하셨다. "너희
는 무엇을 구경하러 광야에 나갔더냐? 바람에 흔
들리는 갈대냐? 25 아니라면 무엇을 보러 나갔더냐? 고운 옷을 입은 사람이냐? 화려한 옷을 입고
호화롭게 사는 자들은 왕궁에 있다. 26 아니라면 무엇을 보러 나갔더냐? 예언자냐? 그렇다. 내가
너희에게 말한다. 예언자보다 더 중요한 인물이다. 27 그는 성경에 이렇게 기록되어 있는 사람이다.
'보라, 네 앞에 나의 사자를 보낸다.
그가 네 앞에서 너의 길을 닦아 놓으리라.'
28 내가 너희에게 말한다. 여자에게서 태어난 이들 가운데 요한보다 더 큰 인물은 없다. 그러나 하느
님의 나라에서는 가장 작은 이라도 그보다 더 크다.
29 요한의 설교를 듣고 그의 세례를 받은 백성은 세리들까지 포함하여 모두 하느님께서 의로우시다
는 사실을 받아들였다. 30 그러나 요한에게서 세례를 받지 않은 바리사이들과 율법 교사들은 자기
들을 위한 하느님의 뜻을 물리쳤다.
31 그러니 이 세대 사람들을 무엇에 비기랴? 그들은 무엇과 같은가? 32 장터에 앉아 서로 부르며 이
렇게 말하는 아이들과 같다.
'우리가 피리를 불어 주어도
너희는 춤추지 않고
우리가 곡을 하여도
너희는 울지 않았다.'
33 사실 세례자 요한이 와서 빵을 먹지도 않고 포도주를 마시지도 않자, '저자는 마귀가 들렸다.' 하고
너희는 말한다. 34 그런데 사람의 아들이 와서 먹고 마시자, '보라, 저자는 먹보요 술꾼이며 세리와
죄인들의 친구다.' 하고 너희는 말한다. 35 그러나 지혜가 옳다는 것을 지혜의 모든 자녀가 드러냈다."

11,7-9 // 토마 복음 78,1 예수님께서 말씀하셨다. "너희는 무엇 때문에 들판으로 나갔더냐? 바람에 흔들리는 갈대를 보러? 너희 임금들이나 고관들처럼 고운 옷을 입은 사람을 보러? 2 그들은 고운 옷을 걸치고 있다. 그러나 그들은 진리를 알지 못할 것이다."

11,11 // 토마 46,1 예수님께서 말씀하셨다. "아담에서 세례자 요한에 이르기까지, 여자에게서 태어난 이들 가운데 그의 눈이 … 않을 정도로 세례자 요한보다 더 큰 사람은 없다. 2 그러나 나는 말한다. 너희 가운데 아기가 되는 사람이 하늘 나라를 알 것이며, 그는 요한보다 더 커질 것이다."

11,15 // 토마 복음 8,1 그리고 그분께서 말씀하셨다. "그 사람은 바다에 그물을 쳤다가 바다에서 작은 물고기들로 가득 찬 그물을 끌어올린 지혜로운 어부와 같다. 지혜로운 어부는 그 가운데서 크고 보기 좋은 물고기 한 마리를 발견하였다. 그는 작은 물고기들은 모두 바다로 되돌려 보내고 힘들이지 않고 큰 물고기 한 마리만 골랐다. 2 들을 귀 있는 사람은 들어라."

루카 10,13-15

요한

11,21 // 요셉과 아세넷 10,15 그런 다음 아세넷은 재를 집어 바닥에 부었다. [16] 그리고 자루옷을 허리에 둘렀다. 그리고 땋은 머리를 풀고 몸에 재를 뿌린 뒤 재 위에 쓰러졌다. [17] 두 손으로 계속해서 가슴을 쳤다. 그리고 재 위로 쓰러져서는 밤새도록, 새벽이 될 때까지 탄식하며 비통하게 울었다.

11,23 // 이사 14,13 "너는 네 마음속으로 생각했었지. '나는 하늘로 오르리라. 하느님의 별들 위로 나의 왕좌를 세우고 북녘 끝 신들의 모임이 있는 산 위에 좌정하리라. ... [15] 그런데 너는 저승으로, 구렁의 맨 밑바닥으로 떨어졌구나.'"

21 "불행하여라, 너 코라진아! 불행하여라, 너 벳사
이다야! 너희에게 일어난 기적들이 티로와 시돈에
서 일어났더라면, 그들은 벌써 자루옷을 입고 재
를 뒤집어쓰고 회개하였을 것이다. 22 그러니 내가
너희에게 말한다. 심판 날에는 티로와 시돈이 너
희보다 견디기 쉬울 것이다.
23 그리고 너 카파르나움아, 네가 하늘까지 오를 성싶으냐? 저승까
지 떨어질 것이다. 너에게 일어난 기적들이 소돔에서 일어났더라
면, 그 고을은 오늘까지 남아 있을 것이다. 24 그러니 내가 너희에
게 말한다. 심판 날에는 소돔 땅이 너보다 견디기 쉬울 것이다."

| 마태 11,24 // 10,15

하느님 아버지와 아들

마태 11,25-27 | **마르**

25 그때에 예수님께서 이렇게 말씀하셨다. "아버지,
하늘과 땅의 주님, 지혜롭다는 자들과 슬기롭다
는 자들에게는 이것을 감추시고 철부지들에게는
드러내 보이시니, 아버지께 감사드립니다. 26 그렇
습니다, 아버지! 아버지의 선하신 뜻이 이렇게 이
루어졌습니다."
27 "나의 아버지께서는 모든 것을 나에게 넘겨주셨
다. 그래서 아버지 외에는 아무도 아들을 알지 못
한다. 또 아들 외에는, 그리고 그가 아버지를 드러
내 보여 주려는 사람 외에는 아무도 아버지를 알
지 못한다."

내 멍에를 메어라

마태 11,28-30 | **마르**

28 "고생하며 무거운 짐을 진 너희는 모두 나에게

[13] "불행하여라, 너 코라진아! 불행하여라, 너 벳사
이다야! 너희에게 일어난 기적들이 티로와 시돈
에서 일어났더라면, 그들은 벌써 자루옷을 입고
재를 뒤집어쓰고 앉아 회개하였을 것이다. [14] 그러
니 심판 때에 티로와 시돈이 너희보다 견디기 쉬
울 것이다.
[15] 그리고 너 카파르나움아, 네가 하늘까지 오를 성
싶으냐? 저승까지 떨어질 것이다."

루카 10,21-22

[21] 그때에 예수님께서 성령 안에서 즐거워하며 말
씀하셨다. "아버지, 하늘과 땅의 주님, 지혜롭다는
자들과 슬기롭다는 자들에게는 이것을 감추시고
철부지들에게는 드러내 보이시니, 아버지께 감사
를 드립니다. 그렇습니다, 아버지! 아버지의 선하
신 뜻이 이렇게 이루어졌습니다."
[22] "나의 아버지께서는 모든 것을 나에게 넘겨주셨
다. 그래서 아버지 외에는 아들이 누구인지 아무
도 알지 못한다. 또 아들 외에는, 그리고 그가 아
버지를 드러내 보여 주려는 사람 외에는 아버지께
서 누구이신지 아무도 알지 못한다."

요한

11,25 // 토마 복음 4,1 예수님께서 말씀하셨다. "나이 든 노인이 이레 된 어린아이에게 생명의 처소에 관해 묻는 것을 지체하지 않을 것이며 그는 살 것이다. [2] 첫째인 많은 사람이 꼴찌가 되고 그들은 오직 하나가 될 것이다."

11,27 // 토마 복음 61,1 예수님께서 말씀하셨다. "두 사람이 침상 위에서 쉴 것이다. 그런데 한 사람은 죽고 한 사람은 살 것이다." [2] 살로메가 말하였다. "당신은 누구시길래 하나이신 분에게서 나오신 이처럼 제 자리에 오르시고 제 식탁에서 드십니까?" [3] 예수님께서 그녀에게 말씀하셨다. "나는 나누임이 없으신 분에게서 나온 이다. 나는 내 아버지의 것들을 받았다." [...] [4] "저는 당신의 제자입니다." [...] [5] "이 때문에 나는 말한다. 누군가 고립되면 그 사람은 빛으로 가득할 것이다. 그러나 그가 갈라지면 어둠으로 가득할 것이다."

루카

요한

11,29 // 예레 6,16 좋은 길이 어디냐고 물어 그 길을 걷고 너희 영혼이 쉴 곳을 찾아라.
11,30 // 솔로몬의 시편 7,7 당신께서 저희의 보호자시기 때문입니다. 저희는 당신을 부를 것이며 당신께서는 저희 기도를 들어 주실 것입니다. [8] 당신께서는 이스라엘 백성을 영원토록 가엾이 여기시고 그들을 당신 면전에서 물리치지 않으실 것입니다. [9] 그리고 저희는 당신의 영원한 멍에와 당신 꾸짖음의 채찍 아래 있을 것입니다. [10] 당신 도움의 때에 당신께서는 저희를 인도하시고, 당신께서 약속하신 날에 야곱 집안에 자비를 베푸실 것입니다.
11,30 // 솔로몬의 시편 17,30 (메시아는) 이방의 백성들로 하여금 그(메시아)의 멍에를 메고서 그를 섬기게 할 것입니다.

오너라. 내가 너희에게 안식을 주겠다. [29] 나는 마
음이 온유하고 겸손하니 내 멍에를 메고 나에게
배워라. 그러면 너희가 안식을 얻을 것이다. [30] 정
녕 내 멍에는 편하고 내 짐은 가볍다."

제자들이 안식일에 밀 이삭을 뜯다

마태 12,1-8

[1] 그때에 예수님께서 안식일에 밀밭 사이를 지나가
시게 되었다. 그런데 그분의 제자들이 배가 고파
서, 밀 이삭을 뜯어 먹기 시작하였다. [2] 바리사이
들이 그것을 보고 예수님께 말하였다. "보십시오,
선생님의 제자들이 안식일에 해서는 안 되는 일
을 하고 있습니다."
[3] 그러자 예수님께서 그들에게 말씀하셨다. "다윗
과 그 일행이 배가 고팠을 때, 다윗이 어떻게 하
였는지 너희는 읽어 본 적이 없느냐? [4] 그가 하느
님의 집에 들어가, 사제가 아니면 그도 그의 일행
도 먹어서는 안 되는 제사 빵을 먹지 않았느냐?

[5] 또 안식일에 사제들이 성전에서 안식일을 어겨
도 죄가 되지 않는다는 것을 율법에서 읽어 본 적
이 없느냐? [6] 내가 너희에게 말한다. 성전보다 더
큰 이가 여기에 있다. [7] '내가 바라는 것은 희생 제
물이 아니라 자비다.' 하신 말씀이 무슨 뜻인지 너
희가 알았더라면, 죄 없는 이들을 단죄하지는 않

마르 2,23-28

[23] 예수님께서 안식일에 밀밭 사이를 질러가시게
되었다. 그런데 그분의 제자들이 길을 내고 가면
서 밀 이삭을 뜯기 시작하였다. [24] 바리사이들이
예수님께 말하였다. "보십시오, 저들은 어째서 안
식일에 해서는 안 되는 일을 합니까?"

[25] 그러자 예수님께서 그들에게 말씀하셨다. "다윗
과 그 일행이 먹을 것이 없어 배가 고팠을 때, 다
윗이 어떻게 하였는지 너희는 읽어 본 적이 없느
냐? [26] 에브야타르 대사제 때에 그가 하느님의 집
에 들어가, 사제가 아니면 먹어서는 안 되는 제사
빵을 먹고 함께 있는 이들에게도 주지 않았느냐?"
[27] 이어서 그들에게 말씀하셨다. "안식일이 사람을
위하여 생긴 것이지, 사람이 안식일을 위하여 생
긴 것은 아니다.

12,7 // 호세 6,6 정녕 내가 바라는 것은 희생 제물이 아니라 신의다. 번제물이 아니라 하느님을 아는 예지다.

11,28-30 // 토마 복음 90 예수님께서 말씀하셨다. "너희는 나에게 오너라. 내 멍에는 편하다. 나는 온유한 주인이다. 너희를 위한 안식을 발견할 것이다."

루카 6,1–5

[1] 예수님께서 안식일에 밀밭 사이를 가로질러 가시
게 되었다. 그런데 그분의 제자들이 밀 이삭을 뜯
어 손으로 비벼 먹었다. [2] 바리사이 몇 사람이 말
하였다. "당신들은 어째서 안식일에 해서는 안 되
는 일을 하오?"

[3] 그러자 예수님께서 그들에게 대답하셨다. "다윗
과 그 일행이 배가 고팠을 때, 다윗이 한 일을 읽
어 본 적이 없느냐? [4] 그가 하느님의 집에 들어가,
사제가 아니면 아무도 먹어서는 안 되는 제사 빵
을 집어서 먹고 자기 일행에게도 주지 않았느냐?"

요한

았을 것이다.
8 사실 사람의 아들은 안식일의 주인이다."
ㅣ 마태 12,7ㄱ // 9,13

28 그러므로 사람의 아들은 또한 안식일의 주인이
다."

안식일에 손이 오그라든 사람을 고치시다

마태 12,9-14

9 예수님께서는 그곳에서 자리를 옮겨 그들의 회
당에 들어가셨는데, 10 마침 거기에 한쪽 손이 오
그라든 사람이 있었다. 사람들은 예수님을 고발
하려고, "안식일에 병을 고쳐 주어도 됩니까?" 하
고 물었다. 11 그러자 예수님께서 그들에게 말씀하
셨다. "너희 가운데 어떤 사람에게 양 한 마리가
있는데, 그 양이 안식일에 구덩이에 빠졌다고 하
자. 그러면 그것을 잡아 끌어내지 않겠느냐? 12 사
람이 양보다 얼마나 더 귀하냐? 그러니 안식일에
좋은 일은 해도 된다." 13 그러고 나서 그 사람에
게, "손을 뻗어라." 하고 말씀하셨다. 그가 손을
뻗자 다른 손처럼 성해져 건강하게 되었다. 14 바
리사이들은 나가서 예수님을 어떻게 없앨까 모의
를 하였다.

마르 3,1-6

1 예수님께서 다시 회당에 들어가셨는데, 그곳에
한쪽 손이 오그라든 사람이 있었다. 2 사람들은
예수님을 고발하려고, 그분께서 안식일에 그 사
람을 고쳐 주시는지 지켜보고 있었다. 3 예수님께
서 손이 오그라든 사람에게 "일어나 가운데로 나
와라." 하시고, 4 그들에게 말씀하셨다. "안식일에
좋은 일을 하는 것이 합당하냐? 남을 해치는 일
을 하는 것이 합당하냐? 목숨을 구하는 것이 합
당하냐? 죽이는 것이 합당하냐?" 그러나 그들은
입을 열지 않았다. 5 그분께서는 노기를 띠시고 그
들을 둘러보셨다. 그리고 그들의 마음이 완고한
것을 몹시 슬퍼하시면서 그 사람에게, "손을 뻗어
라." 하고 말씀하셨다. 그가 손을 뻗자 그 손이 다
시 성하여졌다. 6 바리사이들은 나가서 곧바로 헤
로데 당원들과 더불어 예수님을 어떻게 없앨까 모
의를 하였다.

주님의 종 예수님

마태 12,15-21

15 예수님께서는 그 일을 아시고 그곳에서 물러가
셨다. 그런데도 많은 군중이 그분을 따랐다. 예수
님께서는 그들을 모두 고쳐 주시면서도, 16 당신을
다른 사람들에게 알리지 말라고 엄중히 이르셨다.

마르

[5] 이어서 그들에게 말씀하셨다. "사람의 아들은 안
식일의 주인이다."

루카 6,6-11

[6] 다른 안식일에 예수님께서 회당에 들어가 가르
치셨는데, 그곳에 오른손이 오그라든 사람이 있
었다. [7] 율법 학자들과 바리사이들은 예수님을 고
발할 구실을 찾으려고, 그분께서 안식일에 병을
고쳐 주시는지 지켜보고 있었다. [8] 예수님께서 그
들의 생각을 아시고 손이 오그라든 사람에게, "일
어나 가운데에 서라." 하고 이르셨다. 그가 일어나
서자 [9] 예수님께서 그들에게 말씀하셨다. "내가 너
희에게 묻겠다. 안식일에 좋은 일을 하는 것이 합
당하냐? 남을 해치는 일을 하는 것이 합당하냐?
목숨을 구하는 것이 합당하냐? 죽이는 것이 합당
하냐?" [10] 그러고 나서 그들을 모두 둘러보시고는
그 사람에게, "손을 뻗어라." 하고 말씀하셨다. 그
가 그렇게 하자 그 손이 다시 성하여졌다. [11] 그들
은 골이 잔뜩 나서 예수님을 어떻게 할까 서로 의
논하였다.

요한

12,13 // 나자렛파 복음 "저는 석공으로서 손으로 양식을 마련하던 사람입니다. 예수님, 구차하게 양식을 빌어먹지 않도록 저를 다시 낫게 해 주십시오." (히에로니무스 『마태오 복음(12,13) 주해』)

루카

요한

17 이사야 예언자를 통하여 하신 말씀이 이루어지
려고 그리된 것이다.
18 "보아라, 내가 선택한 나의 종
내가 사랑하는 이, 내 마음에 드는 이다.
내가 그에게 내 영을 주리니
그는 민족들에게 올바름을 선포하리라.
19 그는 다투지도 않고 소리치지도 않으리니
거리에서 아무도 그의 소리를 듣지 못하리라.
20 그는 올바름을 승리로 이끌 때까지
부러진 갈대를 꺾지 않고
연기 나는 심지를 끄지 않으리니
21 민족들이 그의 이름에 희망을 걸리라."

12,18-21 // 이사 42,1 여기에 나의 종
이 있다. 그는 내가 붙들어 주는
이, 내가 선택한 이, 내 마음에 드
는 이다. 내가 그에게 나의 영을 주
었으니 그는 민족들에게 공정을
펴리라. 2 그는 외치지도 않고 목소
리를 높이지도 않으며 그 소리가
거리에서 들리게 하지도 않으리
라. 3 그는 부러진 갈대를 꺾지 않
고 꺼져 가는 심지를 끄지 않으리
라. 그는 성실하게 공정을 펴리라.

예수님과 베엘제불

마태 12,22-32

22 그때에 사람들이, 마귀 들려 눈이 멀고 말을 못
하는 사람을 예수님께 데려왔다. 예수님께서 그를
고쳐 주시자, 말을 못하던 그 사람이 말도 하고 보
게도 되었다. 23 그러자 군중이 모두 질겁하며, "저
분이 혹시 다윗의 자손이 아니신가?" 하고 말하
였다. 24 바리사이들은 이 말을 듣고, "저자는 마귀
우두머리 베엘제불의 힘을 빌리지 않고서는 마귀
들을 쫓아내지 못한다." 하고 말하였다.

25 예수님께서 그들의 생각을 아시고 이렇게 말씀
하셨다. "어느 나라든지 서로 갈라서면 망하고,
어느 고을이나 집안도 서로 갈라서면 버티어 내지
못한다. 26 사탄이 사탄을 내쫓으면 서로 갈라선
것이다. 그러면 사탄의 나라가 어떻게 버티어 내
겠느냐? 27 내가 만일 베엘제불의 힘을 빌려 마귀

12,23 // 솔로몬의 시편 17,21 보십시오,
주님! 그들에게 그들의 임금을 일
으켜 주소서! 하느님 당신께서 선
택하신 그 시간에, 당신 종 이스라
엘을 다스릴 다윗의 후손을!

마르 3,20-30

20 예수님께서 집으로 가셨다. 그러자 군중이 다시
모여들어 예수님의 일행은 음식을 들 수조차 없
었다. 21 그런데 예수님의 친척들이 소문을 듣고 그
분을 붙잡으러 나섰다. 그들은 예수님께서 미쳤다
고 생각하였던 것이다.
22 한편 예루살렘에서 내려온 율법 학자들이, "그
는 베엘제불이 들렸다."고도 하고, "그는 마귀 우
두머리의 힘을 빌려 마귀들을 쫓아낸다."고도 하
였다.
23 그래서 예수님께서는 그들을 부르셔서 비유를
들어 말씀하셨다. "어떻게 사탄이 사탄을 쫓아낼
수 있느냐? 24 한 나라가 갈라서면 그 나라는 버
티어 내지 못한다. 25 한 집안이 갈라서면 그 집안
은 버티어 내지 못할 것이다. 26 사탄도 자신을 거
슬러 일어나 갈라서면 버티어 내지 못하고 끝장

루카 11,14-23

[14] 예수님께서 벙어리 마귀를 쫓아내셨는데, 마귀
가 나가자 말을 못하는 이가 말을 하게 되었다. 그
러자 군중이 놀라워하였다. [15] 그러나 그들 가운
데 몇 사람은, "저자는 마귀 우두머리 베엘제불
의 힘을 빌려 마귀들을 쫓아낸다." 하고 말하였다.
[16] 다른 사람들은 예수님을 시험하느라고, 하늘에
서 내려오는 표징을 그분께 요구하기도 하였다.

[17] 예수님께서는 그들의 생각을 아시고 이렇게 말
씀하셨다. "어느 나라든지 서로 갈라서면 망하고
집들도 무너진다. [18] 사탄도 서로 갈라서면 그의 나
라가 어떻게 버티어 내겠느냐? 그런데도 너희는
내가 베엘제불의 힘을 빌려 마귀들을 쫓아낸다고
말한다. [19] 내가 만일 베엘제불의 힘을 빌려 마귀

요한

12,22-32 // 니코데모 복음 1,1 빌라도가 말했다. "그가 아픈 사람들을 건강하게 만든다면, 악행을 저지르는 것이 아니오." 그들이 그에게 말하였다. "그자가 제대로 치료한다면 악의 크기가 작았을 것입니다. 그러나 그자는 마술을 이용해서 이런 일을 행합니다. 그리고 마귀들을 자기 곁에 두고 있습니다." 빌라도가 말하였다. "아픈 사람을 낫게 하는 것은 악마의 일이 아니라, 하느님에게서 나오는 은총이오."

들을 좇아낸다면, 너희의 제자들은 누구의 힘을
빌려 마귀들을 쫓아낸다는 말이냐? 그러니 바로
그들이 너희의 재판관이 될 것이다. 28 그러나 내
가 하느님의 영으로 마귀들을 쫓아내는 것이면,
하느님의 나라가 이미 너희에게 와 있는 것이다.

이 난다.

29 먼저 힘센 자를 묶어 놓지 않고서, 어떻게 그 힘
센 자의 집에 들어가 재물을 빼앗을 수 있겠느냐?
묶어 놓은 뒤에야 그 집을 털 수 있다. 30 나와 함
께하지 않는 자는 나를 반대하는 자고, 나와 함께
모아들이지 않는 자는 흩어 버리는 자다.

27 먼저 힘센 자를 묶어 놓지 않고서는, 아무도 그
힘센 자의 집에 들어가 재물을 털 수 없다. 묶어
놓은 뒤에야 그 집을 털 수 있다.

31 그러므로 내가 너희에게 말한다. 사람들이 어떠
한 죄를 짓든, 신성을 모독하는 어떠한 말을 하든
다 용서받을 것이다. 그러나 성령을 모독하는 말
은 용서받지 못할 것이다. 32 사람의 아들을 거슬
러 말하는 자는 용서받을 것이다. 그러나 성령을
거슬러 말하는 자는 현세에서도 내세에서도 용서
받지 못할 것이다."

| 마태 12,24 // 9,34; 10,25

28 내가 진실로 너희에게 말한다. 사람들이 짓는
모든 죄와 그들이 신성을 모독하는 어떠한 말도
용서받을 것이다. 29 그러나 성령을 모독하는 자는
영원히 용서를 받지 못하고 영원한 죄에 매이게
된다." 30 이 말씀을 하신 것은 사람들이 "그는 더
러운 영이 들렸다."고 말하였기 때문이다.

말과 마음

마태 12,33-37

33 "나무가 좋으면 그 열매도 좋고 나무가 나쁘면
그 열매도 나쁘다. 나무는 그 열매를 보면 안다.
34 독사의 자식들아, 너희가 악한데 어떻게 선한
말을 할 수 있겠느냐? 사실 마음에 가득 찬 것을
입으로 말하는 법이다.

마르

35 선한 사람은 선한 곳간에서 선한 것을 꺼내고, 악한 사람은 악한 곳간에서 악한 것을 꺼낸
다. 36 내가 너희에게 말한다. 사람들은 자기가 지껄인 쓸데없는 말을 심판 날에 해명해야 할 것

들을 쫓아낸다면, 너희의 아들들은 누구의 힘을
빌려 마귀들을 쫓아낸다는 말이냐? 그러니 바로
그들이 너희의 재판관이 될 것이다. [20] 그러나 내가
하느님의 손가락으로 마귀들을 쫓아내는 것이면,
하느님의 나라가 이미 너희에게 와 있는 것이다.
[21] 힘센 자가 완전히 무장하고 자기 저택을 지키면
그의 재산은 안전하다. [22] 그러나 더 힘센 자가 덤
벼들어 그를 이기면, 그자는 그가 의지하던 무장
을 빼앗고 저희끼리 전리품을 나눈다. [23] 내 편에
서지 않는 자는 나를 반대하는 자고, 나와 함께
모아들이지 않는 자는 흩어 버리는 자다."

12,29 // 토마 복음 35 예수님께서 말씀하셨다. "힘센 자의 손을 묶어 놓지 않고서는, 아무도 그 힘센 자의 집에 들어가 힘으로 뺏을 수 없다. 묶어 놓은 뒤에야 그 집을 털 것이다."

두려워하지 말고 복음을 선포하여라 12,2-12

[12,10] 사람의 아들을 거슬러 말하는 자는 모두 용서
받을 것이다. 그러나 성령을 모독하는 말을 하는
자는 용서받지 못할 것이다.

12,31-32 // 토마 복음 44 예수님께서 말씀하셨다. "아버지를 모독하는 이는 용서받을 것이다. 아들을 모독하는 이도 용서받을 것이다. 그러나 성령을 모독하는 이는 땅에서도 하늘에서도 용서받지 못할 것이다."

루카 6,43-45(열매를 보면 나무를 안다)

요한

[43] "좋은 나무는 나쁜 열매를 맺지 않는다. 또 나
쁜 나무는 좋은 열매를 맺지 않는다. [44] 나무는 모
두 그 열매를 보면 안다. 가시나무에서 무화과를
따지 못하고 가시덤불에서 포도를 거두어들이지
못한다.
[45] 선한 사람은 마음의 선한 곳간에서 선한 것을 내놓고, 악한 자는 악한 곳
간에서 악한 것을 내놓는다. 마음에서 넘치는 것을 입으로 말하는 법이다."

12,33-35 // 토마 복음 45,1 예수님께서 말씀하셨다. "가시덤불에서 포도를 거두지 못하고, 엉겅퀴에서 무화과를 따지도 못한다. 그것들(가시덤불과 엉겅퀴)은 열매를 맺지 못하기 때문이다. [2] 선한 사람은 곳간에서 선한 것을 내놓지만 악한 사람은 자기 마음의 악한 곳간에서 악한 것을 내놓고 악한 것을 말한다. 사실 그는 마음의 넘치는 것에서 악한 것을 내놓는다."

이다. [37] 네가 한 말에 따라 너는 의롭다고 선고받
기도 하고, 네가 한 말에 따라 너는 단죄받기도
할 것이다."

| 마태 12,33 // 7,16-18
| 마태 12,34 // 15,18

요나의 표징

마태 12,38-42

[38] 그때에 율법 학자와 바리사이 몇 사람이 예수님
께 말하였다. "스승님, 스승님이 일으키시는 표징
을 보고 싶습니다." [39] 그러자 예수님께서 대답하셨
다. "악하고 절개 없는 세대가 표징을 요구하는구
나! 그러나 요나 예언자의 표징밖에는 어떠한 표
징도 받지 못할 것이다.

[40] 요나가 사흘 밤낮을 큰 물고기 배 속에 있었던
것처럼, 사람의 아들도 사흘 밤낮을 땅속에 있을
것이다. [41] 심판 때에 니네베 사람들이 이 세대와 함께 다시 살아
나 이 세대를 단죄할 것이다. 그들이 요나의 설교를 듣고 회개하
였기 때문이다. 그러나 보라, 요나보다 더 큰 이가 여기에 있다.
[42] 심판 때에 남방 여왕이 이 세대와 함께 되살아나 이 세대를 단
죄할 것이다. 그 여왕이 솔로몬의 지혜를 들으려고 땅끝에서 왔
기 때문이다. 그러나 보라, 솔로몬보다 더 큰 이가 여기에 있다."

| 마태 12,38-39 // 16,1-4

마르

바리사이들이 표징을 요구하다 8,11-13

[8,11] 바리사이들이 와서 예수님과 논쟁하기 시작
하였다. 그분을 시험하려고 하늘에서 오는 표징
을 요구하였던 것이다. [12] 예수님께서는 마음속으
로 깊이 탄식하며 말씀하셨다. "어찌하여 이 세대
가 표징을 요구하는가? 내가 진실로 너희에게 말
한다. 이 세대는 어떠한 표징도 받지 못할 것이다."

12,40 // 요나 2,1 주님께서는 큰 물고기를 시켜 요나를 삼키게 하셨다. 요나는 사흘 낮과 사흘 밤을 그 물고기 배 속에 있었다.

12,42 // 4에즈 7,29 "그 해들이 지난 뒤에는, 내 아들 메시아가 죽을 것이다. 사람의 숨을 지닌 모든 이가 그러할 것이다. [30] 그리고 세상은 이레 동안 태초의 침묵으로 돌아갈 것이다. 한처음에 그러했던 것처럼! 그리고 단 한 사람도 남지 않을 것이다. [31] 그리고 이레가 흐른 뒤에, 지금은 깨어 있지 않은 세상이 깨어날 것이다. 그리고 파멸은 죽음을 맞을 것이다. [32] 그리고 땅은 그 안에 누워 있는 자들을 내놓을 것이다. 흙은 그 안에 잠들어 있는 이들을 내놓을 것이다. 보고(寶庫)들은 그 안에 맡겨진 영혼들을 내놓을 것이다. [33] 그리고 지극히 높으신 분께서 재판석에 나타나실 것이다. 그리고 끝이 올 것이다. 그리고 자비는 사라지고 연민은 멀어지며 인내는 거두어질 것이다. [34] 오직 나의 심판만 남을 것이다. 진리가 일어서고 믿음이 기뻐 뛸 것이다. [35] 그리고 행업이 오고 상급이 알려질 것이다. 의로운 행업들은 깨어나고 불경한 행업들은 잠들지 않을 것이다. [36] 그리고 고통의 구덩이가 나타날 것이다. 그 반대편에 안식의 처소가 있다. 게헨나의 불구덩이가 나타날 것이다. 그 반대편에 환희의 낙원이 있다. [37] 그런 다음 지극히 높으신 분께서 잠에서 깨어난 민족들에게 말씀하실 것이다. '보고 깨달아라! 너희가 누구를 부정했는지! 너희가 누구를 경배하지 않았는지! 너희가 누구의 계명을 거부했는지! [38] 자, 너희 앞을 보아라. 보라! 이곳에는 안식과 기쁨이, 저곳에는 불과 고통이 있다.' 심판의 날에 그분께서 말씀하실 것이다."

루카 11,29-32

요한

29 군중이 점점 더 모여들자 예수님께서 말씀하기
시작하셨다. "이 세대는 악한 세대다. 이 세대가
표징을 요구하지만 요나 예언자의 표징밖에는 어
떠한 표징도 받지 못할 것이다.

30 요나가 니네베 사람들에게 표징이 된 것처럼, 사
람의 아들도 이 세대 사람들에게 그러할 것이다.
31 심판 때에 남방 여왕이 이 세대 사람들과 함께
되살아나 이 세대 사람들을 단죄할 것이다. 그 여
왕이 솔로몬의 지혜를 들으려고 땅끝에서 왔기
때문이다. 그러나 보라, 솔로몬보다 더 큰 이가 여
기에 있다. 32 심판 때에 니네베 사람들이 이 세대
와 함께 다시 살아나 이 세대를 단죄할 것이다. 그
들이 요나의 설교를 듣고 회개하였기 때문이다.
그러나 보라, 요나보다 더 큰 이가 여기에 있다."

되돌아오는 악령

마태 12,43-45

43 "더러운 영이 사람에게서 나가면, 쉴 데를 찾아
물 없는 곳을 돌아다니지만 찾지 못한다. 44 그때
에 그는 '내가 나온 집으로 돌아가야지.' 하고 말
한다. 그러고는 가서 그 집이 비어 있을 뿐만 아니
라 말끔히 치워지고 정돈되어 있는 것을 보게 된
다. 45 그러면 다시 나와, 자기보다 더 악한 영 일곱
을 데리고 그 집에 들어가 자리를 잡는다. 그리하
여 그 사람의 끝이 처음보다 더 나빠진다. 이 악
한 세대도 그렇게 될 것이다."

마르

예수님의 참가족

마태 12,46-50

46 예수님께서 아직 군중에게 말씀하고 계시는데,
그분의 어머니와 형제들이 그분과 이야기하려고
밖에 서 있었다. 47 그래서 어떤 이가 예수님께, "보
십시오, 스승님의 어머님과 형제들이 스승님과 이
야기하려고 밖에 서 계십니다." 하고 말하였다.

48 그러자 예수님께서 당신께 말한 사람에게, "누
가 내 어머니고 누가 내 형제들이냐?" 하고 반문
하셨다. 49 그리고 당신의 제자들을 가리키시며 이
르셨다. "이들이 내 어머니고 내 형제들이다. 50 하
늘에 계신 내 아버지의 뜻을 실행하는 사람이 내
형제요 누이요 어머니다."

마르 3,31-35

31 그때에 예수님의 어머니와 형제들이 왔다. 그
들은 밖에 서서 사람을 보내어 예수님을 불렀다.
32 그분 둘레에는 군중이 앉아 있었는데, 사람들
이 예수님께 "보십시오, 스승님의 어머님과 형제
들과 누이들이 밖에서 스승님을 찾고 계십니다."
하고 말하였다.

33 그러자 예수님께서 그들에게, "누가 내 어머니
고 내 형제들이냐?" 하고 반문하셨다. 34 그리고
당신 주위에 앉은 사람들을 둘러보시며 이르셨
다. "이들이 내 어머니고 내 형제들이다. 35 하느님
의 뜻을 실행하는 사람이 바로 내 형제요 누이요
어머니다."

루카 11,24-26

[24]"더러운 영이 사람에게서 나가면, 쉴 데를 찾아
물 없는 곳을 돌아다니지만 찾지 못한다. 그때에
그는 '내가 나온 집으로 돌아가야지.' 하고 말한다.
[25]그러고는 가서 그 집이 말끔히 치워지고 정돈되
어 있는 것을 보게 된다. [26]그러면 다시 나와, 자
기보다 더 악한 영 일곱을 데리고 그 집에 들어가
자리를 잡는다. 그리하여 그 사람의 끝이 처음보
다 더 나빠진다."

요한

루카 8,19-21

[19]예수님의 어머니와 형제들이 예수님을 찾아왔
지만, 군중 때문에 가까이 갈 수가 없었다. [20]그
래서 누가 예수님께 "스승님의 어머님과 형제들
이 스승님을 뵈려고 밖에 서 계십니다." 하고 알
려 드렸다.

[21]그러자 예수님께서 그들에게 이르셨다. "내 어머
니와 내 형제들은 하느님의 말씀을 듣고 실행하
는 이 사람들이다."

요한

12,46-50 // 에비온파 복음. "사람들이 그분께 '보십시오, 당신의 어머니와 형제들이 밖에 와 계십니다' 하고 알렸을 때, 그분께서는 '누가 내 어머니며 형제들이냐?' 하고 물으시고는 제자들을 가리키시며 말씀하셨다. '이 사람들이 내 형제들이며, 내 아버지의 뜻을 실행하는 사람들이 어머니요 누이들이다.'" (에피파니우스 『구급상자』 30.14.5)

12,46-50 // 토마 복음 99,1 제자들이 그분께 말하였다. "당신의 형제들과 어머님이 밖에 서 계십니다." [2]그분께서 말씀하셨다. "여기 있는 사람들, 곧 내 아버지의 뜻을 실행하는 이들이 내 형제들이고 내 어머니다. [3]내 아버지의 나라에 들어갈 사람들은 바로 이들이다."

씨 뿌리는 사람의 비유

마태 13,1-9

1그날 예수님께서는 집에서 나와 호숫가에 앉으
셨다. 2그러자 많은 군중이 모여들어, 예수님께서
는 배에 올라앉으시고 군중은 물가에 그대로 서
있었다.
3예수님께서 그들에게 많은 것을 비유로 말씀해
주셨다. "자, 씨 뿌리는 사람이 씨를 뿌리러 나갔
다. 4그가 씨를 뿌리는데 어떤 것들은 길에 떨어
져 새들이 와서 먹어 버렸다.

5어떤 것들은 흙이 많지 않은 돌밭에 떨어졌다.
흙이 깊지 않아 싹은 곧 돋아났지만, 6해가 솟아
오르자 타고 말았다. 뿌리가 없어서 말라 버린 것
이다.
7또 어떤 것들은 가시덤불 속에 떨어졌는데, 가시
덤불이 자라면서 숨을 막아 버렸다.

8그러나 어떤 것들은 좋은 땅에 떨어져 열매를 맺
었는데, 어떤 것은 백 배, 어떤 것은 예순 배, 어떤
것은 서른 배가 되었다.

9귀 있는 사람은 들어라."

마르 4,1-9

1예수님께서 다시 호숫가에서 가르치기 시작하셨
다. 너무 많은 군중이 모여들어, 그분께서는 호수
에 있는 배에 올라앉으시고 군중은 모두 호숫가
뭍에 그대로 있었다.
2예수님께서 그들에게 많은 것을 비유로 가르치
셨다. 그렇게 가르치시면서 말씀하셨다. 3"자, 들
어 보아라. 씨 뿌리는 사람이 씨를 뿌리러 나갔다.
4그가 씨를 뿌리는데, 어떤 것은 길에 떨어져 새
들이 와서 먹어 버렸다.
5어떤 것은 흙이 많지 않은 돌밭에 떨어졌다. 흙
이 깊지 않아 싹은 곧 돋아났지만, 6해가 솟아오
르자 타고 말았다. 뿌리가 없어서 말라 버린 것
이다.
7또 어떤 것은 가시덤불 속에 떨어졌는데, 가시
덤불이 자라면서 숨을 막아 버려 열매를 맺지 못
하였다.
8그러나 어떤 것들은 좋은 땅에 떨어져, 싹이 나
고 자라서 열매를 맺었다. 그리하여 어떤 것은 서
른 배, 어떤 것은 예순 배, 어떤 것은 백 배의 열
매를 맺었다."
9예수님께서는 이어서 말씀하셨다. "들을 귀 있는
사람은 들어라."

비유로 말씀하신 이유

마태 13,10-17

10제자들이 예수님께 다가와, "왜 저 사람들에게
비유로 말씀하십니까?" 하고 물었다.

마르 4,10-12

10예수님께서 혼자 계실 때, 그분 둘레에 있던 이
들이 열두 제자와 함께 와서 비유들의 뜻을 물
었다.

루카 8,4-8

4 많은 군중이 모이고 또 각 고을에서 온 사람들이 다가오자

예수님께서 그들에게 비유로 말씀하셨다. 5 "씨 뿌리는 사람이 씨를 뿌리러 나갔다. 그가 씨를 뿌리는데, 어떤 것은 길에 떨어져 발에 짓밟히기도 하고 하늘의 새들이 먹어 버리기도 하였다.

6 어떤 것은 바위에 떨어져, 싹이 자라기는 하였지만 물기가 없어 말라 버렸다.

7 또 어떤 것은 가시덤불 한가운데로 떨어졌는데, 가시덤불이 함께 자라면서 숨을 막아 버렸다.

8 그러나 어떤 것은 좋은 땅에 떨어져, 자라나서 백 배의 열매를 맺었다."

예수님께서는 이 말씀을 하시고, "들을 귀 있는 사람은 들어라." 하고 외치셨다.

요한

13,3-8 // 토마 복음 9 예수님께서 말씀하셨다. "자, 씨 뿌리는 사람이 나가 씨를 한 웅큼 쥐고 뿌렸다. 어떤 것들은 길에 떨어져 새들이 와서 거두어갔다. 어떤 것들은 바위에 떨어져 땅에 뿌리를 내리지 못하고 이삭을 피우지 못하였다. 어떤 것들은 가시덤불 속에 떨어져 덤불이 씨의 숨을 막아 버리고 벌레가 그것들을 먹어 치워버렸다. 그리고 어떤 것들은 좋은 땅에 떨어져 좋은 열매를 맺고 예순 말 백스무 말을 내었다."

13,3-8 // 토마 유년기 복음 12,1 파종기가 되어 아이는 아버지와 함께 그들의 밭에 씨를 뿌리러 나갔다. 아버지가 씨를 뿌리는 동안 아이 예수도 씨 한 항아리를 뿌렸다. 2 그런데 수확한 곡식을 타작하자 백 항아리가 되었다. 3 예수는 동네의 모든 가난한 이들을 타작마당으로 불러 모아 그들에게 씨를 나누어 주었다. 요셉은 남은 씨를 가지고 갔다. 4 예수가 이 기적을 행했을 때는 여덟 살이었다.

13,9 // 토마 복음 8,1 그리고 그분께서 말씀하셨다. "그 사람은 바다에 그물을 쳤다가 바다에서 작은 물고기들로 가득 찬 그물을 끌어올린 지혜로운 어부와 같다. 지혜로운 어부는 그 가운데서 크고 보기 좋은 물고기 한 마리를 발견하였다. 그는 작은 물고기들은 모두 바다로 되돌려 보내고 힘들이지 않고 큰 물고기 한 마리만 골랐다. 2 들을 귀 있는 사람은 들어라."

루카 8,9-10

9 제자들이 예수님께 그 비유의 뜻을 묻자,

요한

13,10-11 // 토마 복음 62,1 예수님께서 말씀하셨다. "나는 내 신비에 합[당한] 이들에게 [내] 신비를 말해 준다. 2 네 오른손이 하려는 일이

11 예수님께서 그들에게 대답하셨다. "너희에게는
하늘 나라의 신비를 아는 것이 허락되었지만, 저
사람들에게는 허락되지 않았다. 12 사실 가진 자는
더 받아 넉넉해지고, 가진 것이 없는 자는 가진 것
마저 빼앗길 것이다. 13 내가 저 사람들에게 비유로
말하는 이유는 저들이 보아도 보지 못하고 들어
도 듣지 못하고 깨닫지 못하기 때문이다.
14 이렇게 하여 이사야의 예언이 저 사람들에게 이
루어지는 것이다.
'너희는 듣고 또 들어도 깨닫지 못하고
보고 또 보아도 알아보지 못하리라.
15 저 백성이 마음은 무디고
귀로는 제대로 듣지 못하며
눈은 감았기 때문이다.
이는 그들이 눈으로 보고
귀로 듣고
마음으로 깨닫고서는 돌아와
내가 그들을 고쳐 주는 일이 없게 하려는 것이다.'
16 그러나 너희의 눈은 볼 수 있으니 행복하고, 너희의 귀는 들을 수 있으니 행복하다. 17 내가 진
실로 너희에게 말한다. 많은 예언자와 의인이 너희가 보는 것을 보고자 갈망하였지만 보지 못
하였고, 너희가 듣는 것을 듣고자 갈망하였지만 듣지 못하였다."

| 마태 13,12 // 25,29

11 예수님께서 그들에게 대답하셨다. "너희에게는
하느님 나라의 신비가 주어졌지만, 저 바깥 사람
들에게는 모든 것이 그저 비유로만 다가간다.
12 '보고 또 보아도 알아보지 못하고
듣고 또 들어도 깨닫지 못하여
저들이 돌아와 용서받는 일이 없게 하려는 것이
다.'"

13,14ㄴ-15 // 이사 6,9 그분께서 말씀하셨다. "너는 가서 저 백성에게 말하여라. '너희는 듣고 또 들어라. 그러나 깨닫지는 마라. 너희는 보고 또 보아라. 그러나 깨치지는 마라.' 10 너는 저 백성의 마음을 무디게 하고 그 귀를 어둡게 하며 그 눈을 들어붙게 하여라. 그들이 눈으로 보고 귀로 듣고 마음으로 깨닫고서는 돌아와 치유되는 일이 없게 하여라."

씨 뿌리는 사람의 비유를 설명하시다

마태 13,18-23

18 "그러니 너희는 씨 뿌리는 사람의 비유를 새겨
들어라.
19 누구든지 하늘 나라에 관한 말을 듣고 깨닫지

마르 4,13-20

13 예수님께서 또 그들에게 말씀하셨다. "너희는
이 비유를 알아듣지 못하겠느냐? 그러면서 어떻
게 모든 비유를 깨달을 수 있겠느냐? 14 씨 뿌리는
사람은 실상 말씀을 뿌리는 것이다.
15 말씀이 길에 뿌려지는 것은 이러한 사람들을 두

[10] 예수님께서 이르셨다. "너희에게는 하느님 나라
의 신비를 아는 것이 허락되었지만, 다른 이들에
게는 비유로만 말하였으니,
'저들이 보아도 알아보지 못하고
들어도 깨닫지 못하게 하려는 것이다.'"

무엇인지 네 왼손이 모르게 하여라."

13,12 // 토마 복음 41 예수님께서 말씀하셨다. "자기 손에 가진 것이 있는 이는 (더) 받고 가진 것이 없는 이는 자기가 가진 작은 것마저 빼앗길 것이다."

13,17 // 토마 복음 38,1 예수님께서 말씀하셨다. "너희는 내가 지금 너희에게 하는 말, 다른 사람에게서는 들을 수 없는 이 말을 몹시도 듣고 싶어 하였다. [2] 너희가 나를 찾아도 나를 찾을 수 없는 날들이 올 것이다."

13,17 // 토마 복음 17,1 예수님께서 말씀하셨다. "내가 너희에게, 눈으로 본 적이 없고 귀로 들은 적이 없으며 손으로 만져본 적이 없고 사람의 마음에 떠오른 적도 없는 것을 주겠다."

루카 8,11-15

[11] "그 비유의 뜻은 이러하다. 씨는 하느님의 말씀
이다.

[12] 길에 떨어진 것들은, 말씀을 듣기는 하였지만

요한

못하면, 악한 자가 와서 그 마음에 뿌려진 것을
빼앗아 간다. 길에 뿌려진 씨는 바로 그러한 사
람이다.
[20]돌밭에 뿌려진 씨는 이러한 사람이다. 그는 말
씀을 들으면 곧 기쁘게 받는다. [21]그러나 그 사람
안에 뿌리가 없어서 오래가지 못한다. 그래서 말
씀 때문에 환난이나 박해가 일어나면 그는 곧 걸
려 넘어지고 만다.
[22]가시덤불 속에 뿌려진 씨는 이러한 사람이다. 그
는 말씀을 듣기는 하지만, 세상 걱정과 재물의 유
혹이 그 말씀의 숨을 막아 버려 열매를 맺지 못
한다.

[23]좋은 땅에 뿌려진 씨는 이러한 사람이다. 그는
말씀을 듣고 깨닫는다. 그런 사람은 열매를 맺는
데, 어떤 사람은 백 배, 어떤 사람은 예순 배, 어떤
사람은 서른 배를 낸다."

고 하는 말이다. 그들이 말씀을 들으면 곧바로 사
탄이 와서 그들 안에 뿌려진 말씀을 앗아 가 버
린다.
[16]그리고 말씀이 돌밭에 뿌려지는 것은 이러한 사
람들이다. 그들은 말씀을 들으면 곧 기쁘게 받는
다. [17]그러나 그들에게 뿌리가 없어서 오래가지 못
한다. 그래서 말씀 때문에 환난이나 박해가 일어
나면 곧 걸려 넘어지고 만다.
[18]말씀이 가시덤불 속에 뿌려지는 것은 또 다른
사람들이다. 이들은 말씀을 듣기는 하지만, [19]세
상 걱정과 재물의 유혹과 그 밖의 여러 가지 욕심
이 들어가, 그 말씀의 숨을 막아 버려 열매를 맺
지 못한다.
[20]그러나 말씀이 좋은 땅에 뿌려진 것은 이러한
사람들이다. 그들은 말씀을 듣고 받아들여, 어떤
이는 서른 배, 어떤 이는 예순 배, 어떤 이는 백 배
의 열매를 맺는다."

13,25-30 // 4에즈 4,27 의인들에게 약속된 것이 (곧) 오리라 기대해서는 안 된다. 사실 이 세상은 많은 질병과 탄식으로 가득 차 있다. [28]네가 질문했던 악은 뿌려졌지만 아직 그 수확 철이 다가오지 않았기 때문이다. [29]그러므로 뿌려진 것이 거두어들여지지 않는다면, 그리고 악이 뿌려진 곳이 제거되지 않는다면, 선이 뿌려진 땅도 오지 않을 것이다. [30]악의 씨앗 한 알이 아담의 마음에 뿌려졌다. 그리고 그것이 처음부터 지금까지 얼마나 많은 불경의 열매를 맺었는지! 그것은 타작 철이 올 때까지 열매를 맺을 것이다.

13,30 // 2바룩 70,2 보라! 그 날들이 오고 있다. 세상의 때가 무르익고 좋은 씨와 나쁜 씨의 수확 철이 다가오면, 능하신 분께서 이 땅과 그 주민들과 그 지배자들에게 영의 혼란과 마음의 동요를 가져오실 것이다.

가라지의 비유

마태 13,24-30 **마르**

[24]예수님께서 또 다른 비유를 들어 그들에게 말씀
하셨다. "하늘 나라는 자기 밭에 좋은 씨를 뿌리
는 사람에 비길 수 있다. [25]사람들이 자는 동안에 그의 원수가 와서 밀 가운데에 가라지를 덧
뿌리고 갔다. [26]줄기가 나서 열매를 맺을 때에 가라지들도 드러났다. [27]그래서 종들이 집주인에
게 가서, '주인님, 밭에 좋은 씨를 뿌리지 않았습니까? 그런데 가라지는 어디서 생겼습니까?' 하
고 묻자, [28]'원수가 그렇게 하였구나.' 하고 집주인이 말하였다. 종들이 '그러면 저희가 가서 그것
들을 거두어 낼까요?' 하고 묻자, [29]그는 이렇게 일렀다. '아니다. 너희가 가라지들을 거두어 내
다가 밀까지 함께 뽑을지도 모른다. [30]수확 때까지 둘 다 함께 자라도록 내버려 두어라. 수확 때
에 내가 일꾼들에게, 먼저 가라지를 거두어서 단으로 묶어 태워 버리고 밀은 내 곳간으로 모아
들이라고 하겠다.'"

악마가 와서 그 말씀을 마음에서 앗아 가 버리
기 때문에 믿지 못하여 구원을 받지 못하는 사
람들이다.
13 바위에 떨어진 것들은, 들을 때에는 그 말씀을
기쁘게 받아들이지만 뿌리가 없어 한때는 믿다
가 시련의 때가 오면 떨어져 나가는 사람들이다.

14 가시덤불에 떨어진 것은, 말씀을 듣기는 하였지
만 살아가면서 인생의 걱정과 재물과 쾌락에 숨
이 막혀 열매를 제대로 맺지 못하는 사람들이다.

15 좋은 땅에 떨어진 것은, 바르고 착한 마음으로
말씀을 듣고 간직하여 인내로써 열매를 맺는 사
람들이다."

루카

요한

13,24-30 // 토마 복음 57,1 예수님께서 말씀하셨다. "아버지의 나라는 좋[은] 씨를 가지고 있는 사람과 같다. 밤사이에 그의 원수가 와서 좋은 씨에다 가라지 씨를 덧뿌렸다. 그러나 그 사람은 가라지를 뽑지 못하게 하였다. 사람들에게 '가라지를 뽑으러 가지 마시오. 가라지와 함께 밀까지 뽑을지도 모르오!' 라 하였던 것이다. 2 수확 날에는 가라지가 드러나 뽑히고 태워질 것이다."

겨자씨의 비유

마태 13,31-32

[31]예수님께서 또 다른 비유를 들어 그들에게 말
씀하셨다.
"하늘 나라는 겨자씨와 같다. 어떤 사람이 그것을
가져다가 자기 밭에 뿌렸다. [32]겨자씨는 어떤 씨앗
보다도 작지만, 자라면 어떤 풀보다도 커져 나무
가 되고 하늘의 새들이 와서 그 가지에 깃들인다."

마르 4,30-32

[30]예수님께서 다시 말씀하셨다. "하느님의 나라
를 무엇에 비길까? 무슨 비유로 그것을 나타낼까?
[31]하느님의 나라는 겨자씨와 같다. 땅에 뿌릴 때
에는 세상의 어떤 씨앗보다도 작다. [32]그러나 땅
에 뿌려지면 자라나서 어떤 풀보다도 커지고 큰
가지들을 뻗어, 하늘의 새들이 그 그늘에 깃들일
수 있게 된다."

누룩의 비유

마태 13,33

[33]예수님께서 또 다른 비유를 그들에게 말씀하셨
다. "하늘 나라는 누룩과 같다. 어떤 여자가 그것
을 가져다가 밀가루 서 말 속에 집어넣었더니, 마
침내 온통 부풀어 올랐다."

마르

비유를 들어 가르치시다

마태 13,34-35

[34]예수님께서는 군중에게 이 모든 것을 비유로 말
씀하시고, 비유를 들지 않고는 그들에게 아무것
도 말씀하지 않으셨다.
[35]예언자를 통하여
"나는 입을 열어 비유로 말하리라.
세상 창조 때부터 숨겨진 것을 드러내리라."
하신 말씀이 이루어지려고 그리된 것이다.

13,35 // 시편 78,2 내가 입을 열어 격언을, 예로부터 내려오는 금언들을 말하리라.

마르 4,33-34

[33]예수님께서는 그들이 알아들을 수 있을 정도
로, 이처럼 많은 비유로 말씀을 하셨다. [34]비유를
들지 않고는 그들에게 말씀하지 않으셨다.

그러나 당신의 제자들에게는 따로 모든 것을 풀
이해 주셨다.

루카 13,18-19

[18] 예수님께서 말씀하셨다. "하느님의 나라는 무엇
과 같을까? 그것을 무엇에 비길까?
[19] 하느님의 나라는 겨자씨와 같다. 어떤 사람이
그것을 가져다가 자기 정원에 심었다. 그랬더니 자
라서 나무가 되어 하늘의 새들이 그 가지에 깃들
였다."

요한

13,31-32 // 토마 복음 20,1 제자들이 예
수님께 말하였다. "하늘 나라는
무엇과 같은지 말씀해 주십시오."
[2] 그분께서 그들에게 말씀하셨다.
"하늘 나라는 겨자씨와 같다. 겨
자씨는 어떤 씨앗보다도 작다. 그
러나 잘 갈아놓은 땅에 떨어지면
큰 가지들을 내고 자라서 하늘의
새들의 은신처가 된다."

루카 13,20-21

[20] 예수님께서 다시 이르셨다. "하느님의 나라를 무
엇에 비길까? [21] 그것은 누룩과 같다. 어떤 여자가
그것을 가져다가 밀가루 서 말 속에 집어넣었더니,
마침내 온통 부풀어 올랐다."

요한

13,33 // 토마 복음 96,1 예수님께서 말
씀하셨다. "아버지의 나라는 한
여자와 같다. 그 여자는 누룩을 조
금 가져다가 반죽 속에 [집]어 넣
어 큰 빵으로 만들었다. [2] 귀 있는
사람은 들어라."

루카

요한

가라지의 비유를 설명하시다

마태 13,36-43

36 그 뒤에 예수님께서 군중을 떠나 집으로 가셨다. 그러자 제자들이 그분께 다가와, "밭의 가라지 비유를 저희에게 설명해 주십시오." 하고 청하였다. 37 예수님께서 이렇게 이르셨다. "좋은 씨를 뿌리는 이는 사람의 아들이고, 38 밭은 세상이다. 그리고 좋은 씨는 하늘 나라의 자녀들이고 가라지들은 악한 자의 자녀들이며, 39 가라지를 뿌린 원수는 악마다. 그리고 수확 때는 세상 종말이고 일꾼들은 천사들이다. 40 그러므로 가라지를 거두어 불에 태우듯이, 세상 종말에도 그렇게 될 것이다. 41 사람의 아들이 자기 천사들을 보낼 터인데, 그들은 그의 나라에서 남을 죄짓게 하는 모든 자들과 불의를 저지르는 자들을 거두어, 42 불구덩이에 던져 버릴 것이다. 그러면 그들은 거기에서 울며 이를 갈 것이다. 43 그때에 의인들은 아버지의 나라에서 해처럼 빛날 것이다. 귀 있는 사람은 들어라."

| 마태 13,40-42 // 13,49-50
| 마태 13,42 // 8,12; 13,50; 22,13; 24,51; 25,30

마르

13,42 // 3바룩 4,3 그리고 천사는 나에게 하데스를 보여주었다. 그의 모습은 음침하고 속되어 보였다. 4 나는 말하였다. "이 용은 무엇입니까? 그리고 그것을 감싸고 있는 거친 놈은 무엇입니까?" 5 천사가 나에게 말하였다. "용은 자기 생을 악하게 보낸 자들의 몸을 먹는 자다. 용은 그것들에서 양식을 얻는다. 6 그리고 후자는 하데스다. 그 자도 용과 매우 비슷하다. 그것이 바닷물을 한 페키스나 마셔도 바닷물이 조금도 줄어들지 않는다는 점이 그렇다."

13,42 // 1에녹 10,4 그분께서 라파엘에게 이르셨습니다. "아자엘의 손과 발을 묶어 어둠 속에 던져라. 그리고 다두엘에 있는 광야를 열어 그자를 그곳에 던져 버려라. 5 그자에게 거칠고 뾰족한 바윗돌들을 얹고, 그자를 어둠으로 뒤덮어라. 그리고 그자로 하여금 영원히 그곳에서 살게 하여라. 그자의 얼굴을 가려서 빛을 보지 못하게 하라! 6 위대한 심판의 날에 그자는 타오르는 불길 속으로 인도될 것이다."

보물의 비유와 진주 상인의 비유

마태 13,44-46

44 "하늘 나라는 밭에 숨겨진 보물과 같다. 그 보물을 발견한 사람은 그것을 다시 숨겨 두고서는 기뻐하며 돌아가서 가진 것을 다 팔아 그 밭을 산다. 45 또 하늘 나라는 좋은 진주를 찾는 상인과 같다. 46 그는 값진 진주를 하나 발견하자, 가서 가진 것을 모두 처분하여 그것을 샀다."

마르

13,44 // 2바룩 44,13 앞에서 말한 그때를 물려받을 사람들은 바로 이들이다. 약속된 시대의 유산이 그들의 것이다. 14 그들은 지혜의 보고를 획득한 이들이다. 그들에게는 슬기의 보물이 있다. 그들은 자비에서 멀어진 적이 없으며 율법의 진리를 간직하였다. 15 다가올 세상이 그들에게 주어질 것이다. 그러나 나머지 많은 사람들의 처소는 불 속이 될 것이다.

13,44 // 4에즈 6,5 현재의 햇수들이 검토되기 전, 지금 죄인들의 어리석음이 형성되기 전, 믿음의 보물을 쌓아둔 이들이 봉인되기 전이었다.

13,44 // 4에즈 7,76 그분께서 답하시며 내게 말씀하셨다. "이것에 대해서도 네게 알려 주겠다. 너 자신을 반항하는 자들과 엮지 마라. 너 자신을 벌 받는 자들 가운데 헤아리지 마라! 77 너에게는 지극히 높으신 분 앞에 놓인 (좋은) 행업의 보고(寶庫)가 있기 때문이다. 그러나 그 보고는 마지막 때까지 너의 눈에 보이지 않을 것이다."

루카

요한

13,43 // 토마 복음 8,1 그리고 그분께서 말씀하셨다. "그 사람은 바다에 그물을 쳤다가 바다에서 작은 물고기들로 가득 찬 그물을 끌어올린 지혜로운 어부와 같다. 지혜로운 어부는 그 가운데서 크고 보기 좋은 물고기 한 마리를 발견하였다. 그는 작은 물고기들은 모두 바다로 되돌려 보내고 힘들이지 않고 큰 물고기 한 마리만 골랐다. [2] 들을 귀 있는 사람은 들어라."

루카

요한

13,44 // 토마 복음 109,1 예수님께서 말씀하셨다. "하늘 나라는 밭에 자기도 모르는 보물이 숨겨져 있는 사람과 같다. 그가 죽[으면서] 그것을 자기 아들에게 남겨 주었는데 그 아들도 보물에 대해 모르고 있었다. 그래서 그는 그 밭을 팔아 버렸다. 그리고 그것을 산 사람이 밭을 갈다가 보물을 발견하였다. [2] 그는 자기가 원하는 사람들에게 이자를 받고 돈을 꾸어 주기 시작하였다."

13,46 // 토마 76,1 예수님께서 말씀하셨다. "아버지의 나라는 팔 물건을 가지고 있다가 진주를 발견한 상인과 같다. 그 상인은 현명하였다. 그는 물건을 팔아 진주를 사서 자기 것으로 삼았다. [2] 너희도 파괴되지 않고 영원히 남는 곳간을 찾아라. 그곳은 좀이 들어와 쏠지도 않고 벌레도 망가뜨리지 않는다."

그물의 비유

마태 13,47-50

[47]"또 하늘 나라는 바다에 던져 온갖 종류의 고기
를 모아들인 그물과 같다. [48]그물이 가득 차자 사
람들이 그것을 물가로 끌어 올려놓고 앉아서, 좋
은 것들은 그릇에 담고 나쁜 것들은 밖으로 던져
버렸다. [49]세상 종말에도 그렇게 될 것이다. 천사
들이 나가 의인들 가운데에서 악한 자들을 가려
내어, [50]불구덩이에 던져 버릴 것이다. 그러면 그
들은 거기에서 울며 이를 갈 것이다."

ㅣ 마태 13,49-50 // 13,40-42
ㅣ 마태 13,50 // 8,12; 22,13; 24,51; 25,30

마르

13,50 // 3바룩 4,3 그리고 천사는 나에게 하데스를 보여주었다. 그의 모습은 음침하고 속되어 보였다. [4]나는 말하였다. "이 용은 무엇입니까? 그리고 그것을 감싸고 있는 거친 놈은 무엇입니까?" [5]천사가 나에게 말하였다. "용은 자기 생을 악하게 보낸 자들의 몸을 먹는 자다. 용은 그것들에서 양식을 얻는다. [6]그리고 후자는 하데스다. 그 자도 용과 매우 비슷하다. 그것이 바닷물을 한 페키스나 마셔도 바닷물이 조금도 줄어들지 않는다는 점이 그렇다."

비유를 끝맺는 말씀

마태 13,51-53

마르

[51]"너희는 이것들을 다 깨달았느냐?" 제자들이
"예!" 하고 대답하자, [52]예수님께서 그들에게 이르
셨다. "그러므로 하늘 나라의 제자가 된 모든 율법 학자는 자기
곳간에서 새것도 꺼내고 옛것도 꺼내는 집주인과 같다." [53]예수
님께서는 이 비유들을 다 말씀하시고 나서 그곳을 떠나셨다.

나자렛에서 무시를 당하시다

마태 13,54-58

[54]예수님께서 고향에 가시어 회당에서 사람들을
가르치셨다. 그러자 그들은 놀라서 이렇게 말하
였다. "저 사람이 어디서 저런 지혜와 기적의 힘
을 얻었을까?

마르 6,1-6

[1]예수님께서 그곳을 떠나 고향으로 가셨는데 제
자들도 그분을 따라갔다. [2]안식일이 되자 예수님
께서는 회당에서 가르치기 시작하셨다. 많은 이가
듣고는 놀라서 이렇게 말하였다. "저 사람이 어디
서 저 모든 것을 얻었을까? 저런 지혜를 어디서 받
았을까? 그의 손에서 저런 기적들이 일어나다니!

루카

요한

13,47-48 // 토마 복음 8,1 그리고 그분께서 말씀하셨다. "그 사람은 바다에 그물을 쳤다가 바다에서 작은 물고기들로 가득 찬 그물을 끌어올린 지혜로운 어부와 같다. 지혜로운 어부는 그 가운데서 크고 보기 좋은 물고기 한 마리를 발견하였다. 그는 작은 물고기들은 모두 바다로 되돌려 보내고 힘들이지 않고 큰 물고기 한 마리만 골랐다. [2] 들을 귀 있는 사람은 들어라."

루카

요한

루카 4,16-30(나자렛에서 희년을 선포하시다)

16 예수님께서는 당신이 자라신 나자렛으로 가시
어, 안식일에 늘 하시던 대로 회당에 들어가셨다.
그리고 성경을 봉독하려고 일어서시자, 17 이사야
예언자의 두루마리가 그분께 건네졌다. 그분께서
는 두루마리를 펴시고 이러한 말씀이 기록된 부
분을 찾으셨다.

요한

마태 13,55-58	마르
55 저 사람은 목수의 아들이 아닌가? 그의 어머니 는 마리아라고 하지 않나? 그리고 그의 형제들은 야고보, 요셉, 시몬, 유다가 아닌가? 56 그의 누이 들도 모두 우리와 함께 살고 있지 않는가? 그런데 저 사람이 어디서 저 모든 것을 얻었지?" 57 그러면 서 그들은 그분을 못마땅하게 여겼다.	3 저 사람은 목수로서 마리아의 아들이며, 야고 보, 요세, 유다, 시몬과 형제간이 아닌가? 그의 누 이들도 우리와 함께 여기에 살고 있지 않는가?" 그 러면서 그들은 그분을 못마땅하게 여겼다.
그러자 예수님께서 그들에게 이르셨다. "예언자는 어디에서나 존경받지만 고향과 집안에서만은 존 경받지 못한다."	4 그러자 예수님께서 그들에게 이르셨다. "예언자 는 어디에서나 존경받지만 고향과 친척과 집안에 서만은 존경받지 못한다."
58 그리고 그들이 믿지 않으므로 그곳에서는 기적 을 많이 일으키지 않으셨다. I 마태 13,54 // 7,28; 22,33	5 그리하여 예수님께서는 그곳에서 몇몇 병자에게 손을 얹어서 병을 고쳐 주시는 것밖에는 아무런 기적도 일으키실 수 없었다. 6 그리고 그들이 믿지 않는 것에 놀라셨다.

18 “주님께서 나에게 기름을 부어 주시니
주님의 영이 내 위에 내리셨다.
주님께서 나를 보내시어
가난한 이들에게 기쁜 소식을 전하고
잡혀간 이들에게 해방을 선포하며
눈먼 이들을 다시 보게 하고
억압받는 이들을 해방시켜 내보내며
19 주님의 은혜로운 해를 선포하게 하셨다.”
20 예수님께서 두루마리를 말아 시중드는 이에게
돌려주시고 자리에 앉으시니, 회당에 있던 모든
사람의 눈이 예수님을 주시하였다. 21 예수님께서 그들에게 말씀하기 시작하
셨다. “오늘 이 성경 말씀이 너희가 듣는 가운데에서 이루어졌다.” 22 그러자 모
두 그분을 좋게 말하며, 그분의 입에서 나오는 은총의 말씀에 놀라워하였다.
그러면서 “저 사람은 요셉의 아들이 아닌가?” 하고 말하였다.

13,57 // 토마 복음 31,1 예수님께서 말씀하셨다. “어떤 예언자도 자기 고향에서는 환영을 받지 못한다. [2] 어떤 의사도 자기를 아는 사람들은 치료하지 않는다.”

23 예수님께서는 그들에게 이르셨다. “너희는 틀림
없이 ‘의사야, 네 병이나 고쳐라.’ 하는 속담을 들며, ‘네가 카파르나움에서 하였다고 우리가 들은 그 일
들을 여기 네 고향에서도 해 보아라.’ 할 것이다.” 24 그리고 계속 이르셨다. “내가 진실로 너희에게 말한
다. 어떠한 예언자도 자기 고향에서는 환영을 받지 못한다.
25 내가 참으로 너희에게 말한다. 삼 년 육 개월 동안 하늘이 닫혀 온 땅에 큰 기근이 들었던 엘리야 때
에, 이스라엘에 과부가 많이 있었다. 26 그러나 엘리야는 그들 가운데 아무에게도 파견되지 않고, 시돈
지방 사렙타의 과부에게만 파견되었다. 27 또 엘리사 예언자 시대에 이스라엘에는 나병 환자가 많이 있
었다. 그러나 그들 가운데 아무도 깨끗해지지 않고, 시리아 사람 나아만만 깨끗해졌다.” 28 회당에 있던
모든 사람들은 이 말씀을 듣고 화가 잔뜩 났다. 29 그래서 그들은 들고일어나 예수님을 고을 밖으로 내
몰았다. 그 고을은 산 위에 지어져 있었는데, 그들은 예수님을 그 벼랑까지 끌고 가 거기에서 떨어뜨리
려고 하였다. 30 그러나 예수님께서는 그들 한가운데를 가로질러 떠나가셨다.

헤로데가 예수님의 소문을 듣다

마태 14,1-2

1 그때에 헤로데 영주가 예수님의 소문을 듣고 2 시
종들에게, "그 사람은 세례자 요한이다. 그가 죽
은 이들 가운데에서 되살아난 것이다. 그러니 그
에게서 그런 기적의 힘이 일어나지." 하고 말하였
다.

ㅣ 마태 14,2 // 16,14

마르 6,14-16

14 예수님의 이름이 널리 알려져 마침내 헤로데 임
금도 소문을 듣게 되었다. 사람들은 "세례자 요한
이 죽은 이들 가운데에서 되살아난 것이다. 그러
니 그에게서 그런 기적의 힘이 일어나지." 하고 말
하였다. 15 그러나 어떤 이들은 "그는 엘리야다." 하
는가 하면, 또 어떤 이들은 "옛 예언자들과 같은
예언자다." 하였다. 16 헤로데는 이러한 소문을 듣
고, "내가 목을 벤 그 요한이 되살아났구나." 하
고 말하였다.

세례자 요한의 죽음

마태 14,3-12

3 헤로데는 자기 동생 필리포스의 아내 헤로디아
의 일로, 요한을 붙잡아 묶어 감옥에 가둔 일이
있었다. 4 요한이 헤로데에게 "그 여자를 차지하는
것은 옳지 않습니다." 하고 여러 차례 말하였기 때
문이다. 5 헤로데는 요한을 죽이려고 하였으나 군
중이 두려웠다. 그들이 요한을 예언자로 여기고
있었기 때문이다.

마르 6,17-29

17 이 헤로데는 사람을 보내어 요한을 붙잡아 감
옥에 묶어 둔 일이 있었다. 그의 동생 필리포스의
아내 헤로디아 때문이었는데, 헤로데가 이 여자와
혼인하였던 것이다. 18 그래서 요한은 헤로데에게,
"동생의 아내를 차지하는 것은 옳지 않습니다." 하
고 여러 차례 말하였다. 19 헤로디아는 요한에게 앙
심을 품고 그를 죽이려고 하였으나 뜻을 이루지
못하였다. 20 헤로데가 요한을 의롭고 거룩한 사람으로 알고
그를 두려워하며 보호해 주었을 뿐만 아니라, 그의 말을 들
을 때에 몹시 당황해하면서도 기꺼이 듣곤 하였기 때문이다.

6 그런데 마침 헤로데가 생일을 맞이하자, 헤로디
아의 딸이 손님들 앞에서 춤을 추어 그를 즐겁게
해 주었다. 7 그래서 헤로데는 그 소녀에게, 무엇이
든 청하는 대로 주겠다고 맹세하며 약속하였다.

21 그런데 좋은 기회가 왔다. 헤로데가 자기 생일에
고관들과 무관들과 갈릴래아의 유지들을 청하여
잔치를 베풀었다. 22 그 자리에 헤로디아의 딸이 들
어가 춤을 추어, 헤로데와 그의 손님들을 즐겁게
하였다. 그래서 임금은 그 소녀에게, "무엇이든 원

루카 9,7-9

7 헤로데 영주는 이 모든 일을 전해 듣고 몹시 당
황하였다. 더러는 "요한이 죽은 이들 가운데에서
되살아났다." 하고, 8 더러는 "엘리야가 나타났다."
하는가 하면, 또 어떤 이들은 "옛 예언자 한 분이
다시 살아났다." 하였기 때문이다. 9 그래서 헤로데
는 이렇게 말하였다. "요한은 내가 목을 베었는데,
소문에 들리는 이 사람은 누구인가?" 그러면서 그
는 예수님을 만나 보려고 하였다.

요한

루카

요한

하는 것을 나에게 청하여라. 너에게 주겠다." 하고
말할 뿐만 아니라, 23 "네가 청하는 것은 무엇이든, 내 왕국의 절반이라도 너에
게 주겠다." 하고 굳게 맹세까지 하였다. 24 소녀가 나가서 자기 어머니에게 "무엇
을 청할까요?" 하자, 그 여자는 "세례자 요한의 머리를 요구하여라." 하고 일렀다.

8 그러자 소녀는 자기 어머니가 부추기는 대로, "세
례자 요한의 머리를 쟁반에 담아 이리 가져다주
십시오." 하고 말하였다. 9 임금은 괴로웠지만, 맹
세까지 하였고 또 손님들 앞이어서 그렇게 해 주
라고 명령하고, 10 사람을 보내어 감옥에서 요한의
목을 베게 하였다. 11 그리고 그의 머리를 쟁반에
담아다가 소녀에게 주게 하자, 소녀는 그것을 자기
어머니에게 가져갔다.

25 소녀는 곧 서둘러 임금에게 가서, "당장 세례자
요한의 머리를 쟁반에 담아 저에게 주시기를 바
랍니다." 하고 청하였다. 26 임금은 몹시 괴로웠지
만, 맹세까지 하였고 또 손님들 앞이라 그의 청을
물리치고 싶지 않았다. 27 그래서 임금은 곧 경비
병을 보내며, 요한의 머리를 가져오라고 명령하였
다. 경비병이 물러가 감옥에서 요한의 목을 베어,
28 머리를 쟁반에 담아다가 소녀에게 주자, 소녀는
그것을 자기 어머니에게 주었다.

12 요한의 제자들은 가서 그의 주검을 거두어 장사
지내고, 예수님께 가서 알렸다.

| 마태 14,3 // 4,12

29 그 뒤에 요한의 제자들이 소문을 듣고 가서, 그
의 주검을 거두어 무덤에 모셨다.

오천 명을 먹이시다

마태 14,13-21

13 이 말을 들으신 예수님께서는 거기에서 배를 타
시고 따로 외딴곳으로 물러가셨다. 그러나 여러
고을에서 그 소문을 듣고 군중이 육로로 그분을
따라나섰다. 14 예수님께서는 배에서 내리시어 많
은 군중을 보시고 가엾은 마음이 드시어, 그들 가
운데에 있는 병자들을 고쳐 주셨다.

마르 6,30-44

30 사도들이 예수님께 모여 와, 자기들이 한 일과
가르친 것을 다 보고하였다. 31 그러자 예수님께서
그들에게, "너희는 따로 외딴곳으로 가서 좀 쉬어
라." 하고 말씀하셨다. 오고 가는 사람들이 너무
많아 음식을 먹을 겨를조차 없었던 것이다. 32 그
래서 그들은 따로 배를 타고 외딴곳으로 떠나갔
다. 33 그러자 많은 사람이 그들이 떠나는 것을 보
고, 모든 고을에서 나와 육로로 함께 달려가 그
들보다 먼저 그곳에 다다랐다. 34 예수님께서는 배
에서 내리시어 많은 군중을 보시고 가엾은 마음

루카 9,10-17

10 사도들이 돌아와 자기들이 한 일을 예수님께 보
고하였다. 그러자 예수님께서 그들을 따로 데리고
벳사이다라는 고을로 물러가셨다. 11 그러나 군중
은 그것을 알고 예수님을 따라왔다. 예수님께서는
그들을 맞이하시어, 하느님 나라에 관하여 말씀
해 주시고 필요한 이들에게는 병을 고쳐 주셨다.

요한 6,1-14

1 그 뒤에 예수님께서 갈릴래아 호수 곧 티베리아
스 호수 건너편으로 가셨는데, 2 많은 군중이 그분
을 따라갔다. 그분께서 병자들에게 일으키신 표
징들을 보았기 때문이다. 3 예수님께서는 산에 오
르시어 제자들과 함께 그곳에 앉으셨다. 4 마침 유
다인들의 축제인 파스카가 가까운 때였다.

이 드셨다. 그들이 목자 없는 양들 같았기 때문
이다. 그래서 그들에게 많은 것을 가르쳐 주기 시
작하셨다.

15 저녁때가 되자 제자들이 예수님께 다가와 말하
였다. "여기는 외딴곳이고 시간도 이미 지났습니
다. 그러니 군중을 돌려보내시어, 마을로 가서 스
스로 먹을거리를 사게 하십시오." 16 예수님께서
"그들을 보낼 필요가 없다. 너희가 그들에게 먹을
것을 주어라." 하고 이르시니, 17 제자들이 "저희는
여기 빵 다섯 개와 물고기 두 마리밖에 가진 것이
없습니다." 하고 말하였다. 18 예수님께서는 "그것
들을 이리 가져오너라." 하시고는,

35 어느덧 늦은 시간이 되자 제자들이 예수님께 다
가와 말하였다. "여기는 외딴곳이고 시간도 이미
늦었습니다. 36 그러니 저들을 돌려보내시어, 주변
촌락이나 마을로 가서 스스로 먹을 것을 사게 하
십시오." 37 예수님께서 "너희가 그들에게 먹을 것
을 주어라." 하고 이르시니, 제자들은 "그러면 저
희가 가서 빵을 이백 데나리온어치나 사다가 그들
을 먹이라는 말씀입니까?" 하고 물었다. 38 예수님
께서 그들에게, "너희에게 빵이 몇 개나 있느냐?
가서 보아라." 하고 이르셨다. 그들이 알아보고서,
"빵 다섯 개, 그리고 물고기 두 마리가 있습니다."
하고 대답하였다.

14,20 // 4바룩 9,20 "참으로 그분께서 오실 것입니다. 그분께서는 나가서 당신을 위해 열두 사도들을 뽑으실 것입니다. 그들이 민족들 가운데에서 복음을 선포할 수 있도록! 그분의 아버지께서 그분을 채비시켜주신 것을 나는 보았습니다. 그리고 그분께서 이 세상, 올리브 산에 오시는 것을 보았습니다. 그분께서는 배고픈 영혼들을 채워주실 것입니다."

14,21 // 2바룩 29,3 그 부분들에서 일어나기로 된 일이 완결되고 나면 메시아가 모습을 드러내기 시작할 것이다. … 8 그리고 바로 그때 위에서 다시 만나의 보고(寶庫)가 내려올 것이다. 그리고 그들은 그 여러 해 동안 그것을 먹을 것이다. 바로 그들이 시간의 마지막에 온 자들이기 때문이다.

19 군중에게 풀밭에 자리를 잡으라고 지시하셨다.
그리고 빵 다섯 개와 물고기 두 마리를 손에 들고
하늘을 우러러 찬미를 드리신 다음 빵을 떼어 제
자들에게 주시니, 제자들이 그것을 군중에게 나
누어 주었다.

39 예수님께서는 제자들에게 명령하시어, 모두 푸
른 풀밭에 한 무리씩 어울려 자리 잡게 하셨다.
40 그래서 사람들은 백 명씩 또는 쉰 명씩 떼를 지
어 자리를 잡았다. 41 예수님께서는 빵 다섯 개와
물고기 두 마리를 손에 들고 하늘을 우러러 찬미
를 드리신 다음 빵을 떼어 제자들에게 주시며, 사
람들에게 나누어 주도록 하셨다. 물고기 두 마리
도 모든 사람에게 나누어 주셨다.

20 사람들은 모두 배불리 먹었다. 그리고 남은 조
각을 모으니 열두 광주리에 가득 찼다. 21 먹은 사
람은 여자들과 아이들 외에 남자만도 오천 명가
량이었다.

| 마태 14,14 // 9,36; 15,32
| 마태 14,15-21 // 15,32-39

42 사람들은 모두 배불리 먹었다. 43 그리고 남은 빵
조각과 물고기를 모으니 열두 광주리에 가득 찼
다. 44 빵을 먹은 사람은 장정만도 오천 명이었다.

12 날이 저물기 시작하자 열두 제자가 예수님께 다
가와 말하였다. "군중을 돌려보내시어, 주변 마을
이나 촌락으로 가서 잠자리와 음식을 구하게 하십
시오. 우리가 있는 이곳은 황량한 곳입니다." 13 예
수님께서 "너희가 그들에게 먹을 것을 주어라." 하
시니, 제자들은 "저희가 가서 이 모든 백성을 위
하여 양식을 사 오지 않는 한, 저희에게는 빵 다
섯 개와 물고기 두 마리밖에 없습니다." 하고 말
하였다.

5 예수님께서는 눈을 드시어 많은 군중이 당신께
오는 것을 보시고 필립보에게, "저 사람들이 먹을
빵을 우리가 어디에서 살 수 있겠느냐?" 하고 물
으셨다. 6 이는 필립보를 시험해 보려고 하신 말씀
이다. 그분께서는 당신이 하시려는 일을 이미 잘
알고 계셨다. 7 필립보가 예수님께 대답하였다. "저
마다 조금씩이라도 받아 먹게 하자면 이백 데나
리온어치 빵으로도 충분하지 않겠습니다." 8 그때
에 제자들 가운데 하나인 시몬 베드로의 동생 안
드레아가 예수님께 말하였다. 9 "여기 보리 빵 다
섯 개와 물고기 두 마리를 가진 아이가 있습니다
만, 저렇게 많은 사람에게 이것이 무슨 소용이 있
겠습니까?"

14 사실 장정만도 오천 명가량이나 되었다. 예수님
께서는 제자들에게 이르셨다. "대충 쉰 명씩 떼를
지어 자리를 잡게 하여라." 15 제자들이 그렇게 하
여 모두 자리를 잡았다. 16 예수님께서는 빵 다섯
개와 물고기 두 마리를 손에 들고 하늘을 우러러
그것들을 축복하신 다음 떼어 제자들에게 주시
며, 군중에게 나누어 주도록 하셨다.

10 그러자 예수님께서 "사람들을 자리 잡게 하여
라." 하고 이르셨다. 그곳에는 풀이 많았다. 그리
하여 사람들이 자리를 잡았는데, 장정만도 그 수
가 오천 명쯤 되었다. 11 예수님께서는 빵을 손에
들고 감사를 드리신 다음, 자리를 잡은 이들에게
나누어 주셨다. 물고기도 그렇게 하시어 사람들이
원하는 대로 주셨다.

17 사람들은 모두 배불리 먹었다. 그리고 남은 조각
을 모으니 열두 광주리나 되었다.

12 그들이 배불리 먹은 다음에 예수님께서는 제자
들에게, "버려지는 것이 없도록 남은 조각을 모아
라." 하고 말씀하셨다. 13 그래서 그들이 모았더니,
사람들이 보리 빵 다섯 개를 먹고 남긴 조각으로
열두 광주리가 가득 찼다. 14 사람들은 예수님께서
일으키신 표징을 보고, "이분은 정말 세상에 오
시기로 되어 있는 그 예언자시다." 하고 말하였다.

물 위를 걸으시다

마태 14,22-33

22 예수님께서는 곧 제자들을 재촉하시어 배를 타
고 건너편으로 먼저 가게 하시고, 그동안에 당신
께서는 군중을 돌려보내셨다. 23 군중을 돌려보내
신 뒤, 예수님께서는 따로 기도하시려고 산에 오
르셨다. 그리고 저녁때가 되었는데도 혼자 거기
에 계셨다.

24 배는 이미 뭍에서 여러 스타디온 떨어져 있었는
데, 마침 맞바람이 불어 파도에 시달리고 있었다.
25 예수님께서는 새벽에 호수 위를 걸으시어 그들
쪽으로 가셨다. 26 제자들은 예수님께서 호수 위를
걸으시는 것을 보고 겁에 질려 "유령이다!" 하며
두려워 소리를 질러 댔다.

27 예수님께서는 곧 그들에게 말씀하셨다. "용기를
내어라. 나다. 두려워하지 마라." 28 그러자 베드로
가 말하였다. "주님, 주님이시거든 저더러 물 위를
걸어오라고 명령하십시오." 29 예수님께서 "오너라."
하시자, 베드로가 배에서 내려 물 위를 걸어 예수
님께 갔다. 30 그러나 거센 바람을 보고서는 그만 두
려워졌다. 그래서 물에 빠져 들기 시작하자, "주님, 저를 구해 주십시오." 하고 소리를 질렀다.
31 예수님께서 곧 손을 내밀어 그를 붙잡으시고, "이 믿음이 약한 자야, 왜 의심하였느냐?" 하
고 말씀하셨다. 32 그러고 나서 그들이 배에 오르자 바람이 그쳤다. 33 그러자 배 안에 있던 사
람들이 그분께 엎드려 절하며, "스승님은 참으로 하느님의 아드님이십니다." 하고 말하였다.

마르 6,45-52

45 예수님께서는 곧 제자들을 재촉하시어 배를 타
고 건너편 벳사이다로 먼저 가게 하시고, 그동안
에 당신께서는 군중을 돌려보내셨다. 46 그들과 작
별하신 뒤에 예수님께서는 기도하시려고 산에 가
셨다.

47 저녁이 되었을 때, 배는 호수 한가운데에 있었
고 예수님께서는 혼자 뭍에 계셨다. 48 마침 맞바
람이 불어 노를 젓느라고 애를 쓰는 제자들을
보시고, 예수님께서는 새벽녘에 호수 위를 걸으
시어 그들 쪽으로 가셨다. 그분께서는 그들 곁을
지나가려고 하셨다. 49 제자들은 예수님께서 호수
위를 걸으시는 것을 보고, 유령인 줄로 생각하여
비명을 질렀다.

50 모두 그분을 보고 겁에 질렸던 것이다. 예수님
께서는 곧 그들에게 말씀하셨다. "용기를 내어라.
나다. 두려워하지 마라." 51 그러고 나서 그들이 탄
배에 오르시니 바람이 멎었다. 그들은 너무 놀라
넋을 잃었다.

52 그들은 빵의 기적을 깨닫지 못하고 오히려 마음
이 완고해졌던 것이다.

14,27 // 요셉과 아세넷 14,11 그 사람(천사)이 아세넷에게 말하였다. "아세넷아, 용기를 내어라. 두려워하지 마라! 두 발로 서라. 네게 할 말이 있다."

14,33 // 4에즈 7,26 보라! 그 날들이 올 것이다. 내가 너에게 전에 예고한 표징이 오는 때, 도성처럼 보이는 신부가 모습을 드러낼 것이다. 그리고 특별한 그 도성이 나타날 것이다. 27 그리고 앞에서 언급한 악행들에서 해방된 모든 이가 나의 기적들을 목격할 것이다. 28 그 다음 내 아들 메시아가, 그와 함께 있는 이들과 같이 나타날 것이다. 그리고 남은 자들을 사백 년 동안 기쁘게 할 것이다.

루카

요한 6,16-21

16 저녁때가 되자 제자들은 호수로 내려가서, 17 배
를 타고 호수 건너편 카파르나움으로 떠났다. 이
미 어두워졌는데도 예수님께서는 아직 그들에게
가지 않으셨다.

18 그때에 큰 바람이 불어 호수에 물결이 높게 일었
다. 19 그들이 배를 스물다섯이나 서른 스타디온쯤
저어 갔을 때, 예수님께서 호수 위를 걸어 배에 가
까이 오시는 것을 보고 두려워하였다.

20 예수님께서는 그들에게 말씀하셨다. "나다. 두
려워하지 마라." 21 그래서 그들이 예수님을 배 안
으로 모셔 들이려고 하는데, 배는 어느새 그들이
가려던 곳에 가 닿았다.

겐네사렛에서 병자들을 고치시다

14,34-36 // 2바룩 29,3 그 부분들에서 일어나기로 된 일이 완결되고 나면 메시아가 모습을 드러내기 시작할 것이다. …[7] 그리고 매일 아침 내 앞에서부터 바람들이 나와 달콤한 과일 향을 실어다 줄 것이다. 그 날의 마지막에는 구름들이 치유의 이슬을 흩뿌릴 것이다.

마태 14,34-36

[34] 그들은 호수를 건너 겐네사렛 땅에 이르렀다.

[35] 그러자 그곳 사람들이 그분을 알아보고 그 주변 모든 지방으로 사람들을 보내어, 병든 이들을 모두 그분께 데려왔다.

[36] 그리고 그 옷자락 술에 그들이 손이라도 대게 해 주십사고 청하였다. 과연 그것에 손을 댄 사람마다 구원을 받았다.

| 마태 14,34-36 // 4,23-24

마르 6,53-56

[53] 그들은 호수를 건너 겐네사렛 땅에 이르러 배를 대었다.

[54] 그들이 배에서 내리자 사람들은 곧 예수님을 알아보고, [55] 그 지방을 두루 뛰어다니며 병든 이들을 들것에 눕혀, 그분께서 계시다는 곳마다 데려오기 시작하였다.

[56] 그리하여 마을이든 고을이든 촌락이든 예수님께서 들어가기만 하시면, 장터에 병자들을 데려다 놓고 그 옷자락 술에 그들이 손이라도 대게 해 주십사고 청하였다. 과연 그것에 손을 댄 사람마다 구원을 받았다.

조상들의 전통에 관한 논쟁

마태 15,1-20

[1] 그때에 예루살렘에서 온 바리사이들과 율법 학자들이 예수님께 다가와 말하였다.

마르 7,1-23

[1] 예루살렘에서 온 바리사이들과 율법 학자 몇 사람이 예수님께 몰려왔다가, [2] 그분의 제자 몇 사람이 더러운 손으로, 곧 씻지 않은 손으로 음식을 먹는 것을 보았다. [3] 본디 바리사이뿐만 아니라 모든 유다인은 조상들의 전통을 지켜, 한 움큼의 물로 손을 씻지 않고서는 음식을 먹지 않으며, [4] 장터에서 돌아온 뒤에 몸을 씻지 않고서는 음식을 먹지 않는다. 이 밖에도 지켜야 할 관습이 많은데, 잔이나 단지나 놋그릇이나 침상을 씻는 일들이다.

15,4ㄱ // 탈출 20,12 아버지와 어머니를 공경하여라. 그러면 너는 주 너의 하느님이 너에게 주는 땅에서 오래 살 것이다.
15,4ㄱ // 신명 5,16 주 너의 하느님이 너에게 명령하는 대로, 아버지와 어머니를 공경하여라. 그러면 너는 주 너의 하느님이 너에게 주는 땅에서 오래 살고 잘될 것이다.
15,4ㄴ // 탈출 21,17 자기 아버지나 어머니를 욕하는 자는 사형을 받아야 한다.

(마태) [2] "어째서 선생님의 제자들은 조상들의 전통을 어깁니까? 그들은 음식을 먹을 때에 손을 씻지 않습니다." [3] 예수님께서 그들에게 대답하셨다. "너희는 또 어째서 너희의 전통 때문에 하느님의 계명을 어기느냐? [4] 하느님께서는 '아버지와 어머니를 공경하여라.' 그리고 '아버지나 어머니를 욕하는 자는 사형을 받아야 한다.'고 이르셨다. [5] 그런데 너희는, 누가 아버지나 어머니에게 '제가 드릴 공양은 하느님께 바치는 예물이 되었습니다.' 하고

(마르) [5] 그래서 바리사이들과 율법 학자들이 예수님께 물었다. "어째서 선생님의 제자들은 조상들의 전통을 따르지 않고, 더러운 손으로 음식을 먹습니까?"

루카

요한

루카

요한

15,1-20 // 옥시린쿠스 840 2,2 그분께서
성전에서 거닐고 계실 때 이름이
[레위(?)인] 바리사이파 대사제가
다가와 그들 무리에 끼며 구원자
께 말하였다. "누가 당신에게 이
정화의 장소에 발을 들여놓고 이
거룩한 기물들을 보아도 된다고 허락하였소? 당신은 목욕도 하지 않았고 당신 제자들
은 발도 안 씻지 않았소? 그런데도 당신은 이 성전에 발을 들이고 더럽히고 있소. 성전
은 깨끗한 곳이라 목욕을 하고 옷을 갈아입은 사람 말고는 아무도 드나들지 못하며, 그
누구도 감히 이 거룩한 기물들을 쳐다보지 못하오." 3 그러자 곧바로 [구원자께서] 제자
들과 함께 멈[춰 서서] 그에게 대답하셨다. "그럼 성전 안에 있는 당신은 깨끗하오?" 4 그
가 그분께 말하였다. "나는 깨끗하오. 사실 나는 다윗의 연못에서 목욕을 했소. 그리고
사다리를 타고 내려가 올라올 때는 다른 사다리를 이용했소. 그리고 희고 깨끗한 옷으
로 갈아입고 (여기) 와 이 거룩한 기물들을 바라보았소." 5 그러자 구원자께서 그에게 대
답하시며 말씀하셨다. "앞 못 보는 눈먼 이들은 불행하다. 당신은 샘솟는 물로 목욕을
했지만 (그 연못은) 밤낮으로 개와 돼지들을 던져 넣은 곳이오. 6 당신은 겉 피부는 깨끗
이 씻어냈소. 겉 피부는 창녀들과 탕녀들도 향유를 바르고 물에도 담그고 씻어내며 남
자들의 욕정을 돋우려고 아름답게 꾸미기도 하오. 그러나 그녀들 속은 전갈과 온갖 악
으로 가득 채워져 있소. 7 반면 당신이 물로 씻[지] 않았다고 말하는 나와 [내 제자들은]
[...]에서 나온 영원한 생명의 물에 몸을 [담갔]소. [...] 8 [그]러나 [...]는 불행하다. [...]"

말하면, 6아버지를 공경하지 않아도 된다고 한다.
너희는 이렇게 너희의 전통으로 하느님의 말씀을
폐기하는 것이다.
7위선자들아, 이사야가 너희를 두고 옳게 예언하
였다. 그는 이렇게 말하였다.
8'이 백성이 입술로는 나를 공경하지만
그 마음은 내게서 멀리 떠나 있다.
9그들은 사람의 규정을 교리로 가르치며
나를 헛되이 섬긴다.'"

15,8-9 // 이사 29,13 이 백성이 입으로는 나에게 다가오고 입술로는 나를 공경하지만 그 마음은 내게서 멀리 떠나 있고 나에 대한 그들의 경외심은 사람들에게서 배운 계명일 뿐이니

6예수님께서 그들에게 이르셨다. "이사야가 너희
위선자들을 두고 옳게 예언하였다. 성경에 이렇게
기록되어 있다.
'이 백성이 입술로는 나를 공경하지만
그 마음은 내게서 멀리 떠나 있다.
7그들은 사람의 규정을 교리로 가르치며
나를 헛되이 섬긴다.'
8너희는 하느님의 계명을 버리고 사람의 전통을
지키는 것이다."
9또 이어서 그들에게 말씀하셨다. "너희는 너희의 전통을 고수하려고 하느님의 계명을 잘
도 저버린다. 10모세는 '아버지와 어머니를 공경하여라.' 그리고 '아버지나 어머니를 욕하는
자는 사형을 받아야 한다.'고 말하였다. 11그런데 너희는 누가 아버지나 어머니에게 '제가
드릴 공양은 코르반, 곧 하느님께 바치는 예물입니다.' 하고 말하면 된다고 한다. 12그러면
서 아버지나 어머니에게 더 이상 아무것도 해 드리지 못하게 한다. 13너희는 이렇게 너희
가 전하는 전통으로 하느님의 말씀을 폐기하는 것이다. 너희는 이런 짓들을 많이 한다."

10그러고 나서 예수님께서는 군중을 가까이 불
러 그들에게 말씀하셨다. "너희는 듣고 깨달아라.
11입으로 들어가는 것이 사람을 더럽히지 않는다.
오히려 입에서 나오는 것이 사람을 더럽힌다."

14그러고 나서 예수님께서는 다시 군중을 가까이
불러 그들에게 말씀하셨다. "너희는 모두 내 말을
듣고 깨달아라. 15사람 밖에서 몸 안으로 들어가
그를 더럽힐 수 있는 것은 하나도 없다. 오히려 사
람에게서 나오는 것이 그를 더럽힌다." [16]

12그때에 제자들이 예수님께 다가와 물었다. "바
리사이들이 그 말씀을 듣고 못마땅하게 여기는
것을 아십니까?" 13그러자 예수님께서 대답하셨다. "하늘의 내 아버지께서 심
지 않으신 초목은 모두 뽑힐 것이다. 14그들을 내버려 두어라. 그들은 눈먼 이들
의 눈먼 인도자다. 눈먼 이가 눈먼 이를 인도하면 둘 다 구덩이에 빠질 것이다."

15베드로가 예수님께 "그 비유를 저희에게 설명

17예수님께서 군중을 떠나 집에 들어가시자, 제자

15,8-9 // 에게르톤 복음 3,1 그들은 그분께 [다]가와 떠보며 시험 삼아 그분께 [물]어 보았다. [2] "스승이신 예수님, 저희는 당신께서 [하느님에게서] 오신 것을 알고 있습니다. 하시는 일들이 모든 예언자들보다 더 훌륭히 증[언]하기 때문입니다. [3] [그러니] 저희에게 [말씀해 주십시오]. 당국에 속하는 것들을 임금들에게 [바]치는 것이 합당합니까? [그]들에게 바[쳐야 합니까], 바치지 말[아]야 합니까?" [4] 예수님께서 [그]들의 [마]음을 아시고 그[들을] 엄히 꾸짖으시며 말씀하셨다. [5] "너희는 어찌하여 너[희] 입으로는 나를 [스]승이라 부르면서 내가 [하]는 말은 [실행]하지 않느냐? [6] 이[사야가] 너[희를 두고] 옳게 예언하였다. 그는 이렇게 말하였다. '이 [백성이] 자기[네] 입술로는 나를 [공경하지만] 그 [마음은] 내게서 [멀리] 떠나 있다. [그들은 나를] 헛[되이 섬긴다]' … "

15,11 // 토마 14,1 예수님께서 그들에게 말씀하셨다. "너희가 단식을 한다면 자신에게 죄를 하나 짓는 셈이다. 너희가 기도를 한다면 너희는 심판을 받을 것이다. 자선을 베푼다면 너희 영혼에 해악을 끼치는 셈이다. [2] 어떤 땅에 들어가든지 동네를 돌아다니다가 사람들이 너희를 받아주거든, 너희에게 차려주는 것을 먹고, 그들 가운데 병자들을 고쳐 주어라. [3] 너희 입으로 들어가는 것은 너희를 더럽히지 않을 것이다. 오히려 너희 입에서 나오는 것이 너희를 더럽힐 것이다."

15,13 // 토마 복음 40 예수님께서 말씀하셨다. "포도나무 한 그루가 아버지 바깥에 심겼다. 그것은 튼튼하게 자라지 못해 뿌리째 뽑혀 죽을 것이다."

15,13 // 필립보 복음 85 하늘에 계신 나의 아버지께서 심지 [않으신] 모[든] 식물은 뽑힐 것입니다.

15,14 // 토마 복음 34 예수님께서 말씀하셨다. "눈먼 이가 눈먼 이를 인도하면 둘 다 구덩이에 빠진다."

15,14 // 사도들의 편지 47 눈먼 이가 눈먼 이를 이끌면 그들은 [둘] 다 넘어져 구덩이[에 빠질] 것이다.

해 주십시오." 하고 청하였다. 16그러자 예수님께
서 말씀하셨다. "너희는 아직도 깨닫지 못하느냐?
17입으로 들어가는 것은 무엇이나 배 속으로 갔다
가 뒷간으로 나간다는 것을 이해하지 못하느냐?
18그런데 입에서 나오는 것은 마음에서 나오는데
바로 그것이 사람을 더럽힌다. 19마음에서 나쁜
생각들, 살인, 간음, 불륜, 도둑질, 거짓 증언, 중
상이 나온다. 20이러한 것들이 사람을 더럽힌다.
그러나 손을 씻지 않고 먹는 것은 사람을 더럽히
지 않는다."

| 마태 15,18 // 12,34

들이 그 비유의 뜻을 물었다. 18예수님께서 그들
에게 대답하셨다. "너희도 그토록 깨닫지 못하느
냐? 밖에서 사람 안으로 들어가는 것은 무엇이든
그를 더럽힐 수 없다는 것을 알아듣지 못하느냐?
19그것이 마음속으로 들어가지 않고 배 속으로 들
어갔다가 뒷간으로 나가기 때문이다." 예수님께서
는 이렇게 모든 음식이 깨끗하다고 밝히신 것이
다. 20또 이어서 말씀하셨다. "사람에게서 나오는
것, 그것이 사람을 더럽힌다. 21안에서 곧 사람의
마음에서 나쁜 생각들, 불륜, 도둑질, 살인, 22간
음, 탐욕, 악의, 사기, 방탕, 시기, 중상, 교만, 어리
석음이 나온다. 23이런 악한 것들이 모두 안에서
나와 사람을 더럽힌다."

가나안 여자의 믿음

마태 15,21-28

15,22 // 솔로몬의 시편 17,21 보십시오, 주님! 그들에게 그들의 임금을 일으켜 주소서! 하느님 당신께서 선택하신 그 시간에, 당신 종 이스라엘을 다스릴 다윗의 후손을!

21예수님께서 그곳을 떠나 티로와 시돈 지방으로
물러가셨다. 22그런데 그 고장에서 어떤 가나안 부
인이 나와, "다윗의 자손이신 주님, 저에게 자비를
베풀어 주십시오. 제 딸이 호되게 마귀가 들렸습
니다." 하고 소리 질렀다. 23예수님께서는 한마디
도 대답하지 않으셨다. 제자들이 다가와 말하였
다. "저 여자를 돌려보내십시오. 우리 뒤에서 소리
지르고 있습니다."
24그제야 예수님께서 "나는 오직 이스라엘 집안의
길 잃은 양들에게 파견되었을 뿐이다." 하고 대답
하셨다. 25그러나 그 여자는 예수님께 와 엎드려
절하며, "주님, 저를 도와주십시오." 하고 청하였
다. 26예수님께서는 "자녀들의 빵을 집어 강아지
들에게 던져 주는 것은 좋지 않다." 하고 말씀하

마르 7,24-30(시리아 페니키아 여자의 믿음)

24예수님께서 그곳을 떠나 티로 지역으로 가셨다.
그리고 어떤 집으로 들어가셨는데, 아무에게도
알려지기를 원하지 않으셨으나 결국 숨어 계실 수
가 없었다. 25더러운 영이 들린 딸을 둔 어떤 부인
이 곧바로 예수님의 소문을 듣고 와서, 그분 발 앞
에 엎드렸다. 26그 부인은 이교도로서 시리아 페니
키아 출신이었는데, 자기 딸에게서 마귀를 쫓아내
주십사고 그분께 청하였다.
27예수님께서는 그 여자에게, "먼저 자녀들을 배
불리 먹여야 한다. 자녀들의 빵을 집어 강아지들
에게 던져 주는 것은 옳지 않다." 하고 말씀하셨
다. 28그러자 그 여자가, "주님, 그러나 상 아래에
있는 강아지들도 자식들이 떨어뜨린 부스러기는
먹습니다." 하고 응답하였다.

루카

요한

셨다. [27] 그러자 그 여자가 "주님, 그렇습니다. 그러
나 강아지들도 주인의 상에서 떨어지는 부스러기
는 먹습니다." 하고 말하였다.
[28] 그때에 예수님께서 그 여자에게 말씀하셨다. "아,
여인아! 네 믿음이 참으로 크구나. 네가 바라는
대로 될 것이다." 바로 그 시간에 그 여자의 딸
이 나았다.

ㅣ 마태 15,24 // 10,6

[29] 이에 예수님께서 그 여자에게 말씀하셨다. "네
가 그렇게 말하니, 가 보아라. 마귀가 이미 네 딸
에게서 나갔다." [30] 그 여자가 집에 가서 보니, 아이
는 침상에 누워 있고 마귀는 나가고 없었다.

많은 병자를 고치시다

마태 15,29-31

15,29-31 // 2바룩 29,3 그 부분들에서 일어나기로 된 일이 완결되고 나면 메시아가 모습을 드러내기 시작할 것이다.… [7] 그리고 매일 아침 내 앞에서부터 바람들이 나와 달콤한 과일 향을 실어다 줄 것이다. 그 날의 마지막에는 구름들이 치유의 이슬을 흩뿌릴 것이다.

[29] 예수님께서는 거기에서 갈릴래아 호숫가로 옮겨
가셨다. 그리고 산에 오르시어 거기에 자리를 잡
고 앉으셨다. [30] 그러자 많은 군중이 다리저는 이
들과 눈먼 이들과 다른 불구자들과 말못하는 이
들, 그리고 또 다른 많은 이들을 데리고 예수님께 다가왔다. 그들을 그분 발치에 데
려다 놓자 예수님께서는 그들을 고쳐 주셨다. [31] 그리하여 말못하는 이들이 말을 하
고 불구자들이 온전해지고 다리저는 이들이 제대로 걸으며 눈먼 이들이 보게 되자,
군중이 이를 보고 놀라 이스라엘의 하느님을 찬양하였다.

마르

사천 명을 먹이시다

마태 15,32-39

[32] 예수님께서 제자들을 가까이 불러 이르셨다.
"저 군중이 가엾구나. 벌써 사흘 동안이나 내 곁
에 머물렀는데 먹을 것이 없으니 말이다. 길에서
쓰러질지도 모르니 그들을 굶겨서 돌려보내고 싶
지 않다."

마르 8,1-10

[1] 그 무렵에 다시 많은 군중이 모여 있었는데 먹을
것이 없었다. 예수님께서 제자들을 가까이 불러
말씀하셨다. [2] "저 군중이 가엾구나. 벌써 사흘 동
안이나 내 곁에 머물렀는데 먹을 것이 없으니 말
이다. [3] 내가 저들을 굶겨서 집으로 돌려보내면 길
에서 쓰러질 것이다. 더구나 저들 가운데에는 먼
데서 온 사람들도 있다."

루카

요한

15,30-31 // 니코데모 복음 6,2 그러자 다른 사람이 가운데 나와서 말하였다. "나는 눈먼 이로 태어났습니다. 그런데 예수님께서 길을 걸어가실 때 제가 그분께 소리 높여 말하였습니다. '제게 자비를 베풀어 주십시오, 주님, 다윗의 후손이시여!' 그러자 그분께서 진흙을 쥐어 제 눈에 바르셨습니다. 그러자 곧바로 제가 보게 되었습니다." 다른 사람이 말하였다. "저는 불구였습니다. 그분을 보고 '저에게 자비를 베풀어 주십시오, 주님!' 하고 소리쳤습니다. 그분께서 제 손을 잡자 곧바로 제가 일으켜졌습니다." 다른 사람이 말하였다. "저는 나환자였습니다. 그런데 그분께서 말씀 하나로 저를 낫게 해주셨습니다."
15,30-31 // 니코데모 복음 10,5 다른 사람들도 비웃으며 말하였다. "다른 사람들을 구하고 다른 사람들을 고치고, 아픈 사람들, 중풍환자들, 나환자들과 마귀 들린 이들, 눈먼 이들, 절름발이들, 죽은 이들은 낫게 하더니! 자기 자신을 고치지 못 하는군!"

루카

요한

33 제자들이 예수님께 "이 광야에서 이렇게 많은
군중을 배불리 먹일 만한 빵을 어디서 구하겠습
니까?" 하고 말하였다. 34 예수님께서 "너희에게 빵
이 몇 개나 있느냐?" 하시자, 그들이 "일곱 개가
있고 물고기도 조금 있습니다." 하고 대답하였다.
35 예수님께서는 군중에게 땅에 앉으라고 분부하
셨다. 36 그리고 빵 일곱 개와 물고기들을 손에 들
고 감사를 드리신 다음 떼어 제자들에게 주시니,
제자들이 군중에게 나누어 주었다. 37 사람들은
모두 배불리 먹었다. 그리고 남은 조각을 모았더
니 일곱 바구니에 가득 찼다. 38 먹은 사람은 여자
들과 아이들 외에 남자만도 사천 명이었다.

39 예수님께서는 군중을 돌려보내시고 나서 배를
타고 마가단 고장으로 가셨다.

| 마태 15,32-39 // 14,15-21
| 마태 15,32 // 9,36; 14,14

4 그러자 제자들이 "이 광야에서 누가 어디서 빵
을 구해 저 사람들을 배불릴 수 있겠습니까?" 하
고 대답하였다. 5 예수님께서 "너희에게 빵이 몇
개나 있느냐?" 하고 물으시자, 그들이 "일곱 개 있
습니다." 하고 대답하였다. 6 예수님께서는 군중에
게 땅에 앉으라고 분부하셨다. 그리고 빵 일곱 개
를 손에 들고 감사를 드리신 다음, 떼어서 제자들
에게 주시며 나누어 주라고 하시니, 그들이 군중
에게 나누어 주었다. 7 또 제자들이 작은 물고기
몇 마리를 가지고 있었는데, 예수님께서는 그것도
축복하신 다음에 나누어 주라고 이르셨다. 8 사람
들은 배불리 먹었다. 그리고 남은 조각을 모았더
니 일곱 바구니나 되었다. 9 사람들은 사천 명가량
이었다. 예수님께서는 그들을 돌려보내시고 나서,
10 곧바로 제자들과 함께 배에 올라 달마누타 지
방으로 가셨다.

바리사이들과 사두가이들이 표징을 요구하다

마태 16,1-4

1 바리사이들과 사두가이들이 와서 예수님을 시
험하려고, 하늘에서 오는 표징을 보여 달라고 요
청하였다.
2 그러자 예수님께서 이렇게 대답하셨다. "너희는
저녁때가 되면 '하늘이 붉으니 날씨가 좋겠구나.'
하고, 3 아침에는 '하늘이 붉고 흐리니 오늘은 날
씨가 궂겠구나.' 한다. 너희는 하늘의 징조는 분
별할 줄 알면서 시대의 표징은 분별하지 못한다.
4 악하고 절개 없는 세대가 표징을 요구하지만, 요

마르 8,11-13(바리사이들이 표징을 요구하다)

11 바리사이들이 와서 예수님과 논쟁하기 시작하
였다. 그분을 시험하려고 하늘에서 오는 표징을
요구하였던 것이다.
12 예수님께서는 마음속으로 깊이 탄식하며 말씀
하셨다. "어찌하여 이 세대가 표징을 요구하는가?
내가 진실로 너희에게 말한다. 이 세대는 어떠한
표징도 받지 못할 것이다." 13 그러고 나서 그들을
버려두신 채 다시 배를 타고 건너편으로 가셨다.

루카 12,54-56(시대를 알아보라)

요한

[54] 예수님께서 군중에게도 말씀하셨다. "너희는 구
름이 서쪽에서 올라오는 것을 보면 곧 '비가 오겠
다.' 하고 말한다. 과연 그대로 된다. [55] 또 남풍이
불면 '더워지겠다.' 하고 말한다. 과연 그대로 된다.
[56] 위선자들아, 너희는 땅과 하늘의 징조는 풀이
할 줄 알면서, 이 시대는 어찌하여 풀이할 줄 모르느냐?"

16,1-3 // 토마 복음 91,1 그들이 그분께 말하였다. "당신을 믿을 수 있게 당신이 누구신지 말씀해 주십시오." [2] 그분께서 말씀하셨다. "너희는 하늘과 땅의 모습은 시험하면서 너희 앞에 있는 이는 알아보지 못하였다. 그리고 너희는 이 시대를 시험할 줄도 모른다."

나의 표징밖에는 아무런 표징도 받지 못할 것이
다." 그러고 나서 예수님께서는 그들을 남겨 두고
떠나가셨다.

| 마태 16,1-4 // 12,38-42

바리사이들과 사두가이들의 누룩을 조심하여라

마태 16,5-12

5 제자들이 호수 건너편으로 가면서 빵을 가져가
는 것을 잊어버렸다. 6 예수님께서 그들에게 "너희
는 주의하여라. 바리사이들과 사두가이들의 누룩
을 조심하여라." 하고 이르셨다. 7 그러자 제자들
은 "우리가 빵을 가져오지 않았구나." 하며 저희
끼리 수군거렸다.
8 예수님께서는 그것을 아시고 그들에게 말씀하셨
다. "이 믿음이 약한 자들아, 어찌하여 빵이 없다
고 너희끼리 수군거리느냐? 9 아직도 이해하지 못
하느냐? 빵 다섯 개로 오천 명이 먹은 일을 기억
하지 못하느냐? 너희가 몇 광주리를 거두었느냐?
10 그리고 빵 일곱 개로 사천 명이 먹은 일을 기억
하지 못하느냐? 너희가 몇 광주리를 거두었느냐?

11 내가 빵을 두고 말한 것이 아님을 어찌하여 이
해하지 못하느냐? 바리사이들과 사두가이들의 누
룩을 조심하여라." 12 그제야 그들은 빵의 누룩이
아니라, 바리사이들과 사두가이들의 가르침을 조
심하라는 말씀인 줄을 깨달았다.

| 마태 16,9 // 14,15-21

마르 8,14-21(바리사이들과 헤로데의 누룩을 조심하라)

14 그런데 제자들이 빵을 가져오는 것을 잊어버려,
그들이 가진 빵이 배 안에는 한 개밖에 없었다.
15 예수님께서 그들에게, "너희는 주의하여라. 바
리사이들의 누룩과 헤로데의 누룩을 조심하여
라." 하고 분부하셨다. 16 그러자 제자들은 자기들
에게 빵이 없다고 서로 수군거렸다.
17 예수님께서는 그것을 아시고 그들에게 말씀하
셨다. "너희는 어찌하여 빵이 없다고 수군거리느
냐? 아직도 이해하지 못하고 깨닫지 못하느냐? 너
희 마음이 그렇게도 완고하냐? 18 너희는 눈이 있
어도 보지 못하고 귀가 있어도 듣지 못하느냐? 너
희는 기억하지 못하느냐? 19 내가 빵 다섯 개를 오
천 명에게 떼어 주었을 때, 빵 조각을 몇 광주리나
가득 거두었느냐?" 그들이 "열둘입니다." 하고 대
답하였다. 20 "빵 일곱 개를 사천 명에게 떼어 주었
을 때에는, 빵 조각을 몇 바구니나 가득 거두었느
냐?" 그들이 "일곱입니다." 하고 대답하자,
21 예수님께서 그들에게 "너희는 아직도 깨닫지 못
하느냐?" 하고 말씀하셨다.

루카

요한

베드로가 예수님을 그리스도라고 고백하다

마태 16,13-20

13 예수님께서 카이사리아 필리피 지방에 다다르시자 제자들에게, "사람의 아들을 누구라고들 하느냐?" 하고 물으셨다.

14 제자들이 대답하였다. "세례자 요한이라고 합니다. 그러나 어떤 이들은 엘리야라 하고, 또 어떤 이들은 예레미야나 예언자 가운데 한 분이라고 합니다."

15 예수님께서 "그러면 너희는 나를 누구라고 하느냐?" 하고 물으시자, 16 시몬 베드로가 "스승님은 살아 계신 하느님의 아드님 그리스도이십니다." 하고 대답하였다.

17 그러자 예수님께서 그에게 이르셨다. "시몬 바르요나야, 너는 행복하다! 살과 피가 아니라 하늘에 계신 내 아버지께서 그것을 너에게 알려 주셨기 때문이다. 18 나 또한 너에게 말한다. 너는 베드로이다. 내가 이 반석 위에 내 교회를 세울 터인즉, 저승의 세력도 그것을 이기지 못할 것이다.
19 또 나는 너에게 하늘 나라의 열쇠를 주겠다. 그러니 네가 무엇이든지 땅에서 매면 하늘에서도 매일 것이고, 네가 무엇이든지 땅에서 풀면 하늘에서도 풀릴 것이다."

20 그런 다음 제자들에게, 당신이 그리스도라는 것을 아무에게도 말하지 말라고 분부하셨다.

| 마태 16,19 // 18,18

마르 8,27-30

27 예수님께서 제자들과 함께 카이사리아 필리피 근처 마을을 향하여 길을 떠나셨다. 그리고 길에서 제자들에게, "사람들이 나를 누구라고 하느냐?" 하고 물으셨다.

28 제자들이 대답하였다. "세례자 요한이라고 합니다. 그러나 어떤 이들은 엘리야라 하고, 또 어떤 이들은 예언자 가운데 한 분이라고 합니다."

29 예수님께서 다시, "그러면 너희는 나를 누구라고 하느냐?" 하고 물으시자, 베드로가 "스승님은 그리스도이십니다." 하고 대답하였다.

30 그러자 예수님께서는 제자들에게, 당신에 관하여 아무에게도 말하지 말라고 엄중히 이르셨다.

16,14 // 예언자들의 생애 2,15 그리고 하느님께서 예레미야에게 은총을 베푸시어, 그가 그분 신비의 완결을 보게 하셨다. 또한 그가 모세의 동반자가 되게 하셨다. 그리하여 오늘날까지도 그들은 함께 있다.

16,16 // 4에즈 7,26 보라! 그 날들이 올 것이다. 내가 너에게 전에 예고한 표징이 오는 때, 도성처럼 보이는 신부가 모습을 드러낼 것이다. 그리고 특별한 그 도성이 나타날 것이다. 27 그리고 앞에서 언급한 악행들에서 해방된 모든 이가 나의 기적들을 목격할 것이다. 28 그 다음 내 아들 메시아가, 그와 함께 있는 이들과 같이 나타날 것이다. 그리고 남은 자들을 사백 년 동안 기쁘게 할 것이다.

16,16 // 4바룩 9,14 사흘이 지난 뒤 예레미야의 영혼이 그의 몸으로 들어왔다. 그러자 그는 그들 한가운데서 소리를 높여 말하였다. "한 목소리로 하느님을 찬양하십시오! 여러분 모두 하느님과, 우리를 잠에서 깨어나게 해주시는 하느님의 아들 예수 그리스도를 찬양하십시오! 그분께서는 모든 시대들의 빛, 꺼지지 않는 등불, 신앙의 생명이십니다!"

16,19 // 3바룩 11,1 이 말을 마친 뒤 천사는 나를 데리고 다섯째 하늘로 인도하였다. 2 그런데 성문이 닫혀 있었다. 나는 말하였다. "나리! 이 대문은 열리지 않습니까? 열려야 우리가 들어갈 수 있을 텐데요." 천사가 나에게 말하였다. "하늘 나라의 열쇠를 쥐고 있는 미카엘이 오기 전까지는 우리가 들어갈 수 없다. 하지만 기다려라, 하느님의 영광을 보게 될 것이다."

루카 9,18-21

18 예수님께서 혼자 기도하실 때에 제자들도 함께
있었는데, 그분께서 "군중이 나를 누구라고 하느
냐?" 하고 물으셨다.

19 제자들이 대답하였다. "세례자 요한이라고 합니
다. 그러나 어떤 이들은 엘리야라 하고, 또 어떤
이들은 옛 예언자 한 분이 다시 살아나셨다고 합
니다."
20 예수님께서 다시, "그러면 너희는 나를 누구라
고 하느냐?" 하시자, 베드로가 "하느님의 그리스
도이십니다." 하고 대답하였다.

21 그러자 예수님께서는 제자들에게, 그것을 아무
에게도 말하지 말라고 엄중하게 분부하셨다.

요한

16,13-20 // 토마 복음 13,1 예수님께서
제자들에게 말씀하셨다. "내가 누
구와 비슷한지 빗대어 말해보아
라." 2 시몬 베드로가 그분께 말하
였다. "당신은 의로운 천사와 비슷
합니다." 마태오가 그분께 말하였
다. "당신은 현명한 철학자와 비슷
합니다." 토마가 그분께 말하였다.
"스승님, 당신이 누구와 비슷한지
제 입으로는 도무지 말할 수 없습
니다." 3 예수님께서 말씀하셨다.
"나는 너의 스승이 아니다. 내가
직접 크기를 잰 샘에서 솟아오르
는 물을 네가 이미 마시고 취하였
기 때문이다." 4 그분께서는 토마
를 데리고 물러나시어 그에게 세
가지 일을 일러 주셨다. 5 토마가
동료들에게 돌아오자 그들이 그
에게 물었다. "예수님께서 자네에
게 무슨 말씀을 하셨나?" 토마가
그들에게 말하였다. "그분께서 내
게 하신 말씀 가운데 하나라도 자
네들에게 이야기하면, 자네들이
내게 돌을 집어 던질 것일세. 그러
나 그 돌들에서 불이 나와 자네들
을 태워 버릴 것이네."

수난과 부활을 처음으로 예고하시다

마태 16,21-23

[21]그때부터 예수님께서는 당신이 반드시 예루살
렘에 가시어 원로들과 수석 사제들과 율법 학자
들에게 많은 고난을 받고 죽임을 당하셨다가 사
흗날에 되살아나셔야 한다는 것을 제자들에게 밝
히기 시작하셨다.
[22]그러자 베드로가 예수님을 꼭 붙들고 반박하기
시작하였다. "맙소사, 주님! 그런 일은 주님께 결
코 일어나지 않을 것입니다." [23]그러나 예수님께서
는 돌아서서 베드로에게 말씀하셨다. "사탄아, 내
게서 물러가라. 너는 나에게 걸림돌이다. 너는 하
느님의 일은 생각하지 않고 사람의 일만 생각하
는구나!"

| 마태 16,21-23 // 17,22-23; 20,17-19

마르 8,31-33

[31]예수님께서는 그 뒤에, 사람의 아들이 반드시
많은 고난을 겪으시고 원로들과 수석 사제들과
율법 학자들에게 배척을 받아 죽임을 당하셨다가
사흘 만에 다시 살아나셔야 한다는 것을 제자들
에게 가르치기 시작하셨다.
[32]예수님께서는 이 말씀을 명백히 하셨다. 그러자
베드로가 예수님을 꼭 붙들고 반박하기 시작하였
다. [33]그러나 예수님께서는 돌아서서 제자들을 보
신 다음 베드로에게, "사탄아, 내게서 물러가라.
너는 하느님의 일은 생각하지 않고 사람의 일만
생각하는구나." 하며 꾸짖으셨다.

16,21 // 4에즈 7,29 그 해들이 지난 뒤에는, 내 아들 메시아가 죽을 것이다. 사람의 숨을 지닌 모든 이가 그러할 것이다. [30] 그리고 세상은 이레 동안 태초의 침묵으로 돌아갈 것이다. 한처음에 그러했던 것처럼! 그리고 단 한 사람도 남지 않을 것이다. [31] 그리고 이레가 흐른 뒤에, 지금은 깨어 있지 않은 세상이 깨어날 것이다. 그리고 파멸은 죽음을 맞을 것이다. [32] 그리고 땅은 그 안에 누워 있는 자들을 내놓을 것이다. 흙은 그 안에 잠들어 있는 이들을 내놓을 것이다. 보고(寶庫)들은 그 안에 맡겨진 영혼들을 내놓을 것이다.

예수님을 어떻게 따라야 하는가

마태 16,24-28

[24]그때에 예수님께서 제자들에게 말씀하셨다. "누
구든지 내 뒤를 따라오려면, 자신을 버리고 제 십
자가를 지고 나를 따라야 한다. [25]정녕 자기 목숨
을 구하려는 사람은 목숨을 잃을 것이고, 나 때문
에 자기 목숨을 잃는 사람은 목숨을 얻을 것이다.

[26]사람이 온 세상을 얻고도 제 목숨을 잃으면 무
슨 소용이 있겠느냐? 사람이 제 목숨을 무엇과 바
꿀 수 있겠느냐? [27]사람의 아들이 아버지의 영광
에 싸여 천사들과 함께 올 터인데, 그때에 각자에
게 그 행실대로 갚을 것이다.

마르 8,34—9,1

[34]예수님께서 제자들과 함께 군중을 가까이 부르
시고 그들에게 말씀하셨다. "누구든지 내 뒤를 따
르려면 자신을 버리고 제 십자가를 지고 나를 따
라야 한다. [35]정녕 자기 목숨을 구하려는 사람은
목숨을 잃을 것이고, 나와 복음 때문에 목숨을
잃는 사람은 목숨을 구할 것이다.
[36]사람이 온 세상을 얻고도 제 목숨을 잃으면 무
슨 소용이 있느냐? [37]사람이 제 목숨을 무엇과 바
꿀 수 있겠느냐? [38]절개 없고 죄 많은 이 세대에서
누구든지 나와 내 말을 부끄럽게 여기면, 사람의
아들도 아버지의 영광에 싸여 거룩한 천사들과
함께 올 때에 그를 부끄럽게 여길 것이다."

16,27 // 시편 28,4 그들의 행동대로, 그들의 악한 행실대로 그들에게 갚으소서. 그들 손의 소행대로 그들에게 갚으시고 그들의 행위대로 되돌리소서.
16,27 // 시편 62,13 그리고 주님, 당신께는 자애가 있습니다. 당신께서는 각자에게 그 행실대로 갚으십니다.

루카 9,22

22 예수님께서는 이어서 "사람의 아들은 반드시 많
은 고난을 겪고 원로들과 수석 사제들과 율법 학
자들에게 배척을 받아 죽임을 당하였다가 사흘
만에 되살아나야 한다." 하고 이르셨다.

요한

루카 9,23-27

23 예수님께서 모든 사람에게 말씀하셨다. "누구든
지 내 뒤를 따라오려면, 자신을 버리고 날마다 제
십자가를 지고 나를 따라야 한다. 24 정녕 자기 목
숨을 구하려는 사람은 목숨을 잃을 것이고, 나
때문에 자기 목숨을 잃는 그 사람은 목숨을 구
할 것이다.
25 사람이 온 세상을 얻고도 자기 자신을 잃거나
해치게 되면 무슨 소용이 있느냐? 26 누구든지 나
와 내 말을 부끄럽게 여기면, 사람의 아들도 자기
의 영광과 아버지와 거룩한 천사들의 영광에 싸
여 올 때에 그를 부끄럽게 여길 것이다.

요한

16,24 // 토마 55,1 예수님께서 말씀하셨다. "자기 아버지와 어머니를 미워하지 않는 사람은 내 제자가 될 수 없을 것이다. 그리고 자기 형제와 자매를 미워하지 않고 2 나처럼 제 십자가를 지지 않는 사람은 나에게 합당하지 않을 것이다."

16,28 // 4에즈 13,1 이레 뒤 밤에 나는 환시를 보았다. 2 보라! 바다에서 큰 바람이 일어나 온 물결을 뒤흔들어 놓았다. 3 나는 보았다. 보라! 그 바람이 바다 속에서 사람의 아들의 형상 같은 이를 끌어올렸다. 그리고 보라, 나는 그 사람의 아들이 하늘의 구름과 함께 날아오르는 것을 보았다. 그가 보려고 얼굴을 돌리는 곳마다 그의 시선에 들어온 모든 것이 두려움에 떨었다. 4 그리고 그의 입에서 나온 소리가 향하는 곳마다 그의 목소리를 듣는 모든 것들이 녹아내리고 있었다. 마치 불을 마신 밀랍이 녹아내리는 것과도 같았다.

28 내가 진실로 너희에게 말한다. 여기에 서 있는 이들 가운데에는 죽기 전에 사람의 아들이 자기 나라에 오는 것을 볼 사람들이 더러 있다."

| 마태 16,24-25 // 10,38-39

9,1 예수님께서 또 그들에게 말씀하셨다. "내가 진실로 너희에게 말한다. 여기에 서 있는 사람들 가운데에는 죽기 전에 하느님의 나라가 권능을 떨치며 오는 것을 볼 사람들이 더러 있다."

영광스러운 모습으로 변모하시다

17,2 // 4에즈 7,88 지극히 높으신 분의 길을 지킨 이들, 그들이 필멸하는 이 그릇에서 벗어나는 날이 왔을 때 그들의 길은 이것이다. … 91 먼저, 그들은 그들을 인도하신 지극히 높으신 분의 영광을 큰 기쁨 가운데 볼 것이다. 그리고 일곱 길로 안식을 누릴 것이다. … 97 여섯째 길은, 그들의 얼굴이 태양처럼 빛나리라는 것, 그들이 별빛을 닮게 되고 더는 멸하지 않으리라는 것이 보일 때다.

마태 17,1-9

1 엿새 뒤에 예수님께서 베드로와 야고보와 그의 동생 요한만 따로 데리고 높은 산에 오르셨다. 2 그리고 그들 앞에서 모습이 변하셨는데, 그분의 얼굴은 해처럼 빛나고 그분의 옷은 빛처럼 하얘졌다.

3 그때에 모세와 엘리야가 그들 앞에 나타나 예수님과 이야기를 나누었다. 4 그러자 베드로가 나서서 예수님께 말하였다. "주님, 저희가 여기에서 지내면 좋겠습니다. 원하시면 제가 초막 셋을 지어 하나는 주님께, 하나는 모세께, 또 하나는 엘리야께 드리겠습니다."

마르 9,2-10

2 엿새 뒤에 예수님께서 베드로와 야고보와 요한만 따로 데리고 높은 산에 오르셨다. 그리고 그들 앞에서 모습이 변하셨다. 3 그분의 옷은 이 세상 어떤 마전장이도 그토록 하얗게 할 수 없을 만큼 새하얗게 빛났다.

4 그때에 엘리야가 모세와 함께 그들 앞에 나타나 예수님과 이야기를 나누었다. 5 그러자 베드로가 나서서 예수님께 말하였다. "스승님, 저희가 여기에서 지내면 좋겠습니다. 저희가 초막 셋을 지어 하나는 스승님께, 하나는 모세께, 또 하나는 엘리야께 드리겠습니다." 6 사실 베드로는 무슨 말을 해야 할지 몰랐던 것이다. 제자들이 모두 겁에 질려 있었기 때문이다.

17,5 // 시편 2,7 너는 내 아들. 내가 오늘 너를 낳았노라.

17,5 // 창세 22,2 너의 아들, 네가 사랑하는 외아들 이사악을 데리고 모리야 땅으로 가거라.

17,5 // 이사 42,1 그는 내가 붙들어 주는 이, 내가 선택한 이, 내 마음에 드는 이다.

17,5 // 신명 18,15 주 너희 하느님께서 너희 동족 가운데에서 나와 같은 예언자를 일으켜 주실 것이니, 너희는 그의 말을 들어야 한다.

5 베드로가 말을 채 끝내기도 전에 빛나는 구름이 그들을 덮었다. 그리고 그 구름 속에서, "이는 내가 사랑하는 아들, 내 마음에 드는 아들이니 너희는 그의 말을 들어라." 하는 소리가 났다. 6 이 소리를 들은 제자들은 얼굴을 땅에 대고 엎드린 채 몹시 두려워하였다. 7 예수님께서 다가오시어 그들에

7 그때에 구름이 일어 그들을 덮더니 그 구름 속에서, "이는 내가 사랑하는 아들이니 너희는 그의 말을 들어라." 하는 소리가 났다. 8 그 순간 그들이 둘러보자 더 이상 아무도 보이지 않고 예수님만 그들 곁에 계셨다.

27 내가 참으로 너희에게 말한다. 이곳에 서 있는
이들 가운데에는 죽기 전에 하느님의 나라를 볼
사람들이 더러 있다."

루카 9,28-36 **요한**

28 이 말씀을 하시고 여드레쯤 되었을 때, 예수님
께서 베드로와 요한과 야고보를 데리고 기도하시
러 산에 오르셨다. 29 예수님께서 기도하시는데, 그
얼굴 모습이 달라지고 의복은 하얗게 번쩍였다.

30 그리고 두 사람이 예수님과 이야기를 나누고 있
었다. 그들은 모세와 엘리야였다. 31 영광에 싸여
나타난 그들은 예수님께서 예루살렘에서 이루실 일, 곧 세상을 떠나실 일을 말하고 있었다. 32 베
드로와 그 동료들은 잠에 빠졌다가 깨어나 예수님의 영광을 보고, 그분과 함께 서 있는 두 사람
도 보았다. 33 그 두 사람이 예수님에게서 떠나려고 할 때에 베드로가 예수님께 말하였다. "스승님,
저희가 여기에서 지내면 좋겠습니다. 저희가 초막 셋을 지어 하나는 스승님께, 하나는 모세께, 또
하나는 엘리야께 드리겠습니다." 베드로는 자기가 무슨 말을 하는지도 몰랐다. 34 베드로가 이렇게
말하는데 구름이 일더니 그들을 덮었다. 그들이 구름 속으로 들어가자 제자들은 그만 겁이 났다.

35 이어 구름 속에서 "이는 내가 선택한 아들이니
너희는 그의 말을 들어라." 하는 소리가 났다.

17,1-9 // 1에녹 14,18 나는 계속 지켜
보았습니다. 그리고 높은 어좌를
보았습니다. 그 어좌의 형상은 수
정 같았습니다. 어좌의 바퀴는 마
치 빛나는 태양과 같았고 커룹들
의 산(山)과 같았습니다. 19 어좌
아래쪽에서는 타오르는 불의 강
이 흘러나오고 있었습니다. 그런
데 나는 볼 수가 없었습니다. 20 그
리고 위대한 영광께서 그 위에 좌
정하셨습니다. 그분의 옷은 태양
의 형상 같았으며 어떤 눈보다도
더 눈부시고 더 하얬습니다. 21 그
리고 어떤 천사도 이 집으로 들어가지 못했으며 그분의 얼굴을 보지 못했습니다. 그
분의 영예와 영광 때문이었습니다. 그리고 어떤 육신도 그분을 쳐다볼 수 없었습니다.
22 그분 주변으로 불이 타오르고 있었으며 큰 불이 그분 앞에 (기둥처럼) 서 있었습니다.
그리고 아무도 그분 가까이 다가갈 수 없었습니다. 그분 앞에 수억 명이 둥그렇게 서
있었는데도 말입니다. 오직 그분께서만 말씀하셨습니다. 23 천사들 가운데, 그분 가까
이 있는 거룩한 이들은, 밤에도 그분을 떠나지 않고 그분 앞에서 물러나지도 않습니다.

게 손을 대시며, "일어나라. 그리고 두려워하지 마
라." 하고 이르셨다. 8 그들이 눈을 들어 보니 예수
님 외에는 아무도 보이지 않았다.
9 그들이 산에서 내려올 때에 예수님께서는 그들
에게, "사람의 아들이 죽은 이들 가운데에서 되살
아날 때까지, 지금 본 것을 아무에게도 말하지 마
라." 하고 명령하셨다.

| 마태 17,5 // 3,17

9 그들이 산에서 내려올 때에 예수님께서는 그들
에게, 사람의 아들이 죽은 이들 가운데에서 다시
살아날 때까지, 지금 본 것을 아무에게도 말하지
말라고 분부하셨다.

10 그들은 이 말씀을 지켰다. 그러나 죽은 이들 가
운데에서 다시 살아난다는 것이 무슨 뜻인지를
저희끼리 서로 물어보았다.

엘리야의 재림

마태 17,10-13

10 제자들이 예수님께, "율법 학자들은 어찌하여
엘리야가 먼저 와야 한다고 말합니까?" 하고 물었
다. 11 그러자 예수님께서 대답하셨다. "과연 엘리
야가 와서 모든 것을 바로잡을 것이다. 12 내가 너
희에게 말한다. 엘리야는 이미 왔지만, 사람들은
그를 알아보지 못하고 제멋대로 다루었다. 그처
럼 사람의 아들도 그들에게 고난을 받을 것이다."

13 그제야 제자들은 그것이 세례자 요한을 두고 하
신 말씀인 줄을 깨달았다.

마르 9,11-13

11 제자들이 예수님께 "율법 학자들은 어째서 엘리
야가 먼저 와야 한다고 말합니까?" 하고 물었다.
12 그러자 예수님께서 그들에게 말씀하셨다. "과연
엘리야가 먼저 와서 모든 것을 바로잡는다. 그런
데 사람의 아들이 많은 고난과 멸시를 받으리라고
성경에 기록되어 있는 것은 무슨 까닭이겠느냐?
13 사실 내가 너희에게 말하는데, 엘리야에 관하여
성경에 기록된 대로 그가 이미 왔지만 사람들은
그를 제멋대로 다루었다."

[36] 이러한 소리가 울린 뒤에는 예수님만 보였다. 제
자들은 침묵을 지켜, 자기들이 본 것을 그때에는
아무에게도 알리지 않았다.

루카

요한

17,12 // 토마 복음 51,1 제자들이 그분께 말하였다. "죽은 이들의 안식은 언제 이루어집니까? 언제 새로운 세상이 옵니까?" [2] 그분께서 그들에게 말씀하셨다. "너희가 기다리는 것은 이미 왔다. 그런데도 너희는 그것을 깨닫지 못한다."

17,12 // 토마 3,1 예수님께서 말씀하셨다. "너희를 이끄는 자들이 너희에게 '보라, 하늘 나라는 하늘에 있다'고 하면, 하늘의 새들이 너희를 앞지를 것이다. 그들이 너희에게 '그것은 바다에 있다'고 하면, 물고기들이 너희를 앞지를 것이다. 그러나 하늘 나라는 너희 안에 있고 또 너희 바깥에 있다. [2] 너희가 너희 자신을 알게 될 때 너희는 알려질 것이다. 그리고 너희가 살아 계신 아버지의 자녀라는 것을 깨닫게 될 것이다. 그러나 너희가 너희 자신을 알지 못하면 너희는 가난 속에 있으며 가난 자체이기도 하다."

17,12 // 토마 113,1 제자들이 그분께 말하였다. "하늘 나라가 언제 오겠습니까?" [2] <예수님께서 말씀하셨다.> "그것은 기다린다고 오는 게 아니다. '보라, 여기에 있다', 또는 '저기에 있다' 하고 사람들이 말하지도 않을 것이다. [3] 아버지의 나라는 땅 위에 이미 펼쳐져 있는데 사람들이 그것을 보지 못할 뿐이다."

어떤 아이에게서 마귀를 내쫓으시다

마태 17,14-20

마르 9,14-29(어떤 아이에게서 더러운 영을 내쫓으시다)

14 그들이 다른 제자들에게 가서 보니, 그 제자들
이 군중에게 둘러싸여 율법 학자들과 논쟁하고
있었다. 15 마침 군중이 모두 예수님을 보고는 몹시 놀라며 달려와 인사하
였다. 16 예수님께서 그들에게 "저들과 무슨 논쟁을 하느냐?" 하고 물으시자,

14 그들이 군중에게 가자 어떤 사람이 예수님께 다
가와 무릎을 꿇고 15 말하였다. "주님, 제 아들에게
자비를 베풀어 주십시오. 간질병에 걸려 몹시 고
생하고 있습니다. 자주 불 속으로 떨어지기도 하
고 또 자주 물속으로 떨어지기도 합니다. 16 그래서
주님의 제자들에게 데려가 보았지만 그들은 고치
지 못하였습니다."

17 군중 가운데 한 사람이 대답하였다. "스승님, 벙
어리 영이 들린 제 아들을 스승님께 데리고 왔습
니다. 18 어디에서건 그 영이 아이를 사로잡기만 하
면 거꾸러뜨립니다. 그러면 아이는 거품을 흘리고
이를 갈며 몸이 뻣뻣해집니다. 그래서 스승님의
제자들에게 저 영을 쫓아내 달라고 하였지만, 그
들은 쫓아내지 못하였습니다."

17 그러자 예수님께서 "아, 믿음이 없고 비뚤어진
세대야! 내가 언제까지 너희와 함께 있어야 하느
냐? 내가 언제까지 너희를 참아 주어야 한다는 말
이냐? 아이를 이리 데려오너라." 하고 이르셨다.

19 그러자 예수님께서, "아, 믿음이 없는 세대야! 내
가 언제까지 너희 곁에 있어야 하느냐? 내가 언제
까지 너희를 참아 주어야 한다는 말이냐? 아이를
내게 데려오너라." 하고 그들에게 이르셨다.

18 그런 다음 예수님께서 호통을 치시자 아이에게
서 마귀가 나갔다. 바로 그 시간에 아이가 나았다.

20 그래서 사람들이 아이를 예수님께 데려왔다. 그
영은 예수님을 보자 곧바로 아이를 뒤흔들어 댔
다. 아이는 땅에 쓰러져 거품을 흘리며 뒹굴었다.
21 예수님께서 그 아버지에게, "아이가 이렇게 된
지 얼마나 되었느냐?" 하고 물으시자 그가 대답하였다. "어릴 적부터입니다. 22 저 영이 자주 아이
를 죽이려고 불 속으로도, 물속으로도 내던졌습니다. 이제 하실 수 있으면 저희를 가엾이 여겨 도
와주십시오." 23 예수님께서 그에게 "'하실 수 있으면'이 무슨 말이냐? 믿는 이에게는 모든 것이 가
능하다." 하고 말씀하시자, 24 아이 아버지가 곧바로, "저는 믿습니다. 믿음이 없는 저를 도와주십
시오." 하고 외쳤다. 25 예수님께서는 군중이 떼를 지어 달려드는 것을 보시고 더러운 영을 꾸짖으
며 말씀하셨다. "벙어리, 귀머거리 영아, 내가 너에게 명령한다. 그 아이에게서 나가라. 그리고 다시
는 그에게 들어가지 마라." 26 그러자 그 영이 소리를 지르며 아이를 마구 뒤흔들어 놓고 나가니, 아

루카 9,37-43ㄱ(어떤 아이에게서 더러운 영을 내쫓으시다) **요한**

37 다음 날 그들이 산에서 내려가니 많은 군중이
그분께 마주 왔다.

38 그때에 군중 속에서 어떤 남자가 부르짖었다. "스승님,
청하건대 부디 제 아들을 보아주십시오. 저의 외아들입
니다. 39 영이 아이를 사로잡기만 하면 아이가 갑자기 소리
를 지릅니다. 영은 아이를 뒤흔들어 거품을 물게 합니다.
그리고 아이에게 온통 상처를 입히면서 좀처럼 떨어지지
않습니다. 40 그래서 스승님의 제자들에게 저 영을 쫓아
내 달라고 청하였지만, 그들은 쫓아내지 못하였습니다."

41 그러자 예수님께서, "아, 믿음이 없고 비뚤어진
세대야! 내가 언제까지 너희 곁에 있으면서 너희
를 참아 주어야 한다는 말이냐? 네 아들을 이리
데려오너라." 하고 이르셨다.

42 아이가 다가오는 동안에도 마귀는 아이를 거꾸
러뜨리고 뒤흔들어 댔다. 예수님께서는 그 더러운
영을 꾸짖어 아이를 고쳐 주시고 나서 그 아버지
에게 돌려주셨다. 43 사람들은 모두 하느님의 위대
하심에 몹시 놀랐다.

19 그때에 제자들이 따로 예수님께 다가와, "어찌하
여 저희는 그 마귀를 쫓아내지 못하였습니까?" 하
고 물었다. 20 예수님께서 대답하셨다. "너희의 믿
음이 약한 탓이다. 내가 진실로 너희에게 말한다.
너희가 겨자씨 한 알만 한 믿음이라도 있으면, 이
산더러 '여기서 저기로 옮겨 가라.' 하더라도 그대
로 옮겨 갈 것이다. 너희가 못할 일은 하나도 없
을 것이다."

| 마태 17,20 // 21,21

이는 죽은 것처럼 되었다. 그래서 사람들이 모두
"아이가 죽었구나." 하였다. 27 그러나 예수님께서
아이의 손을 잡아 일으키시니 아이가 일어났다.
28 그 뒤에 예수님께서 집에 들어가셨을 때에 제
자들이 그분께 따로, "어째서 저희는 그 영을 쫓
아내지 못하였습니까?" 하고 물었다. 29 예수님께
서는 이렇게 대답하셨다. "그러한 것은 기도가 아
니면 다른 어떤 방법으로도 나가게 할 수 없다."

수난과 부활을 두 번째로 예고하시다

마태 17,22-23

22 그들이 갈릴래아에 모여 있을 때에 예수님께서
제자들에게 이르셨다. "사람의 아들은 사람들의
손에 넘겨져 23 그들 손에 죽을 것이다. 그러나 사
흘날에 되살아날 것이다." 그러자 그들은 몹시 슬
퍼하였다.

| 마태 17,22-23 // 16,21-23; 20,17-19

마르 9,30-32

30 그들이 그곳을 떠나 갈릴래아를 가로질러 갔는
데, 예수님께서는 누구에게도 알려지는 것을 원
하지 않으셨다. 31 그분께서 "사람의 아들은 사람
들의 손에 넘겨져 그들 손에 죽을 것이다. 그러
나 그는 죽임을 당하였다가 사흘 만에 다시 살
아날 것이다." 하시면서, 제자들을 가르치고 계셨
기 때문이다. 32 그러나 제자들은 그 말씀을 알아
듣지 못하였을 뿐만 아니라 그분께 묻는 것도 두
려워하였다.

성전 세를 바치시다

마태 17,24-27

24 그들이 카파르나움으로 갔을 때, 성전 세를 거
두는 이들이 베드로에게 다가와, "여러분의 스승

마르

17,20 // 토마 복음 48 예수님께서 말씀하셨다. "두 사람이 한 집에서 서로 평화롭게 지내면서 산더러 '옮겨 가라' 하고 말한다면, 그대로 옮겨 갈 것이다."

17,20 // 토마 복음 106,1 예수님께서 말씀하셨다. "너희가 둘을 하나로 만들면 너희는 사람의 아들이 될 것이다. 2 그리고 '산아, 옮겨 가라!' 하고 말한다면, 그대로 옮겨 갈 것이다."

루카 9,43ㄴ–45

43ㄴ 사람들이 다 예수님께서 하신 모든 일을 보고 놀라워하는데, 예수님께서 제자들에게 이르셨다.
44 "너희는 이 말을 귀담아들어라. 사람의 아들은 사람들의 손에 넘겨질 것이다." 45 그러나 제자들은 그 말씀을 알아듣지 못하였다. 그 뜻이 감추어져 있어서 이해하지 못하였던 것이다. 그들은 그 말씀에 관하여 묻는 것도 두려워하였다.

요한

루카

요한

님은 성전 세를 내지 않으십니까?" 하고 물었다.
[25]베드로가 "내십니다." 하고는 집에 들어갔더니
예수님께서 먼저, "시몬아, 너는 어떻게 생각하느냐? 세상 임금들이 누구에게서 관세나 세금을
거두느냐? 자기 자녀들에게서냐, 아니면 남들에게서냐?" 하고 물으셨다. [26]베드로가 "남들에게서
입니다." 하고 대답하자 예수님께서 이르셨다. "그렇다면 자녀들은 면제받는 것이다. [27]그러나 우리
가 그들의 비위를 건드릴 것은 없으니, 호수에 가서 낚시를 던져 먼저 올라오는 고기를 잡아 입을
열어 보아라. 스타테르 한 닢을 발견할 것이다. 그것을 가져다가 나와 네 몫으로 그들에게 주어라."

하늘 나라에서 가장 큰 사람

마태 18,1-5

[1]그때에 제자들이 예수님께 다가와, "하늘 나라
에서는 누가 가장 큰 사람입니까?" 하고 물었다.

마르 9,33-37(가장 큰 사람)

[33]그들은 카파르나움에 이르렀다. 예수님께서는
집 안에 계실 때에 제자들에게, "너희는 길에서
무슨 일로 논쟁하였느냐?" 하고 물으셨다. [34]그러
나 그들은 입을 열지 않았다. 누가 가장 큰 사람이냐 하는 문제로 길에서 논쟁하
였기 때문이다. [35]예수님께서는 자리에 앉으셔서 열두 제자를 불러 말씀하셨다.
"누구든지 첫째가 되려면, 모든 이의 꼴찌가 되고 모든 이의 종이 되어야 한다."

[2]그러자 예수님께서 어린이 하나를 불러 그들 가
운데에 세우시고 [3]이르셨다. "내가 진실로 너희에
게 말한다. 너희가 회개하여 어린이처럼 되지 않
으면, 결코 하늘 나라에 들어가지 못한다. [4]그러
므로 누구든지 이 어린이처럼 자신을 낮추는 이
가 하늘 나라에서 가장 큰 사람이다. [5]또 누구든
지 이런 어린이 하나를 내 이름으로 받아들이면
나를 받아들이는 것이다."

| 마태 18,4 // 23,12
| 마태 18,5 // 10,40

[36]그러고 나서 어린이 하나를 데려다가 그들 가운
데에 세우신 다음, 그를 껴안으시며 그들에게 이
르셨다. [37]"누구든지 이런 어린이 하나를 내 이름
으로 받아들이면 나를 받아들이는 것이다. 그리
고 나를 받아들이는 사람은 나를 받아들이는 것
이 아니라 나를 보내신 분을 받아들이는 것이다."

루카 9,46-48(가장 큰 사람)

[46] 제자들 가운데 누가 가장 큰 사람이냐 하는 문
제로 그들 사이에 논쟁이 일어났다.

[47] 예수님께서는 그들 마음속의 생각을 아시고 어
린이 하나를 데려다가 곁에 세우신 다음, [48] 그들
에게 이르셨다. "누구든지 이 어린이를 내 이름으
로 받아들이면 나를 받아들이는 것이다. 그리고
나를 받아들이는 사람은 나를 보내신 분을 받아
들이는 것이다. 너희 가운데에서 가장 작은 사람
이야말로 가장 큰 사람이다."

요한

18,3-4 // 토마 복음 22,1 예수님께서 젖을 빨고 있는 아기들을 보시고 제자들에게 말씀하셨다. "젖을 빨고 있는 이 아기들은 하늘 나라에 들어가는 사람들과 같다." [2] 그들이 그분께 말하였다. "그렇다면 우리는 아기가 되어야 하늘 나라에 들어가겠습니까?" [3] 예수님께서 그들에게 말씀하셨다. "너희가 둘을 하나로 만들고 안을 바깥처럼 만들고 바깥을 안처럼 만들고 머리를 바닥처럼 만들고, 남자와 여자를 오직 하나로 만들어 남자를 남자가 아니게 하고 여자를 여자가 아니게 한다면, 그리고 너희가 눈 대신 눈들을, 그리고 손 대신 손을, 그리고 발 대신 발을, 모상 대신 모상을 만든다면, 그때 너희는 하늘 나라에 들어갈 것이다."

18,3 // 토마 46,1 예수님께서 말씀하셨다. "아담에서 세례자 요한에 이르기까지, 여자에게서 태어난 이들 가운데 그의 눈이 … 않을 정도로 세례자 요한보다 더 큰 사람은 없다. [2] 그러나 나는 말한다. 너희 가운데 아기가 되는 사람이 하늘 나라를 알 것이며, 그는 요한보다 더 커질 것이다."

죄의 유혹을 단호히 물리쳐라

마태 18,6-9

6“나를 믿는 이 작은 이들 가운데 하나라도 죄짓
게 하는 자는, 연자매를 목에 달고 바다 깊은 곳
에 빠지는 편이 낫다. 7불행하여라, 남을 죄짓게
하는 일이 많은 이 세상! 사실 남을 죄짓게 하는
일은 일어나기 마련이다. 그러나 불행하여라, 남을
죄짓게 하는 일을 하는 사람!
8네 손이나 발이 너를 죄짓게 하거든 그것을 잘라
던져 버려라. 두 손이나 두 발을 가지고 영원한 불
에 던져지는 것보다, 불구자나 절름발이로 생명에
들어가는 편이 낫다.
9또 네 눈이 너를 죄짓게 하거든 그것을 빼 던져
버려라. 두 눈을 가지고 불타는 지옥에 던져지는
것보다, 한 눈으로 생명에 들어가는 편이 낫다.”

| 마태 18,8-9 // 5,29-30

마르 9,42-48

42“나를 믿는 이 작은 이들 가운데 하나라도 죄짓
게 하는 자는, 연자매를 목에 걸고 바다에 던져지
는 편이 오히려 낫다.
43네 손이 너를 죄짓게 하거든 그것을 잘라 버려
라. 두 손을 가지고 지옥에, 그 꺼지지 않는 불에
들어가는 것보다, 불구자로 생명에 들어가는 편
이 낫다. [44] 45네 발이 너를 죄짓게 하거든 그것을
잘라 버려라. 두 발을 가지고 지옥에 던져지는 것
보다, 절름발이로 생명에 들어가는 편이 낫다. [46]
47또 네 눈이 너를 죄짓게 하거든 그것을 빼 던져
버려라. 두 눈을 가지고 지옥에 던져지는 것보다,
외눈박이로 하느님 나라에 들어가는 편이 낫다.
48지옥에서는 그들을 파먹는 구더기도 죽지 않고
불도 꺼지지 않는다.”

작은 이들을 업신여기지 마라

마태 18,10

10“너희는 이 작은 이들 가운데 하나라도 업신여
기지 않도록 주의하여라. 내가 너희에게 말한다.
하늘에서 그들의 천사들이 하늘에 계신 내 아버
지의 얼굴을 늘 보고 있다.” [11]

마르

루카

남을 죄짓게 하지 마라 17,1-3

17,1 예수님께서 제자들에게 이르셨다. "남을 죄짓
게 하는 일이 일어나지 않을 수는 없다. 그러나 불
행하여라, 그러한 일을 저지르는 자! 2 이 작은 이
들 가운데 하나라도 죄짓게 하는 것보다, 연자매
를 목에 걸고 바다에 내던져지는 편이 낫다."

요한

루카

요한

되찾은 양의 비유

마태 18,12-14 **마르**

18,12-14 // 솔로몬의 시편 17,40 그(메시아)는 일에는 유능하고 하느님을 두려워하는 데는 강합니다. 성실과 정의로 주님의 양 떼를 돌보고, 그들 가운데 단 한 명도 자기네 목장에서 쓰러지지 않게 할 것입니다.

12 "너희는 어떻게 생각하느냐? 어떤 사람에게 양
백 마리가 있는데 그 가운데 한 마리가 길을 잃으면, 아흔아
홉 마리를 산에 남겨 둔 채 길 잃은 양을 찾아 나서지 않느냐?
13 그가 양을 찾게 되면, 내가 진실로 너희에게 말하는데, 길을
잃지 않은 아흔아홉 마리보다 그 한 마리를 두고 더 기뻐한다.

14 이와 같이 이 작은 이들 가운데 하나라도 잃어버
리는 것은 하늘에 계신 너희 아버지의 뜻이 아니다."

형제가 죄를 지으면 깨우쳐 주어라

마태 18,15-18 **마르**

15 "네 형제가 너에게 죄를 짓거든, 가서 단둘이 만
나 그를 타일러라. 그가 네 말을 들으면 네가 그
형제를 얻은 것이다. 16 그러나 그가 네 말을 듣지 않거든 한
사람이나 두 사람을 더 데리고 가거라. '모든 일을 둘이나 세
증인의 말로 확정 지어야 하기' 때문이다. 17 그가 그들의 말
을 들으려고 하지 않거든 교회에 알려라. 교회의 말도 들으려
고 하지 않거든 그를 다른 민족 사람이나 세리처럼 여겨라.
18 내가 진실로 너희에게 말한다. 너희가 무엇이든지 땅에서
매면 하늘에서도 매일 것이고, 너희가 무엇이든지 땅에서 풀
면 하늘에서도 풀릴 것이다."

18,16 // 신명 19,15 어떤 사람이 저지르는 모든 잘못과 관련하여, 그의 어떤 죄나 잘못이든지, 증인 한 사람만으로는 그 증언이 성립되지 못하고, 증인 둘이나 셋의 증언이 있어야 유죄가 성립된다.

| 마태 18,18 // 16,19

루카 15,1-7

[1] 세리들과 죄인들이 모두 예수님의 말씀을 들으
려고 가까이 모여들고 있었다. [2] 그러자 바리사이
들과 율법 학자들이, "저 사람은 죄인들을 받아들이고 또 그들과 함
께 음식을 먹는군." 하고 투덜거렸다.
[3] 예수님께서 그들에게 이 비유를 말씀하셨다.
[4] "너희 가운데 어떤 사람이 양 백 마리를 가지고 있었는데 그 가운데
에서 한 마리를 잃으면, 아흔아홉 마리를 광야에 놓아둔 채 잃은 양
을 찾을 때까지 뒤쫓아 가지 않느냐?
[5] 그러다가 양을 찾으면 기뻐하며 어깨에 메고 [6] 집으로 가서 친구들
과 이웃들을 불러, '나와 함께 기뻐해 주십시오. 잃었던 내 양을 찾
았습니다.' 하고 말한다.
[7] 내가 너희에게 말한다. 이와 같이 하늘에서는, 회개할 필요가 없는
의인 아흔아홉보다 회개하는 죄인 한 사람 때문에 더 기뻐할 것이다."

요한

18,12-13 // 토마 복음 107,1 예수님께서 말씀하셨다. "하늘 나라는 양 백 마리를 가진 목동과 같다. 그 가운데 큰 양 한 마리가 길을 잃었다. 그는 아흔아홉 마리를 그대로 놓아둔 채 나머지 한 마리를 찾을 때까지 찾으러 다녔다. [2] 그리고 고생이 끝나자 그 양에게 '나는 아흔아홉보다 너를 더 아낀다!' 하고 말하였다."

18,12-13 // 토마 복음 8,1 그리고 그분께서 말씀하셨다. "그 사람은 바다에 그물을 쳤다가 바다에서 작은 물고기들로 가득 찬 그물을 끌어올린 지혜로운 어부와 같다. 지혜로운 어부는 그 가운데서 크고 보기 좋은 물고기 한 마리를 발견하였다. 그는 작은 물고기들은 모두 바다로 되돌려 보내고 힘들이지 않고 큰 물고기 한 마리만 골랐다. [2] 들을 귀 있는 사람은 들어라."

18,12-13 // 진리의 복음 32 바로 그분께서 길을 잃지 않은 아흔아홉 마리의 양을 버려두신 목자이십니다. 그분께서는 길 잃은 양을 찾아 떠나셨고, 그것을 찾으시고는 기뻐하셨습니다. 아흔아홉이란 그것을 붙잡는 왼손에 있는 숫자이기 때문입니다. 그러나 하나를 발견하면 숫자 전체가 오른손으로 옮겨갑니다. 하나가 부족한 오른손이 부족한 것을 끌어당겨 왼손에서 잡아채서는 오른손으로 옮기면서, 숫자도 백이 됩니다. 이것은 그들의 소리 안에 계신 분의 상징입니다. 그분은 아버지십니다.

루카

형제가 죄를 지으면 몇 번이고 용서하여라 17,3ㄴ-4

17,3ㄴ "네 형제가 죄를 짓거든 꾸짖고, 회개하거든
용서하여라."

요한

18,15-18 // 사도들의 편지 48. 네가 죄인을 보면 너희 둘만 있을 때 그를 꾸짖어라. 그러나 그가 네 말을 듣지 않으면 다른 사람을 두 명 더 데려가서 네 형제를 꾸짖어라. 또 다시 그가 네 말을 듣지 않으면 그 사람을 [...] 네 앞에 세워라.

함께 기도하면 아버지께서 들어주신다

마태 18,19-20

마르

19 "내가 또 진실로 너희에게 말한다. 너희 가운데
두 사람이 이 땅에서 마음을 모아 무엇이든 청하
면, 하늘에 계신 내 아버지께서 이루어 주실 것이
다. 20 두 사람이나 세 사람이라도 내 이름으로 모
인 곳에는 나도 함께 있기 때문이다."

형제가 죄를 지으면 몇 번이고 용서하여라

마태 18,21-22

마르

21 그때에 베드로가 예수님께 다가와, "주님, 제 형
제가 저에게 죄를 지으면 몇 번이나 용서해 주어
야 합니까? 일곱 번까지 해야 합니까?" 하고 물
었다.
22 예수님께서 그에게 대답하셨다. "내가 너에게
말한다. 일곱 번이 아니라 일흔일곱 번까지라도
용서해야 한다."

매정한 종의 비유

마태 18,23-35

마르

23 "그러므로 하늘 나라는 자기 종들과 셈을 하려
는 어떤 임금에게 비길 수 있다. 24 임금이 셈을 하
기 시작하자 만 탈렌트를 빚진 사람 하나가 끌려
왔다. 25 그런데 그가 빚을 갚을 길이 없으므로, 주인은 그 종에게 자신과 아내와 자식과 그 밖
에 가진 것을 다 팔아서 갚으라고 명령하였다. 26 그러자 그 종이 엎드려 절하며, '제발 참아 주
십시오. 제가 다 갚겠습니다.' 하고 말하였다. 27 그 종의 주인은 가엾은 마음이 들어, 그를 놓아
주고 부채도 탕감해 주었다. 28 그런데 그 종이 나가서 자기에게 백 데나리온을 빚진 동료 하나
를 만났다. 그러자 그를 붙들어 멱살을 잡고 '빚진 것을 갚아라.' 하고 말하였다. 29 그의 동료는
엎드려서, '제발 참아 주게. 내가 갚겠네.' 하고 청하였다. 30 그러나 그는 들어주려고 하지 않았

루카

요한

루카 17,3ㄴ-4

3ㄴ “네 형제가 죄를 짓거든 꾸짖고, 회개하거든 용
서하여라. 4 그가 너에게 하루에도 일곱 번 죄를
짓고 일곱 번 돌아와 ‘회개합니다.’ 하면, 용서해
주어야 한다.”

요한

18,21-22 // 나자렛파 복음 “네 형제가 말로 죄짓고 나서 너에게 배상한다면 하루에 일곱 번이라도 그를 받아주어라.” 그분의 제자 시몬이 그분께 말하였다. “하루에 일곱 번이라고요?” 주님께서 대답하시며 그에게 말씀하셨다. “나는 너에게 일흔 번씩 일곱 번이라고도 말하겠다. 성령으로 기름부음 받은 예언자들에게서도 죄의 말이 발견되기 때문이다.” (히에로니무스 『펠라기우스파 논박』 3.2)

루카

요한

다. 그리고 가서 그 동료가 빚진 것을 다 갚을 때
까지 감옥에 가두었다. 31 동료들이 그렇게 벌어진
일을 보고 너무 안타까운 나머지, 주인에게 가서 그 일을 죄다 일렀다. 32 그러자 주인이 그 종을
불러들여 말하였다. '이 악한 종아, 네가 청하기에 나는 너에게 빚을 다 탕감해 주었다. 33 내가
너에게 자비를 베푼 것처럼 너도 네 동료에게 자비를 베풀었어야 하지 않느냐?' 34 그러고 나서
화가 난 주인은 그를 고문 형리에게 넘겨 빚진 것을 다 갚게 하였다. 35 너희가 저마다 자기 형제
를 마음으로부터 용서하지 않으면, 하늘의 내 아버지께서도 너희에게 그와 같이 하실 것이다."

| 마태 18,35 // 6,15

혼인과 이혼

마태 19,1-9

1 예수님께서는 이 말씀들을 마치시고 갈릴래아를
떠나, 요르단 건너편 유다 지방으로 가셨다. 2 많은
군중이 그분을 따라오자 그분께서는 그곳에서도
그들을 고쳐 주셨다.

3 그런데 바리사이들이 다가와 예수님을 시험하려
고, "무엇이든지 이유만 있으면 남편이 아내를 버
려도 됩니까?" 하고 물었다.

마르 10,1-12

1 예수님께서 그곳을 떠나 유다 지방과 요르단 건
너편으로 가셨다. 그러자 군중이 다시 그분께 모
여들었다. 그래서 예수님께서는 늘 하시던 대로 다
시 그들을 가르치셨다.

2 그런데 바리사이들이 와서 예수님을 시험하려
고, "남편이 아내를 버려도 됩니까?" 하고 물었다.
3 예수님께서 그들에게 "모세는 너희에게 어떻게
하라고 명령하였느냐?" 하고 되물으시니, 4 그들이
"'이혼장을 써 주고 아내를 버리는 것'을 모세는 허락하였습니다." 하고 대답하였다. 5 그러자 예수님
께서 이르셨다. "너희 마음이 완고하기 때문에 모세가 그런 계명을 기록하여 너희에게 남긴 것이다.

19,4 // 창세 1,27 하느님께서는 이렇게 당신의 모습으로 사람을 창조하셨다. 하느님의 모습으로 사람을 창조하시되 남자와 여자로 그들을 창조하셨다.

19,5 // 창세 2,24 그러므로 남자는 아버지와 어머니를 떠나 아내와 결합하여, 둘이 한 몸이 된다.

4 그러자 예수님께서 이렇게 대답하셨다. "너희는
읽어 보지 않았느냐? 창조주께서 처음부터 '그들
을 남자와 여자로 만드시고' 나서, 5 '그러므로 남
자는 아버지와 어머니를 떠나 아내와 결합하여,
둘이 한 몸이 될 것이다.' 하고 이르셨다. 6 따라
서 그들은 이제 둘이 아니라 한 몸이다. 그러므
로 하느님께서 맺어 주신 것을 사람이 갈라놓아
서는 안 된다."

6 창조 때부터 '하느님께서는 사람들을 남자와 여
자로 만드셨다.' 7 '그러므로 남자는 아버지와 어머
니를 떠나 아내와 결합하여, 8 둘이 한 몸이 될 것
이다.' 따라서 그들은 이제 둘이 아니라 한 몸이
다. 9 하느님께서 맺어 주신 것을 사람이 갈라놓
아서는 안 된다."

루카 16,18(아내를 버려서는 안 된다)

요한

19,7 // 신명 24,1 어떤 남자가 여자를 맞아들여 혼인하였는데, 그 여자에게서 추한 것이 드러나 눈에 들지 않을 경우, 이혼 증서를 써서 손에 쥐어 주고 자기 집에서 내보낼 수 있다.

7 그들이 다시 예수님께, "그렇다면 어찌하여 모세
는 '이혼장을 써 주고 아내를 버려라.' 하고 명령하
였습니까?" 하자, 8 예수님께서 그들에게 말씀하
셨다. "모세는 너희의 마음이 완고하기 때문에 너희가 아내를 버
리는 것을 허락하였다. 그러나 처음부터 그렇게 된 것은 아니다.

9 내가 너희에게 말한다. 불륜을 저지른 경우 외에
아내를 버리고 다른 여자와 혼인하는 자는 간음
하는 것이다."

| 마태 19,7-9 // 5,31-32

10 집에 들어갔을 때에 제자들이 그 일에 관하여
다시 묻자,

11 예수님께서 그들에게 말씀하셨다. "누구든지 아
내를 버리고 다른 여자와 혼인하면, 그 아내를 두
고 간음하는 것이다. 12 또한 아내가 남편을 버리
고 다른 남자와 혼인하여도 간음하는 것이다."

혼인과 독신

마태 19,10-12

10 그러자 제자들이 예수님께, "아내에 대한 남편
의 처지가 그러하다면 혼인하지 않는 것이 좋겠습
니다." 하고 말하였다. 11 예수님께서 그들에게 이르셨다. "모든 사람이 이 말을 받아
들일 수 있는 것은 아니다. 허락된 이들만 받아들일 수 있다. 12 사실 모태에서부터
고자로 태어난 이들도 있고, 사람들 손에 고자가 된 이들도 있으며, 하늘 나라 때문
에 스스로 고자가 된 이들도 있다. 받아들일 수 있는 사람은 받아들여라."

마르

어린이들을 사랑하시다

마태 19,13-15

13 그때에 사람들이 어린이들을 예수님께 데리고
와서 그들에게 손을 얹고 기도해 달라고 하였다.
그러자 제자들이 사람들을 꾸짖었다.
14 그러나 예수님께서는 이렇게 이르셨다. "어린이
들을 그냥 놓아두어라. 나에게 오는 것을 막지 마
라. 사실 하늘 나라는 이 어린이들과 같은 사람
들의 것이다."

마르 10,13-16

13 사람들이 어린이들을 예수님께 데리고 와서 그
들을 쓰다듬어 달라고 하였다. 그러자 제자들이
사람들을 꾸짖었다.
14 예수님께서는 그것을 보시고 언짢아하시며 제
자들에게 이르셨다. "어린이들이 나에게 오는 것
을 막지 말고 그냥 놓아두어라. 사실 하느님의 나
라는 이 어린이들과 같은 사람들의 것이다. 15 내

[18]“아내를 버리고 다른 여자와 혼인하는 자는 누
구나 간음하는 것이다. 남편에게 버림받은 여자와
혼인하는 자도 간음하는 것이다.”

루카

요한

루카 18,15-17

[15]사람들이 아이들까지 예수님께 데리고 와서 그
들을 쓰다듬어 달라고 하였다. 그러자 제자들이
사람들을 꾸짖었다.
[16]예수님께서는 그 아이들을 가까이 불러 놓고 이
르셨다. “어린이들이 나에게 오는 것을 막지 말고
그냥 놓아두어라. 사실 하느님의 나라는 이 어린
이들과 같은 사람들의 것이다. [17]내가 진실로 너

요한

19,14 // 토마 복음 22,1 예수님께서 젖을 빨고 있는 아기들을 보시고 제자들에게 말씀하셨다. “젖을 빨고 있는 이 아기들은 하늘 나라에 들어가는 사람들과 같다.” [2]그들이 그분께 말하였다. “그렇다면 우리는 아기가 되어야 하늘 나라에 들어가겠습니까?” [3]예수님께서 그들에게 말씀하셨다. “너희가 둘을 하나로 만들고 안을 바깥처럼 만들고 바깥을 안처럼 만들고 머리를 바닥처럼 만들고, 남자와 여자를 오직 하나로 만들어 남자를 남자가 아니게 하고 여자를 여자가 아니게 한다면, 그리고 너희가 눈 대신 눈들을, 그리고 손 대신 손을, 그리고 발 대신 발을, 모상 대신 모상을 만든다면, 그때 너희는 하늘 나라에 들어갈 것이다.”

15그리고 그들에게 손을 얹어 주시고 나서 그곳
을 떠나셨다.

가 진실로 너희에게 말한다. 어린이와 같이 하느
님의 나라를 받아들이지 않는 자는 결코 그곳에
들어가지 못한다."
16그리고 나서 어린이들을 끌어안으시고 그들에
게 손을 얹어 축복해 주셨다.

하느님의 나라와 부자

마태 19,16-26

16그런데 어떤 사람이 예수님께 다가와, "스승님,
제가 영원한 생명을 얻으려면 무슨 선한 일을 해
야 합니까?" 하고 물었다. 17그러자 예수님께서 말
씀하셨다. "어찌하여 나에게 선한 일을 묻느냐?
선하신 분은 한 분뿐이시다. 네가 생명에 들어
가려면 계명들을 지켜라." 18그가 "어떤 것들입니
까?" 하고 또 묻자 예수님께서 이르셨다. "'살인해
서는 안 된다. 간음해서는 안 된다. 도둑질해서는
안 된다. 거짓 증언을 해서는 안 된다. 19아버지와
어머니를 공경하여라.' 그리고 '네 이웃을 너 자신
처럼 사랑해야 한다.'는 것이다."
20그 젊은이가 "그런 것들은 제가 다 지켜 왔습니
다. 아직도 무엇이 부족합니까?" 하고 다시 묻자,
21예수님께서 그에게 이르셨다. "네가 완전한 사
람이 되려거든, 가서 너의 재산을 팔아 가난한 이
들에게 주어라. 그러면 네가 하늘에서 보물을 차
지하게 될 것이다. 그리고 와서 나를 따라라." 22그
러나 그 젊은이는 이 말씀을 듣고 슬퍼하며 떠나
갔다. 그가 많은 재물을 가지고 있었기 때문이다.

23예수님께서 제자들에게 말씀하셨다. "내가 진실
로 너희에게 말한다. 부자는 하늘 나라에 들어가

마르 10,17-27

17예수님께서 길을 떠나시는데 어떤 사람이 달려
와 그분 앞에 무릎을 꿇고, "선하신 스승님, 제가
영원한 생명을 받으려면 무엇을 해야 합니까?" 하
고 물었다. 18그러자 예수님께서 그에게 이르셨다.
"어찌하여 나를 선하다고 하느냐? 하느님 한 분
외에는 아무도 선하지 않다. 19너는 계명들을 알
고 있지 않느냐? '살인해서는 안 된다. 간음해서는
안 된다. 도둑질해서는 안 된다. 거짓 증언을 해서
는 안 된다. 횡령해서는 안 된다. 아버지와 어머니
를 공경하여라.'"

20그가 예수님께 "스승님, 그런 것들은 제가 어려
서부터 다 지켜 왔습니다." 하고 대답하였다. 21예
수님께서는 그를 사랑스럽게 바라보시며 이르셨
다. "너에게 부족한 것이 하나 있다. 가서 가진 것
을 팔아 가난한 이들에게 주어라. 그러면 네가 하
늘에서 보물을 차지하게 될 것이다. 그리고 와서
나를 따라라." 22그러나 그는 이 말씀 때문에 울상
이 되어 슬퍼하며 떠나갔다. 그가 많은 재물을 가
지고 있었기 때문이다.
23예수님께서 주위를 둘러보시며 제자들에게 말
씀하셨다. "재물을 많이 가진 자들이 하느님 나라

19,19 // 탈출 20,12 아버지와 어머니를 공경하여라. 그러면 너는 주 너의 하느님이 너에게 주는 땅에서 오래 살 것이다. 13 살인해서는 안 된다. 14 간음해서는 안 된다. 15 도둑질해서는 안 된다. 16 이웃에게 불리한 거짓 증언을 해서는 안 된다.

19,19 // 레위 19,18 너희는 동포에게 앙갚음하거나 앙심을 품어서는 안 된다. 네 이웃을 너 자신처럼 사랑해야 한다. 나는 주님이다.

19,19 // 신명 5,16 주 너의 하느님이 너에게 명령하는 대로, 아버지와 어머니를 공경하여라. 그러면 너는 주 너의 하느님이 너에게 주는 땅에서 오래 살고 잘될 것이다. 17 살인해서는 안 된다. 18 간음해서는 안 된다. 19 도둑질해서는 안 된다. 20 이웃에게 불리한 허위 증언을 해서는 안 된다.

19,19 // 레위 19,18 너희는 동포에게 앙갚음하거나 앙심을 품어서는 안 된다. 네 이웃을 너 자신처럼 사랑해야 한다. 나는 주님이다.

19,21 // 2바룩 44,13 앞에서 말한 그 때를 물려받을 사람들은 바로 이들이다. 약속된 시대의 유산이 그들의 것이다. 14 그들은 지혜의 보고를 획득한 이들이다. 그들에게는 슬기의 보물이 있다. 그들은 자비에서 멀어진 적이 없으며 율법

희에게 말한다. 어린이와 같이 하느님의 나라를 받아들이지 않는 자는 결코 그곳에 들어가지 못한다."

루카 18,18-27

[18]어떤 권력가가 예수님께, "선하신 스승님, 제가
무엇을 해야 영원한 생명을 받을 수 있습니까?"
하고 물었다. [19]그러자 예수님께서 그에게 이르셨
다. "어찌하여 나를 선하다고 하느냐? 하느님 한
분 외에는 아무도 선하지 않다. [20]너는 계명들을
알고 있지 않느냐? '간음해서는 안 된다. 살인해서는 안 된다. 도둑질해서는 안 된다. 거짓 증언을 해서는 안 된다. 아버지와 어머니를 공경하여라.'"

[21]그가 예수님께 "그런 것들은 제가 어려서부터
다 지켜 왔습니다." 하고 대답하였다. [22]예수님께
서는 이 말을 들으시고 그에게 이르셨다. "너에게 아직 모자란 것이 하나 있다. 가진 것을 다 팔아 가난한 이들에게 나누어 주어라. 그러면 네가 하늘에서 보물을 차지하게 될 것이다. 그리고 와서
나를 따라라." [23]그는 이 말씀을 듣고 매우 슬퍼하
였다. 그가 큰 부자였기 때문이다.

[24]예수님께서는 그가 매우 슬퍼하는 것을 보고 말씀하셨다. "재물을 많이 가진 자들이 하느님 나

요한

예수님을 믿게 하는 증언 5,31-47

5,39 "너희는 성경에서 영원한 생명을 찾아 얻겠다는 생각으로 성경을 연구한다. 바로 그 성경이 나를 위하여 증언한다."

니코데모와 이야기하시다 3,1-21

3,15 "믿는 사람은 누구나 사람의 아들 안에서 영원
한 생명을 얻게 하려는 것이다. [16]하느님께서는 세
상을 너무나 사랑하신 나머지 외아들을 내주시어, 그를 믿는 사람은 누구나 멸망하지 않고 영원한 생명을 얻게 하셨다."

생명의 빵 6,22-59

6,40 "내 아버지의 뜻은 또, 아들을 보고 믿는 사람은 누구나 영원한 생명을 얻는 것이다. 나는 마지
막 날에 그들을 다시 살릴 것이다." … [47]"내가 진
실로 진실로 너희에게 말한다. 믿는 사람은 영원한 생명을 얻는다.

19,16-26 // 나자렛파 복음. "부자들 가운데 한 사람이 그분께 말하였다. '스승님, 영원히 살려면 무슨 선한 일을 해야 합니까?' 그분께서 그에게 말씀하셨다. '사람아, 율법과 예언서를 실천하여라.' 그가 그분께 대답하였다. '그렇게 했습니다.' 그분께서 그에게 말씀하셨다. '가서 네가 가진 모든 것을 팔아 가난한 이들에게 나누어 주어라. 그리고 와서 나를 따라라.' 그러자 부자는 자기 머리를 긁적거리기 시작하였다. 그 말씀이 자기 마음에 들지 않았던 것이다. 그러자 주님께서 그에게 말씀하셨다. '너는 어찌하여 '율법과 예언서를 실천했습니다' 하고 말하느냐? 율법에 '네 이웃을 너 자신처럼 사랑하라'고 쓰여 있지 않느냐? 그런데 보아라! 아브라함의 자손들인 숱한 네 형제들이 똥 무더기를 쓴 채 배고픔으로 죽어 간다. 그런데 엄청난 재화로 가득한 네 집에서 그들을 위해 나오는 건 아무것도 없지 않느냐?' 그분께서는 곁에 앉아 있는 제자 시몬을 향해 돌아서시며 말씀하셨다. '요나의 아들 시몬아, 부자가 하늘 나라에 들어가는 것보다 낙타가 바늘구멍으로 들어가는 것이 더 쉽다.'" (오리게네스 『마태오 복음 (19,16-26) 주해』 15.14)

19,19 // 토마 복음 25 예수님께서 말씀하셨다. "네 형제를 네 영혼처럼 사랑하여라. 그를 네 눈의 눈동자처럼 지켜주어라."

의 진리를 간직하였다. 15 다가올 세상이 그들에게 주어질 것이다. 그러나 나머지 많은 사람들의 처소는 불 속이 될 것이다.

19,21 // 4에즈 6,5 현재의 햇수들이 검토되기 전, 지금 죄인들의 어리석음이 형성되기 전, 믿음의 보물을 쌓아둔 이들이 봉인되기 전이었다

19,21 // 4에즈 7,76 그분께서 답하시며 내게 말씀하셨다. "이것에 대해서도 네게 알려 주겠다. 너 자신을 반항하는 자들과 엮지 마라. 너 자신을 벌 받는 자들 가운데 헤아리지 마라! 77 너에게는 지극히 높으신 분 앞에 놓인 (좋은) 행업의 보고(寶庫)가 있기 때문이다. 그러나 그 보고는 마지막 때까지 너의 눈에 보이지 않을 것이다."

19,21 // 요셉과 아세넷 10,11 아세넷은 입고 있던 화려한 예복을 벗고 검은 옷을 입었다. 그리고 황금 띠를 풀고 허리에 밧줄을 둘렀다. 또한 머리에서 관과 머리띠를 벗겨내고 손에 두른 팔찌를 풀었다. 12 그리고 자신의 값비싼 옷을 전부 집어다가 창문을 통해 가난한 이들에게 던져 주었다. 13 그리고 금과 은으로 만든, 셀 수 없이 많은 신들을 전부 집어다가 산산이 부순 다음 가난한 이들과 구걸하는 이들에게 던져 주었다.

19,26 // 2바룩 54,2 당신께는 아무것도 어렵지 않습니다. 당신께서는 신호만으로 모든 일을 쉽게 해내십니다.

마태 19,24-29

기가 어려울 것이다. 24 내가 다시 너희에게 말한
다. 부자가 하느님 나라에 들어가는 것보다 낙타
가 바늘구멍으로 빠져나가는 것이 더 쉽다." 25 제
자들이 이 말씀을 듣고 몹시 놀라서, "그렇다면 누
가 구원받을 수 있는가?" 하고 말하였다.

26 예수님께서는 그들을 눈여겨보며 이르셨다. "사
람에게는 그것이 불가능하지만 하느님께는 모든
것이 가능하다."

마르

에 들어가기는 참으로 어렵다!" 24 제자들은 그분
의 말씀에 놀랐다. 그러나 예수님께서는 그들에게
거듭 말씀하셨다. "얘들아, 하느님 나라에 들어가
기는 참으로 어렵다! 25 부자가 하느님 나라에 들
어가는 것보다 낙타가 바늘귀로 빠져나가는 것이
더 쉽다." 26 그러자 제자들이 더욱 놀라서, "그러면
누가 구원받을 수 있는가?" 하고 서로 말하였다.
27 예수님께서는 그들을 바라보며 이르셨다. "사람
에게는 불가능하지만 하느님께는 그렇지 않다. 하
느님께는 모든 것이 가능하다."

따름과 보상

19,28 // 예언자들의 생애 21,2 그(엘리야)가 태어났을 때 그의 아버지 소바카는, 눈부시게 새하얀 옷을 입은 남자들이 자기를 부르는 것을 환시로 보았다. (환시에서) 그들은 자기를 불에 감싸고는 불꽃을 먹으라고 자기에게 주었다. 3 그는 예루살렘에 와서 이 사실을 알렸다. 그러자 신탁이 그에게 말하였다. "두려워하지 마라. 그의 거처는 빛이 되고 그의 말은 선고가 될 것이다. 그리고 그는 칼과 불로 이스라엘을 심판할 것이다."

19,29 // 3바룩 15,1 바로 그 시각, 미카엘이 내려왔고 문도 열렸다. 그는

마태 19,27-30

27 그때에 베드로가 그 말씀을 받아 예수님께 물
었다. "보시다시피 저희는 모든 것을 버리고 스승
님을 따랐습니다. 그러니 저희는 무엇을 받겠습니
까?" 28 예수님께서 말씀하셨다. "내가 진실로 너희
에게 말한다. 사람의 아들이 영광스러운 자기 옥
좌에 앉게 되는 새 세상이 오면, 나를 따른 너희
도 열두 옥좌에 앉아 이스라엘의 열두 지파를 심
판할 것이다. 29 그리고 내 이름 때문에 집이나 형
제나 자매, 아버지나 어머니, 자녀나 토지를 버린
사람은 모두 백 배로 받을 것이고 영원한 생명도

마르 10,28-31

28 그때에 베드로가 나서서 예수님께 말하였다.
"보시다시피 저희는 모든 것을 버리고 스승님을
따랐습니다." 29 예수님께서 말씀하셨다. "내가 진
실로 너희에게 말한다. 누구든지 나 때문에, 또
복음 때문에 집이나 형제나 자매, 어머니나 아버
지, 자녀나 토지를 버린 사람은 30 현세에서 박해
도 받겠지만 집과 형제와 자매와 어머니와 자녀와
토지를 백 배나 받을 것이고, 내세에서는 영원한
생명을 받을 것이다.

라에 들어가기는 참으로 어렵다! [25] 부자가 하느님
나라에 들어가는 것보다 낙타가 바늘귀로 들어가
는 것이 더 쉽다." [26] 이 말씀을 들은 사람들은 "그
러면 누가 구원받을 수 있는가?" 하고 말하였다.

[27] 예수님께서 이르셨다. "사람에게는 불가능한 것
이라도 하느님께는 가능하다."

루카 18,28-30

[28] 그때에 베드로가 말하였다. "보시다시피 저희는
가진 것을 버리고 스승님을 따랐습니다." [29] 예수님
께서 그들에게 말씀하셨다. "내가 진실로 너희에
게 말한다. 누구든지 하느님의 나라 때문에 집이
나 아내, 형제나 부모나 자녀를 버린 사람은, [30] 현
세에서 여러 곱절로 되받을 것이고 내세에서는 영
원한 생명을 받을 것이다."

요한

그리스인들이 예수님을 찾다 12,20-26

[12,25] "자기 목숨을 사랑하는 사람은 목숨을 잃을
것이고, 이 세상에서 자기 목숨을 미워하는 사
람은 영원한 생명에 이르도록 목숨을 간직할 것
이다."

생명의 빵 6,22-59

[6,40] "내 아버지의 뜻은 또, 아들을 보고 믿는 사람
은 누구나 영원한 생명을 얻는 것이다. 나는 마지
막 날에 그들을 다시 살릴 것이다." … [47] "내가 진
실로 진실로 너희에게 말한다. 믿는 사람은 영원한 생명을 얻는다."

19,27 // 야고보의 비전 4. 나는 그분께 대답하며 말하였습니다. "주님, 저희는 주님께 순종할 수 있습니다, 주님께서 원하신다면! 저희가 저희의 아버지와 어머니와 고향을 버리고 주님을 따랐기 때문입니다. 그러니 저희가 사악한 악마(디아볼로스)에게 유혹을 받지 않게 해 주십시오."

기름을 가져왔다. 2 가득 찬 바구
니를 들고 온 천사들에게는, 그것
들을 기름으로 채우며 말하였다.
"가져가라. 우리 친구들에게 그리
고 열심히 선행한 이들에게 백 배
의 상급을 내려라. 잘 심은 이들이
잘 거두기도 하기 때문이다."

받을 것이다.
30 그런데 첫째가 꼴찌 되고 꼴찌가 첫째 되는 이
들이 많을 것이다."

| 마태 19,30 // 20,16

31 그런데 첫째가 꼴찌 되고 꼴찌가 첫째 되는 이들
이 많을 것이다."

선한 포도밭 주인의 비유

마태 20,1-16

마르

1 "하늘 나라는 자기 포도밭에서 일할 일꾼들을
사려고 이른 아침에 집을 나선 밭 임자와 같다.
2 그는 일꾼들과 하루 한 데나리온으로 합의하고 그들을 자기 포도밭으로 보냈다. 3 그가 또 아홉 시쯤
에 나가 보니 다른 이들이 하는 일 없이 장터에 서 있었다. 4 그래서 그들에게, '당신들도 포도밭으로 가
시오. 정당한 삯을 주겠소.' 하고 말하자, 5 그들이 갔다. 그는 다시 열두 시와 오후 세 시쯤에도 나가서
그와 같이 하였다. 6 그리고 오후 다섯 시쯤에도 나가 보니 또 다른 이들이 서 있었다. 그래서 그들에게
'당신들은 왜 온종일 하는 일 없이 여기 서 있소?' 하고 물으니, 7 그들이 '아무도 우리를 사지 않았기 때
문입니다.' 하고 대답하였다. 그러자 그는 '당신들도 포도밭으로 가시오.' 하고 말하였다.
8 저녁때가 되자 포도밭 주인은 자기 관리인에게 말하였다. '일꾼들을 불러 맨 나중에 온 이들부터 시
작하여 맨 먼저 온 이들에게까지 품삯을 내주시오.' 9 그리하여 오후 다섯 시쯤부터 일한 이들이 와서
한 데나리온씩 받았다. 10 그래서 맨 먼저 온 이들은 차례가 되자 자기들은 더 받으려니 생각하였는데,
그들도 한 데나리온씩만 받았다. 11 그것을 받아 들고 그들은 밭 임자에게 투덜거리면서, 12 '맨 나중에
온 저자들은 한 시간만 일했는데도, 뙤약볕 아래에서 온종일 고생한 우리와 똑같이 대우하시는군요.'
하고 말하였다. 13 그러자 그는 그들 가운데 한 사람에게 말하였다. '친구여, 내가 당신에게 불의를 저지
르는 것이 아니오. 당신은 나와 한 데나리온으로 합의하지 않았소? 14 당신 품삯이나 받아서 돌아가시
오. 나는 맨 나중에 온 이 사람에게도 당신에게처럼 품삯을 주고 싶소. 15 내 것을 가지고 내가 하고 싶
은 대로 할 수 없다는 말이오? 아니면, 내가 후하다고 해서 시기하는 것이오?'

16 이처럼 꼴찌가 첫째 되고 첫째가 꼴찌 될 것이
다."

| 마태 20,16 // 19,30

따름과 보상 10,28-31

10,31 "그런데 첫째가 꼴찌 되고 꼴찌가 첫째 되는
이들이 많을 것이다."

19,30 // 토마 복음 4,1 예수님께서 말씀하셨다. "나이 든 노인이 이레 된 어린아이에게 생명의 처소에 관해 묻는 것을 지체하지 않을 것이며 그는 살 것이다. [2] 첫째인 많은 사람이 꼴찌가 되고 그들은 오직 하나가 될 것이다."

루카

요한

구원과 멸망 13,22-30

13,30 "보라, 지금은 꼴찌지만 첫째가 되는 이들이 있고, 지금은 첫째지만 꼴찌가 되는 이들이 있을 것이다."

마태 20,16 // 토마 복음 4,1 예수님께서 말씀하셨다. "나이 든 노인이 이레 된 어린아이에게 생명의 처소에 관해 묻는 것을 지체하지 않을 것이며 그는 살 것이다. [2] 첫째인 많은 사람이 꼴찌가 되고 그들은 오직 하나가 될 것이다."

수난과 부활을 세 번째로 예고하시다

마태 20,17-19

17 예수님께서 예루살렘으로 올라가실 때, 열두 제
자를 따로 데리고 길을 가시면서 그들에게 이르셨
다. 18 "보다시피 우리는 예루살렘으로 올라가고 있
다. 거기에서 사람의 아들은 수석 사제들과 율법
학자들에게 넘겨질 것이다. 그러면 그들은 사람의
아들에게 사형을 선고하고, 19 그를 다른 민족 사
람들에게 넘겨 조롱하고 채찍질하고 나서 십자가
에 못 박게 할 것이다. 그러나 사람의 아들은 사
흗날에 되살아날 것이다."

| 마태 20,17-19 // 16,21-23; 17,22-23

마르 10,32-34

32 그들이 예루살렘으로 올라가는 길이었다. 예수
님께서는 제자들 앞에 서서 가고 계셨다. 그들은
놀라워하고 또 뒤따르는 이들은 두려워하였다. 예
수님께서 다시 열두 제자를 데리고 가시며, 당신
께 닥칠 일들을 그들에게 말씀하기 시작하셨다.
33 "보다시피 우리는 예루살렘으로 올라가고 있다.
거기에서 사람의 아들은 수석 사제들과 율법 학
자들에게 넘겨질 것이다. 그러면 그들은 사람의
아들에게 사형을 선고하고 그를 다른 민족 사람
들에게 넘겨 34 조롱하고 침 뱉고 채찍질하고 나서
죽이게 할 것이다. 그러나 사람의 아들은 사흘 만
에 다시 살아날 것이다."

출세와 섬김

마태 20,20-28

20 그때에 제베대오의 두 아들의 어머니가 그 아
들들과 함께 예수님께 다가와 엎드려 절하고 무엇
인가 청하였다. 21 예수님께서 그 부인에게 "무엇을
원하느냐?" 하고 물으시자, 그 부인이 "스승님의
나라에서 저의 이 두 아들이 하나는 스승님의 오
른쪽에, 하나는 왼쪽에 앉을 것이라고 말씀해 주
십시오." 하고 말하였다.

22 예수님께서 "너희는 너희가 무엇을 청하는지 알
지도 못한다. 내가 마시려는 잔을 너희가 마실 수

마르 10,35-45

35 제베대오의 두 아들 야고보와 요한이 예수님
께 다가와, "스승님, 저희가 스승님께 청하는 대로
저희에게 해 주시기를 바랍니다." 하고 말하였다.
36 예수님께서 그들에게 "내가 너희에게 무엇을 해
주기를 바라느냐?" 하고 물으시자, 37 그들이 "스승
님께서 영광을 받으실 때에 저희를 하나는 스승
님 오른쪽에, 하나는 왼쪽에 앉게 해 주십시오."
하고 대답하였다.
38 예수님께서 그들에게 "너희는 너희가 무엇을 청
하는지 알지도 못한다. 내가 마시는 잔을 너희가

루카 18,31-34

31 예수님께서 열두 제자를 데리고 가시며 그들에
게 이르셨다. "보다시피 우리는 예루살렘으로 올
라가고 있다. 이제 사람의 아들에 관하여 예언자
들이 기록한 모든 일이 이루어질 것이다. 32 사람
의 아들은 다른 민족 사람들에게 넘겨질 터인데,
그들은 사람의 아들을 조롱하고 모욕하며 침 뱉
을 것이다. 33 또 채찍질하고 나서 그를 죽일 것이
다. 그러나 사람의 아들은 사흘 만에 다시 살아
날 것이다."

34 제자들은 이 말씀 가운데 아무것도 깨닫지 못
하였다. 이 말씀의 뜻이 그들에게 감추어져 있어
서, 말씀하신 것을 알아듣지 못하였던 것이다.

요한

루카 22,24-27(섬기는 사람이 되어라)

24 사도들 가운데에서 누구를 가장 높은 사람으로
볼 것이냐는 문제로 말다툼이 벌어졌다.

요한

있느냐?" 하고 물으셨다. 그들이 "할 수 있습니다."
하고 대답하자, 23 예수님께서 그들에게 말씀하셨
다. "너희는 내 잔을 마실 것이다. 그러나 내 오
른쪽과 왼쪽에 앉는 것은 내가 허락할 일이 아니
라, 내 아버지께서 정하신 이들에게 돌아가는 것
이다."

24 다른 열 제자가 이 말을 듣고 그 두 형제를 불
쾌하게 여겼다.
25 예수님께서는 그들을 가까이 불러 이르셨다.
"너희도 알다시피 다른 민족들의 통치자들은 백
성 위에 군림하고, 고관들은 백성에게 세도를 부
린다. 26 그러나 너희는 그래서는 안 된다. 너희 가
운데에서 높은 사람이 되려는 이는 너희를 섬기
는 사람이 되어야 한다. 27 또한 너희 가운데에서
첫째가 되려는 이는 너희의 종이 되어야 한다.
28 사람의 아들도 섬김을 받으러 온 것이 아니라
섬기러 왔고, 또 많은 이들의 몸값으로 자기 목숨
을 바치러 왔다."

| 마태 20,26-27 // 23,11-12

마실 수 있으며, 내가 받는 세례를 너희가 받을 수
있느냐?" 하고 물으셨다. 39 그들이 "할 수 있습니
다." 하고 대답하자, 예수님께서 그들에게 말씀하
셨다. "내가 마시는 잔을 너희도 마시고, 내가 받
는 세례를 너희도 받을 것이다. 40 그러나 내 오른
쪽이나 왼쪽에 앉는 것은 내가 허락할 일이 아니
라, 정해진 이들에게 돌아가는 것이다."
41 다른 열 제자가 이 말을 듣고 야고보와 요한을
불쾌하게 여기기 시작하였다.
42 예수님께서는 그들을 가까이 불러 이르셨다.
"너희도 알다시피 다른 민족들의 통치자라는 자
들은 백성 위에 군림하고, 고관들은 백성에게 세
도를 부린다. 43 그러나 너희는 그래서는 안 된다.
너희 가운데에서 높은 사람이 되려는 이는 너희
를 섬기는 사람이 되어야 한다. 44 또한 너희 가운
데에서 첫째가 되려는 이는 모든 이의 종이 되어
야 한다. 45 사실 사람의 아들은 섬김을 받으러 온
것이 아니라 섬기러 왔고, 또 많은 이들의 몸값으
로 자기 목숨을 바치러 왔다."

예리코에서 눈먼 두 사람을 고치시다

마태 20,29-34

29 그들이 예리코를 떠날 때에 많은 군중이 예수님
을 따랐다. 30 그런데 눈먼 사람 둘이 길가에 앉아
있다가 예수님께서 지나가신다는 말을 듣고, "다
윗의 자손이신 주님, 저희에게 자비를 베풀어 주
십시오." 하고 외쳤다.

마르 10,46-52(예리코에서 눈먼 이를 고치시다)

46 그들은 예리코에 들어갔다. 예수님께서 제자들
과 많은 군중과 더불어 예리코를 떠나실 때에, 티
매오의 아들 바르티매오라는 눈먼 거지가 길가에
앉아 있다가, 47 나자렛 사람 예수님이라는 소리를
듣고, "다윗의 자손 예수님, 저에게 자비를 베풀
어 주십시오." 하고 외치기 시작하였다.

[25] 그러자 예수님께서 그들에게 이르셨다. "민족들
을 지배하는 임금들은 백성 위에 군림하고, 민족
들에게 권세를 부리는 자들은 자신을 은인이라고
부르게 한다. [26] 그러나 너희는 그렇게 해서는 안
된다. 너희 가운데에서 가장 높은 사람은 가장 어
린 사람처럼 되어야 하고 지도자는 섬기는 사람
처럼 되어야 한다. [27] 누가 더 높으냐? 식탁에 앉은
이냐, 아니면 시중들며 섬기는 이냐? 식탁에 앉은
이가 아니냐? 그러나 나는 섬기는 사람으로 너희
가운데에 있다."

20,28 // 진리의 복음 20.10 이 때문에 자비로우시고 신의가 있으신 예수님께서는 그 책을 받아들 때까지 참을성 있게 고통을 감수하셨습니다. 그분께서는 당신의 죽음이 많은 이들을 위한 생명임을 아시기 때문입니다.

루카 18,35-43(예리코에서 눈먼 이를 고치시다)

[35] 예수님께서 예리코에 가까이 이르셨을 때의 일
이다. 어떤 눈먼 이가 길가에 앉아 구걸하고 있다
가, [36] 군중이 지나가는 소리를 듣고 무슨 일이냐고
물었다. [37] 사람들이 그에게 "나자렛 사람 예수님께
서 지나가신다." 하고 알려 주자, [38] 그가 "예수님, 다윗의 자손
이시여, 저에게 자비를 베풀어 주십시오." 하고 부르짖었다.

요한

태어나면서부터 눈먼 사람을 고쳐 주시다 요한 9,1-12

[9,1] 예수님께서 길을 가시다가 태어나면서부터 눈
먼 사람을 보셨다. … [3] 예수님께서 대답하셨다.
"저 사람이 죄를 지은 것도 아니고 그
부모가 죄를 지은 것도 아니다. 하느님
의 일이 저 사람에게서 드러나려고 그

20,31 // 솔로몬의 시편 17,21 보십시오, 주님! 그들에게 그들의 임금을 일으켜 주소서! 하느님 당신께서 선택하신 그 시간에, 당신 종 이스라엘을 다스릴 다윗의 후손을!

31 군중이 그들에게 잠자코 있으라고 꾸짖었지만, 그들은 더욱 큰 소리로 "주님, 다윗의 자손이시여, 저희에게 자비를 베풀어 주십시오." 하고 외쳤다. 32 예수님께서 걸음을 멈추시고 그들을 부르신 다음, "내가 너희에게 무엇을 해 주기를 바라느냐?" 하고 물으셨다. 33 그들이 "주님, 저희 눈을 뜨게 해 주십시오." 하고 대답하였다.

48 그래서 많은 이가 그에게 잠자코 있으라고 꾸짖었지만, 그는 더욱 큰 소리로 "다윗의 자손이시여, 저에게 자비를 베풀어 주십시오." 하고 외쳤다. 49 예수님께서 걸음을 멈추시고, "그를 불러오너라." 하셨다. 사람들이 그를 부르며, "용기를 내어 일어나게. 예수님께서 당신을 부르시네." 하고 말하였다. 50 그는 겉옷을 벗어 던지고 벌떡 일어나 예수님께 갔다. 51 예수님께서 "내가 너에게 무엇을 해 주기를 바라느냐?" 하고 물으시자, 그 눈먼 이가 "스승님, 제가 다시 볼 수 있게 해 주십시오." 하였다.

34 예수님께서 가엾은 마음이 들어 그들의 눈에 손을 대시자, 그들이 곧 다시 보게 되었다. 그리고 그들은 예수님을 따랐다.

| 마태 20,29-34 // 9,27-31

52 예수님께서 그에게 "가거라. 네 믿음이 너를 구원하였다." 하고 이르시니, 그가 곧 다시 보게 되었다. 그리고 그는 예수님을 따라 길을 나섰다.

예루살렘에 입성하시다

21,1-11 // 2바룩 39,7 그러나 그 완결의 때가 가까이 다가오면 그것도 몰락할 것이다. 그 다음에는 샘이나 포도나무와 비슷한 나의 메시아의 주권이 드러날 것이다. 그 주권이 드러날 때 그것은 그의 큰 군대를 뿌리째 뽑아버릴 것이다.

마태 21,1-11

1 그들이 예루살렘에 가까이 이르러 올리브산 벳파게에 다다랐을 때, 예수님께서 제자 둘을 보내며 2 말씀하셨다. "너희 맞은쪽 동네로 가거라. 매여 있는 암나귀와 그 곁의 어린 나귀를 곧바로 보게 될 것이다. 그것들을 풀어 나에게 끌고 오너라.

마르 11,1-11

1 그들이 예루살렘 곧 올리브산 근처 벳파게와 베타니아에 가까이 이르렀을 때, 예수님께서 제자 둘을 보내며 2 말씀하셨다. "너희 맞은쪽 동네로 가거라. 그곳에 들어가면 아직 아무도 탄 적이 없는 어린 나귀 한 마리가 매여 있는 것을 곧 보게 될 것이다. 그것을 풀어 끌고 오너라.

3 누가 너희에게 무어라고 하거든, '주님께서 필요하시답니다.' 하고 대답하여라. 그러면 그것들을 곧 보내 줄 것이다." 4 예언자를 통하여 하신 말씀이 이루어지려고 이 일이 일어난 것이다.

3 누가 너희에게 '왜 그러는 거요?' 하거든, '주님께서 필요하셔서 그러는데 곧 이리로 돌려보내신답니다.' 하고 대답하여라." 4 그들이 가서 보니, 과연 어린 나귀 한 마리가 바깥 길 쪽으로 난 문 곁에

39 앞서가던 이들이 그에게 잠자코 있으라고 꾸짖
었지만, 그는 더욱 큰 소리로 "다윗의 자손이시
여, 저에게 자비를 베풀어 주십시오." 하고 외쳤
다. 40 예수님께서 걸음을 멈추시고 그를 데려오라
고 분부하셨다. 그가 가까이 다가오자 예수님께
서 그에게 물으셨다. 41 "내가 너에게 무엇을 해 주
기를 바라느냐?" 그가 "주님, 제가 다시 볼 수 있
게 해 주십시오." 하였다.

리된 것이다." … 6 예수님께서는 이렇게 말씀하시
고 나서, 땅에 침을 뱉고 그것으로 진흙을 개어 그
사람의 눈에 바르신 다음, 7 "실로암 못으로 가서
씻어라." 하고 그에게 이르셨다. … 그가 가서 씻고
앞을 보게 되어 돌아왔다. 8 이웃 사람들이, 그리
고 그가 전에 거지였던 것을 보아 온 이들이 말하
였다. "저 사람은 앉아서 구걸하던 이가 아닌가?"
9 어떤 이들은 "그 사람이오." 하고, 또 어떤 이들
은 "아니오. 그와 닮은 사람이오." 하였다. 그 사
람은 "내가 바로 그 사람입니다." 하고 말하였다.

42 예수님께서 그에게 "다시 보아라. 네 믿음이 너를 구원하였다." 하
고 이르시니, 43 그가 즉시 다시 보게 되었다. 그는 하느님을 찬양하며
예수님을 따랐다. 군중도 모두 그것을 보고 하느님께 찬미를 드렸다.

루카 19,28-38

28 예수님께서는 이 말씀을 하시고 앞장서서 예루
살렘으로 오르는 길을 걸어가셨다.
29 올리브산이라고 불리는 곳 근처 벳파게와 베타
니아에 가까이 이르셨을 때, 예수님께서 제자 둘을 보내며
30 말씀하셨다. "맞은쪽 동네로 가거라. 그곳에 들어가면 아직
아무도 탄 적이 없는 어린 나귀 한 마리가 매여 있는 것을 보
게 될 것이다. 그것을 풀어 끌고 오너라.
31 누가 너희에게 '왜 푸는 거요?' 하고 묻거든, 이렇
게 대답하여라. '주님께서 필요하시답니다.'" 32 분
부를 받은 이들이 가서 보니 예수님께서 말씀하
신 그대로였다. 33 그래서 그들이 어린 나귀를 푸

요한 12,12-19

21,5 // 즈카 9,9 딸 시온아, 한껏 기뻐하여라. 딸 예루살렘아, 환성을 올려라. 보라, 너의 임금님이 너에게 오신다. 그분은 의로우시며 승리하시는 분이시다. 그분은 겸손하시어 나귀를, 어린 나귀를 타고 오신다.

21,5 // 이사 62,11 보라, 주님께서 땅 끝까지 선포하셨다. 딸 시온에게 말하여라. "보라, 너의 구원이 다가온다. 보라, 그분의 상급이 그분과 함께 오고 그분의 보상이 그분 앞에 서서 온다."

5 "딸 시온에게 말하여라.
보라, 너의 임금님이 너에게 오신다.
그분은 겸손하시어 암나귀를,
짐바리 짐승의 새끼, 어린 나귀를 타고 오신다."
6 제자들은 가서 예수님께서 지시하신 대로 하였
다.
7 그들은 그렇게 암나귀와 어린 나귀를 끌고 와서
그 위에 겉옷을 펴 놓았다. 예수님께서 그 위에 앉
으시자, 8 수많은 군중이 자기들의 겉옷을 길에 깔
았다. 또 어떤 이들은 나뭇가지를 꺾어다가 길에
깔았다. 9 그리고 앞서가는 군중과 뒤따라가는 군
중이 외쳤다.

매여 있었다. 그래서 제자들이 그것을 푸는데, 5 거
기에 서 있던 이들 가운데 몇 사람이, "왜 그 어린
나귀를 푸는 거요?" 하고 물었다.

6 제자들이 예수님께서 일러 주신 대로 말하였더
니 그들이 막지 않았다.
7 제자들은 그 어린 나귀를 예수님께 끌고 와서 그
위에 자기들의 겉옷을 얹어 놓았다. 예수님께서
그 위에 올라앉으시자, 8 많은 이가 자기들의 겉옷
을 길에 깔았다. 또 어떤 이들은 들에서 잎이 많
은 나뭇가지를 꺾어다가 깔았다. 9 그리고 앞서가
는 이들과 뒤따라가는 이들이 외쳤다.

21,9 // 시편 118,25ㄱ 아, 주님, 구원을 베푸소서. [26] 주님의 이름으로 오는 이는 복되어라. 우리는 주님의 집에서 너희에게 축복하네.

"다윗의 자손께 호산나!
주님의 이름으로 오시는 분은 복되시어라.
지극히 높은 곳에 호산나!"

"'호산나!
주님의 이름으로 오시는 분은 복되시어라.'
10 다가오는 우리 조상 다윗의 나라는 복되어라.
지극히 높은 곳에 호산나!"

21,1-11 // 솔로몬의 시편 17,21 보십시오, 주님! 그들에게 그들의 임금을 일으켜 주소서! 하느님 당신께서 선택하신 그 시간에, 당신 종 이스라엘을 다스릴 다윗의 후손을! [22] 그에게 힘을 둘러 주소서! 불의한 지도자들을 쳐부수고, 이방인들을 몰아내어 예루살렘을 정화하도록! 그들은 예루살렘을 짓밟으며 파멸로 몰아가고 있습니다! [23] 정의의 지혜로써 죄인들을 상속재산에서 내치고, 죄인들의 오만을 도자기 그릇처럼 깨부수도록! [24] 쇠막대기로 그들의 모든 재산을 흩어버리고, 범죄를 일삼는 이방인들을 그의 입에서 나오는 말로 괴멸시키도록! [25] 그의 위협으로 이방인들이 그의 면전에서 달아나고, 죄인들의 마음에서 나오는 말을 두고 그들을 질책하도록!

10 이렇게 하여 예수님께서 예루살렘에 들어가시
니 온 도성이 술렁거리며, "저분이 누구냐?" 하고
물었다. 11 그러자 군중이 "저분은 갈릴래아 나자
렛 출신 예언자 예수님이시오." 하고 대답하였다.

11 이윽고 예수님께서 예루살렘에 이르러 성전에
들어가셨다. 그리고 그곳의 모든 것을 둘러보신
다음, 날이 이미 저물었으므로 열두 제자와 함께
베타니아로 나가셨다.

는데 그 주인이, "왜 그 어린 나귀를 푸는 거요?" 하고 물었다.

34 그들은 "주님께서 필요하시답니다." 하고 대답하였다.
35 그리고 그 어린 나귀를 예수님께 끌고 와 그 위에 자기들의 겉옷을 걸치고, 예수님을 거기에 올라타시게 하였다. 36 예수님께서 나아가실 때에 그들은 자기들의 겉옷을 길에 깔았다.
37 예수님께서 어느덧 올리브산 내리막길에 가까이 이르시자, 제자들의 무리가 다 자기들이 본 모든 기적 때문에 기뻐하며 큰 소리로 하느님을 찬미하기 시작하였다. 38 그들은 이렇게 말하였다.
"'주님의 이름으로 오시는 분
임금님은 복되시어라.'
하늘에 평화
지극히 높은 곳에 영광!"

12 이튿날, 축제를 지내러 온 많은 군중이 예수님께서 예루살렘에 오신다는 말을 듣고서, 13 종려나무 가지를 들고 그분을 맞으러 나가 이렇게 외쳤다.
"'호산나!
주님의 이름으로 오시는 분은 복되시어라.'
이스라엘의 임금님은 복되시어라."
14 예수님께서는 나귀를 보시고 그 위에 올라앉으셨다. 이는 성경에 기록된 그대로였다.
15 "딸 시온아, 두려워하지 마라.
보라, 너의 임금님이 오신다.
어린 나귀를 타고 오신다."

16 제자들은 처음에 이 일을 깨닫지 못하였다. 그러나 예수님께서 영광스럽게 되신 뒤에, 이 일이 예수님을 두고 성경에 기록되고 또 사람들이 그분께 그대로 해 드렸다는 것을 기억하게 되었다.
17 그리고 예수님께서 라자로를 무덤에서 불러내시어 죽은 이들 가운데에서 다시 일으키실 때에 그분과 함께 있던 군중이 그 일을 줄곧 증언하였다.
18 군중이 이렇게 예수님을 맞으러 나온 것은, 그분께서 그 표징을 일으키셨다는 말을 들었기 때문이다. 19 그러자 바리사이들이 서로 말하였다. "이제 다 글렀소. 보시오, 온 세상이 그의 뒤를 따라가고 있소."

21,9 // 니코데모 1,3 그러자 빌라도는 파견한 부하에게, 왜 그렇게 했느냐며 신문했다. 이에 그 부하가 대답하였다. "각하께서 저를 유다인 알렉산드로스에게 보내셨을 때, 나귀에 앉아 도성 문으로 들어가시는 예수님과 마주쳤습니다. 그리고 저는, 히브리인들이 자기들 옷을 길에 깔아놓는 것을 보았습니다. 그리고 나귀가 그 옷들 위로 걸어가고 있었습니다. 다른 이들은 가지를 꺾어 들고 그분을 맞이하러 나와서는 '저 높은 곳에 호산나!' 하며 외치고 있었습니다. 그리하여 저도 똑같이 해야 할 것 같아서 그렇게 했습니다."

성전을 정화하시다

마태 21,12-17

12 예수님께서는 성전에 들어가시어, 그곳에서 사
고팔고 하는 자들을 모두 쫓아내시고, 환전상들
의 탁자와 비둘기 장수들의 의자를 둘러엎으셨다.
13 그리고 그들에게 말씀하셨다. "'나의 집은 기도
의 집이라 불릴 것이다.'라고 기록되어 있다. 그런
데 너희는 이곳을 '강도들의 소굴'로 만드는구나."

마르 11,15-19

15 그들은 예루살렘으로 갔다. 예수님께서는 성전
에 들어가시어, 그곳에서 사고팔고 하는 자들을
쫓아내기 시작하셨다. 환전상들의 탁자와 비둘기
장수들의 의자도 둘러엎으셨다. 16 또한 아무도 성
전을 가로질러 물건을 나르지 못하게 하셨다. 17 그
리고 그들을 가르치시며 이렇게 말씀하셨다. "'나
의 집은 모든 민족들을 위한 기도의 집이라 불릴
것이다.'라고 기록되어 있지 않느냐? 그런데 너희
는 이곳을 '강도들의 소굴'로 만들어 버렸다."

(마태)

14 그때에 성전에서 눈먼 이들과 절름거리는 이들
이 다가오자, 예수님께서는 그들을 고쳐 주셨다.
15 수석 사제들과 율법 학자들이 예수님께서 일으
키신 기적들을 보고, 또 성전에서 "다윗의 자손
께 호산나!" 하고 외치는 아이들을 보고 불쾌해하
며, 16 예수님께 "저 아이들이 무어라고 하는지 듣
고 있소?" 하였다. 예수님께서 그들에게 말씀하셨다. "그렇다.
'당신께서는 아기들과 젖먹이들의 입에서 찬양이 나오게 하
셨습니다.'라는 말씀을 너희는 읽어 본 적이 없느냐?" 17 예수
님께서는 그들을 두고 성을 나와 베타니아로 가시어 그곳에
서 밤을 지내셨다.

(마르)

18 수석 사제들과 율법 학자들은 이 말씀을 듣고
그분을 없앨 방법을 찾았다. 군중이 모두 그분의
가르침에 감탄하는 것을 보고 그분을 두려워하였
던 것이다. 19 날이 저물자 예수님과 제자들은 성
밖으로 나갔다.

무화과나무를 저주하시다

마태 21,18-22

18 예수님께서는 새벽에 성안으로 되돌아가실 때
에 시장하셨다. 19 마침 길가에 있는 무화과나무
한 그루를 보시고 가까이 가셨다. 그러나 잎사귀
밖에는 달리 아무것도 보이지 않았으므로 그 나

마르 11,12-14

12 이튿날 그들이 베타니아에서 나올 때에 예수님
께서는 시장하셨다. 13 마침 잎이 무성한 무화과나
무를 멀리서 보시고, 혹시 그 나무에 무엇이 달렸
을까 하여 가까이 가 보셨지만, 잎사귀밖에는 아

21,13 // 이사 56,7 그들의 번제물과 희생 제물들은 나의 제단 위에서 기꺼이 받아들여지리니 나의 집은 모든 민족들을 위한 기도의 집이라 불리리라.

21,13 // 예레 7,11 너희에게는 내 이름으로 불리는 이 집이 강도들의 소굴로 보이느냐? 나도 이제 그것을 지켜보고 있다. 주님의 말씀이다.

21,12-17 // 솔로몬의 시편 17,21 보십시오, 주님! 그들에게 그들의 임금을 일으켜 주소서! 하느님 당신께서 선택하신 그 시간에, 당신 종 이스라엘을 다스릴 다윗의 후손을!
22 그에게 힘을 둘러 주소서! 불의한 지도자들을 쳐부수고, 이방인들을 몰아내어 예루살렘을 정화하도록! 그들은 예루살렘을 짓밟으며 파멸로 몰아가고 있습니다!
23 정의의 지혜로써 죄인들을 상속재산에서 내치고, 죄인들의 오만을 도자기 그릇처럼 깨부수도록! 24 쇠막대기로 그들의 모든 재산을 흩어버리고, 범죄를 일삼는 이방인들을 그의 입에서 나오는 말로 괴멸시키도록! 25 그의 위협으로 이방인들이 그의 면전에서 달아나고, 죄인들의 마음에서 나오는 말을 두고 그들을 질책하도록! ... 30 그리고 이방의 백성들로 하여금 그의 멍에를 메고서 그를 섬기게 할 것입니다. 그는 또한 온 땅의 이름난 곳에서 주님을 찬양할 것입니다. 예루살렘을 정화하여 태초의 것처럼 거룩하게 만들 것입니다.

21,16 // 시편 8,3 당신의 적들을 물리치시고 대항하는 자와 항거하는 자를 멸하시려 아기와 젖먹이들의 입에서 나오는 것으로 당신께서는 요새를 지으셨습니다.

루카 19,45-48

45 예수님께서 성전에 들어가시어 물건을 파는 이
들을 쫓아내기 시작하시며, 46 그들에게 말씀하셨
다. "'나의 집은 기도의 집이 될 것이다.'라고 기록
되어 있다. 그런데 너희는 이곳을 '강도들의 소굴'
로 만들어 버렸다."

요한 2,13-22

13 유다인들의 파스카 축제가 가까워지자 예수님
께서는 예루살렘에 올라가셨다. 14 그리고 성전에
소와 양과 비둘기를 파는 자들과 환전꾼들이 앉
아 있는 것을 보시고, 15 끈으로 채찍을 만드시어
양과 소와 함께 그들을 모두 성전에서 쫓아내셨
다. 또 환전상들의 돈을 쏟아 버리시고 탁자들을
엎어 버리셨다. 16 비둘기를 파는 자들에게는, "이것들을 여기에서 치워라. 내 아버
지의 집을 장사하는 집으로 만들지 마라." 하고 이르셨다. 17 그러자 제자들은 "당신
집에 대한 열정이 저를 집어삼킬 것입니다."라고 성경에 기록된 말씀이 생각났다.

47 예수님께서는 날마다 성전에서 가르치셨다. 수
석 사제들과 율법 학자들과 백성의 지도자들은
예수님을 없앨 방법을 찾았다. 48 그러나 어떻게
해야 하는지 그 방도를 찾지 못하였다. 온 백성
이 그분의 말씀을 듣느라고 곁을 떠나지 않았기
때문이다.

18 그때에 유다인들이 예수님께, "당신이 이런 일
을 해도 된다는 무슨 표징을 보여 줄 수 있소?" 하
고 말하였다. 19 그러자 예수님께서 그들에게 대답
하셨다. "이 성전을 허물어라. 그러면 내가 사흘
안에 다시 세우겠다." 20 유다인들이 말하였다. "이
성전을 마흔여섯 해나 걸려 지었는데, 당신이 사
흘 안에 다시 세우겠다는 말이오?" 21 그러나 그분
께서 성전이라고 하신 것은 당신 몸을 두고 하신 말씀이었다. 22 예수님께
서 죽은 이들 가운데에서 되살아나신 뒤에야, 제자들은 예수님께서 이 말
씀을 하신 것을 기억하고, 성경과 그분께서 이르신 말씀을 믿게 되었다.

루카

요한

무를 향하여 말씀하셨다. "이제부터 너는 영원히 열매 맺는 일이 없을 것이다." 그러자 나무가 즉시 말라 버렸다.

무것도 보이지 않았다. 무화과 철이 아니었기 때문이다. 14 예수님께서는 그 나무를 향하여 이르셨다. "이제부터 영원히 어느 누구도 너에게서 열매를 따 먹는 일이 없을 것이다." 제자들도 이 말씀을 들었다.

20 제자들이 그것을 보고 놀라서, "어째서 무화과나무가 즉시 말라 버렸습니까?" 하고 물었다. 21 예수님께서 그들에게 대답하셨다. "내가 진실로 너희에게 말한다. 너희가 믿음을 가지고 의심하지 않으면, 이 무화과나무에 일어난 일을 할 수 있을 뿐만 아니라, 이 산더러 '들려서 저 바다에 빠져라.' 하여도 그대로 이루어질 것이다. 22 그리고 너희가 기도할 때에 믿고 청하는 것은 무엇이든지 다 받을 것이다."

| 마태 21,21 // 17,20

말라 버린 무화과나무의 교훈 11,20-25

11,20 이른 아침에 그들이 길을 가다가, 그 무화과나무가 뿌리째 말라 있는 것을 보았다. 21 베드로가 문득 생각이 나서 예수님께 말하였다. "스승님, 보십시오. 스승님께서 저주하신 무화과나무가 말라 버렸습니다." 22 그러자 예수님께서 제자들에게 말씀하셨다. "하느님을 믿어라. 23 내가 진실로 너희에게 말한다. 누구든지 이 산더러 '들려서 저 바다에 빠져라.' 하면서, 마음속으로 의심하지 않고 자기가 말하는 대로 이루어진다고 믿으면, 그대로 될 것이다. 24 그러므로 내가 너희에게 말한다. 너희가 기도하며 청하는 것이 무엇이든 그것을 이미 받은 줄로 믿어라. 그러면 너희에게 그대로 이루어질 것이다.

25 너희가 서서 기도할 때에 누군가에게 반감을 품고 있거든 용서하여라. 그래야 하늘에 계신 너희 아버지께서도 너희의 잘못을 용서해 주신다."

예수님의 권한을 문제 삼다

마태 21,23-27

23 예수님께서 성전에 가서 가르치고 계실 때, 수석 사제들과 백성의 원로들이 예수님께 다가와 말하였다. "당신은 무슨 권한으로 이런 일을 하는 것이오? 그리고 누가 당신에게 이런 권한을 주었소?" 24 그러자 예수님께서 말씀하셨다. "나도 너희

마르 11,27-33

27 그들은 다시 예루살렘으로 갔다. 예수님께서 성전 뜰을 거닐고 계실 때, 수석 사제들과 율법 학자들과 원로들이 와서, 28 예수님께 말하였다. "당신은 무슨 권한으로 이런 일을 하는 것이오? 또 누가 당신에게 이런 일을 할 수 있는 권한을 주었

21,21 // 토마 복음 48 예수님께서 말씀하셨다. "두 사람이 한 집에서 서로 평화롭게 지내면서 산더러 '옮겨 가라' 하고 말한다면, 그대로 옮겨 갈 것이다."

21,21 // 토마 복음 106,1 예수님께서 말씀하셨다. "너희가 둘을 하나로 만들면 너희는 사람의 아들이 될 것이다. 2 그리고 '산아, 옮겨 가라!' 하고 말한다면, 그대로 옮겨 갈 것이다."

21,21 // 토마 복음 106,1 예수님께서 말씀하셨다. "너희가 둘을 하나로 만들면 너희는 사람의 아들이 될 것이다. 2 그리고 '산아, 옮겨 가라!' 하고 말한다면, 그대로 옮겨 갈 것이다."

21,22 // 토마 복음 92,1 예수님께서 말씀하셨다. "찾아라, 찾을 것이다. 2 너희가 나에게 물은 것들을, 전에는 말해 주지 않았지만 지금은 말해 주고 싶구나. 그런데도 너희는 그것들을 찾으려 하지 않는다."

21,22 // 사도들의 편지 39 "'모든 사람에게는, 생명이며 나를 보내신 아버지인 빛을 믿을 권한이 있다. 믿고 빛의 일들을 행하는 모든 사람은 빛의 일들 안에 살 것이다. 그러나 누군가 어둠의 일들을 행하면서 자신이 빛에 속한다고 고백한다면 그런 사람은 그곳에서 변명할 말이 없을 것이며, 하느님의 아들인 내 [앞에서] 얼굴을 들지 못할 것이다.' 나는 그에게 이렇게 말할 것이다. '너는 찾았을 때 찾았고, 청했을 때 받았다. 그런데 너는 무슨 근거로 나를 단죄했느냐? 사람아, 너는 무엇 때문에 나를 떠나고 나를 부인했느냐? 그리고 나를 믿는다고 고백했다가 무엇 때문에 나를 부인했느냐? 사람은 저마다 살 권한과 죽을 권한이 있지 않느냐? 내 계명들을 지킨 사람은, 빛 곧 내 안에 계신 아버지의 자녀가 될 것이다.'"

루카 20,1-8

1 예수님께서 어느 날 성전에서 백성을 가르치시
며 복음을 전하고 계시는데, 수석 사제들과 율법
학자들이 원로들과 함께 다가와, 2 예수님께 말하
였다. "당신이 무슨 권한으로 이런 일을 하는지,
또 당신에게 그러한 권한을 준 이가 누구인지 말

요한

에게 한 가지 묻겠다. 너희가 나에게 대답하면, 나
도 무슨 권한으로 이런 일을 하는지 너희에게 말
해 주겠다.

소?" 29 그러자 예수님께서 그들에게 이르셨다. "너
희에게 한 가지 물을 터이니 대답해 보아라. 그러
면 내가 무슨 권한으로 이런 일을 하는지 너희에
게 말해 주겠다.

25 요한의 세례가 어디에서 온 것이냐? 하늘에서
냐, 아니면 사람에게서냐?" 그들은 저희끼리 의논
하였다. "'하늘에서 왔다.' 하면, '어찌하여 그를 믿
지 않았느냐?' 하고 우리에게 말할 것이오. 26 그렇
다고 '사람에게서 왔다.' 하자니 군중이 두렵소. 그
들이 모두 요한을 예언자로 여기니 말이오." 27 그
래서 그들이 예수님께 "모르겠소." 하고 대답하였
다. 그러자 예수님께서 그들에게 말씀하셨다. "나
도 무슨 권한으로 이런 일을 하는지 너희에게 말
하지 않겠다."

30 요한의 세례가 하늘에서 온 것이냐, 아니면 사람
에게서 온 것이냐? 대답해 보아라." 31 그들은 저희
끼리 의논하였다. "'하늘에서 왔다.' 하면, '어찌하
여 그를 믿지 않았느냐?' 하고 말할 터이니, 32 '사
람에게서 왔다.' 할까?" 그러나 군중이 모두 요한
을 참예언자로 여기고 있었기 때문에 군중을 두
려워하여, 33 예수님께 "모르겠소." 하고 대답하였
다. 그러자 예수님께서 그들에게 이르셨다. "나도
무슨 권한으로 이런 일을 하는지 너희에게 말하
지 않겠다."

두 아들의 비유

마태 21,28-32

28 "너희는 어떻게 생각하느냐? 어떤 사람에게 아
들이 둘 있었는데, 맏아들에게 가서 '얘야, 너 오
늘 포도밭에 가서 일하여라.' 하고 일렀다. 29 그는
'싫습니다.' 하고 대답하였지만, 나중에 생각을 바꾸어 일하러 갔
다. 30 아버지는 또 다른 아들에게 가서 같은 말을 하였다. 그는
'가겠습니다, 아버지!' 하고 대답하였지만 가지는 않았다. 31 이 둘
가운데 누가 아버지의 뜻을 실천하였느냐?" 그들이 "맏아들입니
다." 하고 대답하자, 예수님께서 그들에게 말씀하셨다. "내가 진실
로 너희에게 말한다. 세리와 창녀들이 너희보다 먼저 하느님의 나
라에 들어간다. 32 사실 요한이 너희에게 와서 의로운 길을 가르칠
때, 너희는 그를 믿지 않았지만 세리와 창녀들은 그를 믿었다. 너
희는 그것을 보고도 생각을 바꾸지 않고 끝내 그를 믿지 않았다."

마르

해 보시오." 3 그러자 예수님께서 그들에게 말씀하
셨다. "나도 너희에게 한 가지 물을 터이니 대답
해 보아라.

4 요한의 세례가 하늘에서 온 것이냐, 아니면 사람
에게서 온 것이냐?" 5 그들은 저희끼리 서로 의논
하였다. "'하늘에서 왔다.' 하면, '어찌하여 그를 믿
지 않았느냐?' 하고 말할 것이오. 6 그렇다고 '사람
에게서 왔다.' 하면, 온 백성이 요한을 예언자로 확
신하고 있으니 그들이 돌을 던져 우리를 죽일 것
이오." 7 그래서 그들은 어디에서 왔는지 모른다고
대답하였다. 8 그러자 예수님께서 그들에게 말씀
하셨다. "나도 무슨 권한으로 이런 일을 하는지
너희에게 말하지 않겠다."

루카

요한

포도밭 소작인의 비유

마태 21,33-46

21,33 // 이사 5,2 땅을 일구고 돌을 골라내어 좋은 포도나무를 심었네. 그 가운데에 탑을 세우고 포도 확도 만들었네. 그러고는 좋은 포도가 맺기를 바랐는데 들포도를 맺었다네.

[33]“다른 비유를 들어 보아라. 어떤 밭 임자가 ‘포도밭을 일구어 울타리를 둘러치고 포도 확을 파고 탑을 세웠다.’ 그리고 소작인들에게 내주고 멀리 떠났다. [34]포도 철이 가까워지자 그는 자기 몫의 소출을 받아 오라고 소작인들에게 종들을 보냈다. [35]그런데 소작인들은 그들을 붙잡아 하나는 매질하고 하나는 죽이고 하나는 돌을 던져 죽이기까지 하였다. [36]주인이 다시 처음보다 더 많은 종을 보냈지만, 소작인들은 그들에게도 같은 짓을 하였다.

21,41 // 4바룩 4,4 예레미야는 성전 열쇠들을 챙겨들고 도성 밖으로 나갔다. 그리고 태양을 향해 그것들을 던지며 말하였다. “네게 말한다. 태양아! 하느님 성전의 열쇠들을 받아라. 그리고 주님께서 그것들에 관해 물으시는 날까지 네가 그것들을 지켜라. [5]우리는 그것들을 지킬 자격이 없는 것으로 드러났다. 우리는 거짓의 집사들이 되어버렸기 때문이다.”

[37]주인은 마침내 ‘내 아들이야 존중해 주겠지.’ 하며 그들에게 아들을 보냈다. [38]그러나 소작인들은 아들을 보자, ‘저자가 상속자다. 자, 저자를 죽여 버리고 우리가 그의 상속 재산을 차지하자.’ 하고 저희끼리 말하면서, [39]그를 붙잡아 포도밭 밖으로 던져 죽여 버렸다. [40]그러니 포도밭 주인이 와서 그 소작인들을 어떻게 하겠느냐?” [41]“그렇게 악한 자들은 가차 없이 없애 버리고, 제때에 소출을 바치는 다른 소작인들에게 포도밭을 내줄 것입니다.” 하고 그들이 대답하자,

21,42 // 시편 118,22 집 짓는 이들이 내버린 돌 그 돌이 모퉁이의 머릿돌이 되었네. [23]이는 주님께서 이루신 일 우리 눈에 놀랍기만 하네.

[42]예수님께서 그들에게 말씀하셨다. “너희는 성경에서 이 말씀을 읽어 본 적이 없느냐?
‘집 짓는 이들이 내버린 돌
그 돌이 모퉁이의 머릿돌이 되었네.
이는 주님께서 이루신 일

마르 12,1-12

[1]예수님께서 그들에게 비유를 들어 말씀하기 시작하셨다. “어떤 사람이 포도밭을 일구어 울타리를 둘러치고 포도 확을 파고 탑을 세웠다. 그리고 소작인들에게 내주고 멀리 떠났다. [2]포도 철이 되자 그는 소작인들에게 종 하나를 보내어, 소작인들에게서 포도밭 소출의 얼마를 받아 오라고 하였다. [3]그런데 소작인들은 그를 붙잡아 매질하고서는 빈손으로 돌려보냈다. [4]주인이 그들에게 다시 다른 종을 보냈지만, 그들은 그 종의 머리를 쳐서 상처를 입히고 모욕하였다. [5]그리고 주인이 또 다른 종을 보냈더니 그 종을 죽여 버렸다. 그 뒤에 또 많은 종을 보냈지만 더러는 매질하고 더러는 죽여 버렸다.

[6]이제 주인에게는 오직 하나, 사랑하는 아들만 남았다. 그는 마지막으로 ‘내 아들이야 존중해 주겠지.’ 하며 그들에게 아들을 보냈다. [7]그러나 소작인들은 ‘저자가 상속자다. 자, 저자를 죽여 버리자. 그러면 이 상속 재산이 우리 차지가 될 것이다.’ 하고 저희끼리 말하면서, [8]그를 붙잡아 죽이고는 포도밭 밖으로 던져 버렸다. [9]그러니 포도밭 주인은 어떻게 하겠느냐? 그는 돌아와 그 소작인들을 없애 버리고 포도밭을 다른 이들에게 줄 것이다.

[10]너희는 이 성경 말씀을 읽어 본 적이 없느냐?
‘집 짓는 이들이 내버린 돌
그 돌이 모퉁이의 머릿돌이 되었네.
[11]이는 주님께서 이루신 일
우리 눈에 놀랍기만 하네.’”

루카 20,9-19

9 예수님께서 백성에게 이 비유를 말씀하기 시작
하셨다. "어떤 사람이 포도밭을 일구어 소작인들
에게 내주고 오랫동안 멀리 떠나 있었다. 10 포도
철이 되자 그는 소작인들에게 종 하나를 보내어,
포도밭 소출에서 얼마를 내놓으라고 하였다. 그런
데 소작인들은 그를 매질하고서는 빈손으로 돌려
보냈다. 11 주인이 또 다른 종을 보냈지만, 그들은
그 종도 매질하고 모욕하고 나서 빈손으로 돌려보
냈다. 12 그리고 또 세 번째 종을 보냈더니, 그들은
그 종도 상처를 입히고 내쫓아 버렸다.

13 그래서 포도밭 주인은, '어떻게 할까? 사랑하는
내 아들을 보내야겠다. 내 아들이야 존중해 주겠
지.' 하고 말하였다. 14 그러나 소작인들은 그 아들
을 보자, '저자가 상속자다. 저자를 죽여 버리자.
그러면 이 상속 재산이 우리 차지가 될 것이다.' 하
고 서로 의논하면서, 15 그를 포도밭 밖으로 던져
죽여 버렸다. 그러니 포도밭 주인은 그들을 어떻
게 하겠느냐? 16 그는 돌아와 그 소작인들을 없애
버리고 포도밭을 다른 이들에게 줄 것이다."
사람들이 이 말씀을 듣고 "그런 일은 있을 수 없
습니다." 하고 말하였다.
17 그러자 예수님께서 그들을 똑바로 보시며 말씀
하셨다. "그러면 이렇게 기록된 말씀은 무슨 뜻
이냐?
'집 짓는 이들이 내버린 돌
그 돌이 모퉁이의 머릿돌이 되었네.'

요한

21,33-39 // 토마 복음 65,1 그분께서 말씀하셨다. "어떤 착[한] 사람에게 포도밭이 있었다. 그는 그 밭을 소작인들에게 내어주었다. 그들에게 농사를 맡겨 거기서 소출을 거둘 요량이었다. 그는 종을 보내어 소작인들에게 포도밭 소출을 내놓으라고 하였다. 그들은 종을 붙잡아 매질하고 거의 죽이려고까지 하였다. 종은 돌아와 자기 주인에게 그대로 말하였다. 2 그러자 주인이 말하였다. '아마도 종이 그들을 못 알아봤을 것이다.' 그는 다른 종을 보냈다. 소작인들이 그 종도 매질하였다. 3 그러자 주인은 자기 아들을 보내며 말하였다. '설마 내 아들이야 존중해 주겠지.' 소작인들은 그가 바로 포도밭의 상속자임을 알고는 그를 붙잡아 죽였다. 귀 있는 사람은 들어라."

21,42 // 토마 복음 66 예수님께서 말씀하셨다. "집짓는 이들이 내버린 돌을 보여 다오. 그것이야말로 모퉁이의 머릿돌이다."

우리 눈에 놀랍기만 하네.'
43 그러므로 내가 너희에게 말한다. 하느님께서는
너희에게서 하느님의 나라를 빼앗아, 그 소출을
내는 민족에게 주실 것이다. 44 그리고 그 돌 위에
떨어지는 자는 부서지고, 그 돌에 맞는 자는 누구
나 으스러질 것이다."
45 수석 사제들과 바리사이들은 이 비유들을 듣고
서 자기들을 두고 하신 말씀인 것을 알아차리고,
46 그분을 붙잡으려고 하였으나 군중이 두려웠다.
군중이 예수님을 예언자로 여겼기 때문이다.

21,41.43 // 2바룩 10,18 너희 사제들아, 성소의 열쇠들을 집어서 그것들을 하늘 높은 곳으로 던져라. 그리고 그것들을 주님께 드려라! 그리고 말하여라. "당신 집을 당신 몸소 지켜주십시오! 보십시오, 저희는 가짜 집사임이 드러났습니다!"

12 그들은 예수님께서 자기들을 두고 이 비유를 말
씀하신 것을 알아차리고 그분을 붙잡으려고 하
였으나 군중이 두려워 그분을 그대로 두고 떠나
갔다.

혼인 잔치의 비유

마태 22,1-14 | **마르**

1 예수님께서는 또 여러 가지 비유로 그들에게 말
씀하셨다. 2 "하늘 나라는 자기 아들의 혼인 잔치를 베푼 어떤 임금에게 비길 수 있다. 3 그는 종
들을 보내어 혼인 잔치에 초대받은 이들을 불러오게 하였다. 그러나 그들은 오려고 하지 않았
다. 4 그래서 다시 다른 종들을 보내며 이렇게 일렀다. '초대받은 이들에게, '내가 잔칫상을 이미
차렸소. 황소와 살진 짐승을 잡고 모든 준비를 마쳤으니, 어서 혼인 잔치에 오시오.' 하고 말하
여라.' 5 그러나 그들은 아랑곳하지 않고, 어떤 자는 밭으로 가고 어떤 자는 장사하러 갔다. 6 그
리고 나머지 사람들은 종들을 붙잡아 때리고 죽였다.
7 임금은 진노하였다. 그래서 군대를 보내어 그 살인자들을 없애고 그들의 고을을 불살라 버
렸다. 8 그러고 나서 종들에게 말하였다. '혼인 잔치는 준비되었는데 초대받은 자들은 마땅하지
않구나. 9 그러니 고을 어귀로 가서 아무나 만나는 대로 잔치에 불러오너라.' 10 그래서 그 종들
은 거리에 나가 악한 사람 선한 사람 할 것 없이 만나는 대로 데려왔다. 잔칫방은 손님들로 가
득 찼다.

18 그 돌 위에 떨어지는 자는 누구나 부서지고, 그
돌에 맞는 자는 누구나 으스러질 것이다."

21,46 // 유다 복음 58. 그들의 대사제들
은 웅성거렸다. [그분께서] 기도하
시러 방에 들어가셨기 때문이다.
몇몇 율법 학자들이 거기 있으면
서 그분께서 기도하시는 동안 그
분을 붙잡으려고 지켜보았다. 사
실 그들은 백성을 두려워하고 있
었다. 그분께서 모두에게 예언자
로 여겨지고 계셨기 때문이다.

19 율법 학자들과 수석 사제들은 예수님께서 자기
들을 두고 이 비유를 말씀하신 것을 알아차리고,
당장 예수님께 손을 대려고 하였으나 백성이 두
려웠다.

루카 14,15-24

요한

15 예수님과 함께 식탁에 앉아 있던 이들 가운데
어떤 사람이 이 말씀을 듣고 그분께, "하느님의
나라에서 음식을 먹게 될 사람은 행복합니다." 하
고 말하였다.
16 그러자 예수님께서 그에게 이르셨다. "어떤 사람이 큰 잔치를 베풀고 많은 사람을
초대하였다. 17 그리고 잔치 시간이 되자 종을 보내어 초대받은 이들에게, '이제 준비
가 되었으니 오십시오.' 하고 전하게 하였다. 18 그런데 그들은 모두 하나같이 양해를
구하기 시작하였다. 첫째 사람은 '내가 밭을 샀는데 나가서 그것을 보아야 하오. 부
디 양해해 주시오.' 하고 그에게 말하였다. 19 다른 사람은 '내가 겨릿소 다섯 쌍을 샀
는데 그것들을 부려 보려고 가는 길이오. 부디 양해해 주시오.' 하였다. 20 또 다른 사
람은 '나는 방금 장가를 들었소. 그러니 갈 수가 없다오.' 하였다.
21 종이 돌아와 주인에게 그대로 알렸다. 그러자 집주인이 노하여 종에게 일렀다.
'어서 고을의 한길과 골목으로 나가 가난한 이들과 장애인들과 눈먼 이들과 다리저
는 이들을 이리로 데려오너라.' 22 얼마 뒤에 종이 '주인님, 분부하신 대로 하였습니다
만 아직도 자리가 남았습니다.' 하자, 23 주인이 다시 종에게 일렀다. '큰길과 울타리
쪽으로 나가 어떻게 해서라도 사람들을 들어오게 하여, 내 집이 가득 차게 하여라.'

22,1-10 // 토마 복음 64,1 예수님께서
말씀하셨다. "어떤 사람이 낯선
손님들을 맞아들이곤 했다. 그는
잔치를 준비하고 종에게 손님들
을 초대하라고 시켰다. 2 종은 첫째 사람에게 가서 말하
였다. '제 주인님께서 당신을 초대하십니다.' 그러나 그가
말하였다. '장사꾼들에게 줘야 할 돈이 있소. 그들이 오늘
밤 내게 올 거요. 가서 그들에게 주문해야 하오. 미안하지
만 만찬은 거절하오.' 3 종은 다른 사람에게 가서 말하였다.
'제 주인님께서 당신을 초대하십니다.' 그가 종에게 말하였
다. '내가 집을 한 채 샀소. 그래서 하루 동안 나를 필요로
하오. 여유가 없소.' 4 종은 다른 사람에게 가서 말하였다.
'제 주인님께서 당신을 초대하십니다.' 그가 종에게 말하
였다. '내 친구가 혼인을 하오. 그래서 내가 잔치를 베풀어
야 하오. 못 가겠소.' 5 종은 다른 사람에게 가서 말하였다.
'제 주인님께서 당신을 초대하십니다.' 그가 종에게 말하였
다. '내가 한 마을을 샀소. 세를 거두러 가고 있소. 못 가겠
소. 미안하지만 거절하오.' 6 그 종은 돌아가서 자기 주인에
게 말하였다. '주인님께서 잔치에 초대하신 사람들이 정중
히 거절을 했습니다.' 7 주인이 종에게 말하였다. '길에 나가
네가 마주치는 사람들을 데리고 오너라. 그들이 잔치에 참
석할 것이다. 장사꾼들과 상인들은 내 아버지의 처소에 들
어오지 못할 것이다.'"

22,13 // 3바룩 4,3 그리고 천사는 나
에게 하데스를 보여주었다. 그의
모습은 음침하고 속되어 보였다.
22,13 // 1에녹 10,4 그분께서 라파엘
에게 이르셨습니다. "아자엘의 손
과 발을 묶어 어둠 속에 던져라. 그
리고 다두엘에 있는 광야를 열어
그자를 그곳에 던져 버려라. 5 그
자에게 거칠고 뾰족한 바윗돌들
을 얹고, 그자를 어둠으로 뒤덮어
라. 그리고 그자로 하여금 영원히
그곳에서 살게 하여라. 그자의 얼
굴을 가려서 빛을 보지 못하게 하
라! 6 위대한 심판의 날에 그자는
타오르는 불길 속으로 인도될 것
이다.

11 임금이 손님들을 둘러보려고 들어왔다가, 혼인
예복을 입지 않은 사람 하나를 보고, 12 '친구여,
그대는 혼인 예복도 갖추지 않고 어떻게 여기 들
어왔나?' 하고 물으니, 그는 아무 말도 하지 못하
였다. 13 그러자 임금이 하인들에게 말하였다. '이
자의 손과 발을 묶어서 바깥 어둠 속으로 내던져
버려라. 거기에서 울며 이를 갈 것이다.' 14 사실 부
르심을 받은 이들은 많지만 선택된 이들은 적다."

| 마태 22,13 // 8,12; 13,42; 13,50; 24,51; 25,30

황제에게 세금을 내는 문제

마태 22,15-22

15 그때에 바리사이들이 나가서, 어떻게 하면 말로
예수님께 올가미를 씌울까 하고 의논하였다. 16 그
러고는 저희 제자들을 헤로데 당원들과 함께 예
수님께 보내어 이렇게 말하였다. "스승님, 저희는
스승님께서 진실하시고 하느님의 길을 참되게 가
르치시며 아무도 꺼리지 않으시는 줄 압니다. 과
연 스승님은 사람을 그 신분에 따라 판단하지 않
으십니다. 17 그러니 스승님은 어떻게 생각하시는
지 말씀해 주십시오. 황제에게 세금을 내는 것이
합당합니까, 합당하지 않습니까?"

18 예수님께서는 그들의 악의를 아시고 말씀하셨
다. "위선자들아, 너희는 어찌하여 나를 시험하느
냐? 19 세금으로 내는 돈을 나에게 보여라." 그들이
데나리온 한 닢을 가져오자 20 예수님께서, "이 초
상과 글자가 누구의 것이냐?" 하고 물으셨다. 21 그
들이 "황제의 것입니다." 하고 대답하였다. 그때에

마르 12,13-17

13 그 뒤에 그들은 예수님께 말로 올무를 씌우려
고, 바리사이들과 헤로데 당원 몇 사람을 보냈다.
14 그들이 와서 예수님께 말하였다. "스승님, 저희
는 스승님께서 진실하시고 아무도 꺼리지 않으시
는 분이라는 것을 압니다. 과연 스승님은 사람을
그 신분에 따라 판단하지 않으시고, 하느님의 길
을 참되게 가르치십니다. 그런데 황제에게 세금을
내는 것이 합당합니까, 합당하지 않습니까? 바쳐
야 합니까, 바치지 말아야 합니까?"

15 예수님께서는 그들의 위선을 아시고 그들에게
말씀하셨다. "너희는 어찌하여 나를 시험하느냐?
데나리온 한 닢을 가져다 보여 다오." 16 그들이 그
것을 가져오자 예수님께서, "이 초상과 글자가 누
구의 것이냐?" 하고 물으셨다. 그들이 "황제의 것
입니다." 하고 대답하였다. 17 이에 예수님께서 그

24 내가 너희에게 말한다. 처음에 초대를 받았던 그 사람들 가운데에서는 아무도 내 잔치 음식을 맛보지 못할 것이다."

루카 20,20-26

20 그리하여 그들은 기회를 엿보다가, 선량한 사람처럼 꾸민 앞잡이들을 보내어 예수님의 말씀을 빌미로 그분을 붙잡게 하였다. 예수님을 직권과 사법권을 가진 총독에게 넘기려는 것이었다. 21 그들이 예수님께 물었다. "스승님, 저희는 스승님께서 올바르게 말씀하시고 가르치시며 사람을 그 신분에 따라 가리지 않으시고, 하느님의 길을 참되게 가르치신다는 것을 압니다. 22 그런데 저희가 황제에게 조세를 내는 것이 합당합니까, 합당하지 않습니까?"

23 예수님께서는 그들의 교활한 속셈을 꿰뚫어 보시고 그들에게 말씀하셨다. 24 "데나리온 한 닢을 나에게 보여라. 누구의 초상과 글자가 새겨져 있느냐?" 그들이 "황제의 것입니다." 하고 대답하였다. 25 이에 예수님께서 그들에게 이르셨다. "그러면 황제의 것은 황제에게 돌려주고, 하느님의 것

요한

22,15-22 // 에게르톤 복음 3,1 그들은 그분께 [다]가와 떠보며 시험 삼아 그분께 [물]어 보았다. 2 "스승이신 예수님, 저희는 당신께서 [하느님에게서] 오신 것을 알고 있습니다. 하시는 일들이 모든 예언자들보다 더 훌륭히 증[언]하기 때문입니다. 3 [그러니] 저희에게 [말씀해 주십시오]. 당국에 속하는 것들을 임금들에게 [바]치는 것이 합당합니까? [그]들에게 바[쳐야 합니까], 바치지 말[아]야 합니까?" 4 예수님께서 [그]들의 [마]음을 아시고 그[들을] 엄히 꾸짖으시며 말씀하셨다. 5 "너희는 어찌하여 너[희] 입으로는 나를 [스]승이라 부르면서 내가 [하]는 말은 [실행]하지 않느냐? 6 이[사야가] 너[희를 두고] 옳게 예언하였다. 그는 이렇게 말하였다. '이 [백성이] 자기[네] 입술로는 나를 [공경하지만] 그 [마음은] 내게서 [멀리] 떠나 있다. [그들은 나를] 헛[되이 섬긴다]' … "

22,17-21 // 토마 복음 100,1 그들이 예수님께 금화를 보여 주며 말하였다. "황제의 부하들이 저희에게 세금을 요구합니다." 2 그분께서 말씀하셨다. "황제의 것은 황제에게 주고 하느님의 것은 하느님께 드려라. 3 그리고 내 것은 내게 달라."

예수님께서 그들에게 이르셨다. "황제의 것은 황
제에게 돌려주고, 하느님의 것은 하느님께 돌려드
려라." 22 그들은 이 말씀을 듣고 경탄하면서 예수
님을 두고 물러갔다.

들에게 이르셨다. "황제의 것은 황제에게 돌려주
고, 하느님의 것은 하느님께 돌려드려라." 그들은
예수님께 매우 감탄하였다.

부활 논쟁

마태 22,23-33

23 그날, 부활이 없다고 주장하는 사두가이들이
예수님께 다가와 물었다. 24 "스승님, 모세는 '어떤
사람이 자식 없이 죽으면, 그의 형제가 죽은 이의
아내와 혼인하여 그의 후사를 일으켜 주어야 한
다.'고 하였습니다. 25 그런데 저희 가운데 일곱 형
제가 있었습니다. 맏이가 혼인하여 살다가 죽었는
데, 후사가 없어서 아내를 동생에게 남겨 놓았습
니다. 26 둘째도 셋째도 그러하였고 일곱째까지 그
러하였습니다. 27 맨 나중에는 그 부인도 죽었습니
다. 28 그러면 부활 때에 그 여자는 그 일곱 가운데
누구의 아내가 되겠습니까? 그들이 다 그 여자를
아내로 맞아들였으니 말입니다."

29 예수님께서 그들에게 대답하셨다. "너희가 성경
도 모르고 하느님의 능력도 모르니까 그렇게 잘못
생각하는 것이다. 30 부활 때에는 장가드는 일도
시집가는 일도 없이 하늘에 있는 천사들과 같아
진다. 31 그리고 죽은 이들의 부활에 관해서는 하
느님께서 너희에게 하신 말씀을 읽어 보지 않았
느냐? 32 '나는 아브라함의 하느님, 이사악의 하느
님, 야곱의 하느님이다.' 하고 말씀하셨다. 그분께

마르 12,18-27

18 부활이 없다고 주장하는 사두가이들이 예수님
께 와서 물었다. 19 "스승님, 모세는 '어떤 사람의
형제가 자식 없이 아내만 두고 죽으면, 그 사람이
죽은 이의 아내를 맞아들여 형제의 후사를 일으
켜 주어야 한다.'고 저희를 위하여 기록해 놓았습
니다. 20 그런데 일곱 형제가 있었습니다. 맏이가
아내를 맞아들였는데 후사를 남기지 못하고 죽
었습니다. 21 그래서 둘째가 그 여자를 맞아들였
지만 후사를 두지 못한 채 죽었고, 셋째도 그러
하였습니다. 22 이렇게 일곱이 모두 후사를 남기
지 못하였습니다. 맨 마지막으로 그 부인도 죽었
습니다. 23 그러면 그들이 다시 살아나는 부활 때
에 그 여자는 그들 가운데 누구의 아내가 되겠습
니까? 일곱이 다 그 여자를 아내로 맞아들였으
니 말입니다."

24 예수님께서 그들에게 이르셨다. "너희가 성경도
모르고 하느님의 능력도 모르니까 그렇게 잘못 생
각하는 것이 아니냐? 25 사람들이 죽은 이들 가운
데에서 다시 살아날 때에는, 장가드는 일도 시집
가는 일도 없이 하늘에 있는 천사들과 같아진다.
26 그리고 죽은 이들이 되살아난다는 사실에 관해
서는, 모세의 책에 있는 떨기나무 대목에서 하느
님께서 모세에게 어떻게 말씀하셨는지 읽어 보지

22,23-33 // 4에즈 8,13 그리고 당신(주님)께서는 사람을 죽게 하십니다. 그가 당신의 피조물이기 때문입니다. 그리고 당신께서는 그를 되살리십니다. 그가 당신의 작품이기 때문입니다.

22,24 // 신명 25,5 형제들이 함께 살다가 그 가운데 하나가 아들 없이 죽었을 경우, 죽은 그 사람의 아내는 다른 집안 남자의 아내가 될 수 없다. 남편의 형제가 가서 그 여자를 아내로 맞아들여, 시숙의 의무를 이행해야 한다.

22,30 // 2바룩 51,7 그러나 자신들의 행업 때문에 구원을 받은 이들, 지금 그들에게 율법은 희망이며 통찰은 기대이고 지혜는 신뢰인 그들에게는, 그들의 때에 기적이 목격될 것이다. 8 그들은, 지금 그들에게 보이지 않는 세상을 보게 될 것이다. 그리고 지금 그들에게 숨겨져 있는 시간을 보게 될 것이다. 9 그리고 더 이상 시간이 그들을 늙게 만들지 않을 것이다. 10 그들은 그 세상의 꼭대기에 살게 될 것이다. 그리고 그들은 천사들과 비슷해지고 별들과 흡사해질 것이다. 그리고 어떤 형상으로든 자기가 원하는 대로 변화될 것이다. 아름다움에서 고귀함으로, 빛에서 영광의 광채로!

22,32 // 탈출 3,6 "나는 네 아버지의 하느님, 곧 아브라함의 하느님, 이사악의 하느님, 야곱의 하느님이다."

22,32 // 탈출 3,15 "너는 이스라엘 자손들에게, '너희 조상들의 하느님,

은 하느님께 돌려드려라." [26] 그들은 예수님께서 하
신 말씀을 빌미로 백성 앞에서 그분을 붙잡지 못
하였을 뿐만 아니라, 그분의 답변에 경탄하며 입
을 다물었다.

루카 20,27-40

[27] 부활이 없다고 주장하는 사두가이 몇 사람이
예수님께 다가와 물었다. [28] "스승님, 모세는 '어떤
사람의 형제가 자식 없이' 아내를 남기고 '죽으면,
그 사람이 죽은 이의 아내를 맞아들여 형제의 후
사를 일으켜 주어야 한다.'고 저희를 위하여 기록
해 놓았습니다. [29] 그런데 일곱 형제가 있었습니다.
맏이가 아내를 맞아들였는데 자식 없이 죽었습니
다. [30] 그래서 둘째가, [31] 그다음에는 셋째가 그 여
자를 맞아들였습니다. 그렇게 일곱이 모두 자식
을 남기지 못하고 죽었습니다. [32] 마침내 그 부인도
죽었습니다. [33] 그러면 부활 때에 그 여자는 그들
가운데 누구의 아내가 되겠습니까? 일곱이 다 그
여자를 아내로 맞아들였으니 말입니다."

[34] 예수님께서 그들에게 이르셨다. "이 세상 사람
들은 장가도 들고 시집도 간다. [35] 그러나 저세상
에 참여하고 또 죽은 이들의 부활에 참여할 자격
이 있다고 판단받는 이들은 더 이상 장가드는 일
도 시집가는 일도 없을 것이다. [36] 천사들과 같아
져서 더 이상 죽는 일도 없다. 그들은 또한 부활에 동참하여 하느님의 자
녀가 된다. [37] 그리고 죽은 이들이 되살아난다는 사실은, 모세도 떨기나
무 대목에서 '주님은 아브라함의 하느님, 이사악의 하느님, 야곱의 하느

요한

22,23-33 // 사도들의 편지 25 다시 [우리
가] 그분께 말하였습니다. "주님,
저희가 [당신]께 너무 많이 묻고 부
담을 드려서 벌써 부끄럽습니다."
그[때 그분께서] 대답하시며 말씀
하셨습니다. "사실 너희가 믿음을
[가지고] 온 마음을 기울여 내게
질문한다는 것을 잘 알고 있다. 이
때문에 [너희를 보는] 내 마음이
기쁘다. 진실로 [너희에게] 말한다.
나와 내 안에 계신 내 아버지께서
는 [너희가] 내게 묻는 것을 [잘 참
아] 내신다. 너희의 염치없음이 [내
게] 기쁨이 [되며] 너희에게 [많은
것을] 주기 때문이다." 그분께서
우리에게 이 말씀을 하셨을 때 우
리는 [대담하게] 그분께 물었습니
다. "[주님], 당신은 모든 [면]에서
저희를 살리시고 [저희를] 가엾이
여기십니다. 저희가 당신께 묻는
것들을 가르쳐 주시겠습니까?"
그러자 그분께서 우리에게 말씀
하셨습니다. "그렇다면 영을 감싸
고 [있는] 육신은 소멸하느냐?" 우
리가 그분께 말하였습니다. "육신
은 소멸합니다." 그때 그분께서 말
씀하셨습니다. "쓰러진 것은 [일어
날] 것이고 잃어버린 것은 찾을 것
이며 약한 것은 튼튼해질 것이다.
그리하여 바로 이러한 것들 안에
서 내 아버지의 영광이 드러날 것
이다. 그분께서 나에게 하신 대로
나도 믿음을 가진 너희 모두에게
행할 것이다."

곧 아브라함의 하느님, 이사악의
하느님, 야곱의 하느님이신 야훼
께서 나를 너희에게 보내셨다.' 하
여라. 이것이 영원히 불릴 나의 이
름이며, 이것이 대대로 기릴 나의
칭호이다."

서는 죽은 이들의 하느님이 아니라 산 이들의 하
느님이시다."

33 군중은 이 말씀을 듣고 그분의 가르침에 감탄
하였다.

| 마태 22,33 // 7,28; 13,54

않았느냐? '나는 아브라함의 하느님, 이사악의 하
느님, 야곱의 하느님이다.' 하고 말씀하셨다. 27 그
분께서는 죽은 이들의 하느님이 아니라 산 이들
의 하느님이시다. 너희는 크게 잘못 생각하는 것
이다."

가장 큰 계명

22,37 // 신명 6,5 너희는 마음을 다하
고 목숨을 다하고 힘을 다하여 주
너희 하느님을 사랑해야 한다.

22,39 // 레위 19,18 너희는 동포에게
앙갚음하거나 앙심을 품어서는 안
된다. 네 이웃을 너 자신처럼 사랑
해야 한다. 나는 주님이다.

마태 22,34-40

34 예수님께서 사두가이들의 말문을 막아 버리셨
다는 소식을 듣고 바리사이들이 한데 모였다. 35 그
들 가운데 율법 교사 한 사람이 예수님을 시험하
려고 물었다. 36 "스승님, 율법에서 가장 큰 계명은
무엇입니까?"
37 예수님께서 그에게 말씀하셨다. "'네 마음을 다
하고 네 목숨을 다하고 네 정신을 다하여 주 너
의 하느님을 사랑해야 한다.' 38 이것이 가장 크고
첫째가는 계명이다. 39 둘째도 이와 같다. '네 이웃
을 너 자신처럼 사랑해야 한다.'는 것이다. 40 온 율
법과 예언서의 정신이 이 두 계명에 달려 있다."

마르 12,28-34

28 율법 학자 한 사람이 이렇게 그들이 토론하는
것을 듣고 있다가 예수님께서 대답을 잘하시는 것
을 보고 그분께 다가와, "모든 계명 가운데에서 첫
째가는 계명은 무엇입니까?" 하고 물었다.
29 예수님께서 대답하셨다. "첫째는 이것이다. '이
스라엘아, 들어라. 주 우리 하느님은 한 분이신 주
님이시다. 30 그러므로 너는 마음을 다하고 목숨
을 다하고 정신을 다하고 힘을 다하여 주 너의 하
느님을 사랑해야 한다.' 31 둘째는 이것이다. '네 이
웃을 너 자신처럼 사랑해야 한다.' 이보다 더 큰
계명은 없다."
32 그러자 율법 학자가 예수님께 말하였다. "훌륭
하십니다, 스승님. '그분은 한 분뿐이시고 그 밖에 다른 이가 없다.' 하시니, 과연 옳은 말씀이십니다.
33 또 '마음을 다하고 생각을 다하고 힘을 다하여 그분을 사랑하는 것'과 '이웃을 자기 자신처럼 사랑하
는 것'이 모든 번제물과 희생 제물보다 낫습니다." 34 예수님께서는 그가 슬기롭게 대답하는 것을 보시
고 그에게, "너는 하느님의 나라에서 멀리 있지 않다." 하고 이르셨다. 그 뒤에는 어느 누구도 감히 그
분께 묻지 못하였다.

님'이라는 말로 이미 밝혀 주었다. [38] 그분은 죽은
이들의 하느님이 아니라 산 이들의 하느님이시다.
사실 하느님께는 모든 사람이 살아 있는 것이다."

[39] 그러자 율법 학자 몇 사람이 "스승님, 잘 말씀하
셨습니다." 하였다. [40] 사람들은 감히 그분께 더 이
상 묻지 못하였다.

루카 10,25-28

[25] 어떤 율법 교사가 일어서서 예수님을 시험하려
고 말하였다. "스승님, 제가 무엇을 해야 영원한 생
명을 받을 수 있습니까?" [26] 예수님께서 그에게 말
씀하셨다. "율법에 무엇이라고 쓰여 있느냐? 너는
어떻게 읽었느냐?"
[27] 그가 "'네 마음을 다하고 네 목숨을 다하고 네
힘을 다하고 네 정신을 다하여 주 너의 하느님을
사랑하고' '네 이웃을 너 자신처럼 사랑해야 한다.'
하였습니다." 하고 대답하자, [28] 예수님께서 그에게
이르셨다. "옳게 대답하였다. 그렇게 하여라. 그러
면 네가 살 것이다."

요한

22,39 // 토마 복음 25 예수님께서 말씀하셨다. "네 형제를 네 영혼처럼 사랑하여라. 그를 네 눈의 눈동자처럼 지켜주어라."

다윗의 자손이시며 주님이신 예수 그리스도

마태 22,41-46

[41]바리사이들이 모여들자 예수님께서 그들에게
물으셨다. [42]"너희는 메시아를 어떻게 생각하느
냐? 그는 누구의 자손이냐?" 그들이 "다윗의 자
손입니다." 하고 대답하자,
[43]예수님께서 그들에게 말씀하셨다. "그러면 다윗
이 성령의 도움으로 그를 주님이라고 부른 것은
어찌 된 일이냐?
[44]'주님께서 내 주님께 말씀하셨다.
'내 오른쪽에 앉아라,
내가 너의 원수들을 네 발아래 잡아 놓을 때까
지.'
[45]이렇게 다윗이 메시아를 주님이라고 부르는데,
메시아가 어떻게 다윗의 자손이 되느냐?"
[46]그들은 한마디도 대답하지 못하였다. 그리고 그
날부터 예수님께 감히 묻는 사람도 더 이상 없
었다.

마르 12,35-37

[35]예수님께서는 성전에서 가르치시며 말씀하셨다.
"어찌하여 율법 학자들은 메시아가 다윗의 자손
이라고 말하느냐?
[36]다윗 자신이 성령의 도움으로 말하였다.
'주님께서 내 주님께 말씀하셨다.
'내 오른쪽에 앉아라,
내가 너의 원수들을 네 발아래 잡아 놓을 때까
지.'
[37]이렇듯 다윗 스스로 메시아를 주님이라고 말하
는데, 어떻게 메시아가 다윗의 자손이 되느냐?"
많은 군중이 예수님의 말씀을 기쁘게 들었다.

22,42 // 솔로몬의 시편 17,21 보십시오, 주님! 그들에게 그들의 임금을 일으켜 주소서! 하느님 당신께서 선택하신 그 시간에, 당신 종 이스라엘을 다스릴 다윗의 후손을!

22,44 // 시편 110,1 주님께서 내 주군께 하신 말씀. "내 오른쪽에 앉아라, 내가 너의 원수들을 네 발판으로 삼을 때까지."

율법 학자들과 바리사이들을 꾸짖으시다

마태 23,1-36

[1]그때에 예수님께서 군중과 제자들에게 말씀하셨
다. [2]"율법 학자들과 바리사이들은 모세의 자리에
앉아 있다. [3]그러니 그들이 너희에게 말하는 것은
다 실행하고 지켜라. 그러나 그들의 행실은 따라
하지 마라. 그들은 말만 하고 실행하지는 않는다.
[4]또 그들은 무겁고 힘겨운 짐을 묶어 다른 사람들
어깨에 올려놓고, 자기들은 그것을 나르는 일에
손가락 하나 까딱하려고 하지 않는다. [5]그들이 하
는 일이란 모두 다른 사람들에게 보이기 위한 것

마르 12,38-40(율법 학자들을 조심하여라)

[38]예수님께서는 가르치시면서 이렇게 이르셨다.
"율법 학자들을 조심하여라. 그들은 긴 겉옷을 입
고 나다니며 장터에서 인사받기를 즐기고, [39]회당
에서는 높은 자리를, 잔치 때에는 윗자리를 즐긴
다. [40]그들은 과부들의 가산을 등쳐 먹으면서 남
에게 보이려고 기도는 길게 한다. 이러한 자들은
더 엄중히 단죄를 받을 것이다."

루카 20,41-44

41 예수님께서 또 그들에게 말씀하셨다. "어찌하여
사람들이 메시아가 다윗의 자손이라고 말하느냐?

42 다윗 자신이 시편에서 말한다.

'주님께서 내 주님께 말씀하셨다.
'내 오른쪽에 앉아라,
43 내가 너의 원수들을 네 발판으로 삼을 때까지.''

44 이렇게 다윗이 메시아를 주님이라고 부르는데,
어떻게 메시아가 다윗의 자손이 되느냐?"

요한

루카 20,45-47(율법 학자들을 조심하여라)

20,45 예수님께서는 모든 백성이 듣고 있는 가운데
제자들에게 이르셨다. 46 "율법 학자들을 경계하
여라. 그들은 긴 겉옷을 입고 나다니기를 즐기고,
장터에서 인사받기를 좋아하며, 회당에서는 높은
자리를, 잔치 때에는 윗자리를 좋아한다. 47 그들
은 과부들의 가산을 등쳐 먹으면서 남에게 보이려
고 기도는 길게 한다. 이러한 자들은 더욱 엄중히
단죄를 받을 것이다."

요한

이다. 그래서 성구갑을 넓게 만들고 옷자락 술을
길게 늘인다. [6]잔칫집에서는 윗자리를, 회당에서
는 높은 자리를 좋아하고, [7]장터에서 인사받기를, 사람들에게 스승이라고 불리기를 좋아한다.
[8]그러나 너희는 스승이라고 불리지 않도록 하여라. 너희의 스승님은 한 분뿐이시고 너희는 모
두 형제다. [9]또 이 세상 누구도 아버지라고 부르지 마라. 너희의 아버지는 오직 한 분, 하늘에
계신 그분뿐이시다. [10]그리고 너희는 선생이라고 불리지 않도록 하여라. 너희의 선생님은 그리
스도 한 분뿐이시다. [11]너희 가운데에서 가장 높은 사람은 너희를 섬기는 사람이 되어야 한다.
[12]누구든지 자신을 높이는 이는 낮아지고 자신을 낮추는 이는 높아질 것이다.

[13]불행하여라, 너희 위선자 율법 학자들과 바리사이들아! 너희가 사람들 앞에서 하늘 나라의
문을 잠가 버리기 때문이다. 그러고는 자기들도 들어가지 않을 뿐만 아니라, 들어가려는 이들마
저 들어가게 놓아두지 않는다. [14]

[15]불행하여라, 너희 위선자 율법 학자들과 바리사이들아! 너희가 개종자 한 사람을 얻으려고
바다와 뭍을 돌아다니다가 한 사람이 생기면, 너희보다 갑절이나 못된 지옥의 자식으로 만들
어 버리기 때문이다.

[16]불행하여라, 너희 눈먼 인도자들아! '성전을 두고 한 맹세는 아무것도 아니지만, 성전의 금을
두고 한 맹세는 지켜야 한다.'고 너희는 말한다. [17]어리석고 눈먼 자들아! 무엇이 더 중요하냐?
금이냐, 아니면 금을 거룩하게 하는 성전이냐? [18]너희는 또 '제단을 두고 한 맹세는 아무것도 아
니지만, 제단 위에 놓인 예물을 두고 한 맹세는 지켜야 한다.'고 말한다. [19]눈먼 자들아! 무엇이
더 중요하냐? 예물이냐, 아니면 예물을 거룩하게 하는 제단이냐? [20]사실 제단을 두고 맹세하는
이는 제단과 그 위에 있는 모든 것을 두고 맹세하는 것이고, [21]성전을 두고 맹세하는 이는 성전
과 그 안에 사시는 분을 두고 맹세하는 것이며, [22]하늘을 두고 맹세하는 이는 하느님의 옥좌와
그 위에 앉아 계신 분을 두고 맹세하는 것이다.

[23]불행하여라, 너희 위선자 율법 학자들과 바리사이들아! 너희가 박하와 시라와 소회향은 십일
조를 내면서, 의로움과 자비와 신의처럼 율법에서 더 중요한 것들은 무시하기 때문이다. 그러한
십일조도 무시해서는 안 되지만, 바로 이러한 것들을 실행해야만 했다. [24]눈먼 인도자들아! 너
희는 작은 벌레들은 걸러 내면서 낙타는 그냥 삼키는 자들이다.

[25]불행하여라, 너희 위선자 율법 학자들과 바리사이들아! 너희가 잔과 접시의 겉은 깨끗이 하지
만, 그 안은 탐욕과 방종으로 가득 차 있기 때문이다. [26]눈먼 바리사이야! 먼저 잔 속을 깨끗이
하여라. 그러면 겉도 깨끗해질 것이다.

[27]불행하여라, 너희 위선자 율법 학자들과 바리사이들아! 너희가 겉은 아름답게 보이지만 속은
죽은 이들의 뼈와 온갖 더러운 것으로 가득 차 있는 회칠한 무덤 같기 때문이다. [28]이처럼 너희

23,12 // 아리스테아스의 편지 263 그가 대답했습니다. "늘 공정함을 유지한다면, 그리고 항상 자신도 한갓 인간이면서 다른 사람들을 다스린다는 것을 기억한다면 (그리 될 것입니다). 하느님께서는 교만한 자들을 낮추시고 온유하고 겸손한 이들을 높이십니다."

23,13-36 // 1에녹 98,9 어리석은 여러분은 불행합니다! 여러분은 어리석음 때문에 멸망할 것입니다. ... [11] 마음으로 목이 뻣뻣한 여러분은 불행합니다. 여러분은 악행을 저지르며 피를 먹습니다. ... [13] 의인들에게 닥친 재앙을 보고 기뻐하는 여러분은 불행합니다. 여러분을 위해 파일 무덤이 없을 것입니다. [14] 의인들의 말을 폐기하려 하는 여러분은 불행합니다. 여러분에게는 구원의 희망이 없을 것입니다. [15] 거짓된 말과 오류의 말을 기록하는 여러분은 불행합니다. 저들은 (거짓을) 기록하고 있습니다. 그리고 자신들의 거짓말들로 많은 이를 오류로 이끌 것입니다. ... [99,1] 오류를 일으키는 여러분은 불행합니다. 여러분은 거짓된 행동으로 명성과 영예를 얻고 있습니다. 여러분은 길을 잃었습니다. 여러분에게는 유익한 구원이 없을 것입니다. [2] 진리의 말을 바꾸는 여러분은 불행합니다! 여러분은 영원한 계약을 왜곡시키고 있습니다. 그러고는 자신이 죄가 없다고 여깁니다. 땅이 그들을 삼킬 것입니다. ... [13] 자신의 노고가 아닌 (남의 노고로) 집을 짓는 자들은 불행합니다. 여러분이 돌과 벽돌로 온 집을 짓지만 그것이 결코 여러분의 기쁨이 되지 않을 것입니다. [14] 영원으로부터 자기 조상에게서 물려받은 상속재산과

루카 11,37-54(바리사이들과 율법 교사들을 꾸짖으시다)

11,39 그러자 주님께서 그에게 이르셨다. "정녕 너희
바리사이들은 잔과 접시의 겉은 깨끗이 하지만,
너희의 속은 탐욕과 사악으로 가득하다. 40 어리석
은 자들아, 겉을 만드신 분께서 속도 만들지 않으
셨느냐? 41 속에 담긴 것으로 자선을 베풀어라. 그
러면 모든 것이 깨끗해질 것이다.

42 불행하여라, 너희 바리사이들아! 너희가 박하와
운향과 모든 채소는 십일조를 내면서, 의로움과
하느님 사랑은 아랑곳하지 않기 때문이다. 그러
한 십일조도 소홀히 해서는 안 되지만, 바로 이
러한 것들을 실천해야 한다. 43 불행하여라, 너희
바리사이들아! 너희가 회당에서는 윗자리를 좋아
하고 장터에서는 인사받기를 좋아하기 때문이다.
44 너희는 불행하여라! 너희가 드러나지 않는 무덤
과 같기 때문이다. 사람들이 그 위를 밟고 다니면
서도 무덤인 줄을 알지 못한다."

45 율법 교사 가운데 어떤 사람이 예수님께, "스승
님, 그렇게 말씀하시면 저희까지 모욕하시는 것입
니다." 하고 말하였다.

46 그러자 예수님께서 이르셨다. "너희 율법 교사
들도 불행하여라! 너희가 힘겨운 짐을 사람들에
게 지워 놓고, 너희 자신들은 그 짐에 손가락 하
나 대려고 하지 않기 때문이다. 47 너희는 불행하여

23,8-10 // 사도들의 편지 41. 그분께서 대답하시며 말씀하셨습니다. "그 누구도 아버지도 되지 말고 스승도 되지 마라." 우리는 그분께 말하였습니다. "주님, 바로 당신께서 '너희 스승과 하늘에 계신 너희 아버지는 오직 한 분뿐이니 땅에서는 아무도 너희 아버지라 부르지 마라'고 말씀하셨습니다."

23,13 // 토마 복음 39,1 예수님께서 말씀하셨다. "바리사이들과 율법 학자들은 지식의 열쇠들을 받아 그것들을 숨겨 두었다. 그리고 자기들도 들어가지 않고 또 들어가고 싶어 하는 이들도 들어가게 두지 않았다. 2 그러나 너희는 뱀처럼 슬기롭고 비둘기처럼 순박하게 되어라."

23,13 // 토마 복음 102,1 예수님께서 말씀하셨다. "바리사이들은 불행하다! 그들은 소 여물통에 누워 있는 개와 비슷하다. 자기들이 먹지도 않을 거면서 소들이 먹게 비켜 주지도 않는다."

23,13 // 콥트어 베드로 묵시록 78. 그들은 내 말을 가지고 장사를 한다. ... 존재하는 빛을 작은 이들이 믿지 못하게 하려는 것이다. 이런 자들은 바깥 어둠 속, 빛의 자녀들 바깥으로 던져질 일꾼들이다. 그들은 자신들이 들어가지도 않고, 석방을 얻으러 들어가려는 이들을 (들어가게) 놔두지도 않을 것이다.

23,25-26 // 토마 복음 89 예수님께서 말씀하셨다. "너희는 왜 잔의 겉을 씻느냐? 너희는 속을 만드신 분께서 겉도 만드신 분이라는 것을 깨닫지 못하느냐?"

23,25-28 // 옥시린쿠스 840 2,2 그분께서 성전에서 거닐고 계실 때 이름이 [레위(?)인] 바리사이파 대사제가 다가와 그들 무리에 끼며 구원자께 말하였다. "누가 당신에게 이 정화의 장소에 발을 들여놓고 이 거룩한 기물들을 보아도 된다고 허락하였소? 당신은 목욕도 하지 않았고 당신 제자들은 발도 안 씻지 않았소? 그런데도 당신은 이 성전에 발을 들이고 더럽히고 있소. 성전은 깨끗한 곳이라 목욕을 하고 옷을 갈아입은 사람 말고는 아무도 드나들지 못하며, 그 누구도 감히 이 거룩한 기물들을 쳐다보지 못하오." 3 그러자 곧바로 [구원자께서] 제자들과 함께 멈[춰 서서] 그에게 대답하셨다. "그럼 성전 안에 있는 당신은 깨끗하오?" 4 그가 그분께 말하였다. "나는 깨끗하오. 사실 나는 다윗의 연못에서 목욕을 했

토대를 무시하는 자들은 불행합니다. 오류의 영이 여러분을 뒤쫓을 것입니다. 여러분에게는 안식이 없습니다. [15] 불법을 일삼고 불의에 일조하며 위대한 심판의 날까지 이웃을 죽이는 여러분은 불행합니다. [16] 그때 그분께서 여러분의 명예를 해치고 여러분을 향해 진노를 일으키실 것입니다. 그분께서는 칼로 여러분을 모두 멸망시키실 것입니다. 그리고 모든 의인이 여러분의 불의를 기억할 것입니다.

23,35 // 예언자들의 생애 23,1 즈카르야는 예루살렘 출신으로 사제 여호야다의 아들이다. 유다의 요아스 임금이 제단 근처에서 죽인 이가 바로 (즈카르야다). 다윗 가문은 그의 피를 성전 현관 한가운데 뿌렸다. 사제들은 그를 수습하여 그의 아버지와 함께 묻었다.

도 겉은 다른 사람들에게 의인으로 보이지만, 속
은 위선과 불법으로 가득하다.
[29] 불행하여라, 너희 위선자 율법 학자들과 바리
사이들아! 너희가 예언자들의 무덤을 만들고 의인들의 묘를 꾸미면서, [30] '우리가 조상들 시대
에 살았더라면 예언자들을 죽이는 일에 가담하지 않았을 것이다.' 하고 말하기 때문이다. [31] 그
렇게 하여 너희는 예언자들을 살해한 자들의 자손임을 스스로 증언한다. [32] 그러니 너희 조상
들이 시작한 짓을 마저 하여라. [33] 너희 뱀들아, 독사의 자식들아! 너희가 지옥형 판결을 어떻
게 피하려느냐?
[34] 그러므로 이제 내가 예언자들과 현인들과 율법 학자들을 너희에게 보낸다. 그러면 너희는 그
들을 더러는 죽이거나 십자가에 못 박고, 더러는 너희 회당에서 채찍질하고 또 이 고을 저 고
을 쫓아다니며 박해할 것이다. [35] 그리하여 의인 아벨의 피부터, 너희가 성소와 제단 사이에서
살해한 베레크야의 아들 즈카르야의 피에 이르기까지, 땅에 쏟아진 무죄한 피의 값이 모두 너
희에게 돌아갈 것이다. [36] 내가 진실로 너희에게 말한다. 이 모든 것이 이 세대에 닥칠 것이다."

| 마태 23,11-12 // 20,26-27
| 마태 23,12 // 18,4

예루살렘을 두고 한탄하시다

마태 23,37-39 **마르**

[37] "예루살렘아, 예루살렘아! 예언자들을 죽이고
자기에게 파견된 이들에게 돌을 던져 죽이기까지
하는 너! 암탉이 제 병아리들을 날개 밑으로 모으듯, 내가 몇 번이
나 너의 자녀들을 모으려고 하였던가? 그러나 너희는 마다하였다.
[38] 보라, 너희 집은 버려져 황폐해질 것이다. [39] 내가 너희에게 말한다.
너희가 '주님의 이름으로 오시는 분은 복되시어라.' 하고 말할 때까지,
정녕 나를 다시는 보지 못할 것이다."

23,38 // 예레 12,7 나는 내 집을 버리고 내 소유를 포기하였다. 내가 사랑하던 이를 그 원수들의 손아귀에 넘겼다.
23,38 // 예레 22,5 그러나 너희가 이 말을 듣지 않으면, 나 자신을 걸고 맹세하건대, — 주님의 말씀이다. — 이 왕궁은 황무지가 될 것이다.
23,39 // 시편 118,26 주님의 이름으로 오는 이는 복되어라. 우리는 주님의 집에서 너희에게 축복하네.
23,38-39 // 2바룩 32,1 그러나 너희들은, 만약 마음 안에 율법의 열매를 심을 수 있도록 너희 마음을 준비한다면 지극히 높으신 분께서 모든 피조물을 뒤흔드실 그때에 그것이 너희에게 방패막이 되어줄 것이다. [2] 잠시 뒤면 시온의 건물이 뒤흔들릴 것이다. 다시 지어지기 위해서다. [3] 그 건물은 남아 있지 않을 것이다. 그것은 얼마 뒤 뿌리째 뽑힐 것이다. 그리고 얼마간 황폐한 채로 남아 있을 것이다. [4] 그런 다음 그것은 영광스런 모습으로 다시 세워지고 완성될 것이다. 영원히!

라! 바로 너희 조상들이 죽인 예언자들의 무덤을
너희가 만들기 때문이다. [48] 이렇게 너희 조상들은
예언자들을 죽이고 너희는 그들의 무덤을 만들고
있으니, 조상들이 저지른 소행을 너희가 증언하고
또 동조하는 것이다.

[49] 그래서 하느님의 지혜도, '내가 예언자들과 사도
들을 그들에게 보낼 터인데, 그들은 이들 가운데에서 더러는 죽이고 더러는 박해할 것이다.'
하고 말씀하셨다. [50] 그러니 세상 창조 이래 쏟아진 모든 예언자의 피에 대한 책임을 이 세대가
져야 할 것이다. [51] 아벨의 피부터, 제단과 성소 사이에서 죽어 간 즈카르야의 피에 이르기까지
그렇게 해야 할 것이다. 그렇다, 내가 너희에게 말한다. 이 세대가 그 책임을 져야 할 것이다.
[52] 불행하여라, 너희 율법 교사들아! 너희가 지식의 열쇠를 치워 버리고서, 너희 자신들도 들
어가지 않고 또 들어가려는 이들도 막아 버렸기 때문이다."

소. 그리고 사다리를 타고 내려가
올라올 때는 다른 사다리를 이용
했소. 그리고 희고 깨끗한 옷으로
갈아입고 (여기) 와 이 거룩한 기
물들을 바라보았소." [5] 그러자 구
원자께서 그에게 대답하시며 말
씀하셨다. "앞 못 보는 눈먼 이들
은 불행하다. 당신은 샘솟는 물로
목욕을 했지만 (그 연못은) 밤낮으
로 개와 돼지들을 던져 넣은 곳이
오. [6] 당신은 겉 피부는 깨끗이 씻
어냈소. 겉 피부는 창녀들과 탕녀
들도 향유를 바르고 물에도 담그
고 씻어내며 남자들의 욕정을 돋
우려고 아름답게 꾸미기도 하오.
그러나 그녀들 속은 전갈과 온갖
악으로 가득 채워져 있소. [7] 반면
당신이 물로 씻[지] 않았다고 말하
는 나와 [내 제자들은] [...]에서 나
온 영원한 생명의 물에 몸을 [담
갔]소. [...] [8] [그]러나 [...]는 불행
하다. [...]"

루카 13,34-35 **요한**

[34] "예루살렘아, 예루살렘아! 예언자들을 죽이고
자기에게 파견된 이들에게 돌을 던져 죽이기까지
하는 너! 암탉이 제 병아리들을 날개 밑으로 모으듯, 내가 몇 번이
나 너의 자녀들을 모으려고 하였던가? 그러나 너희는 마다하였다.
[35] 보라, 너희 집은 버려질 것이다. 내가 너희에게 말한다. 너희가 '주
님의 이름으로 오시는 분은 복되시어라.' 하고 말할 날이 올 때까지,
정녕 나를 보지 못할 것이다."

성전의 파괴를 예고하시다

24,2 // 2바룩 8,1 그런 뒤 천사들은 그
천사가 시킨 대로 하였다. 그들이
성벽 모퉁이들을 무너뜨렸을 때
였다. 성벽이 무너진 뒤 성전 안쪽
에서 한 소리가 들려 왔다. 그 소
리는 말하였다. 2 "들어오너라. 원
수들아! 오너라. 적들아! 집을 지키
시던 분께서 그것을 버리셨으니!"
24,2 // 2바룩 32,2 잠시 뒤면 시온의
건물이 뒤흔들릴 것이다. 다시 지
어지기 위해서다. 3 그 건물은 남아 있지 않을 것이다. 그것은 얼마 뒤
뿌리째 뽑힐 것이다. 그리고 얼마간 황폐한 채로 남아 있을 것이다.

마태 24,1-2

1 예수님께서 성전에서 나와 걸어가시는데 제자들
이 다가와 성전 건물들을 가리켰다. 2 그러자 예수
님께서 그들에게 말씀하셨다. "너희는 저 모든 것
을 보고 있지 않느냐? 내가 진실로 너희에게 말한
다. 여기 돌 하나도 다른 돌 위에 남아 있지 않고
다 허물어지고 말 것이다."

마르 13,1-2

1 예수님께서 성전에서 나가실 때에 제자들 가운
데 한 사람이 말하였다. "스승님, 보십시오. 얼마
나 대단한 돌들이고 얼마나 장엄한 건물들입니
까?" 2 그러자 예수님께서 그에게 이르셨다. "너는
이 웅장한 건물들을 보고 있느냐? 여기 돌 하나
도 다른 돌 위에 남아 있지 않고 다 허물어지고
말 것이다."

재난의 시작

24,3 // 2바룩 25,2 자, 이것이 표징이
다. 3 혼란이 땅의 거주자들을 사
로잡고 그들이 큰 환난에 빠질 때,
그리고 많은 고통에 빠질 때다.
24,3-14 // 2바룩 27,1 그분께서 대답하
시며 내게 말씀하셨다. "그때는 열
두 부분으로 나뉠 것이다. 각 부분
이 각자에게 정해진 일을 위해 유
보되어 있다. 2 첫 부분에는 지진의
시작, 3 둘째 부분에는 고관들의
학살, 4 셋째 부분에는 많은 사람
의 죽음, 5 넷째 부분에는 칼의 파
견, 6 다섯째 부분에는 기근과 가
뭄, 7 여섯째 부분에는 지진과 공
포, 8 … 9 여덟째 부분에는 많은
유령들과 마귀들의 출몰, 10 아홉
째 부분에는 불의 낙하, 11 열째 부
분에는 폭력과 가혹한 억압, 12 열
한째 부분에는 불의와 방탕, 13 열
두째 부분에는 앞에 말한 모든 것
이 한데 섞인 무질서가 있다.
24,7 // 4에즈 13,31 그리고 한 사람이
다른 사람을 거슬러, 한 도성이 다
른 도성을 거슬러, 한 지역이 다른

마태 24,3-14

3 예수님께서 올리브산에 앉아 계실 때, 제자들이
따로 예수님께 다가와 여쭈었다. "저희에게 일러
주십시오. 그런 일이 언제 일어나겠습니까? 또 스
승님의 재림과 세상 종말의 표징은 어떤 것입니
까?"
4 예수님께서 그들에게 대답하셨다. "너희는 누구
에게도 속는 일이 없도록 조심하여라. 5 많은 사
람이 내 이름으로 와서, '내가 그리스도다.' 하면
서 많은 이를 속일 것이다. 6 그리고 너희는 여기저
기에서 전쟁이 났다는 소식과 전쟁이 일어난다는
소문을 듣더라도 불안해하지 않도록 주의하여라.
그러한 일이 반드시 벌어지겠지만 그것이 아직 끝
은 아니다. 7 민족과 민족이 맞서 일어나고 나라와
나라가 맞서 일어나며, 곳곳에 기근과 지진이 발
생할 것이다. 8 그러나 이 모든 것은 진통의 시작
일 따름이다.

마르 13,3-13

3 예수님께서 성전 맞은쪽 올리브산에 앉아 계실
때, 베드로와 야고보와 요한과 안드레아가 따로
예수님께 물었다. 4 "저희에게 일러 주십시오. 그런
일이 언제 일어나겠습니까? 또 그 모든 일이 이루
어지려고 할 때에 어떤 표징이 나타나겠습니까?"
5 예수님께서 그들에게 말씀하기 시작하셨다. "너
희는 누구에게도 속는 일이 없도록 조심하여라.
6 많은 사람이 내 이름으로 와서, '내가 그리스도
다.' 하면서 많은 이를 속일 것이다. 7 그리고 너희
는 여기저기에서 전쟁이 났다는 소식과 전쟁이 일
어난다는 소문을 듣더라도 불안해하지 마라. 그
러한 일이 반드시 벌어지겠지만 그것이 아직 끝
은 아니다. 8 민족과 민족이 맞서 일어나고 나라
와 나라가 맞서 일어나며, 곳곳에 지진이 발생하
고 기근이 들 것이다. 그러나 그것은 진통의 시작
일 따름이다.

루카 21,5-6

5 몇몇 사람이 성전을 두고, 그것이 아름다운 돌과
자원 예물로 꾸며졌다고 이야기하자, 예수님께서
이르셨다. 6 "너희가 보고 있는 저것들이, 돌 하나
도 다른 돌 위에 남아 있지 않고 다 허물어질 때
가 올 것이다."

요한

루카 21,7-19

7 그들이 예수님께 물었다. "스승님, 그러면 그런 일
이 언제 일어나겠습니까? 또 그 일이 벌어지려고
할 때에 어떤 표징이 나타나겠습니까?"

8 예수님께서 이르셨다. "너희는 속는 일이 없도록
조심하여라. 많은 사람이 내 이름으로 와서, '내가
그리스도다.', 또 '때가 가까웠다.' 하고 말할 것이
다. 그들 뒤를 따라가지 마라. 9 그리고 너희는 전
쟁과 반란이 일어났다는 소문을 듣더라도 무서워
하지 마라. 그러한 일이 반드시 먼저 벌어지겠지만
그것이 바로 끝은 아니다."
10 이어서 그들에게 말씀하셨다. "민족과 민족이
맞서 일어나고 나라와 나라가 맞서 일어나며, 11 큰
지진이 발생하고 곳곳에 기근과 전염병이 생길 것
이다. 그리고 하늘에서는 무서운 일들과 큰 표징들이 일어날 것이다.

요한

24,3 // 토마 113,1 제자들이 그분께 말하였다. "하늘 나라가 언제 오겠습니까?" 2 <예수님께서 말씀하셨다.> "그것은 기다린다고 오는 게 아니다. '보라, 여기에 있다', 또는 '저기에 있다' 하고 사람들이 말하지도 않을 것이다. 3 아버지의 나라는 땅 위에 이미 펼쳐져 있는데 사람들이 그것을 보지 못할 뿐이다."
24,4 // 마리아 복음 8. 복되신 분께서 이 말씀을 하신 다음 그들을 모두 안아 주시며 말씀하셨습니다. "평화가 너희와 함께 하기를! 내 평화를 받아라! 아무도 '보라, 이쪽이다. 보라, 저쪽이다' 하고 말하면서 너희를 오류로 이끌지 않도록 조심하여라. 사람의 아들은 너희 가운데 있기 때문이다. 그분의 뒤를 따라라! 그분을 찾는 사람은 그분을 발견할 것이다."

지역을 거슬러, 한 백성이 다른 백
성을 거슬러, 한 왕국이 다른 왕국
을 거슬러 전쟁을 계획할 것이다.
24,3-14 // 2바룩 48,30 내가 네게 말한
그때가 올 것이다. 31 그리고 고통
의 시간이 일어날 것이다. 그 시간
은 다가왔다가 격렬하게 지나갈
것이다. 진노의 열기 속에 온 그
시간은 격동의 시기가 될 것이다.
32 그때 이 땅의 모든 주민들은 저
마다 안심하며 지낼 것이다. 내 심
판이 가까웠다는 것을 모르기 때
문이다. 33 그때에는 지혜로운 이
들이 많이 보이지 않을 것이며 슬기로운 이들도 적을 것이다. 게다가 지식을 가진 사람들도 점점
더 침묵을 지킬 것이다. 34 많은 소문들과 적지 않은 소식들이 들려올 것이다. 그리고 유령들의 작
업들이 드러날 것이다. 또한 적지 않은 약속들이 주어질 것이다. 그것들 중 어떤 것은 헛되고 어
떤 것은 사실로 확인될 것이다. 35 그리고 명예가 수치가 되고 힘이 멸시로 강등될 것이다. 단단한
것이 무너지고 아름다움이 보잘것없이 될 것이다. 36 그때에는 많은 이들이 많은 이들에게 말할
것이다. '그 많던 슬기가 어디에 숨
었는가? 그 많던 지혜가 어디로 옮
겨갔는가?' 37 그들이 이 일들을 숙
고할 때, 자신들에 대해 생각하지
않던 그들 안에 질투가 일어날 것
이다. 그리고 평화롭게 지내던 이
들을 고통이 사로잡을 것이다. 많
은 이들이 분노로 요동치며 많은
이들을 다치게 할 것이다. 그리고
군대를 일으켜 피를 흘릴 것이다.

9 그때에 사람들이 너희를 환난 속에 몰아넣고 죽
일 것이다. 너희는 내 이름 때문에 모든 민족들에
게 미움을 받을 것이다. 10 그러면 많은 사람이 떨
어져 나가 서로 팔아넘기고 서로 미워하며, 11 거
짓 예언자들이 많이 나타나 많은 이를 속일 것이
다. 12 또 불법이 성하여 많은 이의 사랑이 식어 갈
것이다. 13 그러나 끝까지 견디어 내는 이는 구원
을 받을 것이다.

14 이 하늘 나라의 복음이 온 세상에 선포되어 모
든 민족들이 그것을 듣게 될 터인데, 그때에야 끝
이 올 것이다."

| 마태 24,5 // 24,23-26
| 마태 24,9 // 10,17-18; 10,22
| 마태 24,13 // 10,22

9 너희는 스스로 조심하여라. 사람들이 너희를 의
회에 넘기고, 회당에서는 너희가 매를 맞을 것이
다. 또 너희는 나 때문에 총독들과 임금들 앞에
서서 증언할 것이다. 10 먼저 복음이 모든 민족들
에게 선포되어야 한다. 11 사람들이 너희를 끌어다
가 법정에 넘길 때, 무슨 말을 할까 미리 걱정하
지 마라. 그저 그때에 너희에게 일러 주시는 대로
말하여라. 사실 말하는 이는 너희가 아니라 성령
이시다. 12 형제가 형제를 넘겨 죽게 하고 아버지
가 자식을 그렇게 하며, 자식들이 부모를 거슬러
일어나 죽게 할 것이다. 13 그리고 너희는 내 이름
때문에 모든 사람에게 미움을 받을 것이다. 그러
나 끝까지 견디어 내는 이는 구원을 받을 것이다."

가장 큰 재난

24,15 // 다니 9,27 성전 날개에는 황
폐를 부르는 혐오스러운 것이 세
워져 황폐하게 만드는 그자에게
이미 결정된 멸망이 쏟아질 때까
지 서 있으리라.
24,15 // 다니 11,31 그리고 그가 보낸
병력이 자리를 잡고서는, 성소와
성채를 더럽히고 일일 번제를 폐
지하며, 황폐를 부르는 혐오스러
운 것을 세울 것이다.
24,15 // 다니 12,10 "악인들은 아무도

마태 24,15-28

15 "그러므로 다니엘 예언자를 통하여 말씀하신 대
로, 황폐를 부르는 혐오스러운 것이 거룩한 곳에
서 있는 것을 보거든 — 읽는 이는 알아들으라. —
16 그때에 유다에 있는 이들은 산으로 달아나라.
17 옥상에 있는 이는 물건을 꺼내러 집 안으로 내
려가지 말고, 18 들에 있는 이는 겉옷을 가지러 가
려고 뒤로 돌아서지 마라. 19 불행하여라, 그 무렵
에 임신한 여자들과 젖먹이가 딸린 여자들! 20 너

마르 13,14-23

14 "있어서는 안 될 곳에 황폐를 부르는 혐오스러
운 것이 서 있는 것을 보거든 — 읽는 이는 알아
들으라. — 그때에 유다에 있는 이들은 산으로 달
아나라. 15 옥상에 있는 이는 내려가지도 말고 무엇
을 꺼내러 집 안으로 들어가지도 마라. 16 들에 있
는 이는 겉옷을 가지러 뒤로 돌아서지 마라. 17 불
행하여라, 그 무렵에 임신한 여자들과 젖먹이가
딸린 여자들! 18 그 일이 겨울에 일어나지 않도록

[12]그러나 이 모든 일에 앞서, 사람들이 너희에게
손을 대어 박해할 것이다. 너희를 회당과 감옥에
넘기고, 내 이름 때문에 너희를 임금들과 총독들
앞으로 끌고 갈 것이다. [13]이러한 일이 너희에게는
증언할 기회가 될 것이다. [14]그러나 너희는 명심하
여, 변론할 말을 미리부터 준비하지 마라. [15]어떠
한 적대자도 맞서거나 반박할 수 없는 언변과 지
혜를 내가 너희에게 주겠다. [16]부모와 형제와 친척
과 친구들까지도 너희를 넘겨 더러는 죽이기까지
할 것이다. [17]그리고 너희는 내 이름 때문에 모든
사람에게 미움을 받을 것이다. [18]그러나 너희는 머
리카락 하나도 잃지 않을 것이다. [19]너희는 인내로
써 생명을 얻어라."

루카 21,20-24(예루살렘의 멸망을 예고하시다)

[20]"예루살렘이 적군에게 포위된 것을 보거든, 그
곳이 황폐해질 때가 가까이 왔음을 알아라. [21]그
때에 유다에 있는 이들은 산으로 달아나고, 예루
살렘에 있는 이들은 거기에서 빠져나가라. 시골에
있는 이들은 예루살렘으로 들어가지 마라. [22]그
때가 바로 성경에 기록된 모든 말씀이 이루어지
는 징벌의 날이기 때문이다. [23]불행하여라, 그 무
렵에 임신한 여자들과 젖먹이가 딸린 여자들! 이

요한

24,19 // 토마 복음 79,1 어떤 여자가 군중 속에서 그분께 말하였다. "당신을 배었던 모태와 당신께 젖을 먹인 가슴은 행복합니다." 그분께서 그녀에게 말씀하셨다. "아버지의 말씀을 듣고 그것을 진실하게 지킨 이들이 행복하다. [2] 사실 너희들이 '아이를 배어본 적이 없는 모태와 젖을 먹인 일이 없는 가슴이 행복하다'고 말할 날이 올 것이다."

깨닫지 못하지만, 현명한 이들은
깨달을 것이다. [11] 일일 번제가 폐
지되고 황폐를 부르는 혐오스러
운 것이 세워질 때부터, 천이백구
십 일이 흐를 것이다."

24,15 // 2바룩 27,15 그때에 땅에 있
는 사람들이 그것이 마지막 때
라는 것을 깨닫지 못할 것이다.
[28,1] 그러나 깨닫는 모든 이는 지혜
롭게 처신할 것이다.

24,19 // 2바룩 10,13 그리고 너희 여자
들아, 아이 낳기를 염원하지 마라!
[14] 아이 갖지 못하는 여인들이 몹
시 기뻐하고, 아이가 없는 여인들
이 즐거워할 것이기 때문이다. 그
러나 아이가 있는 여인들은 괴로
워할 것이다.

24,19 // 1에녹 99,4 그때, 불의가 멸망
하는 날에 그들은 혼란에 빠질 것
입니다. [5] 그때에는 해산하는 여인
들이 갓난아이를 던져 내다 버릴
것입니다. 아이를 밴 여인들은 유
산을 할 것입니다. 젖을 먹이는 여
인들은 자기 아이를 내다 버리고
자기 아기나 젖먹이에게 돌아가지
않을 것입니다. 그들을 살려두지
도 않을 것입니다.

희가 달아나는 일이 겨울이나 안식일에 일어나지
않도록 기도하여라. [21] 그때에 큰 환난이 닥칠 터인
데, 그러한 환난은 세상 시초부터 지금까지 없었
고 앞으로도 결코 없을 것이다. [22] 그 날수를 줄여
주지 않으시면 어떠한 사람도 살아남지 못할 것
이다. 그러나 선택된 이들을 위하여 그 날수를 줄
여 주실 것이다.

[23] 그때에 누가 너희에게 '보라, 그리스도께서 여기
계시다!', 또는 '아니, 여기 계시다!' 하더라도 믿지
마라. [24] 거짓 그리스도들과 거짓 예언자들이 나타
나, 할 수만 있으면 선택된 이들까지 속이려고 큰
표징과 이적들을 일으킬 것이다. [25] 보라, 내가 너
희에게 미리 말해 둔다.

[26] 그러므로 사람들이 너희에게 '보라, 광야에 계
시다.' 하더라도 나가지 마라. '보라, 골방에 계시
다.' 하더라도 믿지 마라. [27] 동쪽에서 친 번개가 서
쪽까지 비추듯 사람의 아들의 재림도 그러할 것
이다. [28] 주검이 있는 곳에 독수리들이 모여든다."

| 마태 24,23-26 // 24,5

기도하여라. [19] 그 무렵에 환난이 닥칠 터인데, 그
러한 환난은 하느님께서 이룩하신 창조 이래 지
금까지 없었고 앞으로도 없을 것이다. [20] 주님께서
그 날수를 줄여 주지 않으셨으면, 어떠한 사람도
살아 남지 못할 것이다. 그러나 주님께서는 몸소
선택하신 이들을 위하여 그 날수를 줄여 주셨다.

[21] 그때에 누가 너희에게 '보아라, 그리스도께서 여
기 계시다!', 또는 '보아라, 저기 계시다!' 하더라도
믿지 마라. [22] 거짓 그리스도들과 거짓 예언자들이
나타나, 할 수만 있으면 선택된 이들까지 속이려
고 표징과 이적들을 일으킬 것이다. [23] 그러니 너
희는 조심하여라. 내가 이 모든 일을 너희에게 미
리 말해 둔다."

사람의 아들이 오시는 날

24,29 // 이사 13,10 하늘의 별들과 별
자리들은 제빛을 내지 못하고 해
는 떠올라도 어둡고 달도 제빛을
비추지 못하리라.

24,29 // 이사 34,4 하늘의 군대는 모
두 없어지고 하늘은 두루마리처
럼 말리며 그 군대는 모두 시들리
니 포도 잎이 시들 듯, 무화과나무
에서 열매가 시들 듯하리라.

마태 24,29-31

[29] "그 무렵 환난이 지난 뒤 곧바로
해는 어두워지고
달은 빛을 내지 않으며
별들은 하늘에서 떨어지고
하늘의 세력들은 흔들릴 것이다.

마르 13,24-27

[24] "그 무렵 환난에 뒤이어
해는 어두워지고
달은 빛을 내지 않으며
[25] 별들은 하늘에서 떨어지고
하늘의 세력들은 흔들릴 것이다.

땅에 큰 재난이, 이 백성에게 진노가 닥칠 것이기
때문이다. [24]사람들은 칼날에 쓰러지고 포로가 되
어 모든 민족들에게 끌려갈 것이다. 그리고 예루
살렘은 다른 민족들의 시대가 다 찰 때까지 그들
에게 짓밟힐 것이다."

루카 21,25-28

[25]"그리고 해와 달과 별들에는 표징들이 나타나
고, 땅에서는 바다와 거센 파도 소리에 자지러진
민족들이 공포에 휩싸일 것이다. [26]사람들은 세
상에 닥쳐오는 것들에 대한 두려운 예감으로 까
무러칠 것이다. 하늘의 세력들이 흔들릴 것이기
때문이다.

요한

24,29 // 4에즈 5,4 그러나 지극히 높으신 분께서 너에게 시력을 주신다면, 너는 그것이 셋째 시기 다음의 환난에 빠진 것을 보게 될 것이다. 갑자기 태양은 밤에, 달은 낮에 나타날 것이다. 5 나무가 피를 흘리고, 돌멩이가 소리를 낼 것이다. 민족들이 동요하고 공기의 흐름이 바뀔 것이다.

24,29-31 // 2바룩 29,3 그 부분들에서 일어나기로 된 일이 완결되고 나면 메시아가 모습을 드러내기 시작할 것이다.

24,29-31 // 4에즈 7,26 보라! 그 날들이 올 것이다. 내가 너에게 전에 예고한 표징이 오는 때, 도성처럼 보이는 신부가 모습을 드러낼 것이다. 그리고 특별한 그 도성이 나타날 것이다. 27 그리고 앞에서 언급한 악행들에서 해방된 모든 이가 나의 기적들을 목격할 것이다. 28 그 다음 내 아들 메시아가, 그와 함께 있는 이들과 같이 나타날 것이다. 그리고 남은 자들을 사백 년 동안 기쁘게 할 것이다.

24,30 // 다니 7,13 내가 이렇게 밤의 환시 속에서 앞을 보고 있는데 사람의 아들 같은 이가 하늘의 구름을 타고 나타나 연로하신 분께 가자 그분 앞으로 인도되었다. 14 그에게 통치권과 영광과 나라가 주어져 모든 민족들과 나라들, 언어가 다른 모든 사람들이 그를 섬기게 되었다. 그의 통치는 영원한 통치로서 사라지지 않고 그의 나라는 멸망하지 않는다.

24,30 // 4에즈 13,1 이레 뒤 밤에 나는 환시를 보았다. 2 보라! 바다에서 큰 바람이 일어나 온 물결을 뒤흔들어 놓았다. 3 나는 보았다. 보라! 그 바람이 바다 속에서 사람의 아들의 형상 같은 이를 끌어올렸다. 그리고 보라, 나는 그 사람의 아들이 하늘의 구름과 함께 날아오르는 것을 보았다. 그가 보려고 얼굴을 돌리는 곳마다 그의 시선에 들어온 모든 것이 두려움에 떨었다. 4 그리고 그의 입에서 나온 소리가 향하는 곳마다 그의 목소리를 듣는 모든 것들이 녹아내리고 있었다. 마치 불을 마신 밀랍이 녹아내리는 것과도 같았다.

24,31 // 4에즈 6,23 그리고 나팔이 큰 소리로 울릴 것이며, 그 소리를 들은 모든 이가 갑자기 두려움에 사로잡힐 것이다. 24 그리고 그때에는, 원수들에게 하듯이 친구들이 친구들을 거슬러 전쟁을 일으킬 것이다.

24,31 // 4에즈 13,12 그 다음 나는 그 사람이 산에서 내려와 또 다른 군중을 자기에게 소환하는 것을 보았다. 그들은 평화의 군중이었다. 13 많은 사람들의 형상들이 그에게로 모여들었다. … 39 그리고 너는 그가 다른 큰 평화의 회중을 소환하여 자기 곁에 모으는 것을 보았다.

24,31 // 솔로몬의 시편 17,31 땅 끝에서 이방인들이 그(=메시아)의 영광을 보러, 주님의 영광을 보러, 예루살렘의 지친 자녀들을 선물처럼 데리고 올 것입니다.

24,31 // 2바룩 72,2 먼젓번에 네게 말한 표징들이 나타난 뒤 민족들이 혼란에 빠지고 나의 메시아의 시대가 다가오면, 그는 모든 민족들을 불러들일 것이다. 그리고 그들 중 일부는 살려두고 일부는 죽일 것이다.

24,31 // 2바룩 78,7 여러분이 이것들을 실천한다면 그분께서 늘 여러분을 기억하실 것입니다. 그분께서는 결코 우리 후손들을 잊지도 버리지도 않으시겠다고, 오히려 큰 사랑으로 흩어진 모든 이들을 다시 모으시겠다고, 우리보다 뛰어난 이들에게 줄곧 우리를 위해 약속하신 분이십니다.

마태 24,30-35

30 그때 하늘에 사람의 아들의 표징이 나타날 것
이다. 그러면 세상 모든 민족들이 가슴을 치면서,
'사람의 아들이' 큰 권능과 영광을 떨치며 '하늘의
구름을 타고 오는 것을' 볼 것이다. 31 그리고 그는
큰 나팔 소리와 함께 자기 천사들을 보낼 터인데,
그들은 그가 선택한 이들을 하늘 이 끝에서 저 끝
까지 사방에서 모을 것이다."

| 마태 24,30 // 26,64

마르

26 그때에 '사람의 아들이' 큰 권능과 영광을 떨치
며 '구름을 타고 오는 것을' 사람들이 볼 것이다.
27 그때에 사람의 아들은 천사들을 보내어, 자기
가 선택한 이들을 땅끝에서 하늘 끝까지 사방에
서 모을 것이다."

무화과나무의 교훈

24,32-35 // 2바룩 20,1 그러니 보라! 날들이 다가오고 있다. 시간들은 전보다 더 서두를 것이다. 계절들은 지나간 계절들보다 더 빨리 달려갈 것이다. 해들은 지금의 해들보다 더 빠르게 지나갈 것이다. 2 지금 내가 시온을 제거한 것이 그래서다. 내가 더 서둘러서 제 시간에 세상을 방문하려는 것이다. … 6 … 사실 그 시간들이 오고 있다. 그 시간은 지체되지 않을 것이다.

마태 24,32-35

32 "너희는 무화과나무를 보고 그 비유를 깨달아
라. 어느덧 가지가 부드러워지고 잎이 돋으면 여
름이 가까이 온 줄 알게 된다. 33 이와 같이 너희
도 이 모든 일을 보거든, 사람의 아들이 문 가까
이 온 줄 알아라. 34 내가 진실로 너희에게 말한다.
이 세대가 지나기 전에 이 모든 일이 일어날 것이
다. 35 하늘과 땅은 사라질지라도 내 말은 결코 사
라지지 않는다."

마르 13,28-31

28 "너희는 무화과나무를 보고 그 비유를 깨달아
라. 어느덧 가지가 부드러워지고 잎이 돋으면 여름
이 가까이 온 줄 알게 된다. 29 이와 같이 너희도
이러한 일들이 일어나는 것을 보거든, 사람의 아
들이 문 가까이 온 줄 알아라. 30 내가 진실로 너희
에게 말한다. 이 세대가 지나기 전에 이 모든 일이
일어날 것이다. 31 하늘과 땅은 사라질지라도 내 말
은 결코 사라지지 않을 것이다."

[27] 그때에 '사람의 아들이' 권능과 큰 영광을 떨치
며 '구름을 타고 오는 것을' 사람들이 볼 것이다.
[28] 이러한 일들이 일어나기 시작하거든 허리를 펴
고 머리를 들어라. 너희의 속량이 가까웠기 때문
이다."

루카 21,29-33

[29] 예수님께서는 이어서 그들에게 비유 하나를 말
씀하셨다. "무화과나무와 다른 모든 나무를 보아
라. [30] 잎이 돋자마자, 너희는 그것을 보고 여름이 이미 가
까이 온 줄을 저절로 알게 된다. [31] 이와 같이 너희도 이
러한 일들이 일어나는 것을 보거든, 하느님의 나라가 가
까이 온 줄 알아라. [32] 내가 진실로 너희에게 말한다. 이
세대가 지나기 전에 모든 일이 일어날 것이다. [33] 하늘과
땅은 사라질지라도 내 말은 결코 사라지지 않을 것이다."

요한

24,35 // 토마 복음 11,1 예수님께서 말
씀하셨다. "이 하늘은 사라질 것
이다. 그리고 하늘에 있는 것도 사
라질 것이다. [2] 죽은 이는 살아 있지 않고, 산 이는 죽지 않을 것이
다. [3] 한때 너희는 죽은 것을 먹어 그것을 산 것으로 만들었다. 너희
가 빛 속에 있을 때는 무엇을 하겠느냐? [4] 너희가 하나였던 날 너
희는 둘이 되었다. 그러나 너희가 둘이 될 때는 무엇을 하겠느냐?"
24,35 // 토마 111,1 예수님께서 말씀하셨다. "하늘과 땅이 너희 앞에
서 한데 말려들어갈 것이다. [2] 그리고 살아 계신 분 덕분에 살아 있
는 이는 죽음을 보지 않을 것이다." [3] 예수님께서 "자기 자신을 발
견한 사람에게 세상은 합당하지 않다"고 말씀하시는 것은 아닐까?

깨어 있어라

마태 24,36-44

36 "그러나 그 날과 그 시간은 아무도 모른다. 하늘
의 천사들도 아들도 모르고 오로지 아버지만 아
신다. 37 노아 때처럼 사람의 아들의 재림도 그러할
것이다. 38 홍수 이전 시대에 사람들은 노아가 방
주에 들어가는 날까지 먹고 마시고 장가들고 시
집가고 하면서, 39 홍수가 닥쳐 모두 휩쓸어 갈 때
까지 아무것도 모르고 있었다.
사람의 아들의 재림도 그러할 것이다. 40 그때에 두
사람이 들에 있으면, 하나는 데려가고 하나는 버
려둘 것이다. 41 두 여자가 맷돌질을 하고 있으면,
하나는 데려가고 하나는 버려둘 것이다.
42 그러니 깨어 있어라. 너희의 주인이 어느 날에
올지 너희가 모르기 때문이다. 43 이것을 명심하여
라. 도둑이 밤 몇 시에 올지 집주인이 알면, 깨어
있으면서 도둑이 자기 집을 뚫고 들어오도록 내버
려 두지 않을 것이다. 44 그러니 너희도 준비하고
있어라. 너희가 생각하지도 않은 때에 사람의 아
들이 올 것이기 때문이다."

마르 13,32-37

32 "그러나 그 날과 그 시간은 아무도 모른다. 하
늘의 천사들도 아들도 모르고 아버지만 아신다.
33 너희는 조심하고 깨어 지켜라. 그때가 언제 올지
너희가 모르기 때문이다. 34 그것은 먼 길을 떠나
는 사람의 경우와 같다. 그는 집을 떠나면서 종들
에게 권한을 주어 각자에게 할 일을 맡기고, 문지
기에게는 깨어 있으라고 분부한다.

35 그러니 깨어 있어라. 집주인이 언제 돌아올지,
저녁일지, 한밤중일지, 닭이 울 때일지, 새벽일지
너희가 모르기 때문이다. 36 주인이 갑자기 돌아와
너희가 잠자는 것을 보는 일이 없게 하여라. 37 내
가 너희에게 하는 이 말은 모든 사람에게 하는 말
이다. 깨어 있어라."

충실한 종과 불충실한 종

마태 24,45-51

45 "주인이 종에게 자기 집안 식솔들을 맡겨 그들
에게 제때에 양식을 내주게 하였으면, 어떻게 하
는 종이 충실하고 슬기로운 종이겠느냐? 46 행복
하여라, 주인이 돌아와서 볼 때에 그렇게 일하고

마르

루카

사람의 아들의 날 17,22-37

17,26 사람의 아들의 날에도 노아 때와 같은 일이
일어날 것이다. 27 노아가 방주에 들어가는 날까지
사람들은 먹고 마시고 장가들고 시집가고 하였는데, 홍수가 닥쳐 그
들을 모두 멸망시켰다. 28 또한 롯 때와 같은 일이 일어날 것이다. 사
람들은 먹고 마시고 사고팔고 심고 짓고 하였는데, 29 롯이 소돔을 떠
난 그날에 하늘에서 불과 유황이 쏟아져 그들을 모두 멸망시켰다.
30 사람의 아들이 나타나는 날에도 그와 똑같을 것이다.
34 내가 너희에게 말한다. 그날 밤에 두 사람이 한 침상에 있으면, 하
나는 데려가고 하나는 버려둘 것이다. 35 두 여자가 함께 맷돌질을 하
고 있으면, 하나는 데려가고 하나는 버려둘 것이다."

요한

24,40-41 // 토마 복음 61,1 예수님께서
말씀하셨다. "두 사람이 침상 위에
서 쉴 것이다. 그런데 한 사람은 죽
고 한 사람은 살 것이다." 2 살로메가 말하였다. "당신은 누
구시길래 하나이신 분에게서 나오신 이처럼 제 자리에 오
르시고 제 식탁에서 드십니까?" 3 예수님께서 그녀에게 말
씀하셨다. "나는 나누임이 없으신 분에게서 나온 이다. 나
는 내 아버지의 것들을 받았다." [...] 4 "저는 당신의 제자
입니다." [...] 5 "이 때문에 나는 말한다. 누군가 고립되면
그 사람은 빛으로 가득할 것이다. 그러나 그가 갈라지면
어둠으로 가득할 것이다."

24,44 // 토마 복음 21,3 "이 때문에 나는 말한다. 집주인이 도둑이 올 것을 안다면 도둑이 올 때까지 깨어 있으면서 그가
재물을 훔치러 자신의 왕국인 집을 뚫고 들어오도록 내버려 두지 않을 것이다. 너희는 세상을 조심하여라. 너희는 강한 힘으로 허리에 띠를 두르고 도둑이 너희에게 다가올 길을 찾지 못하게 만들어라. 그러지 않으면 너희가 예상하
는 결핍이 현실이 될 것이다. 4 지식 있는 사람이 너희 가운
데 있기를! 그는 열매가 익자 재빨리 낫을 들고 와 수확하
였다. 5 들을 귀 있는 사람은 들어라."

24,44 // 토마 복음 103,1 예수님께서 말씀하셨다. "도둑이 어디로 들어올지 아는 사람은 행복하다. 그는 도둑이 들어오기 전에 일어나서 가솔을 모으고 허리를 동여맬 것이다."

루카 12,41-48

41 베드로가, "주님, 이 비유를 저희에게 말씀하시
는 것입니까? 아니면 다른 모든 사람에게도 말씀
하시는 것입니까?" 하고 물었다.
42 그러자 주님께서 이르셨다. "주인이 자기 집 종
들을 맡겨 제때에 정해진 양식을 내주게 할 충
실하고 슬기로운 집사는 어떻게 하는 사람이겠느
냐? 43 행복하여라, 주인이 돌아와서 볼 때에 그렇

요한

있는 종! 47 내가 진실로 너희에게 말한다. 주인은
자기의 모든 재산을 그에게 맡길 것이다. 48 그러
나 만일 그가 못된 종이어서 마음속으로 '주인이
늦어지는구나.' 하고 생각하며, 49 동료들을 때리기
시작하고 또 술꾼들과 어울려 먹고 마시면, 50 예
상하지 못한 날, 짐작하지 못한 시간에 그 종의 주
인이 와서, 51 그를 처단하여 위선자들과 같은 운
명을 겪게 할 것이다. 거기에서 그는 울며 이를
갈 것이다."

| 마태 24,51 // 8,12; 13,42; 13,50; 22,13; 25,30

24,51 // 3바룩 4,3 그리고 천사는 나에게 하데스를 보여주었다. 그의 모습은 음침하고 속되어 보였다. 4 나는 말하였다. "이 용은 무엇입니까? 그리고 그것을 감싸고 있는 거친 놈은 무엇입니까?" 5 천사가 나에게 말하였다. "용은 자기 생을 악하게 보낸 자들의 몸을 먹는 자다. 용은 그것들에서 양식을 얻는다. 6 그리고 후자는 하데스다. 그 자도 용과 매우 비슷하다. 그것이 바닷물을 한 페키스나 마셔도 바닷물이 조금도 줄어들지 않는다는 점이 그렇다."

열 처녀의 비유

마태 25,1-13 **마르**

1 "그때에 하늘 나라는 저마다 등을 들고 신랑을
맞으러 나간 열 처녀에 비길 수 있을 것이다. 2 그
가운데 다섯은 어리석고 다섯은 슬기로웠다. 3 어
리석은 처녀들은 등은 가지고 있었지만 기름은 가
지고 있지 않았다. 4 그러나 슬기로운 처녀들은 등
과 함께 기름도 그릇에 담아 가지고 있었다. 5 신랑
이 늦어지자 처녀들은 모두 졸다가 잠이 들었다.
6 그런데 한밤중에 외치는 소리가 났다. '신랑이 온다. 신랑을 맞으러 나가라.' 7 그러자 처녀들이
모두 일어나 저마다 등을 챙기는데, 8 어리석은 처녀들이 슬기로운 처녀들에게 '우리 등이 꺼져
가니 너희 기름을 나누어 다오.' 하고 청하였다. 9 그러나 슬기로운 처녀들은 '안 된다. 우리도 너
희도 모자랄 터이니 차라리 상인들에게 가서 사라.' 하고 대답하였다. 10 그들이 기름을 사러 간
사이에 신랑이 왔다. 준비하고 있던 처녀들은 신랑과 함께 혼인 잔치에 들어가고, 문은 닫혔다.
11 나중에 나머지 처녀들이 와서 '주인님, 주인님, 문을 열어 주십시오.' 하고 청하였지만, 12 그는
'내가 진실로 너희에게 말한다. 나는 너희를 알지 못한다.' 하고 대답하였다. 13 그러니 깨어 있어
라. 너희가 그 날과 그 시간을 모르기 때문이다."

25,4 // 3바룩 15,1 바로 그 시각, 미카엘이 내려왔고 문도 열렸다. 그는 기름을 가져왔다. 2 가득 찬 바구니를 들고 온 천사들에게는, 그것들을 기름으로 채우며 말하였다. "가져가라. 우리 친구들에게 그리고 열심히 선행한 이들에게 백 배의 상급을 내려라. 잘 심은 이들이 잘 거두기도 하기 때문이다."

게 일하고 있는 종! 44 내가 참으로 너희에게 말한
다. 주인은 자기의 모든 재산을 그에게 맡길 것이
다. 45 그러나 만일 그 종이 마음속으로 '주인이 늦
게 오는구나.' 하고 생각하며, 하인들과 하녀들을 때리고 또
먹고 마시며 술에 취하기 시작하면, 46 예상하지 못한 날, 짐작
하지 못한 시간에 그 종의 주인이 와서, 그를 처단하여 불충
실한 자들과 같은 운명을 겪게 할 것이다.
47 주인의 뜻을 알고도 아무런 준비를 하지 않았거나 주인의
뜻대로 하지 않은 그 종은 매를 많이 맞을 것이다.
48 그러나 주인의 뜻을 모르고서 매 맞을 짓을 한 종은 적게
맞을 것이다. 많이 주신 사람에게는 많이 요구하시고, 많이
맡기신 사람에게는 그만큼 더 청구하신다."

루카

요한

25,1-13 // 사도들의 편지 43. "그러면 너희는 깨어 잠들지 않고 주님을 맞아 같이 신방에 [들어간] 슬기로운 처녀들처럼 될 것이다. 그러나 [어리석은 처녀들은] 깨어 있지 못하고 잠이 [들]었다." 우리는 그분께 말하였습니다. "주님, 슬기로운 사람은 어떤 사람이고 어리석은 사람은 어떤 사람입니까?" 그분께서 우리에게 말씀하셨습니다. "슬기로운 처녀 다섯과 어리석은 처녀 다섯, 이 사람들을 예언자는 '하느님의 아들들'이라고 말한 것이다. 이제 그들의 이름을 들어보아라." 그러나 우리는 잠이 든 사람들 때문에 울며 슬퍼하였습니다. 그분께서 말씀하셨습니다. "사실 슬기로운 다섯 처녀란 믿음, 사랑, 은총, 평화, 희망이다. 믿는 이들 가운데서 이것들을 지닌 사람들이 나와 나를 보내신 분을 믿은 사람들을 인도할 것이다. 사실 내가 주님이며 내가 그들이 맞이한 신랑이다. 그리고 그들은 [신]랑의 집으로 들어가 나와 함께 나의 [신]방에서 자리를 잡고 [기뻐하였다]. 그러나 어리석은 다섯 처녀들은 잠이 들었다가 깨어나서 신방 문에 이르러 문을 두드렸지만 그 문은 닫혀 있었다. 그때 그 처녀들은 자기들에게 문을 열어주지 않자 슬퍼하며 울었다." 우리는 그분께 말하였습니다. "주님, 그런데 신랑의 집에 있던 슬기로운 자매들은 왜 그녀들에게 문을 열어 주지도 않고, 안에 머물면서 그들을 위해 슬퍼하지도 않았으며 신랑에게 문을 열어 주라고 청하지도 않았습니까?" 그분께서 대답하시며 말씀하셨다. "아직 그들이 그녀들을 위해 호의를 청할 정도는 아니었다." 우리가 그분께 말하였습니다. "주님, 언제쯤이면 그 어리석은 처녀들이 슬기로운 자매들 덕분에 들어갈 수 있겠습니까?" 그러자 그분께서 말씀하셨습니다. "[...] 그들에게는 문이 닫혔다." 우리는 그분께 말하였습니다. "주님, [저희가] 이 말은 [알아들었습니다]. 그렇다면 어리석은 처녀들은 누구입니까?" 그분께서 말씀하셨습니다. "그들의 이름을 들어 보아라. 지식, 슬기, 순종, 끈기와 자비다. 이것들이, 믿고 고백한 사람들 안에서 잠에 빠져버렸다."

25,10 // 토마 복음 75,1 예수님께서 말씀하셨다. "많은 사람들이 문가에 서 있다. 그러나 신방에 들어갈 사람들은 혼자인 이들이다."

탈렌트의 비유

마태 25,14-30

마르

[14] "하늘 나라는 어떤 사람이 여행을 떠나면서 종
들을 불러 재산을 맡기는 것과 같다. [15] 그는 각자의 능력에 따라 한 사람에게는 다섯 탈렌트,
다른 사람에게는 두 탈렌트, 또 다른 사람에게는 한 탈렌트를 주고 여행을 떠났다. [16] 다섯 탈
렌트를 받은 이는 곧 가서 그 돈을 활용하여 다섯 탈렌트를 더 벌었다. [17] 두 탈렌트를 받은 이
도 그렇게 하여 두 탈렌트를 더 벌었다. [18] 그러나 한 탈렌트를 받은 이는 물러가서 땅을 파고 주
인의 그 돈을 숨겼다.
[19] 오랜 뒤에 종들의 주인이 와서 그들과 셈을 하게 되었다. [20] 다섯 탈렌트를 받은 이가 나아가서
다섯 탈렌트를 더 바치며, '주인님, 저에게 다섯 탈렌트를 맡기셨는데, 보십시오, 다섯 탈렌트를
더 벌었습니다.' 하고 말하였다. [21] 그러자 주인이 그에게 일렀다. '잘하였다, 착하고 성실한 종아!
네가 작은 일에 성실하였으니 이제 내가 너에게 많은 일을 맡기겠다. 와서 네 주인과 함께 기쁨
을 나누어라.' [22] 두 탈렌트를 받은 이도 나아가서, '주인님, 저에게 두 탈렌트를 맡기셨는데, 보
십시오, 두 탈렌트를 더 벌었습니다.' 하고 말하였다. [23] 그러자 주인이 그에게 일렀다. '잘하였다,
착하고 성실한 종아! 네가 작은 일에 성실하였으니 이제 내가 너에게 많은 일을 맡기겠다. 와서
네 주인과 함께 기쁨을 나누어라.'
[24] 그런데 한 탈렌트를 받은 이는 나아가서 이렇게 말하였다. '주인님,
저는 주인님께서 모진 분이시어서, 심지 않은 데에서 거두시고 뿌리
지 않은 데에서 모으신다는 것을 알고 있었습니다. [25] 그래서 두려운
나머지 물러가서 주인님의 탈렌트를 땅에 숨겨 두었습니다. 보십시
오, 주인님의 것을 도로 받으십시오.' [26] 그러자 주인이 그에게 대답하
였다. '이 악하고 게으른 종아! 내가 심지 않은 데에서 거두고 뿌리지
않은 데에서 모으는 줄로 알고 있었다는 말이냐? [27] 그렇다면 내 돈을
대금업자들에게 맡겼어야지. 그리하였으면 내가 돌아왔을 때에 내
돈에 이자를 붙여 돌려받았을 것이다. [28] 저자에게서 그 한 탈렌트를
빼앗아 열 탈렌트를 가진 이에게 주어라.

25,23 // 3바룩 15,4 (미카엘 대천사는) 가득 찬 바구니와 거의 빈 바구니를 든 천사들 모두에게 말하였다. "가서 우리 친구들을 축복하여라. 그리고 그들에게, '주님께서 이렇게 말씀하신다. '너희는 작은 일에 성실하였다. 그분께서 너희에게 많은 일을 맡기실 것이다. 우리 주님의 기쁨 속으로 들어가라!" 하고 말하여라."

루카 19,11-27(미나의 비유)

요한

11 사람들이 이 말씀을 듣고 있을 때에 예수님께
서는 비유 하나를 덧붙여 말씀하셨다. 예수님께
서 예루살렘에 가까이 이르신 데다, 사람들이 하
느님의 나라가 당장 나타나는 줄로 생각하고 있었
기 때문이다.
12 그리하여 예수님께서 이르셨다. "어떤 귀족이 왕
권을 받아 오려고 먼 고장으로 떠나게 되었다. 13 그래서 그는 종 열 사람을 불러 열
미나를 나누어 주며, '내가 올 때까지 벌이를 하여라.' 하고 그들에게 일렀다. 14 그런
데 그 나라 백성은 그를 미워하고 있었으므로 사절을 뒤따라 보내어, '저희는 이 사
람이 저희 임금이 되는 것을 바라지 않습니다.' 하고 말하게 하였다.

15 그러나 그는 왕권을 받고 돌아와, 자기가 돈을 준 종들이 벌이를 얼마나 하였는지
알아볼 생각으로 그들을 불러오라고 분부하였다. 16 첫째 종이 들어와서, '주인님, 주
인님의 한 미나로 열 미나를 벌어들였습니다.' 하고 말하였다. 17 그러자 주인이 그에
게 일렀다. '잘하였다, 착한 종아! 네가 아주 작은 일에 성실하였으니 열 고을을 다
스리는 권한을 가져라.' 18 그다음에 둘째 종이 와서, '주인님, 주인님의 한 미나로 다
섯 미나를 만들었습니다.' 하고 말하였다. 19 주인은 그에게도 일렀다. '너도 다섯 고
을을 다스려라.'

20 그런데 다른 종은 와서 이렇게 말하였다. '주인님, 주인님의 한 미나가 여기에 있습
니다. 저는 이것을 수건에 싸서 보관해 두었습니다. 21 주인님께서 냉혹하신 분이어서
가져다 놓지 않은 것을 가져가시고 뿌리지 않은 것을 거두어 가시기에, 저는 주인님
이 두려웠습니다.' 22 그러자 주인이 그에게 말하였다. '이 악한 종아, 나는 네 입에서
나온 말로 너를 심판한다. 내가 냉혹한 사람이어서 가져다 놓지 않은 것을 가져가고
뿌리지 않은 것을 거두어 가는 줄로 알고 있었다는 말이냐? 23 그렇다면 어찌하여 내
돈을 은행에 넣지 않았더냐? 그리하였으면 내가 돌아왔을 때 내 돈에 이자를 붙여
되찾았을 것이다.' 24 그러고 나서 곁에 있는 이들에게 일렀다. '저자에게서 그 한 미
나를 빼앗아 열 미나를 가진 이에게 주어라.' 25 — 그러자 그들이 주인에게 말하였다.
'주인님, 저이는 열 미나나 가지고 있습니다.' —

25,14-30 // 나자렛파 복음. "그 주인에게는 종이 세 명 있었다. 한 명은 주인의 재산을 창녀들이나 탕녀들과 어울려 탕진하였고, 다른 한 명은 사업을 늘렸으며, 다른 한 명은 탈렌트를 숨겨 두었다. 그 뒤 한 명은 받아들여졌고 다른 한 명은 비난을 받았으며 나머지 한 명은 감옥에 갇혔다." (에우세비우스 『신현』 4.22)

29 누구든지 가진 자는 더 받아 넉넉해지고, 가진
것이 없는 자는 가진 것마저 빼앗길 것이다. 30 그
리고 저 쓸모없는 종은 바깥 어둠 속으로 내던져
버려라. 거기에서 그는 울며 이를 갈 것이다.'"

| 마태 25,29 // 13,12
| 마태 25,30 // 8,12; 13,42; 13,50; 22,13; 24,51

25,30 // 3바룩 4,3 그리고 천사는 나에게 하데스를 보여주었다. 그의 모습은 음침하고 속되어 보였다.

25,30 // 1에녹 10,4 그분께서 라파엘에게 이르셨습니다. "아자엘의 손과 발을 묶어 어둠 속에 던져라. 그리고 다두엘에 있는 광야를 열어 그자를 그곳에 던져 버려라. 5 그자에게 거칠고 뾰족한 바윗돌들을 얹고, 그자를 어둠으로 뒤덮어라. 그리고 그자로 하여금 영원히 그곳에서 살게 하여라. 그자의 얼굴을 가려서 빛을 보지 못하게 하라! 6 위대한 심판의 날에 그자는 타오르는 불길 속으로 인도될 것이다."

25,30 // 솔로몬의 시편 14,6 그러나 죄인들과 범법자들은 그렇지 않다네! 그들은 죄와 함께 보낸 세상의 날들을 사랑했다네! 7 그들 욕망은 무의미한 부패 속에 있고, 그들은 하느님을 기억하지 않았다네! 8 사람의 길은 언제나 그분 앞에 드러나 있고, 마음의 비밀은 생기기도 전에 그분께 알려진다네. 9 그러므로 그들의 유산은 저승과 어둠과 파멸이라네. 의인들을 위한 자비의 날에 그들을 찾아볼 수 없으리라!

25,30 // 솔로몬의 시편 15,10 죄인들의 유산은 파멸과 어둠! 그들의 불법은 저 아래 저승까지 그들을 뒤따라가리라!

최후의 심판

마태 25,31-46

31 "사람의 아들이 영광에 싸여 모든 천사와 함
께 오면, 자기의 영광스러운 옥좌에 앉을 것이다.
32 그리고 모든 민족들이 사람의 아들 앞으로 모일
터인데, 그는 목자가 양과 염소를 가르듯이 그들
을 가를 것이다. 33 그렇게 하여 양들은 자기 오른
쪽에, 염소들은 왼쪽에 세울 것이다. 34 그때에 임
금이 자기 오른쪽에 있는 이들에게 이렇게 말할
것이다. '내 아버지께 복을 받은 이들아, 와서, 세
상 창조 때부터 너희를 위하여 준비된 나라를 차
지하여라. 35 너희는 내가 굶주렸을 때에 먹을 것
을 주었고, 내가 목말랐을 때에 마실 것을 주었
으며, 내가 나그네였을 때에 따뜻이 맞아들였다.
36 또 내가 헐벗었을 때에 입을 것을 주었고, 내가
병들었을 때에 돌보아 주었으며, 내가 감옥에 있
을 때에 찾아 주었다.' 37 그러면 그 의인들이 이렇

마르

25,31-46 // 1에녹 1,9 그분께서는 당신께 속한 수만 명의 사람들과 함께, 또한 당신의 거룩한 이들과 함께 모든 이를 심판하러 오십니다. 불경한 이를 모두 멸하시고, 각자 불경하게 저지른 모든 불경스러운 행실에 따라, 그들이 내뱉은 거친 말에 따라, 또한 불경한 죄인들이 그분을 거슬러 지껄인 모든 말에 따라 각자에게 판결을 내리실 것입니다.

25,34 // 4에즈 8,52 사실 너희를 위해 낙원이 열리고 생명의 나무가 심겼으며 미래 세상이 준비되었다.

26 '내가 너희에게 말한다. 누구든지 가진 자는 더
받고, 가진 것이 없는 자는 가진 것마저 빼앗길 것
이다. 27 그리고 내가 저희들의 임금이 되는 것을
바라지 않은 그 원수들을 이리 끌어다가, 내 앞에
서 처형하여라.'"

25,29 // 토마 복음 41 예수님께서 말씀하셨다. "자기 손에 가진 것이 있는 이는 (더) 받고 가진 것이 없는 이는 자기가 가진 작은 것마저 빼앗길 것이다."

루카

요한

게 말할 것이다. '주님, 저희가 언제 주님께서 굶주
리신 것을 보고 먹을 것을 드렸고, 목마르신 것을
보고 마실 것을 드렸습니까? 38 언제 주님께서 나
그네 되신 것을 보고 따뜻이 맞아들였고, 헐벗으
신 것을 보고 입을 것을 드렸습니까? 39 언제 주님
께서 병드시거나 감옥에 계신 것을 보고 찾아가
뵈었습니까?' 40 그러면 임금이 대답할 것이다. '내
가 진실로 너희에게 말한다. 너희가 내 형제들인
이 가장 작은 이들 가운데 한 사람에게 해 준 것
이 바로 나에게 해 준 것이다.'
41 그때에 임금은 왼쪽에 있는 자들에게도 이렇게
말할 것이다. '저주받은 자들아, 나에게서 떠나 악
마와 그 부하들을 위하여 준비된 영원한 불 속으
로 들어가라. 42 너희는 내가 굶주렸을 때에 먹을
것을 주지 않았고, 내가 목말랐을 때에 마실 것
을 주지 않았으며, 43 내가 나그네였을 때에 따뜻
이 맞아들이지 않았다. 또 내가 헐벗었을 때에 입
을 것을 주지 않았고, 내가 병들었을 때와 감옥에
있을 때에 돌보아 주지 않았다.' 44 그러면 그들도
이렇게 말할 것이다. '주님, 저희가 언제 주님께서
굶주리시거나 목마르시거나 나그네 되신 것을 보
고, 또 헐벗으시거나 병드시거나 감옥에 계신 것
을 보고 시중들지 않았다는 말씀입니까?' 45 그때
에 임금이 대답할 것이다. '내가 진실로 너희에게
말한다. 너희가 이 가장 작은 이들 가운데 한 사
람에게 해 주지 않은 것이 바로 나에게 해 주지 않
은 것이다.' 46 이렇게 하여 그들은 영원한 벌을 받
는 곳으로 가고 의인들은 영원한 생명을 누리는
곳으로 갈 것이다."

25,41 // 4에즈 8,59 그러므로 앞에서 말한 것들이 너희(의인)를 기다리고 있는 것처럼, 미리 준비된 갈증과 슬픔이 그들(악인)을 기다리고 있다.

25,41 // 1에녹 10,11 그분께서 미카엘에게 이르셨습니다. "세미아자스와 그와 함께 있는 다른 자들, 곧 여자들과 몸을 섞은 자들에게 가서 알려라! 그들은 그 여자들과 함께 더러움으로 자신을 더럽혔다. 12 그들의 아들들이 자기네끼리 죽일 때, 그들이 자기가 사랑하는 자들의 파멸을 보게 될 때, 그들을 묶어서 일흔 세대 동안 땅 골짜기에 가두어 두어라. 그들의 심판 및 종결의 날까지, 영원한 심판이 끝날 때까지. 13 그때 그들은 불의 혼란과 고통과 영원한 감금의 감옥으로 인도될 것이다. 14 그리고 지금부터 불에 타서 파괴되는 자는, 세대가 끝날 때까지 그들과 한데 묶여 있을 것이다. 15 비천한 자들의 모든 영들과 감시자들의 아들들을 파괴하여라. 그들이 사람들에게 불의를 저질렀기 때문이다."

25,46 // 4에즈 9,7 그리고 그들 가운데 구원될 모든 이, 자신들의 행업과 자신들이 믿은 믿음 덕분에 (벌을) 피할 수 있는 모든 이는 살 것이다. 8 그는 앞에서 말한 위험에서 (살아)남을 것이다. 그리고 영원으로부터 나를 위해 거룩하게 만든 내 땅과 내 경계에서 나의 구원을 볼 것이다. 9 그러나 내 길들을 소홀히 여긴 자들은 경악할 것이며, 그것들을 무시하고 내던져버린 자들은 괴로움 속에 머물 것이다.

예수님을 죽일 음모를 꾸미다

마태 26,1-5

1 예수님께서 이 말씀들을 모두 마치시고 제자들
에게 이르셨다. 2 "너희도 알다시피 이틀이 지나
면 파스카인데, 그러면 사람의 아들은 사람들에
게 넘겨져 십자가에 못 박힐 것이다."
3 그때에 수석 사제들과 백성의 원로들이 카야파
라는 대사제의 저택에 모여, 4 속임수를 써서 예수
님을 붙잡아 죽이려고 공모하였다. 5 그러면서도
"백성 가운데에서 소동이 일어날지 모르니 축제
기간에는 안 된다." 하고 말하였다.

마르 14,1-2

1 파스카와 무교절 이틀 전이었다. 수석 사제들과
율법 학자들은 어떻게 하면 속임수를 써서 예수
님을 붙잡아 죽일까 궁리하고 있었다. 2 그러면서
"백성이 소동을 일으킬지 모르니 축제 기간에는
안 된다." 하고 말하였다.

어떤 여자가 예수님의 머리에 향유를 붓다

마태 26,6-13

6 예수님께서 베타니아에 있는 나병 환자 시몬의
집에 계실 때의 일이다. 7 어떤 여자가 매우 값진
향유가 든 옥합을 가지고 다가와, 식탁에 앉아 계
시는 그분 머리에 향유를 부었다.

마르 14,3-9

3 예수님께서 베타니아에 있는 나병 환자 시몬의
집에 계실 때의 일이다. 마침 식탁에 앉아 계시는
데, 어떤 여자가 값비싼 순 나르드 향유가 든 옥
합을 가지고 와서, 그 옥합을 깨뜨려 그분 머리에
향유를 부었다.

8 제자들이 그것을 보고 불쾌해하며 말하였다. "왜

4 몇 사람이 불쾌해하며 저희끼리 말하였다. "왜

루카 22,1-2

1 파스카라고 하는 무교절이 다가왔다. 2 수석 사제
들과 율법 학자들은 백성이 두려워, 예수님을 어
떻게 제거해야 할지 그 방법을 찾고 있었다.

요한 11,45-57(최고 의회가 예수님을 죽이기로 결의하다)

45 마리아에게 갔다가 예수님께서 하신 일을 본 유
다인들 가운데에서 많은 사람이 예수님을 믿게 되
었다. 46 그러나 그들 가운데 몇 사람은 바리사이
들에게 가서, 예수님께서 하신 일을 알렸다.
47 그리하여 수석 사제들과 바리사이들이 의회를
소집하고 이렇게 말하였다. "저 사람이 저렇게 많
은 표징을 일으키고 있으니, 우리가 어떻게 하면
좋겠소? 48 저자를 그대로 내버려 두면 모두 그를
믿을 것이고, 또 로마인들이 와서 우리의 이 거룩한 곳과 우리 민족을 짓밟고 말 것이오." 49 그들 가운
데 한 사람으로서 그해의 대사제인 카야파가 말하였다. "여러분은 아무것도 모르는군요. 50 온 민족이
멸망하는 것보다 한 사람이 백성을 위하여 죽는 것이 여러분에게 더 낫다는 사실을 여러분은 헤아리지
못하고 있소." 51 이 말은 카야파가 자기 생각으로 한 것이 아니라, 그해의 대사제로서 예언한 셈이다. 곧
예수님께서 민족을 위하여 돌아가시리라는 것과, 52 이 민족만이 아니라 흩어져 있는 하느님의 자녀들을
하나로 모으시려고 돌아가시리라는 것이다. 53 이렇게 하여 그날 그들은 예수님을 죽이기로 결의하였다.

루카 7,36-50(죄 많은 여자를 용서하시다)

36 바리사이 가운데 어떤 이가 자기와 함께 음식을
먹자고 예수님을 초청하였다. 그리하여 예수님께
서는 그 바리사이의 집에 들어가시어 식탁에 앉으
셨다. 37 그 고을에 죄인인 여자가 하나 있었는데,
예수님께서 바리사이의 집에서 음식을 잡수시고
계시다는 것을 알고 왔다. 그 여자는 향유가 든
옥합을 들고서 38 예수님 뒤쪽 발치에 서서 울며,
눈물로 그분의 발을 적시기 시작하더니 자기의 머
리카락으로 닦고 나서, 그 발에 입을 맞추고 향유
를 부어 발랐다.
39 예수님을 초대한 바리사이가 그것을 보고, '저

요한 12,1-8(마리아가 예수님의 발에 향유를 붓다)

1 예수님께서는 파스카 축제 엿새 전에 베타니아
로 가셨다. 그곳에는 예수님께서 죽은 이들 가운
데에서 다시 일으키신 라자로가 살고 있었다. 2 거
기에서 예수님을 위한 잔치가 베풀어졌는데, 마르
타는 시중을 들고 라자로는 예수님과 더불어 식
탁에 앉은 이들 가운데 끼여 있었다. 3 그런데 마
리아가 비싼 순 나르드 향유 한 리트라를 가져와
서, 예수님의 발에 붓고 자기 머리카락으로 그 발
을 닦아 드렸다. 그러자 온 집 안에 향유 냄새가
가득하였다.
4 제자들 가운데 하나로서 나중에 예수님을 팔아

저렇게 허투루 쓰는가? 9 저것을 비싸게 팔아 가난
한 이들에게 나누어 줄 수도 있을 터인데."

저렇게 향유를 허투루 쓰는가? 5 저 향유를 삼백
데나리온 이상에 팔아, 그 돈을 가난한 이들에게
나누어 줄 수도 있을 터인데." 그러면서 그 여자
를 나무랐다.

10 예수님께서 그것을 아시고 그들에게 이르셨다.
"왜 이 여자를 괴롭히느냐? 이 여자는 나에게 좋
은 일을 하였다. 11 사실 가난한 이들은 늘 너희
곁에 있지만, 나는 늘 너희 곁에 있지는 않을 것
이다. 12 이 여자가 내 몸에 이 향유를 부은 것은
내 장례를 준비하려고 한 것이다.

6 예수님께서 이르셨다. "이 여자를 가만두어라. 왜
괴롭히느냐? 이 여자는 나에게 좋은 일을 하였다.
7 사실 가난한 이들은 늘 너희 곁에 있으니, 너희가
원하기만 하면 언제든지 그들에게 잘해 줄 수 있
다. 그러나 나는 늘 너희 곁에 있지는 않을 것이다.
8 이 여자는 자기가 할 수 있는 일을 하였다. 내 장
례를 위하여 미리 내 몸에 향유를 바른 것이다.

13 내가 진실로 너희에게 말한다. 온 세상 어디든지
이 복음이 선포되는 곳마다, 이 여자가 한 일도 전
해져서 이 여자를 기억하게 될 것이다."

9 내가 진실로 너희에게 말한다. 온 세상 어디든지
복음이 선포되는 곳마다, 이 여자가 한 일도 전해
져서 이 여자를 기억하게 될 것이다."

유다가 예수님을 배신하다

마태 26,14-16

14 그때에 열두 제자 가운데 하나로 유다 이스카리
옷이라는 자가 수석 사제들에게 가서, 15 "내가 그

마르 14,10-11

10 열두 제자 가운데 하나인 유다 이스카리옷이 예
수님을 수석 사제들에게 팔아넘기려고 그들을 찾

사람이 예언자라면, 자기에게 손을 대는 여자가
누구이며 어떤 사람인지, 곧 죄인인 줄 알 터인데.'
하고 속으로 말하였다.

넘길 유다 이스카리옷이 말하였다. [5]"어찌하여 저
향유를 삼백 데나리온에 팔아 가난한 이들에게
나누어 주지 않는가?" [6]그가 이렇게 말한 것은, 가
난한 이들에게 관심이 있어서가 아니라 도둑이었
기 때문이다. 그는 돈주머니를 맡고 있으면서 거
기에 든 돈을 가로채곤 하였다.

[40]그때에 예수님께서 말씀하셨다. "시몬아, 너에게
할 말이 있다." 시몬이 "스승님, 말씀하십시오." 하
였다. [41]"어떤 채권자에게 채무자가 둘 있었다. 한
사람은 오백 데나리온을 빚지고 다른 사람은 오
십 데나리온을 빚졌다. [42]둘 다 갚을 길이 없으므
로 채권자는 그들에게 빚을 탕감해 주었다. 그러

[7]예수님께서 이르셨다. "이 여자를 그냥 놔두어라.
그리하여 내 장례 날을 위하여 이 기름을 간직하
게 하여라. [8]사실 가난한 이들은 늘 너희 곁에 있
지만, 나는 늘 너희 곁에 있지는 않을 것이다."

면 그들 가운데 누가 그 채권자를 더 사랑하겠느냐?" [43]시몬이 "더 많이 탕감받은 사람이라고 생각합
니다." 하고 대답하자, 예수님께서 "옳게 판단하였다." 하고 말씀하셨다. [44]그리고 그 여자를 돌아보시며
시몬에게 이르셨다. "이 여자를 보아라. 내가 네 집에 들어왔을 때 너는 나에게 발 씻을 물도 주지 않았
다. 그러나 이 여자는 눈물로 내 발을 적시고 자기의 머리카락으로 닦아 주었다. [45]너는 나에게 입을 맞
추지 않았지만, 이 여자는 내가 들어왔을 때부터 줄곧 내 발에 입을 맞추었다. [46]너는 내 머리에 기름을
부어 발라 주지 않았다. 그러나 이 여자는 내 발에 향유를 부어 발라 주었다. [47]그러므로 내가 너에게
말한다. 이 여자는 그 많은 죄를 용서받았다. 그래서 큰 사랑을 드러낸 것이다. 그러나 적게 용서받은
사람은 적게 사랑한다." [48]그러고 나서 예수님께서는 그 여자에게 말씀하셨다. "너는 죄를 용서받았다."
[49]그러자 식탁에 함께 앉아 있던 이들이 속으로, '저 사람이 누구이기에 죄까지 용서해 주는가?' 하고
말하였다. [50]그러나 예수님께서는 그 여자에게 이르셨다. "네 믿음이 너를 구원하였다. 평안히 가거라."

루카 22,3-6

[3]그런데 사탄이 열두 제자 가운데 하나로 이스
카리옷이라고 하는 유다에게 들어갔다. [4]그리하

요한

26,15 // 즈카 11,12 내가 그들에게 말하였다. "당신들이 좋다고 생각하면 품삯을 주고, 그러지 않으면 그만두시오." 그러자 그들은 내 품삯으로 은 서른 세켈을 주었다.

분을 여러분에게 넘겨주면 나에게 무엇을 주실 작
정입니까?" 하고 물었다. 그들은 은돈 서른 닢을
내주었다. [16]그때부터 유다는 예수님을 넘길 적당
한 기회를 노렸다.

아갔다. [11]그들은 그의 말을 듣고 기뻐하며 그에게
돈을 주기로 약속하였다. 그래서 유다는 예수님을
넘길 적당한 기회를 노렸다.

최후의 만찬을 준비하다

마태 26,17-19

[17]무교절 첫날에 제자들이 예수님께 다가와, "스승
님께서 잡수실 파스카 음식을 어디에 차리면 좋
겠습니까?" 하고 물었다.

[18]그러자 예수님께서 이르셨다. "도성 안으로 아무
개를 찾아가, '선생님께서 '나의 때가 가까웠으니
내가 너의 집에서 제자들과 함께 파스카 축제를
지내겠다.' 하십니다.' 하여라."

[19]제자들은 예수님께서 분부하신 대로 파스카 음
식을 차렸다.

마르 14,12-16

[12]무교절 첫날 곧 파스카 양을 잡는 날에 제자
들이 예수님께, "스승님께서 잡수실 파스카 음식
을 어디에 가서 차리면 좋겠습니까?" 하고 물었다.

[13]그러자 예수님께서 제자 두 사람을 보내며 이르
셨다. "도성 안으로 가거라. 그러면 물동이를 메고
가는 남자를 만날 터이니 그를 따라가거라. [14]그
리고 그가 들어가는 집의 주인에게, '스승님께서
'내가 제자들과 함께 파스카 음식을 먹을 내 방이
어디 있느냐?' 하고 물으십니다.' 하여라. [15]그러면
그 사람이 이미 자리를 깔아 준비된 큰 이 층 방
을 보여 줄 것이다. 거기에다 차려라."

[16]제자들이 떠나 도성 안으로 가서 보니, 예수님께
서 일러 주신 그대로였다. 그리하여 그들은 파스
카 음식을 차렸다.

제자가 배신할 것을 예고하시다

마태 26,20-25

[20]저녁때가 되자 예수님께서 열두 제자와 함께 식
탁에 앉으셨다.

마르 14,17-21

[17]저녁때가 되자 예수님께서 제자들과 함께 그곳
으로 가셨다.

여 그는 수석 사제들과 성전 경비대장들을 찾아
가 그들에게 예수님을 넘길 방도를 함께 의논하
였다. [5]그들은 기뻐하며 그에게 돈을 주기로 합
의를 보았다. [6]유다는 그것에 동의하고, 군중이
없을 때에 예수님을 그들에게 넘길 적당한 기회
를 노렸다.

26,16 // 유다 복음 58. 그들은 유다에게 다가가서 그에게 말하였다. "네가 이곳에서 무얼 하고 있느냐? 너는 예수의 제자가 아니냐?" 그는 그들이 원하는 대로 그들에게 대답해 주었다. 유다는 돈을 얼마 받고 그들에게 그분을 넘겨주었다.

루카 22,7-13

요한

[7]파스카 양을 잡아야 하는 무교절 날이 왔다.
[8]그러자 예수님께서 베드로와 요한을 보내시며 이르셨다. "가서 우리가 먹
을 파스카 음식을 차려라." [9]그들이 "어디에 차리면 좋겠습니까?" 하고 묻자,

[10]예수님께서 그들에게 이르셨다. "너희가 도성 안
으로 들어가면 물동이를 메고 가는 남자를 만날
터이니, 그가 들어가는 집으로 따라 들어가거라.
[11]그리고 그 집주인에게 '스승님께서 '내가 제자들
과 함께 파스카 음식을 먹을 방이 어디 있느냐?'
하고 물으십니다.' 하여라. [12]그러면 그 사람이 이
미 자리를 깔아 놓은 큰 이 층 방을 보여 줄 것이
다. 거기에다 차려라."
[13]제자들이 가서 보니 예수님께서 일러 주신 그대
로였다. 그리하여 그들은 파스카 음식을 차렸다.

루카 22,21-23

요한 13,21-30(유다가 배신할 것을 예고하시다)

[21] 그들이 음식을 먹고 있을 때에 예수님께서 말씀
하셨다. "내가 진실로 너희에게 말한다. 너희 가운
데 한 사람이 나를 팔아넘길 것이다." [22] 그러자 그
들은 몹시 근심하며 저마다 "주님, 저는 아니겠지
요?" 하고 묻기 시작하였다.

[18] 그들이 식탁에 앉아 음식을 먹고 있을 때에 예
수님께서 말씀하셨다. "내가 진실로 너희에게 말
한다. 너희 가운데 한 사람, 나와 함께 음식을 먹
고 있는 자가 나를 팔아넘길 것이다." [19] 그러자 그
들은 근심하며 차례로 "저는 아니겠지요?" 하고
묻기 시작하였다.

[23] 예수님께서 그들에게 대답하셨다. "나와 함께
대접에 손을 넣어 빵을 적시는 자, 그자가 나를
팔아넘길 것이다. [24] 사람의 아들은 자기에 관하
여 성경에 기록된 대로 떠나간다. 그러나 불행하
여라, 사람의 아들을 팔아넘기는 그 사람! 그 사
람은 차라리 태어나지 않았더라면 자신에게 더 좋
았을 것이다."
[25] 예수님을 팔아넘길 유다가 "스승님, 저는 아니겠
지요?" 하고 묻자, 예수님께서 그에게 "네가 그렇
게 말하였다." 하고 대답하셨다.

[20] 예수님께서 그들에게 이르셨다. "그는 열둘 가
운데 하나로서 나와 함께 같은 대접에 빵을 적
시는 사람이다. [21] 사람의 아들은 자기에 관하여
성경에 기록된 대로 떠나간다. 그러나 불행하여
라, 사람의 아들을 팔아넘기는 그 사람! 그 사람
은 차라리 태어나지 않았더라면 자신에게 더 좋
았을 것이다."

성찬례를 제정하시다

마태 26,26-30

마르 14,22-26

26,26-30 // 4에즈 6,49 그 뒤 당신께서
는 (다섯째 날) 창조하신 두 생물
을 따로 유보해두셨습니다. 그리
고 하나의 이름은 브헤못이라 부르시고, 다른 하나의 이름은 레비아탄이라 부르셨습니다.
[50] 그리고 둘을 하나씩 하나씩 갈라놓으셨습니다. 물기 있는 일곱째 부분이 둘 다는 담을 수
없었기 때문입니다. [51] 그리고 셋째 날 마른 상태가 되게 하신 부분들 가운데 하나를 브헤못에
게 주시어 그곳에 살게 하셨습니다. 천 개의 봉우리로 된 산들이 있는 곳입니다. [52] 레비아탄
에게는, 물기 있는 일곱째 부분 가운데 하나를 주셨습니다. 그리고 당신께서는 그것들을 따로
두시어, 당신께서 원하시는 때에 당신께서 원하시는 이들에게 양식이 될 수 있게 하셨습니다.

루카

[21]“그러나 보라, 나를 팔아넘길 자가 지금 나와 함
께 이 식탁에 앉아 있다. [22]사람의 아들은 정해진
대로 간다. 그러나 불행하여라, 사람의 아들을 팔
아넘기는 그 사람!” [23]그러자 사도들은 자기들 가
운데 그러한 짓을 저지를 자가 도대체 누구일까
하고 서로 묻기 시작하였다.

요한

[21]예수님께서는 이렇게 이르시고 나서 마음이 산
란하시어 드러내 놓고 말씀하셨다. “내가 진실로
진실로 너희에게 말한다. 너희 가운데 한 사람이
나를 팔아넘길 것이다.” [22]제자들은 누구를 두고
하시는 말씀인지 몰라 어리둥절하여 서로 바라보
기만 하였다. [23]제자 가운데 한 사람이 예수님 품
에 기대어 앉아 있었는데, 그는 예수님께서 사랑
하시는 제자였다. [24]그래서 시몬 베드로가 그에게 고갯짓을 하여, 예수님께서 말씀하시는 사람이 누
구인지 여쭈어 보게 하였다. [25]그 제자가 예수님께 더 다가가, “주님, 그가 누구입니까?” 하고 물었다.
[26]예수님께서는 “내가 빵을 적셔서 주는 자가 바
로 그 사람이다.” 하고 대답하셨다. 그리고 빵을
적신 다음 그것을 들어 시몬 이스카리옷의 아들
유다에게 주셨다.

[27]유다가 그 빵을 받자 사탄이 그에게 들어갔다.
그때에 예수님께서 유다에게 말씀하셨다. “네가 하려는 일을 어서 하여라.” [28]식탁에 함께 앉은 이들
은 예수님께서 그에게 왜 그런 말씀을 하셨는지 아무도 몰랐다. [29]어떤 이들은 유다가 돈주머니를 가
지고 있었으므로, 예수님께서 그에게 축제에 필요한 것을 사라고 하셨거나, 또는 가난한 이들에게 무
엇을 주라고 말씀하신 것이려니 생각하였다. [30]유다는 빵을 받고 바로 밖으로 나갔다. 때는 밤이었다.

루카 22,14-20

[14]시간이 되자 예수님께서 사도들과 함께 자리에
앉으셨다. [15]그리고 그들에게 이르셨다.

요한

26,26-30 // 요셉과 아세넷 8,11 이 동정녀
를 당신의 영으로 다시 새롭게 만
드시고, 당신의 숨겨진 손으로 다
시 빚으시며, 당신의 생명으로 새
로운 생명을 내려주소서! 그로 하
여금 당신 생명의 빵을 먹게 하시
고, 당신 축복의 잔을 마시게 하
소서!

26,27 // 2바룩 29,4 그리고 브헤못이
자기 처소에서 모습을 드러내고
레비아탄이 바다에서 올라올 것
이다. 나는 창조의 다섯째 날에 창
조한 두 마리 큰 괴물을 그 시간이
될 때까지 가두어둘 것이다. 이제
그것들은 남은 자들 모두를 위해
양식이 될 것이다.

26,28 // 3바룩 4,15 그러자 하느님께
서 사라사엘 천사를 보내셨다. 그
천사가 그에게 말하였다. "일어서
라 노아야, 그 (포도나무) 가지를
심어라. 주님께서 이렇게 말씀하신다. '그것의 쓴맛이 단맛으로 변하리라! 그것의 저주가 축복이 되리
라! 거기에서 난 것이 하느님의 피가 되리라. 그리고 그것으로 인해 인류가 단죄를 받았듯, 이제는 그것
으로 예수 그리스도 임마누엘을 통하여 낙원으로 가는 입장권과 초대장을 얻게 되리라!'"

26 그들이 음식을 먹고 있을 때에 예수님께서 빵을
들고 찬미를 드리신 다음, 그것을 떼어 제자들에
게 주시며 말씀하셨다.
"받아 먹어라. 이는 내 몸이다." 27 또 잔을 들어 감
사를 드리신 다음 제자들에게 주시며 말씀하셨
다. "모두 이 잔을 마셔라. 28 이는 죄를 용서해 주
려고 많은 사람을 위하여 흘리는 내 계약의 피다.
29 내가 너희에게 말한다. 내 아버지의 나라에서
너희와 함께 새 포도주를 마실 그날까지, 이제부
터 포도나무 열매로 빚은 것을 다시는 마시지 않
겠다."
30 그들은 찬미가를 부르고 나서 올리브산으로 갔
다.

22 그들이 음식을 먹고 있을 때에 예수님께서 빵을
들고 찬미를 드리신 다음, 그것을 떼어 제자들에
게 주시며 말씀하셨다.
"받아라. 이는 내 몸이다." 23 또 잔을 들어 감사
를 드리신 다음 제자들에게 주시니 모두 그것을
마셨다. 24 그때에 예수님께서 그들에게 이르셨다.
"이는 많은 사람을 위하여 흘리는 내 계약의 피다.
25 내가 진실로 너희에게 말한다. 내가 하느님 나라
에서 새 포도주를 마실 그날까지, 포도나무 열매
로 빚은 것을 결코 다시는 마시지 않겠다."

26 그들은 찬미가를 부르고 나서 올리브산으로 갔
다.

베드로가 당신을 모른다고 할 것을 예고하시다

26,31 // 즈카 13,7 칼아, 나의 목자를
거슬러, 내 동료를 거슬러 깨어 일
어나라. 만군의 주님의 말씀이다.
너는 목자를 쳐서 양 떼가 흩어지
게 하여라. 나도 손을 돌려 그 새끼
들을 치리라.

마태 26,31-35

31 그때에 예수님께서 제자들에게 말씀하셨다. "오
늘 밤에 너희는 모두 나에게서 떨어져 나갈 것이
다. 성경에
'내가 목자를 치리니
양 떼가 흩어지리라.'고
기록되어 있기 때문이다. 32 그러나 나는 되살아나
서 너희보다 먼저 갈릴래아로 갈 것이다."
33 그러자 베드로가 예수님께 말하였다. "모두 스
승님에게서 떨어져 나갈지라도, 저는 결코 떨어져
나가지 않을 것입니다." 34 예수님께서 그에게 말씀
하셨다. "내가 진실로 너에게 말한다. 오늘 밤 닭

마르 14,27-31

27 예수님께서 제자들에게 말씀하셨다. "너희는 모
두 떨어져 나갈 것이다. 성경에
'내가 목자를 치리니
양들이 흩어지리라.'고
기록되어 있다. 28 그러나 나는 되살아나서 너희보
다 먼저 갈릴래아로 갈 것이다."

29 그러자 베드로가 예수님께 말하였다. "모두 떨
어져 나갈지라도 저는 그러지 않을 것입니다."
30 예수님께서 그에게 말씀하셨다. "내가 진실로
너에게 말한다. 오늘 이 밤, 닭이 두 번 울기 전에

"내가 고난을 겪기 전에 너희와 함께 이 파스카 음
식을 먹기를 간절히 바랐다. 16 내가 너희에게 말
한다. 파스카 축제가 하느님의 나라에서 다 이루어질 때까지 이 파스카 음
식을 다시는 먹지 않겠다." 17 그리고 잔을 받아 감사를 드리시고 나서 이르셨
다. "이것을 받아 나누어 마셔라. 18 내가 너희에게 말한다. 나는 이제부터 하
느님의 나라가 올 때까지 포도나무 열매로 빚은 것을 결코 마시지 않겠다."
19 예수님께서는 또 빵을 들고 감사를 드리신 다음, 그것을 떼어 사도들에게
주시며 말씀하셨다. "이는 너희를 위하여 내어 주는 내 몸이다. 너희는 나
를 기억하여 이를 행하여라." 20 또 만찬을 드신 뒤에 같은 방식으로 잔을 들
어 말씀하셨다. "이 잔은 너희를 위하여 흘리는 내 피로 맺는 새 계약이다."

루카 22,31-34

31 "시몬아, 시몬아! 보라, 사탄이 너희를 밀처럼 체
질하겠다고 나섰다. 32 그러나 나는 너의 믿음이 꺼
지지 않도록 너를 위하여 기도하였다. 그러니 네
가 돌아오거든 네 형제들의 힘을 북돋아 주어라."

33 베드로가 "주님, 저는 주님과 함께라면 감옥에
갈 준비도 되어 있고 죽을 준비도 되어 있습니다."
하고 말하였다. 34 그러자 예수님께서 말씀하셨다.
"베드로야, 내가 너에게 말한다. 오늘 닭이 울기

요한 13,36-38

36 시몬 베드로가 예수님께 "주님, 어디로 가십니
까?" 하고 물었다. 예수님께서는 그에게, "내가 가
는 곳에 네가 지금은 따라올 수 없다. 그러나 나
중에는 따라오게 될 것이다." 하고 대답하셨다.

37 베드로가 다시 "주님, 어찌하여 지금은 주님을
따라갈 수 없습니까? 주님을 위해서라면 저는 목
숨까지 내놓겠습니다." 하자, 38 예수님께서 대답하
셨다. "나를 위하여 목숨을 내놓겠다는 말이냐?

26,31-35 // 파윰 단편. 1 [...] 그분께서
(그들을 데리고) 나가[시며] 말[씀]
하셨다. "[바로] 오늘 밤에 [너희는
모]두 걸려 넘어질 것이다. 성경에
'내가 [목자를] 치리[니] 양들이 흩
어지리라'고 쓰여 있는 [대로다]."
2 그러자 베드로가 [말하였다]. "모
두 그렇게 한다 해도 [저는] 그러
지 않을 [것입니다]." 3 [예수님께
서 말씀하셨다]. "닭이 두 번 울[기
전]에 [너는 세 번이나 나를 모]른
다고 할 것이다. [...]"

이 울기 전에 너는 세 번이나 나를 모른다고 할
것이다."

너는 세 번이나 나를 모른다고 할 것이다."

35 베드로가 다시 예수님께 말하였다. "스승님과 함
께 죽는 한이 있더라도, 저는 스승님을 모른다고
하지 않겠습니다." 다른 제자들도 모두 그렇게 말
하였다.

31 그러자 베드로가 더욱 힘주어 장담하였다. "스
승님과 함께 죽는 한이 있더라도, 저는 결코 스승
님을 모른다고 하지 않겠습니다." 다른 이들도 모
두 그렇게 말하였다.

겟세마니에서 기도하시다

마태 26,36-46

36 그때에 예수님께서 제자들과 함께 겟세마니라
는 곳으로 가셨다. 그리고 제자들에게, "내가 저
기 가서 기도하는 동안 여기에 앉아 있어라." 하고
말씀하신 다음,

마르 14,32-42

32 그들은 겟세마니라는 곳으로 갔다. 예수님께서
는 제자들에게, "내가 기도하는 동안 너희는 여기
에 앉아 있어라." 하고 말씀하신 다음,

37 베드로와 제베대오의 두 아들을 데리고 가셨다.
그분께서는 근심과 번민에 휩싸이기 시작하셨다.
38 그때에 그들에게 "내 마음이 너무 괴로워 죽을
지경이다. 너희는 여기에 남아서 나와 함께 깨어
있어라." 하고 말씀하셨다.

33 베드로와 야고보와 요한을 데리고 가셨다. 그분
께서는 공포와 번민에 휩싸이기 시작하셨다. 34 그
래서 그들에게 "내 마음이 너무 괴로워 죽을 지
경이다. 너희는 여기에 남아서 깨어 있어라." 하고
말씀하셨다.

39 그런 다음 앞으로 조금 나아가 얼굴을 땅에 대
고 기도하시며 이렇게 말씀하셨다. "아버지, 하실
수만 있으시면 이 잔이 저를 비켜 가게 해 주십시
오. 그러나 제가 원하는 대로 하지 마시고 아버지
께서 원하시는 대로 하십시오."

35 그런 다음 앞으로 조금 나아가 땅에 엎드리시
어, 하실 수만 있으면 그 시간이 당신을 비켜 가
게 해 주십사고 기도하시며, 36 이렇게 말씀하셨다.
"아빠! 아버지! 아버지께서는 무엇이든 하실 수 있
으시니, 이 잔을 저에게서 거두어 주십시오. 그러
나 제가 원하는 것을 하지 마시고 아버지께서 원
하시는 것을 하십시오."

40 그러고 나서 제자들에게 돌아와 보시니 그들은
자고 있었다. 그래서 베드로에게 "이렇게 너희는
나와 함께 한 시간도 깨어 있을 수 없더란 말이
냐? 41 유혹에 빠지지 않도록 깨어 기도하여라. 마

37 그러고 나서 돌아와 보시니 제자들은 자고 있었
다. 그래서 베드로에게 "시몬아, 자고 있느냐? 한
시간도 깨어 있을 수 없더란 말이냐? 38 너희는 유
혹에 빠지지 않도록 깨어 기도하여라. 마음은 간

전에 너는 세 번이나 나를 모른다고 할 것이다."

내가 진실로 진실로 너에게 말한다. 닭이 울기 전
에 너는 세 번이나 나를 모른다고 할 것이다."

루카 22,39-46
39 예수님께서 밖으로 나가시어 늘 하시던 대로 올
리브산으로 가시니, 제자들도 그분을 따라갔다.

40 그곳에 이르러 예수님께서는 제자들에게, "유혹
에 빠지지 않도록 기도하여라." 하고 말씀하셨다.

41 그러고 나서 돌을 던지면 닿을 만한 곳에 혼자
가시어 무릎을 꿇고 기도하셨다. 42 "아버지, 아버
지께서 원하시면 이 잔을 저에게서 거두어 주십
시오. 그러나 제 뜻이 아니라 아버지의 뜻이 이루
어지게 하십시오." 43 그때에 천사가 하늘에서 나
타나 그분의 기운을 북돋아 드렸다. 44 예수님께서
고뇌에 싸여 더욱 간절히 기도하시니, 땀이 핏방
울처럼 되어 땅에 떨어졌다.
45 그리고 기도를 마치고 일어나시어 제자들에게
와서 보시니, 그들은 슬픔에 지쳐 잠들어 있었다.
46 예수님께서 그들에게 이르셨다. "왜 자고 있느
냐? 유혹에 빠지지 않도록 일어나 기도하여라."

요한

음은 간절하나 몸이 따르지 못한다." 하시고,
42 다시 두 번째로 가서 기도하셨다. "아버지, 이 잔
이 비켜 갈 수 없는 것이라서 제가 마셔야 한다면,
아버지의 뜻이 이루어지게 하십시오." 43 그리고 다
시 와 보시니 그들은 여전히 눈이 무겁게 감겨 자
고 있었다. 44 예수님께서는 그들을 그대로 두시고
다시 가시어 세 번째 같은 말씀으로 기도하셨다.
45 그리고 제자들에게 돌아와 말씀하셨다. "아직
도 자고 있느냐? 아직도 쉬고 있느냐? 이제 때가
가까웠다. 사람의 아들은 죄인들의 손에 넘어간
다. 46 일어나 가자. 보라, 나를 팔아넘길 자가 가
까이 왔다."

절하나 몸이 따르지 못한다." 하시고,
39 다시 가셔서 같은 말씀으로 기도하셨다. 40 그리
고 다시 와 보시니 그들은 여전히 눈이 무겁게 내
리감겨 자고 있었다. 그래서 제자들은 그분께 무
슨 말씀을 드려야 할지 몰랐다.

41 예수님께서는 세 번째 오셔서 그들에게 말씀하
셨다. "아직도 자고 있느냐? 아직도 쉬고 있느냐?
이제 되었다. 시간이 되어 사람의 아들은 죄인들
의 손에 넘어간다. 42 일어나 가자. 보라, 나를 팔아
넘길 자가 가까이 왔다."

잡히시다

마태 26,47-56

47 예수님께서 아직 말씀하고 계실 때에 바로 열두
제자 가운데 하나인 유다가 왔다. 그와 함께 수
석 사제들과 백성의 원로들이 보낸 큰 무리도 칼
과 몽둥이를 들고 왔다. 48 그분을 팔아넘길 자는,
"내가 입 맞추는 이가 바로 그 사람이니 그를 붙
잡으시오." 하고 그들에게 미리 신호를 일러두었
다. 49 그는 곧바로 예수님께 다가가, "스승님, 안녕
하십니까?" 하고 나서 그분께 입을 맞추었다. 50 예
수님께서 "친구야, 네가 하러 온 일을 하여라." 하
고 말씀하셨다. 그때에 그들이 다가와 예수님께
손을 대어 그분을 붙잡았다.

마르 14,43-50

43 그러자 곧, 예수님께서 아직 말씀하고 계실 때
에 열두 제자 가운데 하나인 유다가 다가왔다. 그
와 함께 수석 사제들과 율법 학자들과 원로들이
보낸 무리도 칼과 몽둥이를 들고 왔다. 44 그분을
팔아넘길 자는, "내가 입 맞추는 이가 바로 그 사
람이니 그를 붙잡아 잘 끌고 가시오." 하고 그들
에게 미리 신호를 일러두었다. 45 그가 와서는 곧바
로 예수님께 다가가 "스승님!" 하고 나서 입을 맞
추었다. 46 그러자 그들이 예수님께 손을 대어 그
분을 붙잡았다.

26,45-46 // 야고보 첫째 묵시록 25. 자, 보시오. 나는 그대에게 신비에 관한 모든 것을 계시해 주겠소. 모레면 저들이 나를 잡아갈 것이기 때문이오. 그러나 나의 속량이 가까이 다가왔소.

루카 22,47-53

47 예수님께서 아직 말씀하고 계실 때에 한 무리의 사람들이 나타났는데, 열두 제자 가운데 하나로 유다라고 하는 자가 앞장서서 왔다. 그가 예수님께 입 맞추려고 다가오자, 48 예수님께서 그에게 "유다야, 너는 입맞춤으로 사람의 아들을 팔아넘기느냐?" 하고 말씀하셨다.

요한 18,1-11

1 예수님께서는 이렇게 말씀하신 뒤에 제자들과 함께 키드론 골짜기 건너편으로 가셨다. 거기에 정원이 하나 있었는데 제자들과 함께 그곳에 들어
가셨다. 2 예수님께서 제자들과 함께 여러 번 거기
에 모이셨기 때문에, 그분을 팔아넘길 유다도 그
곳을 알고 있었다. 3 그래서 유다는 군대와 함께,
수석 사제들과 바리사이들이 보낸 성전 경비병들
을 데리고 그리로 갔다. 그들은 등불과 횃불과 무기를 들고 있었다. 4 예수님께서는 당신께 닥
쳐오는 모든 일을 아시고 앞으로 나서시며 그들에게, "누구를 찾느냐?" 하고 물으셨다. 5 그들
이 "나자렛 사람 예수요." 하고 대답하자, 예수님께서 그들에게 "나다." 하고 말씀하셨다. 예수
님을 팔아넘길 유다도 그들과 함께 서 있었다. 6 예수님께서 "나다." 하실 때, 그들은 뒷걸음치
다가 땅에 넘어졌다. 7 예수님께서 다시 그들에게 "누구를 찾느냐?" 하고 물으시니, 그들이 "나
자렛 사람 예수요." 하고 대답하였다. 8 예수님께서 말씀하셨다. "'나다.' 하지 않았느냐? 너희가
나를 찾는다면 이 사람들은 가게 내버려 두어라." 9 이는 "아버지께서 저에게 주신 사람들 가
운데 하나도 잃지 않았습니다." 하고 당신께서 전에 하신 말씀이 이루어지게 하려는 것이었다.

26,53 // 2바룩 21,6 당신께서는 위대
한 생각으로 당신 앞에 서 있는
군대들을 다스리시는 분이십니
다. 그리고 세상 (창조) 전에 만드
신, 불꽃과 화염으로 이루어진 무
수한 거룩한 존재들, 당신 옥좌 주
위에 둘러선 저들을 진노로써 다
스리시는 분이십니다.
26,53 // 요셉과 아세넷 25,5 납탈리와 아
세르가 단과 가드에게 말하였다.
"두 분은 어찌하여 우리 아버지
이스라엘을 거슬러, 그리고 우리
형제 요셉을 거슬러 악을 저지르
려 합니까? 하느님께서 그를 눈
동자처럼 지켜주지 않으십니까?
... 7 이제 두 분이 그를 거슬러 또
다시 악을 행한다면 그가 이스라
엘의 하느님께 도움을 청할 것입
니다. 그러면 하늘에서 불을 보내
시어 여러분을 집어삼키게 할 것
입니다. 그리고 하느님의 천사들
이 여러분과 맞서 싸울 것입니다."

51 그러자 예수님과 함께 있던 이들 가운데 한 사
람이 칼을 빼어 들고, 대사제의 종을 쳐서 그의 귀
를 잘라 버렸다.

47 그때 곁에 서 있던 이들 가운데 한 사람이 칼
을 빼어, 대사제의 종을 내리쳐 그의 귀를 잘라
버렸다.

52 그때에 예수님께서 그에게 이르셨다. "칼을 칼집
에 도로 꽂아라. 칼을 잡는 자는 모두 칼로 망한다.
53 너는 내가 내 아버지께 청할 수 없
다고 생각하느냐? 청하기만 하면 당장에 열두 군단이 넘는 천사들을 내 곁에 세워 주
실 것이다.
54 그러면 일이 이렇게 되어야 한다는 성경 말씀이 어떻게 이루어지겠느냐?"

55 그때에 예수님께서는 그 무리에게도 이렇게 이
르셨다. "너희는 강도라도 잡을 듯이 칼과 몽둥이
를 들고 나를 잡으러 나왔단 말이냐? 내가 날마다
성전에 앉아 가르쳤지만 너희는 나를 붙잡지 않았
다.
56 예언자들이 기록한 성경 말씀이 이루어지려
고 이 모든 일이 일어난 것이다."

48 예수님께서 나서시어 그들에게 말씀하셨다. "너
희는 강도라도 잡을 듯이 칼과 몽둥이를 들고 나
를 잡으러 나왔단 말이냐?
49 내가 날마다 너희와
함께 성전에 있으면서 가르쳤지만 너희는 나를 붙
잡지 않았다. 성경 말씀이 이루어지려고 이리된
것이다."

그때에 제자들은 모두 예수님을 버리고 달아났다.

50 제자들은 모두 예수님을 버리고 달아났다.

최고 의회에서 신문을 받으시다

마태 26,57-66

57 그들은 예수님을 붙잡아 카야파 대사제에게 끌
고 갔다. 그곳에는 율법 학자들과 원로들이 모여
있었다.
58 베드로는 멀찍이 떨어져 예수님을 뒤따
라 대사제의 저택까지 가서, 결말을 보려고 안뜰
로 들어가 시종들과 함께 앉았다.
59 수석 사제들과 온 최고 의회는 예수님을 사형에
처하려고 그분에 대한 거짓 증언을 찾았다.
60 거
짓 증인들이 많이 나섰지만 하나도 찾아내지 못
하였다. 마침내 두 사람이 나서서,
61 "이자가 '나는
하느님의 성전을 허물고 사흘 안에 다시 세울 수

마르 14,53-64

53 그들은 예수님을 대사제에게 끌고 갔다. 그러자
수석 사제들과 원로들과 율법 학자들이 모두 모여
왔다.
54 베드로는 멀찍이 떨어져서 예수님을 뒤따
라 대사제의 저택 안뜰까지 들어가, 시종들과 함
께 앉아 불을 쬐고 있었다.
55 수석 사제들과 온 최고 의회는 예수님을 사형에
처하려고 그분에 대한 증언을 찾았으나 찾아내지
못하였다.
56 사실 많은 사람이 그분께 불리한 거
짓 증언을 하였지만, 그 증언들이 서로 들어맞지
않았던 것이다.
57 더러는 나서서 이렇게 거짓 증언

[49] 예수님 둘레에 있던 이들이 사태를 알아차리고,
"주님, 저희가 칼로 쳐 버릴까요?" 하고 말하였다.
[50] 그들 가운데 한 사람이 대사제의 종을 쳐서 그
의 오른쪽 귀를 잘라 버렸다.
[51] 그러자 예수님께서 "그만해 두어라." 하시고, 그
사람의 귀에 손을 대어 고쳐 주셨다.

[10] 그때에 시몬 베드로가 가지고 있던 칼을 뽑아,
대사제의 종을 내리쳐 오른쪽 귀를 잘라 버렸다.
그 종의 이름은 말코스였다.

[11] 그러자 예수님께서 베드로에게 이르셨다. "그 칼
을 칼집에 꽂아라. 아버지께서 나에게 주신 이 잔
을 내가 마셔야 하지 않겠느냐?"

[52] 그러고 나서 예수님께서는 당신을 잡으러 온 수
석 사제들과 성전 경비대장들과 원로들에게 이르
셨다. "너희는 강도라도 잡을 듯이 칼과 몽둥이
를 들고 나왔단 말이냐? [53] 내가 날마다 너희와 함
께 성전에 있을 때에는 너희가 나에게 손을 뻗치
지 않았다. 그러나 이제는 너희 때요 어둠이 권세
를 떨칠 때다."

루카 22,66-71

베드로가 예수님을 모른다고 하다 22,54-62

[22,54] 그들은 예수님을 붙잡아 끌고 대사제의 집으
로 데려갔다. 베드로는 멀찍이 떨어져 뒤따라갔
다.

[22,66] 날이 밝자 백성의 원로단, 곧 수석 사제들과
율법 학자들이 모여 예수님을 최고 의회로 끌고
가서,

요한 18,12-14.19-24(한나스의 신문과 베드로의 부인)

[12] 군대와 그 대장과 유다인들의 성전 경비병들은
예수님을 붙잡아 결박하고, [13] 먼저 한나스에게 데
려갔다. 한나스는 그해의 대사제 카야파의 장인이
었다. [14] 카야파는 백성을 위하여 한 사람이 죽는
것이 낫다고 유다인들에게 충고한 자다.

26,61 // 토마 복음 71,1 예수님께서 말씀하셨다. "내가 이 집을 뒤집어엎겠다. 그러면 아무도 그것을 다시 세울 수 없을 것이다."

있다.'고 말하였습니다." 하였다. 62그러자 대사제
가 일어나 예수님께, "당신은 아무런 대답도 하지
않소? 이자들이 당신에게 불리한 증언을 하는데
어찌 된 일이오?" 하고 물었다.

을 하기도 하였다. 58"우리는 저자가, '나는 사람
손으로 지은 이 성전을 허물고, 손으로 짓지 않는
다른 성전을 사흘 안에 세우겠다.'고 말하는 것을
들은 적이 있습니다." 59그러나 그들의 증언도 서
로 들어맞지 않았다. 60그러자 대사제가 한가운데
로 나서서 예수님께, "당신은 아무 대답도 하지 않소? 이자들이
당신에게 불리한 증언을 하는데 어찌 된 일이오?" 하고 물었다.

26,63 // 4에즈 7,26 보라! 그 날들이 올 것이다. 내가 너에게 전에 예고한 표징이 오는 때, 도성처럼 보이는 신부가 모습을 드러낼 것이다. 그리고 특별한 그 도성이 나타날 것이다. 27 그리고 앞에서 언급한 악행들에서 해방된 모든 이가 나의 기적들을 목격할 것이다. 28 그 다음 내 아들 메시아가, 그와 함께 있는 이들과 같이 나타날 것이다. 그리고 남은 자들을 사백 년 동안 기쁘게 할 것이다.

63그러나 예수님께서는 입을 다물고 계셨다. 대사
제가 말하였다. "내가 명령하오. '살아 계신 하느님
앞에서 맹세를 하고 당신이 하느님의 아들 메시아
인지 밝히시오.'"
64예수님께서 그에게 말씀하셨다. "네가 그렇게
말하였다. 나는 너희에게 말한다.

61그러나 예수님께서는 입을 다무신 채 아무 대답
도 하지 않으셨다. 대사제는 다시 "당신이 찬양받
으실 분의 아들 메시아요?" 하고 물었다.
62예수님께서 대답하셨다. "그렇다.

26,63 // 4바룩 9,14 사흘이 지난 뒤 예레미야의 영혼이 그의 몸으로 들어왔다. 그러자 그는 그들 한가운데서 소리를 높여 말하였다. "한목소리로 하느님을 찬양하십시오! 여러분 모두 하느님과, 우리를 잠에서 깨어나게 해주시는 하느님의 아들 예수 그리스도를 찬양하십시오! 그분께서는 모든 시대들의 빛, 꺼지지 않는 등불, 신앙의 생명이십니다!"

26,64 // 4에즈 13,1 이레 뒤 밤에 나는 환시를 보았다. 2 보라! 바다에서 큰 바람이 일어나 온 물결을 뒤흔들어 놓았다. 3 나는 보았다. 보라! 그 바람이 바다 속에서 사람의 아들의 형상 같은 이를 끌어올렸다. 그리고 보라, 나는 그 사람의 아들이 하늘의 구름과 함께 날아오르는 것을 보았다. 그가 보려고 얼굴을 돌리는 곳마다 그의 시선에 들어온 모든 것이 두려움에 떨었다. 4 그리고 그의 입에서 나온 소리가 향하는 곳마다 그의 목소리를 듣는 모든 것들이 녹아내리고 있었다. 마치 불을 마신 밀랍이 녹아내리는 것과도 같았다.

26,64 // 다니 7,13 내가 이렇게 밤의 환시 속에서 앞을 보고 있는데 사람의 아들 같은 이가 하늘의 구름을 타고 나타나 연로하신 분께 가자 그분 앞으로 인도되었다.

26,64 // 시편 110,1 주님께서 내 주군께 하신 말씀. "내 오른쪽에 앉아라, 내가 너의 원수들을 네 발판으로 삼을 때까지."

이제부터 '너희는 사람의 아들이
전능하신 분의 오른쪽에 앉아 있는 것과
하늘의 구름을 타고 오는 것을 볼 것이다.'"
65그때에 대사제가 자기 겉옷을 찢고 이렇게 말하
였다. "이자가 하느님을 모독하였습니다. 이제 우
리에게 무슨 증인이 더 필요합니까? 방금 여러분
은 하느님을 모독하는 말을 들었습니다. 66여러분
의 의견은 어떻습니까?" 그들이 대답하였다. "그
자는 죽을죄를 지었습니다."

| 마태 26,64 // 24,30

'너희는 사람의 아들이
전능하신 분의 오른쪽에 앉아 있는 것과
하늘의 구름을 타고 오는 것을 볼 것이다.'"
63그러자 대사제가 자기 옷을 찢고 이렇게 말하였
다. "이제 우리에게 무슨 증인이 더 필요합니까?
64여러분도 하느님을 모독하는 말을 듣지 않았습
니까? 여러분의 생각은 어떻습니까?" 그들은 모
두 예수님께서 사형을 받아야 마땅하다고 단죄
하였다.

26,61 // 니코데모 복음 4,1 빌라도는 그리스도만 남겨두고 밖으로 나와서 유다인들에게 말하였다. "나는 이 사람에게서 아무런 잘못도 찾지 못하겠소." 유다인들이 답하였다. "그자가 무어라고 말하고 다녔는지, 각하께 말씀드리겠습니다. 그자는 '나는 하느님의 성전을 무너뜨렸다가 사흘 안에 다시 세울 수 있다'고 말했습니다." 빌라도가 말하였다. "그가 무슨 성전을 무너뜨린다고 말했소?" 히브리인들이 말하였다. "솔로몬의 성전이오. 솔로몬이 사십육 년 동안 세운 것입니다."

67 "당신이 메시아라면 그렇다고 우리에게 말하시
오." 하였다.

19 대사제는 예수님께 그분의 제자들과 가르침에
관하여 물었다.

그러자 예수님께서 그들에게 말씀하셨다. "내가
그렇다고 말하여도 너희는 믿지 않을 것이고,
68 내가 물어보아도 너희는 대답하지 않을 것이다.

20 예수님께서 그에게 대답하셨다. "나는 세상 사
람들에게 드러내 놓고 이야기하였다. 나는 언제나
모든 유다인이 모이는 회당과 성전에서 가르쳤다.
은밀히 이야기한 것은 하나도 없다. 21 그런데 왜
나에게 묻느냐? 내가 무슨 말을 하였는지 들은 이들에게 물어보아라. 내가 말한 것을 그들이 알
고 있다." 22 예수님께서 이렇게 말씀하시자, 곁에 서 있던 성전 경비병 하나가 예수님의 뺨을 치
며, "대사제께 그따위로 대답하느냐?" 하였다. 23 예수님께서 그에게 대답하셨다. "내가 잘못 이
야기하였다면 그 잘못의 증거를 대 보아라. 그러나 내가 옳게 이야기하였다면 왜 나를 치느냐?"

69 이제부터 '사람의 아들은 전능하신 하느님의 오
른쪽에 앉을' 것이다." 70 그러자 모두 "그렇다면 당
신이 하느님의 아들이라는 말이오?" 하고 물었다.
예수님께서 "내가 그러하다고 너희가 말하고 있
다." 하시자, 71 그들이 말하였다. "이제 우리에게
무슨 증언이 더 필요합니까? 제 입으로 말하는 것
을 우리가 직접 들었으니 말입니다."

26,66 // 니코데모 복음 2,4 유다인 고발자들이 빌라도에게 답하며 말하였다. "각하께서는 고작 열두 명의 이 유다인들을 이 모든 군중과 저희보다 더 신뢰하십니까? 저희는 그자가 마술사이며 신성을 모독하고 자신을 하느님의 아들이라 부른 것을 정확히 알고 있습니다."

24 한나스는 예수님을 결박한 채로 카야파 대사제
에게 보냈다.

예수님을 조롱하다

마태 26,67-68

67 그때에 그들은 예수님의 얼굴에 침을 뱉고 그분
을 주먹으로 쳤다. 더러는 손찌검을 하면서, 68 "메
시아야, 알아맞혀 보아라. 너를 친 사람이 누구
냐?" 하였다.

마르 14,65

65 어떤 자들은 예수님께 침을 뱉고 그분의 얼굴
을 가린 다음, 주먹으로 치면서 "알아맞혀 보아
라." 하며 놀려 대기 시작하였다. 시종들도 예수님
의 뺨을 때렸다.

베드로가 예수님을 모른다고 하다

마태 26,69-75

69 베드로는 안뜰 바깥쪽에 앉아 있었는데 하녀
하나가 그에게 다가와 말하였다. "당신도 저 갈릴
래아 사람 예수와 함께 있었지요?" 70 그러자 베드
로는 모든 사람 앞에서, "나는 당신이 무슨 말을
하는지 모르겠소." 하고 부인하였다.

마르 14,66-72

66 베드로가 안뜰 아래쪽에 있는데 대사제의 하녀
하나가 와서, 67 불을 쬐고 있는 베드로를 보고 그
를 찬찬히 살피면서 말하였다. "당신도 저 나자렛
사람 예수와 함께 있던 사람이지요?" 68 그러자 베
드로는, "나는 당신이 무슨 말을 하는지 알지도
이해하지도 못하겠소." 하고 부인하였다. 그가 바
깥뜰로 나가자 닭이 울었다.

71 그가 대문께로 나가자 다른 하녀가 그를 보고
거기에 있는 이들에게, "이이는 나자렛 사람 예수
와 함께 있었어요." 하고 말하였다. 72 그러자 베드
로는 맹세까지 하면서 "나는 그 사람을 알지 못하
오." 하고 다시 부인하였다. 73 그런데 조금 뒤에 거
기 서 있던 이들이 베드로에게 다가와, "당신도 그
들과 한패임이 틀림없소. 당신의 말씨를 들으니 분
명하오." 하고 말하였다.

69 그 하녀가 베드로를 보면서 곁에 서 있는 이들
에게 다시, "이 사람은 그들과 한패예요." 하고 말
하기 시작하였다. 70 그러나 베드로는 또 부인하였
다. 그런데 조금 뒤에 곁에 서 있던 이들이 다시 베
드로에게, "당신은 갈릴래아 사람이니 그들과 한
패임에 틀림없소." 하고 말하였다.

루카 22,63-65

63 예수님을 지키던 사람들은 그분을 매질하며 조
롱하였다. 64 또 예수님의 눈을 가리고 "알아맞혀
보아라. 너를 친 사람이 누구냐?" 하고 물었다.
65 그들은 이 밖에도 예수님을 모독하는 말을 많
이 퍼부었다.

요한

루카 22,55-62

55 사람들이 안뜰 한가운데에 불을 피우고 함께
앉아 있었는데, 베드로도 그들 가운데 끼어 앉
았다. 56 그런데 어떤 하녀가 불 가에 앉은 베드로
를 보고 그를 주의 깊게 살피면서 말하였다. "이
이도 저 사람과 함께 있었어요." 57 그러자 베드로
는 "이 여자야, 나는 그 사람을 모르네." 하고 부
인하였다.

58 얼마 뒤에 다른 사람이 베드로를 보고, "당신도
그들과 한패요." 하고 말하였다. 그러나 베드로는
"이 사람아, 나는 아닐세." 하였다. 59 한 시간쯤 지
났을 때에 또 다른 사람이, "이이도 갈릴래아 사
람이니까 저 사람과 함께 있었던 게 틀림없소." 하
고 주장하였다.

요한 18,15-18.25-27(한나스의 신문과 베드로의 부인)

15 시몬 베드로와 또 다른 제자 하나가 예수님을
따라갔다. 그 제자는 대사제와 아는 사이여서,
예수님과 함께 대사제의 저택 안뜰에 들어갔다.
16 베드로는 대문 밖에 서 있었는데, 대사제와 아
는 사이인 그 다른 제자가 나와서 문지기 하녀에
게 말하여 베드로를 데리고 들어갔다. 17 그때에
그 문지기 하녀가 "당신도 저 사람의 제자 가운데
하나가 아닌가요?" 하자, 베드로가 "나는 아니오."
하고 말하였다.

18 날이 추워 종들과 성전 경비병들이 숯불을 피
워 놓고 서서 불을 쬐고 있었는데, 베드로도 그들
과 함께 서서 불을 쬐었다.
25 시몬 베드로는 서서 불을 쬐고 있었다. 사람들
이 그에게 "당신도 저 사람의 제자 가운데 하나
가 아니오?" 하고 물었다. 베드로는 "나는 아니
오." 하며 부인하였다. 26 대사제의 종 가운데 하나
로서, 베드로가 귀를 잘라 버린 자의 친척이 말하
였다. "당신이 정원에서 저 사람과 함께 있는 것을
내가 보지 않았소?"

[74]그때에 베드로는 거짓이면 천벌을 받겠다고 맹
세하기 시작하며, "나는 그 사람을 알지 못하오."
하였다. 그러자 곧 닭이 울었다. [75]베드로는 "닭이
울기 전에 너는 세 번이나 나를 모른다고 할 것이
다." 하신 예수님의 말씀이 생각나서, 밖으로 나가
슬피 울었다.

[71]베드로는 거짓이면 천벌을 받겠다고 맹세하기
시작하며, "나는 당신들이 말하는 그 사람을 알
지 못하오." 하였다. [72]그러자 곧 닭이 두 번째 울
었다. 베드로는 예수님께서, "닭이 두 번 울기 전
에 너는 세 번이나 나를 모른다고 할 것이다." 하
신 말씀이 생각나서 울기 시작하였다.

빌라도 앞으로 끌려가시다

마태 27,1-2

[1]아침이 되자 모든 수석 사제들과 백성의 원로들
은 예수님을 사형에 처하기로 결의한 끝에, [2]그
를 결박하여 끌고 가서 빌라도 총독에게 넘겼다.

마르

빌라도에게 신문을 받으시다 15,1-5

[15,1]아침이 되자 수석 사제들은 곧바로 원로들과
율법 학자들, 곧 온 최고 의회와 의논한 끝에, 예
수님을 결박하여 끌고 가서 빌라도에게 넘겼다.

유다가 자살하다

마태 27,3-10

마르

[3]그때에 예수님을 팔아넘긴 유다는 그분께서 사
형 선고를 받으신 것을 보고 뉘우치고서는, 그 은
돈 서른 닢을 수석 사제들과 원로들에게 돌려주면서 [4]말하였다. "죄 없는 분을 팔아넘겨 죽게
만들었으니 나는 죄를 지었소." 그러나 그들은 "우리와 무슨 상관이냐? 그것은 네 일이다." 하였
다. [5]유다는 그 은돈을 성전 안에다 내던지고 물러가서 목을 매달아 죽었다. [6]수석 사제들은 그
은돈을 거두면서, "이것은 피 값이니 성전 금고에 넣어서는 안 되겠소." 하고 말하였다. [7]그들은
의논한 끝에 그 돈으로 옹기장이 밭을 사서 이방인들의 묘지로 쓰기로 하였다. [8]그래서 그 밭은
오늘날까지 '피밭'이라고 불린다. [9]그리하여 예레미야 예언자를 통하여 하신 말씀이 이루어졌다.
"그들은 은돈 서른 닢,
값어치가 매겨진 이의 몸값,
이스라엘 자손들이 값어치를 매긴 사람의 몸값을 받아
[10]주님께서 나에게 분부하신 대로
옹기장이 밭 값으로 내놓았다."

27,9-10 // 즈카 11,12 내가 그들에게 말하였다. "당신들이 좋다고 생각하면 품삯을 주고, 그러지 않으면 그만두시오." 그러자 그들은 내 품삯으로 은 서른 세켈을 주었다. [13]주님께서 나에게 말씀하셨다. "그들이 나의 값어치를 매겨 내놓은 그 잘난 품삯을 금고에 넣어라." 나는 은 서른 세켈을 집어 주님의 집 금고에 넣었다.

27,9-10 // 예레 32,6 그러자 예레미야가 말하였다. "주님의 말씀이 저에게 내렸습니다. [7]'너의 숙부 살룸의 아들 하나므엘이 너에게 와서, '구원자 권한이 너에게 있으니 아나톳에 있는 나의 밭을 사 다오.' 하고 말할 것이다.' [8]과연 주님의 말씀대로 내 사촌 하나므엘이 경비대 울안으로 저를 찾아와 말하였습니다. '벤야민 지방 아나톳에 있는 내 밭을 사게. 그 밭의 소유권은 자네 것이고 구원자 권한도 자네에게 있으니, 그것을 자네가 사게.' 그때 저는 이것이 바로 주님께서 하신 말씀이라는 것을 깨달았습니다. [9]저는 아나톳에 있는 제 사촌 하나므엘에게서 밭을 사기로 하고, 은 열일곱 세켈을 달아 그에게 주었습니다. ... [13]그러면서 저는 그들 앞에서 바룩에게 당부하였습니다. [14]'만군의 주 이스라엘의 하느님께서 이렇게 말씀하십니다. '이 계약서들, 곧 봉인한 매매 계약서와 봉인하지 않은 계약서를 오랜 세월 보관할 수 있도록 옹기그릇에 넣어라.' [15]만군의 주 이스라엘의 하느님께서 이렇게 말씀하십니다. '사람들이 이 땅의 집과 밭과 포도원들을 다시 사게 될 것이다.'""

[60]베드로는 "이 사람아, 나는 자네가 무슨 말을
하는지 모르겠네." 하고 말하였다. 그가 이 말을
하는 순간에 닭이 울었다. [61]그리고 주님께서 몸
을 돌려 베드로를 바라보셨다. 베드로는 주님께서 "오늘 닭이 울기 전에 너는 나를
세 번이나 모른다고 할 것이다." 하신 말씀이 생각나서, [62]밖으로 나가 슬피 울었다.

[27]베드로가 다시 아니라고 부인하자 곧 닭이 울
었다.

루카

빌라도에게 신문을 받으시다 23,1-5

[23,1]그리하여 온 무리가 일어나 예수님을 빌라도
앞으로 끌고 갔다.

요한

빌라도에게 신문을 받으시다 18,28-38

[18,28]사람들이 예수님을 카야파의 저택에서 총독
관저로 끌고 갔다. 때는 이른 아침이었다. 그들은
몸이 더러워져서 파스카 음식을 먹지 못할까 두려
워, 총독 관저 안으로 들어가지 않았다.

루카

요한

빌라도에게 신문을 받으시다

마태 27,11-14

11 예수님께서 총독 앞에 서셨다. "당신이 유다인
들의 임금이오?" 하고 총독이 묻자, 예수님께서
"네가 그렇게 말하고 있다." 하고 대답하셨다. 12 그
러나 수석 사제들과 원로들이 당신을 고소하는
말에는 아무 대답도 하지 않으셨다. 13 그때에 빌
라도가 예수님께, "저들이 갖가지로 당신에게 불
리한 증언을 하는데 들리지 않소?" 하고 물었으
나, 14 예수님께서는 어떠한 고소의 말에도 대답
을 하지 않으셨다. 그래서 총독은 매우 이상하게
여겼다.

마르 15,2-5

2 빌라도가 예수님께 "당신이 유다인들의 임금이
오?" 하고 묻자, 그분께서 "네가 그렇게 말하고
있다." 하고 대답하셨다. 3 그러자 수석 사제들이
여러 가지로 예수님을 고소하였다. 4 빌라도가 다
시 예수님께, "당신은 아무 대답도 하지 않소? 보
시오, 저들이 당신을 갖가지로 고소하고 있지 않
소?" 하고 물었으나, 5 예수님께서는 더 이상 아
무 대답도 하지 않으셨다. 그래서 빌라도는 이상
하게 여겼다.

루카 23,1-5

[1]그리하여 온 무리가 일어나 예수님을 빌라도 앞
으로 끌고 갔다. [2]그리고 예수님을 고소하기 시작
하였다. "우리는 이자가 우리 민족을 선동한다는
사실을 알아냈습니다. 황제에게 세금을 내지 못하
게 막고 자신을 메시아 곧 임금이라고 말합니다."

요한 18,28-38

[28]사람들이 예수님을 카야파의 저택에서 총독 관
저로 끌고 갔다. 때는 이른 아침이었다. 그들은 몸
이 더러워져서 파스카 음식을 먹지 못할까 두려
워, 총독 관저 안으로 들어가지 않았다. [29]그래서
빌라도가 그들이 있는 곳으로 나와, "무슨 일로 저
사람을 고소하는 것이오?" 하고 물었다. [30]그들이
빌라도에게, "저자가 범죄자가 아니라면 우리가 총독께 넘기지 않았을 것이오." 하고 대
답하였다. [31]빌라도가 그들에게 "여러분이 데리고 가서 여러분의 법대로 재판하시오."
하자, 유다인들이 "우리는 누구를 죽일 권한이 없소." 하고 말하였다. [32]이는 예수님께서
당신이 어떻게 죽임을 당할 것인지 가리키며 하신 말씀이 이루어지려고 그리된 것이다.

[3]빌라도가 예수님께 "당신이 유다인들의 임금이
오?" 하고 묻자, 그분께서 "네가 그렇게 말하고 있
다." 하고 대답하셨다. [4]빌라도가 수석 사제들과
군중에게 말하였다. "나는 이 사람에게서 아무 죄
목도 찾지 못하겠소." [5]그러나 그들은 완강히 주
장하였다. "이자는 갈릴래아에서 시작하여 이곳
에 이르기까지, 온 유다 곳곳에서 백성을 가르치
며 선동하고 있습니다."

[33]그리하여 빌라도가 다시 총독 관저 안으로 들
어가 예수님을 불러, "당신이 유다인들의 임금이
오?" 하고 물었다. [34]예수님께서는 "그것은 네 생
각으로 하는 말이냐? 아니면 다른 사람들이 나
에 관하여 너에게 말해 준 것이냐?" 하고 되물으
셨다. [35]"나야 유다인이 아니잖소? 당신의 동족과
수석 사제들이 당신을 나에게 넘긴 것이오. 당신
은 무슨 일을 저질렀소?" 하고 빌라도가 다시 물
었다. [36]예수님께서 대답하셨다. "내 나라는 이 세
상에 속하지 않는다. 내 나라가 이 세상에 속한다
면, 내 신하들이 싸워 내가 유다인들에게 넘어가
지 않게 하였을 것이다. 그러나 내 나라는 여기에
속하지 않는다." [37]빌라도가 "아무튼 당신이 임금
이라는 말 아니오?" 하고 묻자, 예수님께서 그에게
대답하셨다. "내가 임금이라고 네가 말하고 있다.
나는 진리를 증언하려고 태어났으며, 진리를 증언
하려고 세상에 왔다. 진리에 속한 사람은 누구나 내 목소리를
듣는다." [38]빌라도가 예수님께 말하였다. "진리가 무엇이오?"

27,14 // 니코데모 복음 2,1 빌라도가 예수님께 말하였다. "이들이 당신을 거슬러 증언하는 말을 듣고 있소? 당신은 대답하지 않을 작정이오?" 예수님께서 답하시며 말씀하셨다. "모든 사람은 말할 권리가 있다. 좋은 것을 원하든 나쁜 것을 원하든. 그러므로 그들도 하고 싶은 말을 할 권리가 있다."

사형 선고를 받으시다

마태 27,15-26

15축제 때마다 군중이 원하는 죄수 하나를 총독
이 풀어 주는 관례가 있었다. 16마침 그때에 예
수 바라빠라는 이름난 죄수가 있었다. 17사람들
이 모여들자 빌라도가 그들에게, "내가 누구를 풀
어 주기를 원하오? 예수 바라빠요 아니면 메시아
라고 하는 예수요?" 하고 물었다. 18그는 그들이
예수님을 시기하여 자기에게 넘겼음을 알고 있었
던 것이다.

19빌라도가 재판석에 앉아 있는데 그의 아내가 사
람을 보내어, "당신은 그 의인의 일에 관여하지 마
세요. 지난밤 꿈에 내가 그 사람 때문에 큰 괴로
움을 당했어요." 하고 말하였다.

마르 15,6-15

6빌라도는 축제 때마다 사람들이 요구하는 죄수
하나를 풀어 주곤 하였다. 7마침 바라빠라고 하
는 사람이 반란 때에 살인을 저지른 반란군들과
함께 감옥에 있었다. 8그래서 군중은 올라가 자기
들에게 해 오던 대로 해 달라고 요청하기 시작하
였다. 9빌라도가 그들에게 "유다인들의 임금을 풀
어 주기를 바라는 것이오?" 하고 물었다. 10그는
수석 사제들이 예수님을 시기하여 자기에게 넘겼
음을 알고 있었던 것이다.

루카 23,13-25

13 빌라도는 수석 사제들과 지도자들과 백성을 불
러 모아 14 그들에게 말하였다. "여러분은 이 사람
이 백성을 선동한다고 나에게 끌고 왔는데, 보다
시피 내가 여러분 앞에서 신문해 보았지만, 이 사
람에게서 여러분이 고소한 죄목을 하나도 찾지 못하였소. 15 헤로데가 이 사람을 우리에
게 돌려보낸 것을 보면 그도 찾지 못한 것이오. 보다시피 이 사람은 사형을 받아 마땅
한 짓을 하나도 저지르지 않았소. 16 그러니 이 사람에게 매질이나 하고 풀어 주겠소." [17]

요한 18,38ㄴ—19,16ㄱ

38ㄴ 빌라도는 이 말을 하고 다시 유다인들이 있는
곳으로 나가 그들에게 말하였다. "나는 저 사람에
게서 아무런 죄목도 찾지 못하겠소.

39 그런데 여러분에게는 내가 파스카 축제 때에 죄
수 하나를 풀어 주는 관습이 있소. 내가 유다인들
의 임금을 풀어 주기를 원하오?" 40 그러자 그들이 다시 "그 사람이 아니라 바
라빠를 풀어 주시오." 하고 외쳤다. 바라빠는 강도였다.
19,1 그리하여 빌라도는 예수님을 데려다가 군사들에게 채찍질을 하게 하였다.
2 군사들은 또 가시나무로 관을 엮어 예수님 머리에 씌우고 자주색 옷을 입히
고 나서, 3 그분께 다가가 "유다인들의 임금님, 만세!" 하며 그분의 뺨을 쳐 댔다.
4 빌라도가 다시 나와 그들에게 말하였다. "보시오, 내가 저 사람을 여러분 앞
으로 데리고 나오겠소. 내가 저 사람에게서 아무런 죄목도 찾지 못하였다는
것을 여러분도 알라는 것이오." 5 이윽고 예수님께서 가시나무 관을 쓰시고 자
주색 옷을 입으신 채 밖으로 나오셨다. 그러자 빌라도가 그들에게 "자, 이 사
람이오." 하고 말하였다.

27,15-26 // 니코데모 복음 9,1 그 뒤 빌라도는 니코데모와 하느님을 경외하는 유다인들 열둘을 소환하여 그들에게 말하였다. "내가 어떻게 해야 할지 여러분이 말해주시오. 백성이 크게 동요하고 있소." 그들이 말하였다. "저희는 모르겠습니다. 원하시는 대로 하십시오. 그런데 백성이 지금 하는 일은 불의한 처사입니다. 그들이 그분을 없애려 하기 때문입니다." 빌라도는 다시 밖으로 나가서 백성에게 말하였다. "무교절 축제 때 여러분을 위해 수감 중인 죄수 하나를 풀어주는 것이 관습임을 여러분도 압니다. 감옥에 악당이 하나 있는데 바라빠라는 이름의 강도요. 그리고 예수가 있소. 악행을 저지른 적이 전혀 없는 사람이오. 내가 둘 중에 누구를 풀어주기를 원하오?" 백성이 답했다. "바라빠를 풀어주시오!" 빌라도가 말하였다. "내가 예수는 어떻게 해야겠소?" 그들이 말하였다. "십자가에 못 박으시오!" 그들 가운데 다른 몇몇이 다시 소리쳤다. "예수를 풀어주면 당신은 황제의 친구가 아닙니다. 그자가 자신을 하느님의 아들이요 임금이라고 칭하기 때문입니다. 그자를 석방하면 그자가 임금이 되어 황제의 왕국을 차지할 것입니다." … 4 빌라도는 물로 손을 씻으면서 백성에게 말하였다. "나는 이 선한 사람의 피에 책임이 없소. 여러분은, 그가 불의하게 살해당하는 것을 보게 될 것이오. 나는 이 사람에게서 아무런 죄목을 찾지 못했기 때문이오. 헤로데도 마찬가지였소. 그래서 곧바로 이 사람을 내게 돌려보냈던 것이오." 유다인들이 말하였다. "그자의 피는 우리와 우리 자손의 책임이오!" 5 빌라도는 선고를 내리려고 재판석에 앉았다. 그가 명을 내리자 예수님께서 그 앞에 왔다. 사람들이 가시나무로 만든 관을 가져와 그분 머리에 씌우고 그분 오른손에 갈대를 들렸다. 빌라도가 선고를 내리고 그분께 말하였다. "당신네 종족이 당신이 임금이 되려 한다고 증언하고 있소. 따라서 임금들의 법률이 명하는 대로 먼저 당신을 몽둥이로 사십 대를 치라고 명할 것이오. 그런 다음 그들이 당신을 조롱하고 마지막에 당신을 십자가에 못 박을 것이오."

27,18 // 니코데모 복음 2,5 그러자 빌라도는 열두 명을 제외한 모든 사람에게 관저에서 나가라고 명하였다. 명한 대로 되자 빌라도는 그들에게 은밀히 말하였다. "유다인들이 질투와 광기 때문에 이 사람을 죽이고 싶어 하는 것 같소. 그분이 안식일을 어긴다는 한 가지 이유로 그분을 고발하고 있소. 그러나 그분은 좋은 일을 하고 있소. 그분이 아픈 사람들을 낫게 해주기 때문이오. 이것으로 사람에게 사형 선고를 내릴 수는 없소." 열두 명도 그에게 말하였다. "물론입니다. 나리!"

27,19 // 니코데모 복음 4,4 그때 빌라도의 아내 프로클레스가 보낸 사람이 왔다. 전언은 이러하였다. "선한 사람인 예수에게 무언가 나쁜 일이 생기게 하는 데에 가담하지 않도록 하십시오. 어젯밤에 내가 그 사람 때문에 무서운 꿈을 꾸었습니다."

[20] 그동안 수석 사제들과 원로들은 군중을 구슬려
바라빠를 풀어 주도록 요청하고 예수님은 없애 버
리자고 하였다. [21] 총독이 그들에게 "두 사람 가운
데에서 누구를 풀어 주기를 바라는 것이오?" 하
고 물었다. 그들은 "바라빠요." 하고 대답하였다.
[22] 빌라도가 그들에게 "그러면 메시아라고 하는 이
예수는 어떻게 하라는 말이오?" 하니, 그들은 모
두 "십자가에 못 박으시오!" 하였다.

[11] 그러나 수석 사제들은 군중을 부추겨 그분이 아
니라 바라빠를 풀어 달라고 청하게 하였다. [12] 빌
라도가 다시 그들에게, "그러면 여러분이 유다인
들의 임금이라고 부르는 이 사람은 어떻게 하기
를 바라는 것이오?" 하고 물었다. [13] 그러자 그들은
"십자가에 못 박으시오!" 하고 거듭 소리 질렀다.

[23] 빌라도가 다시 "도대체 그가 무슨 나쁜 짓을 하
였다는 말이오?" 하자, 그들은 더욱 큰 소리로 "십
자가에 못 박으시오!" 하고 외쳤다. [24] 빌라도는 더
이상 어찌할 수가 없을 뿐만 아니라 오히려 폭동
이 일어나려는 것을 보고, 물을 받아 군중 앞에서
손을 씻으며 말하였다. "나는 이 사람의 피에 책
임이 없소. 이것은 여러분의 일이오." [25] 그러자 온
백성이 "그 사람의 피에 대한 책임은 우리와 우리
자손들이 질 것이오." 하고 대답하였다.

[14] 빌라도가 그들에게 "도대체 그가 무슨 나쁜 짓
을 하였다는 말이오?" 하자, 그들은 더욱 큰 소리
로 "십자가에 못 박으시오!" 하고 외쳤다.

18 그러자 그들은 일제히 소리를 질렀다. "그자는
없애고 바라빠를 풀어 주시오." 19 바라빠는 예
루살렘에서 일어난 반란과 살인으로 감옥에 갇
혀 있던 자였다. 20 빌라도는 예수님을 풀어 주고
싶어서 그들에게 다시 이야기하였지만, 21 그들은
"그자를 십자가에 못 박으시오! 십자가에 못 박으
시오!" 하고 외쳤다.

6 그때에 수석 사제들과 성전 경비병들은 예수님
을 보고, "십자가에 못 박으시오! 십자가에 못 박
으시오!" 하고 외쳤다. 빌라도가 그들에게 "여러분
이 데려다가 십자가에 못 박으시오. 나는 이 사람
에게서 죄목을 찾지 못하겠소." 하자, 7 유다인들
이 그에게 대답하였다. "우리에게는 율법이 있소.
이 율법에 따르면 그자는 죽어 마땅하오. 자기가
하느님의 아들이라고 자처하였기 때문이오."

8 빌라도는 이 말을 듣고 더욱 두려운 생각이 들었다. 9 그리하여 다
시 총독 관저로 들어가 예수님께, "당신은 어디서 왔소?" 하고 물었
다. 그러나 예수님께서는 그에게 아무 대답도 하지 않으셨다. 10 그러
자 빌라도가 예수님께 말하였다. "나에게 말을 하지 않을 작정이오?
나는 당신을 풀어 줄 권한도 있고 당신을 십자가에 못 박을 권한도
있다는 것을 모르시오?" 11 예수님께서 그에게 대답하셨다. "네가 위
로부터 받지 않았으면 나에 대해 아무런 권한도 없었을 것이다. 그
러므로 나를 너에게 넘긴 자의 죄가 더 크다." 12 그때부터 빌라도는
예수님을 풀어 줄 방도를 찾았다. 그러나 유다인들은 "그 사람을
풀어 주면 총독께서는 황제의 친구가 아니오. 누구든지 자기가 임
금이라고 자처하는 자는 황제에게 대항하는 것이오." 하고 외쳤다.

22 빌라도가 세 번째로 그들에게, "도대체 이 사람
이 무슨 나쁜 짓을 하였다는 말이오? 나는 이 사
람에게서 사형을 받아 마땅한 죄목을 하나도 찾
지 못하였소. 그래서 이 사람에게 매질이나 하고
풀어 주겠소." 하자, 23 그들이 큰 소리로 예수님을
십자가에 못 박으라고 다그치며 요구하는데, 그
소리가 점점 거세졌다.

13 빌라도는 이 말을 듣고 예수님을 밖으로 데리고
나가 리토스트로토스라고 하는 곳에 있는 재판
석에 앉았다. 리토스트로토스는 히브리 말로 가
빠타라고 한다. 14 그날은 파스카 축제 준비일이었
고 때는 낮 열두 시쯤이었다. 빌라도가 유다인들
에게 말하였다. "보시오, 여러분의 임금이오." 15 그
러자 그들이 외쳤다. "없애 버리시오. 없애 버리시
오. 그를 십자가에 못 박으시오." 빌라도가 그들에
게 "여러분의 임금을 십자가에 못 박으라는 말이
오?" 하고 물으니, 수석 사제들이 "우리 임금은 황
제뿐이오." 하고 대답하였다.

27,22 // 니코데모 복음 4,4 빌라도가 유다인들에게 말하였다. "만약 예수가 했다는 말이 하느님을 모욕하는 말로 여겨진다면, 그를 데려가서 여러분의 법에 따라 여러분이 심판하시오." 유다인들이 빌라도에게 말하였다. "저희는 나리께서 그자를 십자가에 못 박으시기를 원합니다." 빌라도가 말하였다. "그것은 좋지 않소."

27,24 // 니코데모 4,1 빌라도는 그리스도만 남겨두고 밖으로 나와서 유다인들에게 말하였다. "나는 이 사람에게서 아무런 잘못도 찾지 못하겠소." 유다인들이 답하였다. "그자가 무어라고 말하고 다녔는지, 각하께 말씀드리겠습니다. 그자는 '나는 하느님의 성전을 무너뜨렸다가 사흘 안에 다시 세울 수 있다'고 말했습니다." 빌라도가 말하였다. "그가 무슨 성전을 무너뜨린다고 말했소?" 히브리인들이 말하였다. "솔로몬의 성전이오. 솔로몬이 사십육 년 동안 세운 것입니다."

27,24 // 야고보 첫째 묵시록 43 그들은 일어나 말하였습니다. "우리는 이 피에 동참하지 않습니다. 의로운 사람이 불의를 통해 멸망할 것입니다."

27,25 // 베드로 복음 11,46 빌라도가 대답하며 말하였다. "나는 하느님 아들의 피에 책임이 없이 깨끗한 몸이오. 이것은 여러분들이 가장 좋다고 생각해서 한 일이오."

27,26 // 베드로 복음 1,1 [...] 그러나 유다인들 가운[데] 어느 누구도 손을 씻지 않았다. 헤로데는 물론 헤로데의 재판관들 가운데서도 한 명도 그렇게 하지 않았다. 그들이 손을 씻으려 하[지 않자] 빌라도가 자리에서 일어났다. 2 그때 헤로데 임금이 주님을 내보[내]라고 그들에게 명하면서 말하였다. "여러분은, 내가 그에게 하라고 명한 대로 하시오." 2,3 빌라도의 친구이자 주

26 그래서 빌라도는 바라빠를 풀어 주고 예수님을
채찍질하게 한 다음 십자가에 못 박으라고 넘겨
주었다.

15 그리하여 빌라도는 군중을 만족시키려고, 바라
빠를 풀어 주고 예수님을 채찍질하게 한 다음 십
자가에 못 박으라고 넘겨주었다.

군사들이 예수님을 조롱하다

마태 27,27-31

27 그때에 총독의 군사들이 예수님을 총독 관저로
데리고 가서 그분 둘레에 온 부대를 집합시킨 다
음,
28 그분의 옷을 벗기고 진홍색 외투를 입혔다. 29 그
리고 가시나무로 관을 엮어 그분 머리에 씌우고
오른손에 갈대를 들리고서는, 그분 앞에 무릎을
꿇고 "유다인들의 임금님, 만세!" 하며 조롱하였
다. 30 또 그분께 침을 뱉고 갈대를 빼앗아 그분의
머리를 때렸다. 31 그렇게 예수님을 조롱하고 나서
외투를 벗기고 그분의 겉옷을 입혔다. 그리고 예
수님을 십자가에 못 박으러 끌고 나갔다.

마르 15,16-20

16 군사들은 예수님을 뜰 안으로 끌고 갔다. 그곳
은 총독 관저였다. 그들은 온 부대를 집합시킨 다
음,
17 그분께 자주색 옷을 입히고 가시관을 엮어 머
리에 씌우고서는, 18 "유다인들의 임금님, 만세!" 하
며 인사하기 시작하였다. 19 또 갈대로 그분의 머리
를 때리고 침을 뱉고서는, 무릎을 꿇고 엎드려 예
수님께 절하였다. 20 그렇게 예수님을 조롱하고 나
서 자주색 옷을 벗기고 그분의 겉옷을 입혔다. 그
리고 예수님을 십자가에 못 박으러 끌고 나갔다.

십자가에 못 박히시다

마태 27,32-44

32 그들은 나가다가 시몬이라는 키레네 사람을 보
고 강제로 예수님의 십자가를 지게 하였다.

마르 15,21-32

21 그들은 지나가는 어떤 사람에게 강제로 예수님
의 십자가를 지게 하였다. 그는 키레네 사람 시몬
으로서 알렉산드로스와 루포스의 아버지였는데,
시골에서 올라오는 길이었다.

[24]마침내 빌라도는 그들의 요구를 들어주기로 결정하였다. [25]그리하여 그는 반란과 살인으로 감옥에 갇혀 있던 자를 그들이 요구하는 대로 풀어 주고, 예수님은 그들의 뜻대로 하라고 넘겨주었다.

[16]그리하여 빌라도는 예수님을 십자가에 못 박으라고 그들에게 넘겨주었다.

님의 친구인 요셉이 거기에 있었다. 그들이 그분을 십자가에 못 박으려 하자 요셉은 빌라도에게 다가가 주님의 시신을 묻을 수 있도록 나중에 내어달라고 청하였다. [4]그리하여 빌라도는 헤로데에게 사람을 보내어 그분의 시신을 요청하였다. [5]이에 헤로데가 말하였다. "빌라도 형제, 그를 요구하는 사람이 없으면 우리라도 그를 묻을 것이오. 안식일이 밝아오고 있기 때문이오. '처형된 사람 위로 해가 져서는 안 된다'고 율법에 기록되어 있소." 빌라도는 그들의 축제인 무교절 하루 전날 그분을 백성에게 넘겨주었다.

루카

요한

사형 선고를 받으시다 18,38ㄴ—19,16

[19,2]군사들은 또 가시나무로 관을 엮어 예수님 머리에 씌우고 자주색 옷을 입히고 나서, [3]그분께 다가가 "유다인들의 임금님, 만세!" 하며 그분의 뺨을 쳐 댔다.

27,27-31 // 베드로 복음 3,6 주님을 붙잡은 사람들이 그분을 밀고 뛰어가면서 말하였다. "우리가 하느님의 아들을 끌고 갑시다. 우리에게 그 자에 대한 권한이 있지 않소?" [7]그러고는 그분에게 자주색 옷을 입히고 재판석에 앉히며 말하였다. "공정한 심판을 내려 보시오, 이스라엘의 임금이시여!" [8]그들 가운데 어떤 사람이 가시관을 가져와서 주님의 머리에 씌웠다. [9]그리고 거기 서 있던 사람들 가운데 어떤 사람들은 그분 눈에다 침을 뱉고 또 어떤 사람들은 그분 뺨을 때렸다. 어떤 사람들은 그분을 갈대로 찌르고 또 어떤 사람들은 그분을 채찍으로 치면서 말하였다. "우리, 하느님의 아들에게 이런 식으로 경의를 표합시다."

27,27-31 // 니코데모 복음 10,1 빌라도에게서 이런 선고가 내려지자 유다인들은 예수님을 치기 시작하였다. 어떤 이들은 몽둥이로, 어떤 이들은 손으로, 또 어떤 이들은 발로 쳤다. 또 어떤 이들은 그분 얼굴에 침을 뱉기도 하였다. 그리고 그들은 곧바로 십자가를 준비하여 그것을 그분께 주고는 길을 나서게 하였다.

루카 23,26-43

[26]그들은 예수님을 끌고 가다가, 시골에서 오고 있던 시몬이라는 어떤 키레네 사람을 붙잡아 십자가를 지우고 예수님을 뒤따르게 하였다.

요한 19,16ㄴ-27

27,32 // 니코데모 복음 10,1 그분께서 이렇게 십자가를 지고 걸어가시다 예루살렘 도성의 성문 앞까지 이르렀다. 많이 맞으시기도 했고 십자가의 무게 때문에도 그분께서 더 이상 걸어가실 수가 없었다. 유다인들은 가능한 빨리 그분을 십자가에 못 박고 싶은 마음에 그분에게서 십자가를 빼앗았다. 그리고 그것을 그들과 마주친, 시몬이라는 사람에게 주었다. 그에게는 알렉산드로스와 루푸스라는 아들이 둘 있었다. 그는 도시 키레네 출신이었다. 그들이 그에게 십자가를 준 것은 예수님을 가엾이 여겨서도, 십자가의 무게를 덜어주려는 것도 아니었다. 다만 …, 되도록 빨리 그분을 죽이고 싶었기 때문이다.

27,35 // 시편 22,19 제 옷을 저희끼리 나누어 가지고 제 속옷을 놓고서는 제비를 뽑습니다.

33 이윽고 골고타 곧 '해골 터'라는 곳에 이르렀다. 34 그들이 쓸개즙을 섞은 포도주를 예수님께 마시라고 건넸지만, 그분께서는 맛을 보시고서는 마시려고 하지 않으셨다. 35 그들은 예수님을 십자가에 못 박고 나서 제비를 뽑아 그분의 겉옷을 나누어 가진 다음, 36 거기에 앉아 예수님을 지켰다. 37 그들은 또 그분의 머리 위에 죄명을 붙여 놓았다. 거기에는 '이자는 유다인들의 임금 예수다.'라고 쓰여 있었다.

22 그들은 예수님을 골고타라는 곳으로 데리고 갔다. 이는 번역하면 '해골 터'라는 뜻이다. 23 그들이 몰약을 탄 포도주를 예수님께 건넸지만 그분께서는 받지 않으셨다. 24 그들은 예수님을 십자가에 못 박았다. 그러고 나서

그분의 겉옷을 나누어 가졌는데
누가 무엇을 차지할지 제비를 뽑아 결정하였다.

25 그들이 예수님을 십자가에 못 박은 때는 아침 아홉 시였다. 26 그분의 죄명 패에는 '유다인들의 임금'이라고 쓰여 있었다.

38 그때에 강도 두 사람도 예수님과 함께 십자가에 못 박혔는데, 하나는 오른쪽에 하나는 왼쪽에 못 박혔다.

39 지나가던 자들이 머리를 흔들어 대며 예수님을 모독하면서 40 이렇게 말하였다. "성전을 허물고 사흘 안에 다시 짓겠다는 자야, 너 자신이나 구해 보아라. 네가 하느님의 아들이라면 십자가에서 내려와 보아라." 41 수석 사제들도 이런 식으로 율법 학자들과 원로들과 함께 조롱하며 말하였다. 42 "다른 이들은 구원하였으면서 자신은 구원하지 못하는군. 이스라엘의 임금님이시면 지금 십자가에서 내려와 보시지. 그러면 우리가 믿을 터인데. 43 하느님을 신뢰한다고 하니, 하느님께서 저자가 마음에 드시면 지금 구해 내 보시라지. '나는 하느님의 아들이다.' 하였으니 말이야."

44 예수님과 함께 십자가에 못 박힌 강도들도 마찬가지로 그분께 비아냥거렸다.

27 그들은 예수님과 함께 강도 둘을 십자가에 못 박았는데, 하나는 오른쪽에 다른 하나는 왼쪽에 못 박았다. [28]

29 지나가는 자들이 머리를 흔들며 그분을 이렇게 모독하였다. "저런! 성전을 허물고 사흘 안에 다시 짓겠다더니. 30 십자가에서 내려와 너 자신이나 구해 보아라." 31 수석 사제들도 이런 식으로 율법 학자들과 함께 조롱하며 서로 말하였다. "다른 이들은 구원하였으면서 자신은 구원하지 못하는군. 32 우리가 보고 믿게, 이스라엘의 임금 메시아는 지금 십자가에서 내려와 보시지." 예수님과 함께 십자가에 못 박힌 자들도 그분께 비아냥거렸다.

27 백성의 큰 무리도 예수님을 따라갔다. 그 가운
데에는 예수님 때문에 가슴을 치며 통곡하는 여
자들도 있었다. 28 예수님께서는 그 여자들에게 돌
아서서 이르셨다. "예루살렘의 딸들아, 나 때문
에 울지 말고 너희와 너희 자녀들 때문에 울어라.
29 보라, '아이를 낳지 못하는 여자, 아이를 배어 보
지 못하고 젖을 먹여 보지 못한 여자는 행복하여
라!' 하고 말할 날이 올 것이다. 30 그때에 사람들은
'산들에게
'우리 위로 무너져 내려라.' 하고
언덕들에게 '우리를 덮어 다오.' 할' 것이다.
31 푸른 나무가 이러한 일을 당하거든 마른나무야
어떻게 되겠느냐?"
32 그들은 다른 두 죄수도 처형하려고 예수님과 함
께 끌고 갔다. 33 '해골'이라 하는 곳에 이르러 그들
은 예수님과 함께 두 죄수도 십자가에 못 박았는
데, 하나는 그분의 오른쪽에 다른 하나는 왼쪽에
못 박았다. 34 그때에 예수님께서 말씀하셨다. "아
버지, 저들을 용서해 주십시오. 저들은 자기들이
무슨 일을 하는지 모릅니다." 그들은 제비를 뽑아
그분의 겉옷을 나누어 가졌다. 35 백성들은 서서
바라보고 있었다. 그러나 지도자들은 "이자가 다
른 이들을 구원하였으니, 정말 하느님의 메시아,
선택된 이라면 자신도 구원해 보라지." 하며 빈정
거렸다. 36 군사들도 예수님을 조롱하였다. 그들은
예수님께 다가가 신 포도주를 들이대며 37 말하였
다. "네가 유다인들의 임금이라면 너 자신이나 구
원해 보아라." 38 예수님의 머리 위에는 '이자는 유
다인들의 임금이다.'라는 죄명 패가 붙어 있었다.
39 예수님과 함께 매달린 죄수 하나도, "당신은 메
시아가 아니시오? 당신 자신과 우리를 구원해 보

16ㄴ 그들은 예수님을 넘겨받았다. 17 예수님께서는
몸소 십자가를 지시고 '해골 터'라는 곳으로 나가
셨다. 그곳은 히브리 말로 골고타라고 한다. 18 거
기에서 그들은 예수님을 십자가에 못 박았다. 그
리고 다른 두 사람도 예수님을 가운데로 하여 이
쪽저쪽에 하나씩 못 박았다. 19 빌라도는 명패를
써서 십자가 위에 달게 하였는데, 거기에는 '유다
인들의 임금 나자렛 사람 예수'라고 쓰여 있었다.
20 예수님께서 십자가에 못 박히신 곳이 도성에서
가까웠기 때문에, 많은 유다인이 그 명패를 읽게
되었다. 그것은 히브리 말, 라틴 말, 그리스 말로
쓰여 있었다. 21 그래서 유다인들의 수석 사제들이
빌라도에게 말하였다. "'유다인들의 임금'이라고
쓸 것이 아니라, '나는 유다인들의 임금이다.' 하
고 저자가 말하였다고 쓰시오." 22 그러나 빌라도는
"내가 한번 썼으면 그만이오." 하고 대답하였다.
23 군사들은 예수님을 십자가에 못 박고 나서, 그
분의 옷을 가져다가 네 몫으로 나누어 저마다 한
몫씩 차지하였다. 속옷도 가져갔는데 그것은 솔기
가 없이 위에서부터 통으로 짠 것이었다. 24 그래서
그들은 서로, "이것은 찢지 말고 누구 차지가 될지
제비를 뽑자." 하고 말하였다.
"그들이 제 옷을 저희끼리 나누어 가지고
제 속옷을 놓고서는 제비를 뽑았습니다."
하신 성경 말씀이 이루어지려고 그리된 것이다.
그래서 군사들이 그렇게 하였다.

27,33 // 니코데모 복음 10,3 마침내 그들이 해골이라는 곳에 이르렀다. 그곳 바닥에는 돌이 깔려 있었다. 유다인들은 거기에 십자가를 세웠다. 이어서 그들은 예수님의 옷을 벗겼다. 그리고 군사들이 그분의 겉옷을 가져다가 자기들끼리 나누었다. 그리고 그분께 주홍색 누더기를 입히고는 그분을 십자가에 오르게 하였다. 그리고 그날 낮 여섯째 시각에 십자가에 매달았다. 그 뒤 그들은 다른 강도 둘을 데려와 하나는 그분 오른쪽에 다른 하나는 왼쪽에 세웠다.

27,35-44 // 베드로 복음 4,10 그리고 그들은 죄인 두 사람을 더 데려와 주님을 그들 사이에 두고 십자가에 못 박았다. 그러나 그분께서는 아무런 고통도 없는 것처럼 줄곧 입을 다물고 계셨다.
11 그들은 십자가를 세우고 거기에 "이 사람은 이스라엘의 임금"이라고 기록하였다.
12 그리고 그들은 그분 앞에 그분의 옷을 놓고 찢은 뒤 그것들을 두고 제비를 뽑았다.
13 그러자 죄수들 가운데 한 사람이 그들을 나무라며 말하였다. "우리야 우리가 저지른 나쁜 짓들 때문에 이런 고초를 당한다지만, 사(람)들의 구원자가 되신 이분이야 여러분들에게 무슨 잘못을 저질렀단 말이오?"
14 그러자 그들은 그분께 화가 나서 그분이 몹시 고통당하다 돌아가시도록 다리를 부러뜨리지 말라고 명하였다.

27,35-44 // 사도들의 편지 9. 지금 [우리가] 증언하는 그분은 주님, 곧 본시오 빌라도[와] 아르켈라오스에 의해 두 도둑 사이에서 십자가에 못 박히시[고] '[해]골 터'라 불리는 곳에 묻히신 분이십니다.

27,33-44 // 니코데모 복음 10,5 그때 예수님께서 큰 소리로 부르짖으며 말씀하셨다. "아버지, 그들에게 이 죄를 그들 앞에 세우지 마십시오. 그들은 자기가 무엇을 하는지 알지 못합니다." 그런 다음 "목마르다." 하고 말씀하셨다. 그러자 군사들 가운데 하나가 달려가 해면을 집어 쓸개와 신포도주 섞은 것으로 적신 뒤 그것을 갈대에 꽂아 예수님께 마시라고 주었다. 그분께서는 맛을 보시고서는 드시려고 하지 않으셨다. 거기 서서 지켜보고 있던 유다인들은 그분을 비웃으며 말하였다. "네가 하느님의 아들이라고

숨을 거두시다

27,46 // 시편 22,2 저의 하느님, 저의 하느님, 어찌하여 저를 버리셨습니까? 소리쳐 부르건만 구원은 멀리 있습니다.

27,48 // 시편 69,22 그들은 저에게 음식으로 독을 주고 목말라할 때 초를 마시게 하였습니다.

마태 27,45-56

45 낮 열두 시부터 어둠이 온 땅에 덮여 오후 세 시
까지 계속되었다. 46 오후 세 시쯤에 예수님께서 큰
소리로, "엘리 엘리 레마 사박타니?" 하고 부르짖
으셨다. 이는 "저의 하느님, 저의 하느님, 어찌하여
저를 버리셨습니까?"라는 뜻이다. 47 그곳에 서 있
던 자들 가운데 몇이 이 말씀을 듣고, "이자가 엘
리야를 부르네." 하고 말하였다. 48 그러자 그들 가
운데 한 사람이 곧 달려가서 해면을 가져와 신 포
도주에 듬뿍 적신 다음, 갈대에 꽂아 그분께 마시
게 하였다. 49 그러나 다른 사람들은 "가만, 엘리야
가 와서 그를 구해 주나 봅시다." 하고 말하였다.
50 예수님께서는 다시 큰 소리로 외치시고 나서 숨
을 거두셨다.

마르 15,33-41

33 낮 열두 시가 되자 어둠이 온 땅에 덮여 오후 세
시까지 계속되었다. 34 오후 세 시에 예수님께서 큰
소리로, "엘로이 엘로이 레마 사박타니?" 하고 부
르짖으셨다. 이는 번역하면, '저의 하느님, 저의 하
느님, 어찌하여 저를 버리셨습니까?'라는 뜻이다.
35 곁에 서 있던 자들 가운데 몇이 이 말씀을 듣고,
"저것 봐! 엘리야를 부르네." 하고 말하였다. 36 그
러자 어떤 사람이 달려가서 해면을 신 포도주에
적신 다음, 갈대에 꽂아 예수님께 마시라고 갖다
대며, "자, 엘리야가 와서 그를 내려 주나 봅시다."
하고 말하였다. 37 예수님께서는 큰 소리를 지르시
고 숨을 거두셨다.

시오." 하며 그분을 모독하였다.
40 그러나 다른 하나는 그를 꾸짖으며 말하였다.
"같이 처형을 받는 주제에 너는 하느님이 두렵지
도 않으냐? 41 우리야 당연히 우리가 저지른 짓에 합당한 벌을 받지만, 이분은
아무런 잘못도 하지 않으셨다." 42 그러고 나서 "예수님, 선생님의 나라에 들어
가실 때 저를 기억해 주십시오." 하였다. 43 그러자 예수님께서 그에게 이르셨
다. "내가 진실로 너에게 말한다. 너는 오늘 나와 함께 낙원에 있을 것이다."

25 예수님의 십자가 곁에는 그분의 어머니와 이모,
클로파스의 아내 마리아와 마리아 막달레나가 서
있었다. 26 예수님께서는 당신의 어머니와 그 곁에
선 사랑하시는 제자를 보시고, 어머니에게 말씀하셨다. "여인이시여, 이
사람이 어머니의 아들입니다." 27 이어서 그 제자에게 "이분이 네 어머니
시다." 하고 말씀하셨다. 그때부터 그 제자가 그분을 자기 집에 모셨다.

한 말이 사실이라면, 십자가에서 내려와 보아라! 그러면 바로 우리
도 너를 믿겠다." 다른 사람들도 비웃으며 말하였다. "다른 사람들을
구하고 다른 사람들을 고치고, 아픈 사람들, 중풍환자들, 나환자들
과 마귀 들린 이들, 눈먼 이들, 절름발이들, 죽은 이들은 낫게 하더
니! 자기 자신을 고치지 못 하는군!" 6 마찬가지로 그분 왼편 십자가
에 못 박혀 있던 강도도 그분께 말하였다. "당신이 하느님의 아들이
라면, 내려가서 당신과 우리를 구원해 보시오." 그의 이름은 기스타
스였다. 오른편 십자가에 못 박혀 있던 뒤스마스라는 자는 그 강도
를 꾸짖으며 말하였다. "초라하고 비참한 자야, 너는 하느님이 두렵
지도 않느냐? 우리야 우리가 저지른 짓에 합당한 고초를 겪는다만,
이분은 아무런 잘못도 하지 않으셨다." 그러고는 예수님께 고개를 돌리며 그분께 말하였다. "주님, 당신께서 다스리실 때 저를 잊지 마십시오." 그분께서 그자에게 말씀하셨다. "내가 너에게 진실을 말한다. 오늘 너를 낙원에 나와 함께 있게 하겠다."

루카 23,44-49

44 낮 열두 시쯤 되자 어둠이 온 땅에 덮여 오후
세 시까지 계속되었다. 45 해가 어두워진 것이다.
그때에 성전 휘장 한가운데가 두 갈래로 찢어졌
다. 46 그리고 예수님께서 큰 소리로 외치셨다. "아
버지, '제 영을 아버지 손에 맡깁니다.'" 이 말씀을
하시고 숨을 거두셨다.

요한 19,28-30

28 그 뒤에 이미 모든 일이 다 이루어졌음을 아신
예수님께서는 성경 말씀이 이루어지게 하시려고
"목마르다." 하고 말씀하셨다. 29 거기에는 신 포도
주가 가득 담긴 그릇이 놓여 있었다. 그래서 사
람들이 신 포도주를 듬뿍 적신 해면을 우슬초
가지에 꽂아 예수님의 입에 갖다 대었다. 30 예수
님께서는 신 포도주를 드신 다음에 말씀하셨다.
"다 이루어졌다." 이어서 고개를 숙이시며 숨을 거
두셨다.

27,46 // 필립보 복음 68. "저의 하느님, 저의 하느님! 어찌하여, 주님, 저를 버리셨나이까?" 그분께서 십자가 위에서 이렇게 말씀하셨습니다. 그분께서 그곳에서 분리되셨기 때문입니다.

27,45-56 // 니코데모 복음 11,1 그리고 예수님께서 큰 소리로 "아버지, 제 영을 당신 손에 맡깁니다." 하고 외치신 다음 숨을 거두셨다. 그 즉시 바위들이 갈라지는 것이 보였다. 온 땅에 지진이 일어났는데, 지진이 너무 강력하고 커서 바위들도 갈라졌던 것이다. 그리고 죽은 자들의 무덤들도 열렸다. 그리고 성전의 휘장이 찢어졌다. 어둠이 여섯째 시각부터 아홉째 시각까지 계속되었다. 유다인들은 일어난 이 모든 일들에 두려워져서 "이 사람은 정말로 의로운 분이셨다" 하고 말하였다. 거기 서 있던 백인대장 롱기누스는 "참으로 이분은 하느님의 아들이셨다" 하고 말하였다. 다른 사람들도 와서 그분을 보고는 두려움에 가슴을 치면서 돌아갔다.

51 그러자 성전 휘장이 위에서 아래까지 두 갈래로
찢어졌다. 땅이 흔들리고 바위들이 갈라졌다. 52 무
덤이 열리고 잠자던 많은 성도들의 몸이 되살아났
다. 53 예수님께서 다시 살아나신 다음, 그들은 무
덤에서 나와 거룩한 도성에 들어가 많은 이들에게
나타났다. 54 백인대장과 또 그와 함께 예수님을 지
키던 이들이 지진과 다른 여러 가지 일들을 보고
몹시 두려워하며, “참으로 이분은 하느님의 아드
님이셨다.” 하고 말하였다.

55 거기에는 많은 여자들이 멀리서 지켜보고 있었
는데, 그들은 갈릴래아에서부터 예수님을 따르며
시중들던 이들이다. 56 그들 가운데에는 마리아 막
달레나, 야고보와 요셉의 어머니 마리아, 제베대
오 아들들의 어머니도 있었다.

38 그때에 성전 휘장이 위에서 아래까지 두 갈래로
찢어졌다. 39 그리고 예수님을 마주 보고 서 있던
백인대장이 그분께서 그렇게 숨을 거두시는 것을
보고, “참으로 이 사람은 하느님의 아드님이셨다.”
하고 말하였다.

40 여자들도 멀리서 지켜보고 있었는데, 그들 가
운데에는 마리아 막달레나, 작은 야고보와 요세
의 어머니 마리아, 그리고 살로메가 있었다. 41 그
들은 예수님께서 갈릴래아에 계실 때에 그분을
따르며 시중들던 여자들이었다. 그 밖에도 예수
님과 함께 예루살렘에 올라온 다른 여자들도 많
이 있었다.

27,52-53 // 2바룩 50,2 지금은 땅이 자기 안에 담아두려고 받아들이는 죽은 이들을, 그때에는 반드시 다시 내놓을 것이다. 그들의 모습에는 아무 변화가 없을 것이다. 땅이 받아들인 모습 그대로 그들을 다시 내놓을 것이다. 그리고 내가 땅에게 넘겨준 모습 그대로 땅이 그들을 다시 일으킬 것이다. 3 그런 다음에는 죽은 이들이 다시 살아났다는 것과, 떠나갔던 그들이 다시 돌아왔다는 것이 살아 있는 이들에게 알려져야 한다.

27,52-53 // 4에즈 7,29 그 해들이 지난 뒤에는, 내 아들 메시아가 죽을 것이다. 사람의 숨을 지닌 모든 이가 그러할 것이다. 30 그리고 세상은 이레 동안 태초의 침묵으로 돌아갈 것이다. 한처음에 그러했던 것처럼! 그리고 단 한 사람도 남지 않을 것이다. 31 그리고 이레가 흐른 뒤에, 지금은 깨어 있지 않은 세상이 깨어날 것이다. 그리고 파멸은 죽음을 맞을 것이다. 32 그리고 땅은 그 안에 누워 있는 자들을 내놓을 것이다. 흙은 그 안에 잠들어 있는 이들을 내놓을 것이다. 보고(寶庫)들은 그 안에 맡겨진 영혼들을 내놓을 것이다.

27,54 // 4에즈 7,26 보라! 그 날들이 올 것이다. 내가 너에게 전에 예고한 표징이 오는 때, 도성처럼 보이는 신부가 모습을 드러낼 것이다. 그리고 특별한 그 도성이 나타날 것이다. 27 그리고 앞에서 언급한 악행들에서 해방된 모든 이가 나의 기적들을 목격할 것이다. 28 그 다음 내 아들 메시아가, 그와 함께 있는 이들과 같이 나타날 것이다. 그리고 남은 자들을 사백 년 동안 기쁘게 할 것이다.

묻히시다

마태 27,57-61

57 저녁때가 되자 아리마태아 출신의 부유한 사람
으로서 요셉이라는 이가 왔는데, 그도 예수님의
제자였다. 58 이 사람이 빌라도에게 가서 예수님의
시신을 내 달라고 청하자, 빌라도가 내주라고 명
령하였다.

마르 15,42-47

42 이미 저녁때가 되어 있었다. 그날은 준비일 곧
안식일 전날이었으므로, 43 아리마태아 출신 요셉
이 빌라도에게 당당히 들어가, 예수님의 시신을
내 달라고 청하였다. 그는 명망 있는 의회 의원
으로서 하느님의 나라를 열심히 기다리던 사람
이었다. 44 빌라도는 예수님께서 벌써 돌아가셨을
까 의아하게 생각하여, 백인대장을 불러 예수님

47 그 광경을 보고 있던 백인대장은 하느님을 찬양하며, "정녕 이 사람은 의로운 분이셨다." 하고 말하였다. 48 구경하러 몰려들었던 군중도 모두 그 광경을 바라보고 가슴을 치며 돌아갔다.

49 예수님의 모든 친지와 갈릴래아에서부터 그분을 함께 따라온 여자들은 멀찍이 서서 그 모든 일을 지켜보았다.

27,45-56 // 베드로 복음 5,15 정오가 되자 어둠이 유다 전역을 뒤덮었다. 그러자 그들은 동요하면서 그분이 아직 살아 계시는 동안에 해가 지지 않을까 걱정하였다. 사실 '처형된 사람 위로 해가 져서는 안 된다'고 기록되어 있었던 것이다. 16 그리하여 그들 가운데 누군가가 말하였다. "그자에게 신 포도주와 쓸개즙을 먹이시오." 그러자 그것들을 섞어서 그분께 마시게 하였다. 17 그렇게 그들은 모든 것을 다 이루고 자기네 머리에 대고 자기들의 죄를 끝까지 다 채웠다. 18 많은 사람들이 "밤이라 넘어질지 모르겠다"고 생각하면서 등불을 들고 지나다녔다. 19 그때 주님께서 큰 소리를 지르시며 말씀하셨다. "저의 힘이시여, 저의 힘이시여, 당신께서 저를 저버리셨습니다." 이렇게 말씀하신 다음 그분께서는 위로 올림을 받으셨다. 20 바로 그때, 예루살렘 성전 휘장이 찢겨 두 갈래로 갈라졌다. 6,21 그러자 그들은 주님의 손에서 못을 빼내고 그분을 땅바닥에 내렸다. 그러자 온 땅이 흔들리고 엄청난 공포가 밀려들었다. 22 그때 태양이 비치고 아홉째 시각임이 드러났다.

27,51-52.54 // 니코데모 복음 11,1 그리고 예수님께서 큰 소리로 "아버지, 제 영을 당신 손에 맡깁니다." 하고 외치신 다음 숨을 거두셨다. 그 즉시 바위들이 갈라지는 것이 보였다. 온 땅에 지진이 일어났는데, 지진이 너무 강력하고 커서 바위들도 갈라졌던 것이다. 그리고 죽은 자들의 무덤들도 열렸다. 그리고 성전의 휘장이 찢어졌다. 어둠이 여섯째 시각부터 아홉째 시각까지 계속되었다. 유다인들은 일어난 이 모든 일들에 두려워져서 "이 사람은 정말로 의로운 분이셨다" 하고 말하였다. 거기 서 있던 백인대장 롱기누스는 "참으로 이분은 하느님의 아들이셨다" 하고 말하였다. 다른 사람들도 와서 그분을 보고는 두려움에 가슴을 치면서 돌아갔다.

27,53 // 니코데모 복음 21,1 "너희 우두머리들아, 문들을 열어라! 그리고 열려라, 영원의 문들아! 영광의 임금께서 들어오실 것이다!" 저승이 소리를 듣고 사탄에게 말하였다. "나가시오. 그리고 가능하다면 그분께 맞서시오!" 그래서 사탄이 밖으로 나갔다. 그러자 저승이 그의 마귀들에게 말하였다. "청동 문들과 쇠 빗장들을 튼튼하게 걸어 잠가라! 그리고 나의 가로장들을 단단히 붙잡아라. 똑바로 서서 모든 것을 잘 감시하여라. 그분께서 이리로 들어오시면 재앙이 우리를 덮칠 것이다." ... 3 다시 목소리가 나와서 말하였다. "열려라, 문들아!" 저승이 두 번째로 그 소리를 들었을 때, 마치 모르고 있었던 것처럼 대답하며 말하였다. "이 영광의 임금님은 누구십니까?" 주님의 천사들이 말하였다. "그분은 강하시고 능하신 주님, 전쟁에 능하신 주님이시다." 이 말씀과 동시에 곧바로 (저승의) 청동 문들이 부서지고 쇠 빗장들이 부러졌다. 그리고 묶여 있던 죽은 모든 이들이 사슬에서 풀려났다. 그들과 함께 우리도 풀려났다. 그리고 영광의 임금님께서 사람처럼 들어오셨다. 그리고 저승의 모든 어둠이 밝혀졌다.

루카 23,50-56

50 요셉이라는 사람이 있었는데, 그는 의회 의원이며 착하고 의로운 이였다. 51 이 사람은 의회의 결정과 처사에 동의하지 않았다. 그는 유다인들의 고을 아리마태아 출신으로서 하느님의 나라를 기다리고 있었다. 52 이 사람이 빌라도에게 가서 예수님의 시신을 내 달라고 청하였다.

요한 19,38-42

38 그 뒤에 아리마태아 출신 요셉이 예수님의 시신을 거두게 해 달라고 빌라도에게 청하였다. 그는 예수님의 제자였지만 유다인들이 두려워 그 사실을 숨기고 있었다. 빌라도가 허락하자 그가 가서 그분의 시신을 거두었다.

27,57-61 // 베드로 복음 6,21 그러자 그들은 주님의 손에서 못을 빼내고 그분을 땅바닥에 내렸다. 그러자 온 땅이 흔들리고 엄청난 공포가 밀려들었다. 22 그때 태양이 비치고 아홉째 시각임이 드러났다. 23 그러자 유다인들은 다행이라 여기면서 그분의 몸을 묻도록 요셉에게 내어 주었다. 그는 그분께서 행하신 좋은 일들을 보았었다. 24 그는 주님을 모셔와 몸을 씻기고 아마포로 감싼 다음 '요셉의 정원'이라 불리는 자기 무덤에다 모셨다.

께서 돌아가신 지 오래되었느냐고 물었다. [45]빌라
도는 백인대장에게 알아보고 나서 요셉에게 시신
을 내주었다.

[59]요셉은 시신을 받아 깨끗한 아마포로 감싼 다
음, [60]바위를 깎아 만든 자기의 새 무덤에 모시고
나서, 무덤 입구에 큰 돌을 굴려 막아 놓고 갔다.

[46]요셉은 아마포를 사 가지고 와서, 그분의 시신
을 내려 아마포로 싼 다음 바위를 깎아 만든 무덤
에 모시고, 무덤 입구에 돌을 굴려 막아 놓았다.

[61]거기 무덤 맞은쪽에는 마리아 막달레나와 다른
마리아가 앉아 있었다.

[47]마리아 막달레나와 요세의 어머니 마리아는 그
분을 어디에 모시는지 지켜보고 있었다.

경비병들이 무덤을 지키다

마태 27,62-66

[62]이튿날 곧 준비일 다음 날에 수석 사제들과 바
리사이들이 함께 빌라도에게 가서 [63]말하였다. "나
리, 저 사기꾼이 살아 있을 때, '나는 사흘 만에 되
살아날 것이다.' 하고 말한 것을 저희는 기억합니
다. [64]그러니 셋째 날까지 무덤을 지키도록 명령하
십시오. 그의 제자들이 와서 시체를 훔쳐 내고서

마르

27,63 // 4바룩 9,9 온 백성이 그들의 울음소리를 들었다. 모든 이가 그들을 향해 달려갔다. 그들은 예레미야가 죽은 사람처럼 바닥에 누워 있는 것을 보았다. [10]그들은 자기 옷을 찢고 머리에 먼지를 끼얹었다. 그리고 비통한 울음으로 울었다. [11]그런 다음 그들은 그를 묻을 준비를 하였다. [12]그런데 보라!

27,57-61 // 니코데모 복음 11,3 저녁이 되어 준비일이 다가오고 있었다. 부유한 귀족으로서 하느님을 경외하는 유다인인 요셉이라는 남자가 니코데모를 발견하고 말하였다 — 일전에 그가 한 말이 그 심중을 드러낸 터였다. "예수님이 살아 계실 때 당신이 그분을 사랑했으며 그분 말씀을 기쁘게 들었다는 것을 알고 있소. 그리고 당신이 그분을 위해 유다인들과 싸우는 것도 보았소. 그래서 혹시 괜찮다면, 함께 빌라도에게 가서 예수님의 몸을 무덤에 모시도록 청해봅시다. 그분께서 묻히지도 않은 채 누워계신 것은 큰 죄이기 때문이오." 니코데모가 말하였다. "혹시 빌라도가 역정을 내지 않을까, 그래서 내가 무슨 나쁜 일을 겪지 않을까 두렵소. 만약 당신 혼자 부탁하러 가서 돌아가신 분을 모셔오면 그때는 나도 당신과 함께 가서 안치에 필요한 모든 일을 같이 하겠소." 니코데모가 이렇게 말하자 요셉은 하늘로 눈을 들어 자신의 청을 물리치지 말아달라고 기도하였다. 그리고 빌라도에게 가서 인사한 다음 자리에 앉았다. 그리고 그에게 말하였다. "당신께 청합니다, 나리. 제가 각하께 해괴한 것을 청하더라도 제게 역정을 내지 말아 주십시오." 그가 말하였다. "원하는 것이 무엇이오?" 요셉이 말하였다. "예수님입니다. 선한 사람이지만 유다인들이 질투 때문에 십자가에 못 박으려고 끌고 간 사람이지요. 이분을 묻을 수 있도록 제게 내어주시기를 청합니다." 빌라도가 말하였다. "도대체 무슨 일이오? 그의 동족이 그가 마술을 부린다고 증언했소. 그리고 그는 황제 폐하의 왕국을 취하려 한다는 의심을 받아 결국 우리에 의해 죽음에 넘겨졌소. 그런 사람의 시신에 경의를 갖추라고 우리가 시신을 내어주어야 한다는 말이오?" 요셉은 슬퍼하고 울면서 빌라도 발치에 엎드렸다. 그리고 말하였다. "나리, 죽은 사람에게는 어떤 증오도 품지 않으시기를 바랍니다! 모든 재앙은 그 사람의 죽음과 함께 사라져야 하기 때문입니다. 예수님을 십자가에 못 박지 않도록 나리께서 얼마나 애쓰셨는지 잘 압니다. 그리고 그분을 위해 유다인들에게 얼마나 변호하셨는지, 때로는 충고하시다가 때로는 역정도 내시다가, 결국에는 당신 손을 씻고 그분을 죽이고 싶어 하는 자들과는 엮이지 않으시겠다고 선언하신 것도 압니다. 그러므로 제 청을 물리치지 말아주시기를 나리께 청합니다." 빌라도는 요셉이 그렇게 바닥에 엎드려 간청하며 우는 것을 보고 그를 일으키며 말하였다. "가시오. 돌아가신 분을 내어주겠소. 이분을 모셔다 당신이 원하는 대로 하시오!" [4] 요셉은 빌라도에게 감사를 표한 다음 그의 손과 옷에 입 맞추었다. 그리고 자기가 원하던 것을 얻어 마음 깊이 기뻐하며 밖으로 나왔다. 그의 눈에는 아직 눈물이 맺혀 있었다. 슬프면서 기뻤기 때문이다. 그는 니코데모에게 가서 일어난 모든 일을 말해주었다. 그리고 그들은 몰약과 침향 백 리트라, 그리고 새 무덤을 샀다. 그리고 하느님의 어머니와 마리아 막달레나, 살로메, 요한과 다른 여자들과 함께 관습에 따라 그분을 흰 아마포로 감싸서 무덤에 모셨다.

루카

[53] 그리고 시신을 내려 아마포로 감싼 다음, 바위를 깎아 만든 무덤에 모셨다. 그것은 아직 아무도 묻힌 적이 없는 무덤이었다. [54] 그날은 준비일이었는데 안식일이 시작될 무렵이었다.

[55] 갈릴래아에서부터 예수님과 함께 온 여자들도 뒤따라가 무덤을 보고 또 예수님의 시신을 어떻게 모시는지 지켜보고 나서, [56] 돌아가 향료와 향유를 준비하였다. 그리고 안식일에는 계명에 따라 쉬었다.

요한

[39] 언젠가 밤에 예수님을 찾아왔던 니코데모도 몰약과 침향을 섞은 것을 백 리트라쯤 가지고 왔다.
[40] 그들은 예수님의 시신을 모셔다가 유다인들의 장례 관습에 따라, 향료와 함께 아마포로 감쌌다.
[41] 예수님께서 십자가에 못 박히신 곳에 정원이 있었는데, 그 정원에는 아직 아무도 묻힌 적이 없는 새 무덤이 있었다. [42] 그날은 유다인들의 준비일이었고 또 무덤이 가까이 있었으므로, 그들은 예수님을 그곳에 모셨다.

루카

요한

27,62-66 // 베드로 복음 8,28 한편 율법학자들과 바리사이들과 원로들이 한자리에 모였다. 온 백성이 웅성대며 가슴을 치면서 "그분의 죽음으로 이처럼 위대한 표징들이 일어났다면, 그분이 얼마나 의로운 분이신지 깨달으시오"라고 하는 말을 들었기 때문이다. [29] 원로들은 공포에 사로잡혀 빌라도에게 가서 간청하며 말하였다. [30] "우리에게 군사들을 내주시오. 사[흘] 동안 그의 무덤을 지켜야겠습니다. 그의 제자들이 와서 시신을 훔쳐가고 백성들이 '그분은 죽은 이들 가운데에서 일어나셨다'라고 믿고 우리에게 해악을 저지르는 것을 막아야 합니다." [31] 그러자 빌라도는 무덤을 지키도록 군사들과 백인대장

한 소리가 와서 이렇게 말하였다.
"아직 살아 있는 사람을 묻지 마
라! 그의 영혼은 그의 몸으로 다
시 돌아오기 때문이다." [13] 이 소
리를 듣고 그들은 그를 묻지 않았
다. 대신 그들은 그의 천막 주변을
둘러싼 채 '무슨 시각에 일어나실
까?' 하고 말하면서 사흘 동안 그
곳에 머물러 있었다. [14] 사흘이 지
난 뒤 그의 영혼이 그의 몸으로 들
어왔다.

는, '그분은 죽은 이들 가운데에서 되살아나셨다.'
하고 말할지도 모릅니다. 그러면 이 마지막 기만
이 처음 것보다 더 해로울 것입니다." [65] 그러자 빌
라도가 그들에게, "당신들에게 경비병들이 있지
않소. 가서 재주껏 지키시오." 하고 대답하였다.
[66] 그들은 가서 그 돌을 봉인하고 경비병들을 세워
무덤을 지키게 하였다.

부활하시다

마태 28,1-8

[1] 안식일이 지나고 주간 첫날이 밝아 올 무렵, 마
리아 막달레나와 다른 마리아가 무덤을 보러 갔
다. [2] 그런데 갑자기 큰 지진이 일어났다. 그리고 주
님의 천사가 하늘에서 내려오더니 무덤으로 다가
가 돌을 옆으로 굴리고서는 그 위에 앉는 것이었
다. [3] 그의 모습은 번개 같고 옷은 눈처럼 희었다.
[4] 무덤을 경비하던 자들은 천사를 보고 두려워 떨
다가 까무러쳤다.

[5] 그때에 천사가 여자들에게 말하였다. "두려워하
지 마라. 너희가 십자가에 못 박히신 예수님을 찾
는 줄을 나는 안다. [6] 그분께서는 여기에 계시지 않
는다. 말씀하신 대로 그분께서는 되살아나셨다.
와서 그분께서 누워 계셨던 곳을 보아라. [7] 그러니
서둘러 그분의 제자들에게 가서 이렇게 일러라.
'그분께서는 죽은 이들 가운데에서 되살아나셨습
니다. 이제 여러분보다 먼저 갈릴래아로 가실 터이
니, 여러분은 그분을 거기에서 뵙게 될 것입니다.'

마르 16,1-8

[1] 안식일이 지나자, 마리아 막달레나와 야고보의
어머니 마리아와 살로메는 무덤에 가서 예수님께
발라 드리려고 향료를 샀다. [2] 그리고 주간 첫날 매
우 이른 아침, 해가 떠오를 무렵에 무덤으로 갔다.
[3] 그들은 "누가 그 돌을 무덤 입구에서 굴려 내 줄
까요?" 하고 서로 말하였다. [4] 그러고는 눈을 들어
바라보니 그 돌이 이미 굴려져 있었다. 그것은 매
우 큰 돌이었다. [5] 그들이 무덤에 들어가 보니, 웬
젊은이가 하얗고 긴 겉옷을 입고 오른쪽에 앉아
있었다. 그들은 깜짝 놀랐다.
[6] 젊은이가 그들에게 말하였다. "놀라지 마라. 너
희가 십자가에 못 박히신 나자렛 사람 예수님을
찾고 있지만 그분께서는 되살아나셨다. 그래서 여
기에 계시지 않는다. 보아라, 여기가 그분을 모셨
던 곳이다. [7] 그러니 가서 제자들과 베드로에게 이
렇게 일러라. '예수님께서는 전에 여러분에게 말씀
하신 대로 여러분보다 먼저 갈릴래아로 가실 터이
니, 여러분은 그분을 거기에서 뵙게 될 것입니다.'"

28,5 // 요셉과 아세넷 14,8 아세넷은 눈
을 들어 위로 올려다보았다. 그랬
더니 입은 옷이며, 관이며 왕홀 등
모든 점에서 요셉과 비슷한 남자
가 있었다. [9] 다만 그의 얼굴은 번
개 같고, 눈은 태양광선 같았으며
머리칼은 불꽃같고 손과 발은 불
에 달군 쇠와 같았다. [10] 이를 본
아세넷은 크게 두려워하고 떨면
서 그의 발치에 얼굴을 대고 엎드
렸다. [11] 그 사람이 아세넷에게 말
하였다. "아세넷아, 용기를 내어라.
두려워하지 마라! 두 발로 서라. 네
게 할 말이 있다."

페트로니우스를 그들에게 내주었
다. 원로들과 율법 학자들은 이들
과 함께 무덤으로 갔다. 32 백인대
장과 군사들과 함께 거기 있던 모든 사람들은 큰 돌을 굴려 무덤 입구를 막았다. 33 그리고
입구를 일곱 번 봉인하고 그 가까이 천막을 친 뒤 그곳을 지켰다.

27,62-66 // 니코데모 복음 12,2 준비일이 끝나고 안식일 새벽에 유다인들은 빌라도에게 가서 말하였다. "나리, 저 사기꾼이 사흘이 지나면 자기가 다시 일어나리라고 말했습니다. 그자의 제자들이 밤에 시신을 훔쳐다가 그런 거짓말로 백성을 현혹하지 않도록, 그의 무덤을 지키라고 명령을 내려 주십시오." 이에 빌라도는 그들에게 오백 명의 군사를 내주었다. 그들은 무덤 곁에 앉아 무덤을 지켰다. 그리고 무덤 입구를 막는 돌에는 봉인을 해 두었다.

루카 24,1-12

1 주간 첫날 새벽 일찍이 그 여자들은 준비한 향료
를 가지고 무덤으로 갔다. 2 그런데 그들이 보니 무
덤에서 돌이 이미 굴려져 있었다. 3 그래서 안으로
들어가 보니 주 예수님의 시신이 없었다. 4 여자들
이 그 일로 당황하고 있는데, 눈부시게 차려입은
남자 둘이 그들에게 나타났다. 5 여자들이 두려워
얼굴을 땅으로 숙이자
두 남자가 그들에게 말하였다. "어찌하여 살아 계
신 분을 죽은 이들 가운데에서 찾고 있느냐? 6 그
분께서는 여기에 계시지 않는다. 되살아나셨다.
그분께서 갈릴래아에 계실 때에 너희에게 무엇이
라고 말씀하셨는지 기억해 보아라. 7 사람의 아들
은 죄인들의 손에 넘겨져 십자가에 못 박히셨다
가 사흘 만에 다시 살아나셔야 한다고 말씀하셨
다." 8 그러자 여자들은 예수님의 말씀을 기억해
내었다.

요한 20,1-10

1 주간 첫날 이른 아침, 아직도 어두울 때에 마리
아 막달레나가 무덤에 가서 보니, 무덤을 막았던
돌이 치워져 있었다.

28,1-8 // 사도들의 편지 9. [세] 여인, 곧 마리아, 마르타의 딸, 그리고 마리아 [막]달레나가 그곳에 갔습니다. 그 여인네들은 앞서 일어[난 일]을 애도하고 울면서 그분 몸[에] 발라드리려고 향료를 가져간 것입니다. 그런데 그들이 그[곳]에 다가가 안을 들여다보았을 때 시신을 찾을 수 없었습니다.

28,1-8 // 베드로 복음 12,50 주일 이른 아침에 주님의 제자 마리아 막달레나는, 분노에 찬 유다인들이 두려워서 주님의 무덤 앞에서 여인네들이 사랑하는 망자에게 하는 관습을 하지 못했기에, 51 친구들을 데리고 그분이 누워 계신 무덤에 갔다. 52 그녀는 유다인들이 자기들을 보지 않을까 두려워하며 말하였다. "그분이 십자가에 못 박히신 그날은 우리가 울지도 못하고 가슴을 치지도 못했지만 지금이라도 그분 무덤에서 그렇게 합시다. 53 그런데 누가 우리를 위해 무덤 입구에 놓인 돌을 굴려줄까요? 그래야 안으로 들어가 그분 앞에 앉아 해야 할 일을 할 수 있을 텐데요. 54 돌은 너무 크고 누군가 우리를 볼까 무섭습니다. 이마저도 할 수 없다면, 그분을 기념하여 가져가는 것을 문 앞에 두고 집으로 돌아옵시다. 그리고 돌아오는 길에 계속 울면서 가슴을 치도록 합시다." 13,55 그들이 그곳에 당도했을 때 무덤이 열려 있는 것을 보았다. 그들이 그곳으로 다가가 몸을 굽혀 안을 들여다보니 웬 젊은이가 무덤 한가운데 앉아 있었다. 그는 잘생기고 환히 빛나는 옷을 입고 있었으며 여자들에게 다음과 같이 말하였다. 56 "무엇 때문에 왔습니까? 누구를 찾습니까? 십자가에 못 박히신 분을 찾는 것은 아니겠지요? 그분은 일어나 떠나셨습니다. 여러분이 못 믿겠다면, 몸을 굽혀 그분께서 누워 계시던 자리를 보십시오. 그분은 없습니다. 그분은 다시 일어나셔서 그분을 보내신 곳으로 되돌아가셨습니다." 57 그러자 여자들은 두려움에 차서 달아났다.

28,1-8 // 니코데모 복음 13,1 그런데 무덤을 지키던 군사들 가운데 하나가 회당에 와서 말하였다. "예수님이 다시 일어나셨다는 것을 아십시오." 유다인들이 말하였다. "어떻게 말입니까?" 그가 말하였다. "먼저 지진이 일어났소. 그 다음 주님의 천사가 번개처럼 번쩍이며 하늘에서 내려오더니 무덤에서 돌을 굴리고서는 그 위에 앉았소. 그분을 보고 두려워져 우리 군사들 모두 죽은 사람처럼 되었소. 우리는 도망을 칠 수도 말을 할 수도 없었소. 그런데 천사가 무덤을 보러 거기 온

이것이 내가 너희에게 알리는 말이다."
[8] 그 여자들은 두려워하면서도 크게 기뻐하며 서
둘러 무덤을 떠나, 제자들에게 소식을 전하러 달
려갔다.

[8] 그들은 무덤에서 나와 달아났다. 덜덜 떨면서 겁
에 질렸던 것이다. 그들은 두려워서 아무에게도
말을 하지 않았다.

여자들에게 나타나시다

마태 28,9-10

[9] 그런데 갑자기 예수님께서 마주 오시면서 그 여
자들에게 "평안하냐?" 하고 말씀하셨다. 그들은
다가가 엎드려 그분의 발을 붙잡고 절하였다. [10] 그
때에 예수님께서 그들에게 말씀하셨다. "두려워하

마르 16,9-11(마리아 막달레나에게 나타나시다)

[9] 예수님께서는 주간 첫날 새벽에 부활하신 뒤, 마
리아 막달레나에게 처음으로 나타나셨다. 그는 예
수님께서 일곱 마귀를 쫓아 주신 여자였다.

9 그리고 무덤에서 돌아와 열한 제자와 그 밖의 모
든 이에게 이 일을 다 알렸다. 10 그들은 마리아 막
달레나, 요안나, 그리고 야고보의 어머니 마리아
였다. 그들과 함께 있던 다른 여자들도 사도들에
게 이 일을 이야기하였다. 11 사도들에게는 그 이야
기가 헛소리처럼 여겨졌다. 그래서 사도들은 그 여
자들의 말을 믿지 않았다.
12 그러나 베드로는 일어나 무덤으로 달려가서 몸
을 굽혀 들여다보았다. 그곳에는 아마포만 놓여
있었다. 그는 일어난 일을 속으로 놀라워하며 돌
아갔다.

2 그래서 그 여자는 시몬 베드로와 예수님께서 사
랑하신 다른 제자에게 달려가서 말하였다. "누가
주님을 무덤에서 꺼내 갔습니다. 어디에 모셨는지
모르겠습니다."
3 베드로와 다른 제자는 밖으로 나와 무덤으로 갔
다. 4 두 사람이 함께 달렸는데, 다른 제자가 베드
로보다 빨리 달려 무덤에 먼저 다다랐다. 5 그는
몸을 굽혀 아마포가 놓여 있는 것을 보기는 하였
지만, 안으로 들어가지는 않았다. 6 시몬 베드로가
뒤따라와서 무덤으로 들어가 아마포가 놓여 있는 것을 보았다. 7 예수님의 얼굴을 쌌던 수건은 아마포
와 함께 놓여 있지 않고, 따로 한곳에 개켜져 있었다. 8 그제야 무덤에 먼저 다다른 다른 제자도 들어갔
다. 그리고 보고 믿었다. 9 사실 그들은 예수님께서 죽은 이들 가운데에서 다시 살아나셔야 한다는 성경
말씀을 아직 깨닫지 못하고 있었던 것이다. 10 그 제자들은 다시 집으로 돌아갔다.

여자들에게 이렇게 말하는 것을 들었소. '너희는 두려워하지 마라. 너희가 예수님을 찾고 있다는 것을 알고 있다. 그분은 여기에 계시지 않는다. 전에 너희에게 말씀하신 대로 그분께서 일어나셨다. 몸을 굽혀 그분의 몸이 눕혀져 있던 무덤 안을 들여다보아라. 그리고 가서 그분의 제자들에게 '그분께서 죽은 이들 가운데에서 되살아나셨습니다!' 하고 말하여라. 그리고 그들에게 갈릴래아로 가야 한다고 전하여라. 그들이 거기서 그분을 뵙게 될 것이기 때문이다.' 이런 이유로 내가 여러분에게 제일 먼저 말하고 있소."

루카

요한 20,11-18(마리아 막달레나에게 나타나시다)

11 마리아는 무덤 밖에 서서 울고 있었다. 그렇게
울면서 무덤 쪽으로 몸을 굽혀 12 들여다보니 하얀
옷을 입은 두 천사가 앉아 있었다. 한 천사는 예수
님의 시신이 놓였던 자리 머리맡에, 다른 천사는 발치에 있었다. 13 그들이
마리아에게 "여인아, 왜 우느냐?" 하고 묻자, 마리아가 그들에게 대답하
였다. "누가 저의 주님을 꺼내 갔습니다. 어디에 모셨는지 모르겠습니다."
14 이렇게 말하고 나서 뒤로 돌아선 마리아는 예수님께서 서 계신 것을 보
았다. 그러나 예수님이신 줄은 몰랐다. 15 예수님께서 마리아에게 "여인아,
왜 우느냐? 누구를 찾느냐?" 하고 물으셨다. 마리아는 그분을 정원지기로
생각하고, "선생님, 선생님께서 그분을 옮겨 가셨으면 어디에 모셨는지 저

28,9-10 // 사도들의 편지 10. 그래서 [그들이] 슬퍼하며 울고 있을 때, 주님께서 그들에게 나타나셔서 말씀하셨습니다. "너희는 누구 때문에 울고 있느냐? 울음을 그쳐라. 내가 바로 너희가 찾고 있는 사람이다. 너희 가운데 한 명을 형제들에게 보내어 '보십시오, 스승님께서 죽[은] 이들 가운데서 일어나셨습니다!' 하고 전하여라." 그래서 마르타가 와서 우리에게 이 사실을 전해주었습니다. 우리는 그녀에게 말하였습니다. "우리에게 무얼 원하시오, 여인이여! 돌아[가신] 그

지 마라. 가서 내 형제들에게 갈릴래아로 가라고
전하여라. 그들은 거기에서 나를 보게 될 것이다."

10 그 여자는 예수님과 함께 지냈던 이들이 슬퍼
하며 울고 있는 곳으로 가서, 그들에게 이 소식
을 전하였다. 11 그러나 그들은 예수님께서 살아
계시며 그 여자에게 나타나셨다는 말을 듣고도
믿지 않았다.

경비병들이 매수되다

마태 28,11-15

11 여자들이 돌아가는 동안에 경비병 몇 사람이 도
성 안으로 가서, 일어난 일을 모두 수석 사제들에
게 알렸다. 12 수석 사제들은 원로들과 함께 모여
의논한 끝에 군사들에게 많은 돈을 주면서 13 말
하였다. "'예수의 제자들이 밤중에 와서 우리가 잠
든 사이에 시체를 훔쳐 갔다.' 하여라. 14 이 소식이
총독의 귀에 들어가더라도, 우리가 그를 설득하
여 너희가 걱정할 필요가 없게 해 주겠다." 15 경비
병들은 돈을 받고 시킨 대로 하였다. 그리하여 이
말이 오늘날까지도 유다인들 사이에 퍼져 있다.

마르

에게 말씀해 주십시오. 제가 모셔 가겠습니다." 하
고 말하였다. 16 예수님께서 "마리아야!" 하고 부르
셨다. 마리아는 돌아서서 히브리 말로 "라뿌니!"
하고 불렀다. 이는 '스승님!'이라는 뜻이다. 17 예수
님께서 마리아에게 말씀하셨다. "내가 아직 아버
지께 올라가지 않았으니 나를 더 이상 붙들지 마
라. 내 형제들에게 가서, '나는 내 아버지시며 너
희의 아버지신 분, 내 하느님이시며 너희의 하느님
이신 분께 올라간다.' 하고 전하여라."
18 마리아 막달레나는 제자들에게 가서 "제가 주님
을 뵈었습니다." 하면서, 예수님께서 자기에게 하
신 이 말씀을 전하였다.

분께서는 벌써 묻[히]셨소. 그분께서 살아 계신다는 게 가능한 일이오?" 우리는 구원자께서 죽은 이들 가운데서 일어나셨다는 그녀의 말을 [믿]지 않았습니다. [그]러자 그녀는 돌아가서 주님께 말하였습니다. "그들 가운데 아무도 당신께서 살아나셨다는 제 말을 믿지 않았습니다." 그분께서 말씀하셨습니다. "너희 가운데 다른 사람을 그들에게 보내어 그들에게 다시 알려주어라." 마리아가 와서 우리에게 다시 그 사실을 말하였습니다. 그러나 우리는 그녀의 말을 믿지 않았습니다. 그녀는 주님께로 되돌아가 그분께 이 사실을 말하였습니다.

루카

요한

28,11-15 // 베드로 복음 11,47 그러자 모든 이가 빌라도에게 다가가 간청하였다. 백인대장과 군인들에게 명하여 자기들이 본 것을 아무에게도 말하지 못하게 막아달라는 것이었다. 48 그들은, "우리에게는, 유다 백성의 손에 넘어가 돌에 맞는 것보다 하느님 앞에서 가장 큰 죗값을 지는 편이 더 낫습니다" 하고 말하였다. 49 그래서 빌라도는 백인대장과 군인들에게 아무것도 말하지 말라고 명하였다.

28,11-15 // 니코데모 복음 13,2 유다인들이 군인들에게 말하였다. "무덤에 온 여자들이 누구였소? 여러분은 왜 그 여자들을 붙잡지 않았소?" 군인들이 말하였다. "우리는 천사의 모습만으로도 두려움에 휩싸여 말을 할 수도 움직일 수도 없었소." 유다인들이 말하였다. "이스라엘의 하느님께서 살아 계신 한, 우리는 여러분이 말하는 것을 믿지 못하겠소." 군사들이 말하였다. "예수가 놀라운 일을 그토록 많이 했는데도 여러분은 믿지 않았소. 그러니 우리를 어떻게 믿겠소? 정녕 여러분이 '하느님께서 살아 계신 한'이라고 말하는데, 여러분이 십자가에 못 박은 분께서는 정말로 살아 계시오. 여러분이 요셉을 감옥에 가두었다고 들었소. 그러고 나서 문을 열었더니 그를 찾을 수 없었다고 하더군요. 먼저 여러분이 요셉을 내놓으시오. 그러면 우리도 예수님을 내주겠소." 유다인들이 말하였다. "요셉은 감옥에서 도망쳤으니 그의 고향 아리마태아에서 그를 찾을 수 있을 것이오." 군인들이 말하였다. "여러분도 갈릴래아로 가서 예수님을 찾으시오. 천사가 여자들에게 말한 대로 말이오." 3 유다인들은 이 말에 두려워하며 군인들에게 말하였다. "이 말을 아무에게도 말하지 않도록 조심하십시오. 그러지 않으면 모든 사람이 예수를 믿을 것이오." 그들은 입조심을 시키려고 그들에게 많은 돈을 주었다. 그러나 군인들이 말하였다. "빌라도 나리께서 우리가 돈을 받았다는 것을 듣게 되지 않을까 두렵소. 그러면 우리를 죽이실 것이오." 그러자 유다인들이 말하였다. "이것을 받으시오. 우리가 빌라도 나리께 여러분을 변호하겠소. 약속하오. 그저 여러분이 잠이 들었다고, 그런데 여러분이 잠든 사이에 예수의 제자들이 와서 무덤에서 그자를 훔쳐갔다고만 말하시오." 그리하여 군사들이 돈을 받았다. 그리고 부탁받은 대로 말하였다. 그래서 오늘날까지 그런 거짓말이 유다인들 사이에 회자되고 있다.

28,11-15 // 니코데모 복음 14,3 군중이 성전에 모였다. 그리고 큰 소동이 일어났다. 많은 사람들이 '우리가 들은 대로, 예수님이 죽은 이들 가운데서 부활하셨소! 여러분은 무엇 때문에 그분을 못 박은 거요?' 하고 말했기 때문이다. 한나스와 카야파가 말하였다. "유다인들이여, 군인들이 말하는 것은 믿지 마시오. 그들이 하늘에서 천사가 내려오는 것을 보았다고 한 것도 믿지 마시오. 사실 우리가 군인들에게 아무에게도 그런 말을 하지 말라며 돈을 주었소. 그런데 예수의 제자들도 예수가 죽은 이들 가운데서 부활했다고 말하라며 그들에게 돈을 주었소."

제자들에게 나타나시어 사명을 부여하시다

마태 28,16-20

16 열한 제자는 갈릴래아로 떠나 예수님께서 분부
하신 산으로 갔다. 17 그들은 예수님을 뵙고 엎드려
경배하였다. 그러나 더러는 의심하였다.

18 예수님께서는 그들에게 다가가 이르셨다. "나는
하늘과 땅의 모든 권한을 받았다. 19 그러므로 너
희는 가서 모든 민족들을 제자로 삼아, 아버지와
아들과 성령의 이름으로 세례를 주고, 20 내가 너
희에게 명령한 모든 것을 가르쳐 지키게 하여라.
보라, 내가 세상 끝 날까지 언제나 너희와 함께
있겠다."

마르 16,14-18

14 마침내, 열한 제자가 식탁에 앉아 있을 때에 예
수님께서 나타나셨다. 그리고 그들의 불신과 완고
한 마음을 꾸짖으셨다. 되살아난 당신을 본 이들
의 말을 그들이 믿지 않았기 때문이다.

15 예수님께서는 이어서 그들에게 이르셨다. "너희
는 온 세상에 가서 모든 피조물에게 복음을 선포
하여라. 16 믿고 세례를 받는 이는 구원을 받고 믿
지 않는 자는 단죄를 받을 것이다. 17 믿는 이들에
게는 이러한 표징들이 따를 것이다. 곧 내 이름으
로 마귀들을 쫓아내고 새로운 언어들을 말하며,
18 손으로 뱀을 집어 들고 독을 마셔도 아무런 해
도 입지 않으며, 또 병자들에게 손을 얹으면 병이
나을 것이다."

루카 24,36-49

[36]그들이 이러한 이야기를 하고 있을 때 예수님께
서 그들 가운데에 서시어, "평화가 너희와 함께!"
하고 그들에게 말씀하셨다. [37]그들은 너무나 무섭
고 두려워 유령을 보는 줄로 생각하였다. [38]그러
자 예수님께서 그들에게 이르셨다. "왜 놀라느냐?
어찌하여 너희 마음에 여러 가지 의혹이 이느냐?
[39]내 손과 내 발을 보아라. 바로 나다. 나를 만져
보아라. 유령은 살과 뼈가 없지만, 나는 너희도 보
다시피 살과 뼈가 있다." [40]이렇게 말씀하시고 나
서 그들에게 손과 발을 보여 주셨다.

[41]그들은 너무 기쁜 나머지 아직도 믿지 못하고
놀라워하는데, 예수님께서 그들에게 "여기에 먹
을 것이 좀 있느냐?" 하고 물으셨다. [42]그들이 구
운 물고기 한 토막을 드리자, [43]예수님께서는 그것
을 받아 그들 앞에서 잡수셨다.

[44]그리고 그들에게 이르셨다. "내가 전에 너희와
함께 있을 때에 말한 것처럼, 나에 관하여 모세의
율법과 예언서와 시편에 기록된 모든 것이 다 이
루어져야 한다." [45]그때에 예수님께서는 그들의 마
음을 여시어 성경을 깨닫게 해 주셨다.

[46]이어서 그들에게 이르셨다. "성경에 기록된 대
로, 그리스도는 고난을 겪고 사흘 만에 죽은 이
들 가운데에서 다시 살아나야 한다. [47]그리고 예
루살렘에서부터 시작하여, 죄의 용서를 위한 회
개가 그의 이름으로 모든 민족들에게 선포되어야
한다. [48]너희는 이 일의 증인이다. [49]그리고 보라,
내 아버지께서 약속하신 분을 내가 너희에게 보내
주겠다. 그러니 너희는 높은 데에서 오는 힘을 입
을 때까지 예루살렘에 머물러 있어라."

요한 20,19-23

[19]그날 곧 주간 첫날 저녁이 되자, 제자들은 유다
인들이 두려워 문을 모두 잠가 놓고 있었다. 그런
데 예수님께서 오시어 가운데에 서시며, "평화가
너희와 함께!" 하고 그들에게 말씀하셨다. [20]이렇
게 말씀하시고 나서 당신의 두 손과 옆구리를 그
들에게 보여 주셨다.

제자들은 주님을 뵙고 기뻐하였다.

[21]예수님께서 다시 그들에게 이르셨다. "평화가 너
희와 함께! 아버지께서 나를 보내신 것처럼 나도
너희를 보낸다." [22]이렇게 이르시고 나서 그들에
게 숨을 불어넣으며 말씀하셨다. "성령을 받아라.
[23]너희가 누구의 죄든지 용서해 주면 그가 용서
를 받을 것이고, 그대로 두면 그대로 남아 있을
것이다."

28,16-20 // 니코데모 복음 14,1 며칠 뒤 세 사람이 갈릴래아에서 예루살렘에 왔다. 그들 가운데 하나는 피느아스라는 이름의 사제, 다른 사람은 앙가이우스라는 이름의 레위인, 다른 사람은 아다스라는 이름의 군인이었다. 그들은 수석사제들에게 와서 그들과 백성에게 말하였다. "우리가 갈릴래아에서 여러분이 십자가에 못 박으신 예수님을 보았습니다. 열한 명의 제자와 함께 올리브 산에 계셨습니다. 그분께서 그들을 가르치시며 이렇게 말씀하셨습니다. '온 세상에 가서 복음을 선포하여라. 믿고 세례를 받는 사람은 누구나 구원을 받을 것이다. 그러나 믿지 않는 사람은 누구든 단죄 받을 것이다.' 그분께서 이 말씀을 하시며 하늘로 올라가셨습니다. 우리와 오백 명이 넘는 다른 많은 사람들이 모두 지켜보고 있었습니다."

28,16-20 // 사도들의 편지 11. 그리하여 그분께서 (제자인 우리에게) 오시어 우리가 (집) 안에 있는 것을 보셨습니다. 그분께서 우리를 부르셨지만 우리는 그분을 유령이라고 생각하였습니다. 우리는 그분이 주님이라는 것을 믿지 않았습니다. 그러자 [그분께서] 우리에게 [말씀하셨습니다.] "자, 두려워 마라. 나는 [주님이다.] 베드로야, 너는 (전에도) 세 번 [부인]하더니 지금도 [부]인하느냐?" 그래서 우리는 설마 그분일까 마음속[으]로 의심하면서 그분께 다가갔습니다. 그러자 그분께서 우리에게 말씀하셨습니다. "너희는 왜 아직도 의심하느냐? 너희는 믿음이 없구나. 내 육신과 내 죽음과 내 부활에 관해 너희에게 말해 준 이가 바로 내가 아니더냐? 내가 바로 그라는 것을 너희가 알 수 있도록, 베드로야 네 손가락들을 내 손의 못 자국에 넣어 보아라. 그리고 너 토마야, 네 손가락들을 내 옆구리에 난 창에 찔린 자국에 넣어 보아라. 그리고 안드레아야, 내 발들을 보고 그것들이 땅에 닿지 않는지 확인해 보아라. 사실 예언서에 악마의 유령은 발이 땅에 닿지 않는다고 기록되어 있다." 12. 그래서 우리는 그분께서 육신으로 [일어나셨다는] 것이 사실인지 알아보려고 그분께 손을 대 보았습니다. 그리고 바닥에 엎드려 [불]신자가 된 우리 죄를 고백하였습니다. 그러자 주님이신 우리 구원자께서 말씀하셨습니다. "일어나라. 내가 너희에게 하늘 위에 있는 것들과 하늘 안에 있는 것들, 그리고 하늘 나라에 있는 너희의 안식처에 대해 알려주겠다. 내 아버[지]께서 나에게 나를 믿는 사람들과 너희를 위로 데려갈 권한을 주셨기 때문이다."

28,20 // 사도들의 편지 30. [그분께서 우리에게] 말씀하셨습니다. "너희가 가서 열두 지파에게 선포하여라. 그리고 다른 민족들과 이스라엘의 온 땅에, [해뜨는] 데서 해지는 데까지, [남]쪽에서 북쪽까지 선포하여라. 많은 사람들이 하느님의 아들을 믿을 것이다."

성경

『성경』
(한국천주교중앙협의회 2005).

구약 외경

바룩 2서,
송혜경, 『구약 외경 2』 (한님성서연구소 2023), 162-334.

바룩 3서,
송혜경, 『구약 외경 2』, 336-424.

바룩 4서,
송혜경, 『구약 외경 2』, 428-484.

솔로몬의 시편,
송혜경, 『구약 외경 1』 (한님성서연구소 2022[개정판]), 166-243.

아리스테아스의 편지,
송혜경, 『구약 외경 1』, 348-440.

에녹 1서,
송혜경, 『구약 외경 1』, 68-160.

에즈라 4서,
송혜경, 『구약 외경 2』, 12-159.

예언자들의 생애,
송혜경, 『구약 외경 1』, 308-345.

요셉과 아세넷,
송혜경, 『구약 외경 1』, 250-306.

신약 외경

나자렛파 복음,
송혜경, 『신약 외경 1』 (한님성서연구소 2021[개정판]), 418-431.

니코데모 복음,
송혜경, 『신약 외경 1』, 252-302.

마리아 복음,
송혜경, 『영지주의자들의 성서』 (한님성서연구소 2022[개정판]), 315-342.

베드로 묵시록 (콥트어),
송혜경, 『영지주의자들의 성서』, 65-89.

베드로 복음,
송혜경, 『신약 외경 1』, 226-250.

사도들의 편지,
송혜경, 『신약 외경 1』, 316-349.

야고보의 비전,
송혜경, 『영지주의자들의 성서』, 123-154.

야고보 원복음,
송혜경, 『신약 외경 1』, 86-113.

야고보 첫째 묵시록,
송혜경, 『영지주의자들의 성서』, 95-121.

에게르톤 복음,
송혜경, 『신약 외경 1』, 446-458.

에비온파 복음,
송혜경, 『신약 외경 1』, 406-415.

옥시린쿠스 840,
송혜경, 『신약 외경 1』, 460-469.

옥시린쿠스 1224,
송혜경, 『신약 외경 1』, 472-476.

유다 복음,
송혜경, 『영지주의자들의 성서』, 287-314.

이집트인들의 복음,
송혜경, 『신약 외경 1』, 212-221.

진리의 복음,
송혜경, 『신약 외경 1』, 354-389.

토마 복음,
송혜경, 『신약 외경 1』, 140-210.

토마 유년기 복음,
송혜경, 『신약 외경 1』, 116-136.

파윰 단편,
송혜경, 『신약 외경 1』, 478-481.

프리어 로기온,
송혜경, 『신약 외경 1』, 306-313.

필립보 복음,
송혜경, 『영지주의자들의 성서』, 343-414.

히브리인들의 복음,
송혜경, 『신약 외경 1』, 434-441.

일반 문헌

Aland, K. (ed.),
Synopsis Quattuor Evangeliorum (Stuttgart 1996).
Synopsis of the Four Gospels (Greek-English Edition of the Synopsis Quattuor Evangeliorum; [3th]1979).

Bratcher, R.G. (ed.), *Old Testament Quotations in the New Testament* (London 1961).

Funk, R.W. (ed.),
New Gospel Parallesl Vol.1: The Synoptic Gospels (Philadelphia 1985).
New Gospel Parallesl Vol.2: John and the Other Gospels (Philadelphia 1985).

Throckmorton, Jr., B.H. (ed.), *Gospel Parallels - A Comparison of the Synoptic Gospels* (Nashville 1992).

정양모·배은주·김윤주 엮음, 『네 복음서 대조』 (200주년 신약성서 별책; 분도출판사 1993).

표지디자인 **한님성서연구소**
표지이미지 **레닌그라드 사본 일부 | 로르쉬의 코덱스 아우레우스 | 요한의 비전 콥트어 필사본 단편**